本书出版得到了 福清市政协 福清市社科联 联合资助

黄檗文化

中日交流史上的明珠

ちゅうにちこうりゅうしじょうのしんじゅ

廖深基 温志拔 王慧杰◎编著

内容提要

本书将黄檗文化界定为发源于福清，借助地方文化传承，在海上丝绸商路往来交流中形成发展的文明交流互鉴的成果。书中细致追溯了黄檗文化的起源与发展，生动梳理了以隐元为核心的黄檗禅僧与日本江户时代社会各界的交流互动，图文并茂地展现了中日两国在经济、社会、文化交往过程中，所共同创造的生活习俗以及极具文人精神品质的文学、书法、绘画、建筑等艺术成就。全书通俗、形象地展现了黄檗文化作为中日两国友好交往桥梁的现实价值，诠释了文明之间的开放、包容、对话对于促进世界和平、互信、发展的长远意义。

图书在版编目（CIP）数据

黄檗文化：中日交流史上的明珠：汉日对照/廖深基，温志拔，王慧杰编著．—上海：上海交通大学出版社，2022.8

ISBN 978-7-313-26942-3

Ⅰ.①黄… Ⅱ.①廖… ②温… ③王… Ⅲ.①黄檗宗-宗教文化-研究-汉、日 Ⅳ.①B946.9

中国版本图书馆CIP数据核字（2022）第101303号

黄檗文化：中日交流史上的明珠（中日双语版）
HUANGBO WENHUA: ZHONGRI JIAOLIU SHISHANG DE MINGZHU
(ZHONGRI SHUANGYU BAN)

编　　著：廖深基　温志拔　王慧杰
出版发行：上海交通大学出版社　　地　　址：上海市番禺路951号
邮政编码：200030　　电　　话：021-64071208
印　　制：苏州市越洋印刷有限公司　　经　　销：全国新华书店
开　　本：710mm×1000mm　1/16　　印　　张：28.5
字　　数：463千字
版　　次：2022年8月第1版　　印　　次：2022年8月第1次印刷
书　　号：ISBN 978-7-313-26942-3　　音像书号：978-7-88941-530-9
定　　价：128.00元

编委会

图片提供：福清黄檗文化促进会、林秋明先生与本书作者

序

中日两国在长期的历史发展过程中，都各自累积了深厚的文化传统。同时，作为一衣带水的邻邦，两国又拥有长逾千年的文化交流历史，相互学习、彼此促进，为辉煌的东方文明做出了各自的贡献，一度成为全球视野下文明交流对话、国家共赢发展的典范。黄檗文化，正是两国深厚的文化根基和频繁的友好交流的结晶。正如习近平主席在2015年中日友好交流大会上指出："我在福建省工作时，就知道17世纪中国名僧隐元大师东渡日本的故事。在日本期间，隐元大师不仅传播了佛学经义，还带去了先进文化和科学技术，对日本江户时期经济社会发展产生了重要影响。"习近平主席在讲话中提到的隐元大师，就是明清之际黄檗文化历史上的一代文化交流大使。

黄檗文化发源于八世纪的福建福清黄檗山，历经宋元明三代，生生不息，传承至今。她是以历代黄檗宗高僧为代表，以佛教文化为载体，涉及儒家文化与道家文化等丰富内涵，又传入并兴盛于日本的一种综合性的文化形态，包括思想、文学、语言、建筑、雕塑、印刷、音乐、医学、茶道、饮食、绘画、书法、篆刻等诸多领域，全方位地影响了日本江户时代以来的社会生活，并拓展到整个东南亚地区。黄檗文化超越了单纯的商品贸易活动，覆盖了从器物文化到制度文化直至思想文化的全部层面，是中国古代海上丝绸之路文化的重要组成部分和高端形态，也是中国历史悠久的华侨文化的典型。

黄檗文化是中日两国文明交融的产物，她以中华文化为核心，兼收并蓄了日本文化，内涵博大精深，精彩纷呈，是具有世界性影响的文化形态。日本学

序文

中国と日本は長期にわたる歴史発展の過程で、両国とも深い文化伝統を蓄積してきた。同時に、一衣帯水の臨邦として、両国は千年に及ぶ文化交流の歴史を持ち、互いに学び合い、互いに促進し合い、輝かしい東方文明を共に作り上げ、世界的視野の下で文明交流対話、国家の互恵的な発展の模範となった。黄檗文化は、まさに両国の深い文化基盤と頻繁な友好交流の結晶である。習近平主席が2015年中日友好交流大会で次のように指摘した。「私は福建省で勤務をしていた時、17世紀に中国の名僧隠元大師が日本に渡った話を知った。日本滞在中、隠元大師は仏教の教義を広めただけでなく、進んだ文化と科学技術をもたらし、日本の江戸期の経済社会の発展に重要な影響を与えた」。習近平主席が演説の中で言及した隠元大師は、明清王朝の黄檗文化の歴史における一代の文化交流大使である。

黄檗文化は8世紀の福建福清黄檗山に発祥し、宋元明の三つの王朝時代を経て、今なお受け継がれている。黄檗文化は歴代の黄檗宗の高僧をはじめ、仏教文化を通じ、儒教文化や道教文化などの豊かな内包にも関連し、日本に伝来して盛んになった総合的な文化形態である。思想、文学、言語、建築、雕刻、印刷、音楽、医学、茶道、飲食、絵画、書道、篆刻などの多くの分野にわたり、日本の江戸時代以来の社会生活に全面的な影響を与え、さらには東南アジア地域全体までに広がった。黄檗文化は単なる商品貿易の範囲を超え、品物から制度、思想などのあらゆる面における文化を包括しており、中

者柳田圣山曾深刻指出："近世日本的社会进步，无论从哪个方面看，离开黄檗文化的影响都无法做出解释。"在当代，黄檗文化在推进中日文化交流方面，仍然具有广泛影响和重要价值。黄檗文化是推进中日文化交流的思想基础和精神动力，是促进中日文化交流的有效载体和价值纽带，是推进中日文化交流的力量之源和示范标杆。可以说，在中日两国文化交流史上，黄檗文化是中国文化在日本结出的硕果，是独具特色的篇章。

福建技术师范学院，地处黄檗文化发源地福清，位于"21世纪海上丝绸之路"建设的核心区，加强黄檗文化与海上丝绸之路研究、促进地方文化的传承创新，是学校义不容辞的责任和使命。学校于2017年9月成立了黄檗文化与海上丝绸之路研究院，广泛凝聚校内外力量，组织学术团队，紧紧围绕黄檗文化和"一带一路"倡议的重大理论和现实问题，统筹开展跨学科、跨行业、跨国别的协同合作和深入研究，努力打造黄檗文化与海上丝绸之路研究的高地。

为纪念中日两国邦交正常化五十周年，推进中日两国历史文化共同研究，学校黄檗文化与海上丝绸之路研究院，自觉以发掘、传承、弘扬和创新黄檗文化为己任，以黄檗文化与中日文化交流为主题，着眼于进一步传播黄檗文化，推进黄檗文化大众化，组织专家和学者编写传播黄檗文化的中日双语通俗读物，图文并茂地向两国各界人士尤其是青年人，介绍黄檗文化所代表的海上丝绸之路文化交流在中日文化交流中的重要地位与独特影响，向日本乃至世界展现真实、立体、全面的中国。

本书以生动有趣的人文景观介绍、历史故事趣闻作为主要内容，以通俗易懂为基调，力求让更多的人能够了解黄檗文化、读懂黄檗文化。通过本书，中日两国的读者，不仅可以透过文字读懂黄檗文化的前世今生，也可以通过观赏大量的历史遗迹、书法作品和文物史料等的图片，更加全面地走进黄檗文化，这对于进一步扩大黄檗文化的影响力，提升黄檗文化的感染力，必将起到良好的推动作用。

黄檗文化是历史的，更是当代的。为充分挖掘黄檗文化在推进中日两国交流方面具有的重要影响和独特价值，我们通过普查历史档案资料，从祖庭渊源与黄檗流芳、黄檗东传与旧事遗迹、黄檗名人与文化交流、人文习俗与商贸科技、明清文化与黄檗风雅、黄檗文化与海上丝路六个方面，全面展示黄檗文化

国古代海上シルクロード文化の重要な構成部分で、高等形態であり、中国における歴史の長い華僑文化の典型でもある。

黄檗文化は中日両国の文明が融合した結果であり、中華文化を核心とし、日本文化を併せ持っており、内包が幅広くかつ奥深く、世界的な影響力を持つ文化形態である。日本人学者柳田聖山氏は、「近世日本の社会進歩は、黄檗文化の影響を抜きにしては、どのような面から見ても説明できない」と深く指摘した。現代に至っても、黄檗文化は中日文化交流の推進において、依然として広範な影響力と重要な価値を持っている。黄檗文化は中日文化交流を推進する思想的基礎と精神的原動力であり、中日文化交流を促進する有効な媒体と絆であり、中日文化交流を推進する力の源であり、模範である。黄檗文化は中国文化が日本で実った大きな成果であり、中日文化交流史上の独特の一頁であると言えよう。

福建技術師範学院は黄檗文化の発祥地である福清に創立され、「21世紀海上シルクロード」建設の核心地域に位置する。黄檗文化と海上シルクロードの研究を強化し、地方文化の伝承と革新を促進することは、大学の当然の責任と使命である。学内には2017年9月に黄檗文化・海上シルクロード研究院を設立し、大学内外の力を幅広く結集し、学術チームを組織し、しっかりと黄檗文化と「一帯一路」提議においての重大理論と現実問題をめぐり、学問分野や業種、国境を越えた協同協力と深い研究を計画的に展開し、黄檗文化と海上シルクロード研究の更なる成果をあげるよう努力する。

中日国交正常化50周年に当たって、両国の歴史文化における共同研究を推進できるよう、本学黄檗文化と海上シルクロード研究院は黄檗文化の発掘、伝承、発揚、革新を自らの責任とした。黄檗文化と日中文化交流をテーマに、黄檗文化をさらに広めること、そして黄檗文化の大衆化に着目し、中日2言語による分かりやすい読本を編纂し、挿絵と合わせて両国各界、特に若者に黄檗文化をはじめとする海上シルクロード文化交流が中日文化交流における重要な地位と独特な影響を紹介することによって、日本ないしは世界に真実で、立体的で、全面的な中国を示したい。

本書は、生き生きとした人文景観の紹介、歴史物語や逸話を主な内容と

的丰富内容及其深厚底蕴，以更好地传承和弘扬黄檗文化，促进黄檗文化的大众化和普及化。

“德不孤，必有邻。”2022年是中日两国邦交正常化五十周年，五十年来的经验和曲折告诉我们，只要中日两国人民真诚友好、以德为邻，就一定能实现世代友好。中日两国都是亚洲和世界上的重要国家，两国人民勤劳、善良、富有智慧。中日和平、友好、合作，是人心所向、大势所趋。我们以《黄檗文化：中日交流史上的明珠》一书为重要纽带，力求通过讲好中日两国在历史上友好交往的故事，彰显中日文化交流的重要意义和价值，实现黄檗文化的创造性转化和创新性发展，从而促进中日两国文化交流，促进中日两国人民的世代友好。

廖深基

福建技术师范学院校长

2021年12月

し、分かりやすさを基調に、より多くの人に黄檗文化を理解してもらい、読めるように努めた。本書を通して、中日両国の読者は、文字を通して黄檗文化の歴史が分かるだけでなく、多くの歴史遺跡、書道作品、文化財史料などの写真を通して、より全面的に黄檗文化に触れることができる。これによって、黄檗文化の影響力をさらに高めるのに、必ず良い推進効果を果たすだろう。

黄檗文化は歴史上のことであり、現代的な存在でもある。黄檗文化が中日両国の交流を推し進める上で持つ重要な影響と独特な価値を十分に掘り起こすために、編集者一同は歴史資料を全面的に調査し、そして祖庭淵源と黄檗流芳、黄檗の日本伝来とその旧蹟、黄檗名人と文化交流、人文習俗、商業貿易と科学技術、明清文化と黄檗風雅、黄檗文化と海上シルクロードとの六つの角度から、その豊かな内容と奥深い意味を全面的に展示することで、黄檗文化をよりよく伝承、発揚し、黄檗文化の大衆化と普及を促進していきたい。

徳は孤ならず、必ず隣あり。2022年は中日両国の国交正常化50周年にあたり、50年来の経験と曲折がわれわれに教えているように、中日両国人民が誠実で友好的で、徳を隣とすれば、必ず代々の友好往来が実現できる。中日両国はいずれもアジアと世界の重要な国であり、両国民は勤勉で善良で、知恵にも富んでいる。中日間の平和、友好、そして相互協力は人心の向かうところであり、大勢の赴くところである。私たちはこの本を重要な絆とし、両国の歴史における友好交流の話を通じて、中日文化交流の重要な意義と価値を明らかにし、黄檗文化の創造的転化と革新的発展を実現することによって、中日両国の文化交流を推し進め、両国人民の世代友好をより一層促進できるよう努力していく所存である。

廖深基

福建技術師範学院学長

2021年12月

目录

目次

薛友宏摄

第一章

祖庭渊源与黄檗流芳

黄檗文化，不是简单的地方性宗教文化，而是以福清为发源地，借助福清地方文化传承、通过海上丝绸商路往来交流的中华优秀传统文化，隐元及其他相关人物，在明清之际这样一个特殊的历史时期，东渡日本，带去了中华优秀传统文化，对正处于战国时代以来社会文化全面恢复、重建中的日本政治、社会、经济、文化产生了深远而重要的影响。黄檗文化的根基，在中华文化。黄檗文化的孕育，在福清这样一个拥有悠久历史和深厚文化的港口城市。要了解黄檗文化，首先就要了解她的母体——福清。

一、海滨邹鲁与文化传承

中华传统文化的主干，发端于儒家的孔子、孟子。孔子，是春秋时期的鲁国人，孟子，则是战国时期的邹国人，邹、鲁，是春秋战国时期齐鲁大地上毗邻而居的两个诸侯国，后世便常用“邹鲁”来形容素来传统文化繁荣昌盛的地区。和中国沿海的一些城市一样，福清素有“海滨邹鲁”的美誉，这一美誉本身，就包含了优秀中华传统文化与海上丝绸之路文化这两大元素。

黄檗文化形成发展的土壤——福清，是一座东海之滨的千年古邑，有着丰厚的历史沉淀和璀璨的文化底蕴，以儒家为中心的传统文化、闽越文化和新兴海洋文化交汇融合，孕育出了以海上丝绸之路文化（后简称“海丝文化”）、侨乡文化、黄檗文化等为内容的福清特色文化。

第一章

祖庭淵源と黄檗流芳

黄檗文化は、単なる地域的宗教文化ではなく、福清を発祥地とし、福清地域の文化伝承を借り、海上シルクロードを通じて交流される優れた中国伝統文化である。隠元禅師と彼をはじめとする人物は、明代から清へ変わるという特別な歴史的時期に、日本に渡って、中国の優れた伝統文化を伝えた。それは戦国時代以来、社会文化の全面的な回復、再建にある日本の政治、社会、経済、文化などの各方面にも幅広く深い影響を与えた。黄檗文化の基盤は中国文化にある。黄檗文化の育みは福清のような長い歴史と豊かな文化を持つ港町にあると言えよう。黄檗文化を理解しようとする場合、まずその母体である福清を知らなければならない。

一、海浜鄒魯と文化伝承

中国の伝統文化の主幹は、儒教の聖人である孔子と孟子に端を発している。孔子は春秋時代の魯国の出身で、孟子は戦国時代の鄒国の出身である。鄒国と魯国は、春秋時代と戦国時代に斉魯の土地に隣接した二つの侯国であった。後世、伝統文化が栄えた地域を指す言葉として「鄒魯」という言葉がよく使われる。福清は、中国のいくつかの沿岸都市と同様、「海浜鄒魯」とも呼ばれ、それには、優れた中国の伝統文化と海上シルクロードの文化交流という二つの要素が含まれているのである。

福清瑞岩弥勒造像，始凿于元至正元年（1341），林秋明摄

弥勒菩薩像　元代至正元年（1341）に制作開始　福清市瑞岩山　（林秋明撮影）

从唐代以来，福清就深受中原文化影响，随着中国文化重心整体向东南移动，福清文化随之进入快速发展时期，到了晚唐时期，出现了第一位进士林简言，从此以后直到清朝末年，这里诞生了一共一千四百多位举人、七百多位进士，其中有宰相、六部官员、封疆大吏、思想家、文学家、艺术家，也有高僧大德及忠肝义胆之士。同时，作为海上丝绸之路的重要起点之一，这片热土上，也诞生了有功于中外交流的文化使者、蜚声海内外的重要华人华侨等，他们用智慧与血汗，不仅书写了一段光辉的人生传奇，也共同绘就了中外文化交流史的宏伟画卷。

南宋以后，由于长期的文教发展积淀，同时受惠于毗邻当时都城临安（今浙江杭州）的地理优势，福清科举发达，福清及周边地区更是思想交流频繁、文化活动兴盛。这一时期出现了一批具有影响力的理学家，例如北宋理学家程颐的得意弟子王苹，是二程理学转向南宋陆九渊心学的重要思想家，此外还有林栗、林亦之、陈藻、林希逸四位重要的文人、理学家。正是得益于宋元以来深厚的文化积累，科举制度的长期发展，福清才培育了后来如叶向高、隐元

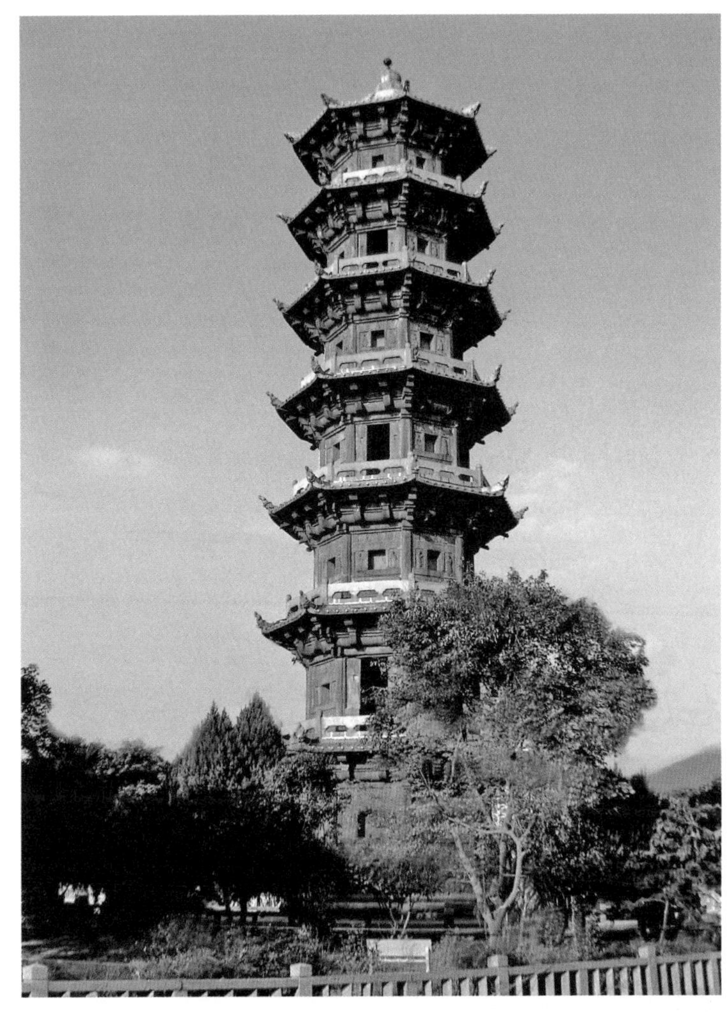

福清瑞云塔，林秋明摄
瑞雲塔　福清市（林秋明撮影）

黄檗文化の形成と発展の土壌である福清は、東シナ海沿岸にある千年の歴史を持つ町であり、豊かな歴史沈澱と輝かしい文化遺産を持っており、儒教を中心とする伝統文化、閩越文化、新興の海洋文化とが交わり融合し、海上シルクロード文化、僑郷文化、黄檗文化など福清の特色のある文化を育んだ。

唐代以来、福清は中原文化の影響を深く受けてきた。中国文化の重点が全体的に東南に移動するにつれ、福清文化も急速な発展期を迎え、晩唐の時期になると、最初の進士である林簡言が現れた。それから清朝の末年まで、こ

禅师的诸多先哲名贤，在明清以来中国文化在海外的传播中，扮演了重要的角色，直接推动了以明清之际大批晚明遗民为主体的，中国古代历史上规模最大、层次最广、影响最深的一次文化输出。

福清作为东南沿海的一座文化名城，具有深厚的中华文化底蕴，自唐代以来，便名人辈出。这些名人不仅是福清历史文化的代表，更是唐宋以来中华文化发展的重要组成部分。他们用自己高尚的人格品质、丰富的人生经历和创造性的思想，推动了宋元以后的中国政治社会、思想文化的整体演进，传承、丰富了仁政、爱民、发展、开放、创新的中华文化精神内涵，形象生动地诠释、实践了传统文化精神的基本理念，同时，借由海上丝绸之路的传播影响，构成了明清以后福清海外华人华侨文化的重要源头。

进士第一人林简言

林简言，字欲纳，福清渔溪苏田村人，一说其出生在龙田镇前林村，生卒年月不详。他出身贫寒，年少好学，唐太和四年（830）登进士第，是史料明

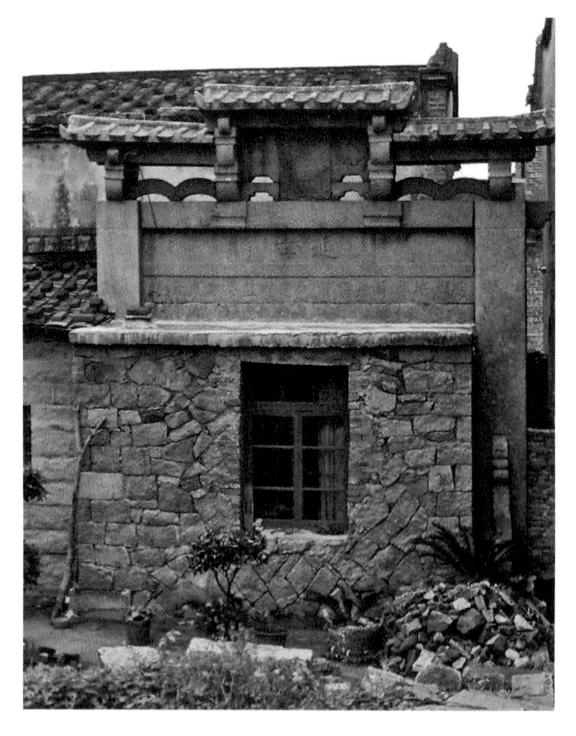

福清龙山街道坊里村，明人俞璟进士坊，林秋明摄

明代俞璟進士坊　福清市龍山街道坊裏村　（林秋明攝影）

こでは合わせて1400人余りの挙人、700人余りの進士が誕生した。その中には宰相、六部官員、封疆大吏、思想家、文学者、芸術家もいれば、高僧大徳や忠誠義士もいた。同時に、海上シルクロードの重要な出発点の一つとして、この賑やかで栄えた土地には、国内外の交流に貢献した文化使者や、国内外で有名な華人・華僑なども現れた。彼らは自らの知恵、血と汗で、輝かしい伝奇的な人生を書いただけでなく、国内外の文化交流史の壮大な絵巻を共に描いた。

南宋以降、長い文教発展の蓄積により、同時に当時の首都・臨安（今の浙江省杭州）に隣接する地理的優位性にも恵まれ、福清において科挙が発達し、福清とその周辺地域は頻繁に交流が行われ、文化活動が盛んであった。この時期には影響力のある理学者が現れた。例えば、北宋の理学者程頤の愛弟子である王苹は、二程理学が南宋の陸九淵心学に転向した重要な思想家であり、そのほかに林栗、林亦之、陳藻、林希逸との四人の重要な文人、理学者もいた。宋元以来の深い文化の蓄積と科挙社会の長期的な発展があったからこそ、福清はその後に葉向高、隠元禅師などの多くの先哲名賢を育成し、明清以来の中国文化の海外での伝承、影響に重要な役割を果たし、明清の際に多くの晩明遺民を主体とし、中国の古代歴史上最も規模が大きく、階層が最も広く、影響が最も深い文化輸出を直接推進した。

福清は東南沿海の文化名城として、奥深い中国文化の基礎を持っており、唐代以来、有名人が輩出していた。これらの有名人は福清の歴史文化の代表であるだけでなく、唐宋以来の中国文化発展の重要な構成部分でもある。彼らは自分の高尚な人格と、豊かな人生経歴、そして創造性ある思想を用いて、宋元以降の中国の政治社会、思想文化の全体的な進化を推進し、仁政、愛民、発展、開放、革新という中国文化精神の内包を伝承し、豊かにし、伝統文化精神の基本理念を生き生きと解釈し実践し、同時に海上シルクロードの影響力を借りて、明清以降の福清海外華人華僑文化の重要な源を成し遂げた。

進士の第一人者林簡言

林簡言、字を欲納という。福清市漁渓蘇田村の出身で、説によると龍田鎮

确记载的福清置县后的首位进士。进士及第后的林简言，并不像当时一般士人那样，极力跑官要官，为自己谋个“好职位”，而是关心天下大事，相信道德文章才是文人立身的根本，绝不走歪门邪道，也不屑于写歌功颂德的文字。他的散文效法唐代古文大家韩愈，诗歌创作则以中唐著名诗人元稹、白居易为榜样。

林简言善于论史喻今，针对晚唐日益严重的藩镇割据弊病，当朝君臣却纷纷沉湎享乐，毫不关心民众的疾苦，愤然作《汉武封禅论》一文，借古讽今，讽刺批评当时的黑暗政治。这篇文章一发出，文人便争相传阅，此举得罪了当朝统治者，便指使官员罗织罪名，把林简言赶出京城。最终，林简言被贬地方，担任漳州刺史。赴任前，他向皇帝打了一个报告，请求朝廷减免福清百姓繁重的赋税。唐文宗把报告转到户部，户部又转到福建。福建的最高长官罗让看了报告后很是诧异，就斥责林简言道：“当年盈州徐公官为相国，也只敢向朝廷请求减免一个乡的赋税，而你区区一个州的刺史，却要求减免一个县的赋税，你觉得这合适吗？”

林简言却回答说：“福清百姓多以种地、晒盐为业，可惜土地贫瘠、连年干旱，多年吃不饱饭，加上盐税太重，即使盐卖了也负担不起这样过重的赋税，难道大家就忍心看到自己父亲之邦的人饿死吗？福清自唐圣历二年（699）置县，到如今已经一百三十一年了，才出了我这么一个进士，恰恰证明了那里多么贫穷落后。我能有今天的成就，全仗乡亲族人大力扶持，如果我不能为他们请命，又如何对得起家乡父老？如何体现朝廷热心教育、为国育才的一片用心呢？”罗让听了十分感动，不仅同意了他的请求，还从此对林简言另眼相看、十分器重。

“办学兴闽第一人”翁承赞

翁承赞（859—932），字文饶，晚年号狎鸥翁，又号螺江钓翁，谥号忠献。文秀乡光贤里（今福清新厝镇）人，一说莆阳兴福里（今莆田北高镇）人，晚唐五代政治家、教育家、诗人。

翁承赞年少聪慧，七岁就能作诗，三十三岁赴京城长安参加会试，落第后滞留京城四年，毫不气馁，拜访名师，学业大进，终于在唐乾宁三年（896）考中进士，后来又中博学宏词科，被授予陕西周至县县令。此后又先后担任朝

前林村の生まれだという。生没年不詳。貧しい家庭に生まれ、若くして優秀な成績を収め、唐太和四年（830）に士第に登り、史料に明記されている福清置県後初の進士となった。進士に及第した後、林簡言は、当時の一般士人のように、「良い地位」のために官職を極力求めることなく、天下の大事に関心を持ち、道徳のある文章こそ文人の立身の根本であると信じ、決して曲がったことをせず、功徳を賛える文章を書くことを潔しとしなかった。彼の散文は唐代の古文の大家韓愈に倣い、詩歌の創作は中唐の有名な詩人元結、白居易を手本にしたものである。

林簡言は古今を論じて人々を諭すことに長けており、晩唐の日増しにひどくなる藩鎮割拠の弊害に対し、当代の君臣が享楽にふけ、民衆の苦しみに関心を持たないので、彼は憤然として『漢武封禅論』という文章を書き、当時の暗い政治を皮肉っているのである。この文章は発表されるや否や、文人たちに争って読まれていたが、当朝の統治者の怒りを買ったために、役人に罪をでっち上げられ、林簡言は都から追い出された。結局、林簡言は地方に左遷され、漳州の刺史に就任した。赴任する前に朝廷に報告し、福清の庶民への過酷な課税を軽減するよう要請した。唐文宗はこの報告書を戸部に送り、戸部はまた福建省に転送した。福建省の最高責任者である羅譲は、この報告書を読んで驚き、林簡言を叱責した。「当時、盈州の徐公官は相国であったが、彼はただ朝廷に一つの郷の租税減免を要求しただけである。しかし、一介の州の刺史に過ぎないそなたが、県の租税減免を要求した。これが適切だと思うか」。

しかし、林簡言はこう答えたのである。「福清の庶民の多くは主に畑を耕し、塩を干すことに従事していますが、残念ながら土地は不毛で、何年も干ばつが続いていて、何年もご飯を満腹に食べることができません。その上、塩税が重すぎて、塩を売ってもこのような重すぎる課税を負担することができません。まさか父親と同じ世代の人々が餓死するのを黙って見ていられるのでしょうか。福清は唐聖暦二年（699）に置県されてから百三十一年、やっと私のような進士が生まれたのは、まさにそこがいかに貧しくて立ち遅れているかを証明しているものです。今日の私の成功は、すべて郷族の支えによるものです。もし、彼らのために請願することができなければ、故郷の

翁承赞画像，林秋明摄

翁承赞像（林秋明摄影）

廷秘书郎、右拾遗以及户部员外郎等职。

为了安抚威武军节度使王审知，唐天祐元年（904），翁承赞被安排回福建册封王审知为琅琊王，受到王审知的热情接待。后梁开平二年（908），他被朱全忠擢升为谏议大夫，又奉命进入福建册封王审知为闽王。留闽期间，翁承赞目睹福州百姓在王审知的治理下安居乐业，更加仰慕王审知的功业。返回开封后，翁承赞虽被提升为史大夫，加左散骑常侍，但由于逐渐不满朱全忠的骄横跋扈，便毅然辞官返闽。

后梁贞明二年（916），翁承赞被王审知任命为宰相，辅佐治理福建，政绩显著，其中包括取消闽江流域的关卡，从而促进了福建西部山区与东南沿海的物资交流的畅通，在黄岐半岛开辟了史称“甘棠港”的对外贸易港，加强了福州的对外商贸往来和文化交流。翁承赞尤其重视发展福州的文化教育事业，直

人々に申し訳が立ちません。それに、教育や国のための人材育成に力を注ぐ朝廷の姿勢をどう示せばいいのですか」。羅譲はその話を聞いて非常に感動し、彼の要求を受け入れただけでなく、それ以降、林簡言を見直して非常に尊敬するようになった。

「建学興閩の第一人者」翁承賛

翁承賛（859-932）、字を文饒という。晩年の号は狎鴎翁で、別名螺江釣魚翁、追号は忠献という。文秀郷光賢里（今の福清新厝鎮）の出身で、または莆陽市興福里（今の莆田北高鎮）の出身であったと言う説もあるが、晩唐五代の政治家、教育者、詩人でもあった。

翁承賛は若い頃非常に聡明で、7歳にして作詩ができていたほどだった。33歳で都の長安に赴き、会試に参加したが、合格できなかった。その後、長安に四年間滞在し、少しも力を落とさず、名師を訪ね、学問を大きく発展させ、ついに唐乾寧三年（896）の進士に合格し、後に博学鴻詞科に合格し、陝西周至県の県令を授与された。その後、朝廷秘書郎、右拾遺、戸部員外郎などを歴任した。

威武軍節度使である王審知をなだめるために、唐天祐元年（904）、翁承賛は福建省に戻るよう命じられ、王審知を琅琊王と冊封し、王審知の手厚い接待を受けることになった。後梁開平二年（908）、翁承賛は朱全忠に抜擢されて諫議大夫に昇進してから、福建省に戻るよう命じられ、王審知を閩王と冊封した。福建滞在中、翁承賛は王審知の管理の下で福州の人々が安居楽業な生活をしているのを目の当たりにし、その功績にますます感心するようになった。開封に戻った彼は師大夫、左散騎常侍に昇進したが、朱全忠の横暴と支配に次第に不満を抱き、毅然として辞任して福建省に戻った。

後梁貞明二年（916）、翁承賛は王審知によって宰相に任命され、福建省の整備を補佐することになった。閩江流域の関所を廃止したことで福建省西部の山岳地帯と南東沿海の物資交流をさらに円滑にし、黄岐半島に「甘棠港」と呼ばれる対外貿易港を開設し、福州の対外商業貿易往来と文化交流の強化に貢献するなど顕著な業績を上げた。翁承賛は福州の文化・教育の発展を重視し、福州で経学、史学、哲学、文学という「四門学」の設立を直接推進

接推动在福州设立经学、史学、哲学、文学“四门学”，在福州城内兴办孔庙，免费招收优秀学生，研读儒家经典，还倡导创办发展州学、县学、乡村私塾等各级教育机构，使福州乃至八闽大地的文化事业得到极大发展，为宋元以后福建地区的贸易开放、文教发展，奠定了坚实基础。翁承赞也被誉为“办学兴闽”的第一人。

在唐代发展的基础上，两宋时期，福清文化事业得到空前的发展，出现了一批忧国忧民的政治家、思想家。有为民请命的郑侠，也有为官持正的黄祖舜，更有影响全国和后世的著名理学家王苹、林希逸等。

为民请命的郑侠

郑侠（1041—1119），字介夫，号大庆居士，北宋福清海口镇人，因为晚年迁居县城西塘，所以又被称为“西塘先生”。北宋治平四年（1067）进士及第。郑侠一生为民请命，熙宁七年（1074）有感于王安石新法的弊端，导致百姓流离失所，画流民图，上书神宗皇帝，被时人所称道。

福清城关街心公园郑侠像，林秋明摄
鄭俠像　福清市城関街心公園　（林秋明撮影）

郑侠性格耿直，从来不喜溜须拍马，关心民间生活，经常痛斥官场弊病，故先后得罪吕惠卿、蔡京等权臣，多次被流放贵州、海南等地，晚年脾气越来越倔，棱角也越发凌厉。徽宗时期，他多次责骂权臣蔡京祸乱朝纲，因此被罢官回乡。离开京城返乡那天，据说蔡京亲自带人在城门外拦住郑侠一行人的去路，指着郑侠的行李——十个大箱子，阴险地说：“先生今日荣归乡里，想必带了不少东西，蔡某特来送行。”

し、福州城内で孔廟を興し、優秀な学生を無償で入学させて儒学古典を学ばせた。また州学、県学、農村塾などの各級の教育機関を創立発展することを提唱した。また、翁氏は福州ないし八閩大地の文化事業を大きく発展させ、宋元以降の福建地区の貿易開放、文教発展のために、堅固な基礎を打ち立てた。彼は「建学興閩」の第一人者としても知られている。

唐の時代の発展を踏まえ、両宋時代には、福清の文化的事業は空前の発展を遂げ、多くの憂国憂民の政治家、思想家が現れた。民衆のために請願する鄭侠もいれば、秦桧に反対した黄祖舜もいた。さらに全国と後世に影響を与えた有名な理学者の王苹、林希逸などもいた。

民衆のために請願する鄭侠

鄭侠（1041–1119)、字を介夫、号を大慶居士という。北宋の福清海口鎮の出身で、晩年は県内の西塘に転居したことから「西塘先生」とも称される。北宋治平四年（1067）進士に及第した。鄭侠は生涯をかけて民衆のために請願し、熙寧七年（1074）に王安石の新法が庶民の流離を招いた弊害に感銘を受け、流民図を描き、神宗皇帝に上書し、当時の人々に称賛された。

鄭侠は素直な性格で、お世辞を言うことを好まず、民衆の生活に関心を持ち、しばしば官界の欠点を糾弾していた。そのため呂恵卿、蔡京などの権臣の機嫌を損ね、何度も貴州、海南などの地方に流された。晩年はますます頑固になり、角が立ち始めた。徽宗の時代、彼は何度も権臣の蔡京を叱ったため、官職を罷免されて帰郷することになった。帰郷しようと都を離れるその日、蔡京は自ら人を連れて城門の外で鄭侠一行を呼び止め、鄭侠の荷物である十個の大きな箱を指さしながら、陰険な口調で「先生は今日は光栄にも故郷に戻られるので、いろんなものを持って帰られるでしょう。私はわざわざ先生を見送りに来たのです」と言ったそうだ。すると鄭侠は皮肉たっぷりに「太師のおかげで、私は一生役人でありつづけた上、起伏も多く、何度も左遷されてきました。いまさらそんな私が何か宝物を持っているとでも言いたいのですか」と言った。蔡京は「先生のおっしゃるとおりです。しかし、何を言っても今日は是非見せてもらいましょう！」そう言って、部下に箱を開

郑侠不无嘲讽地说："承蒙太师栽培，我一生为官，起起伏伏，多次被贬各地，什么宝贝没见过？还需要带走什么呢？"蔡京假意笑道："先生说得对，少见多怪嘛，老夫今天倒要见识见识！"说完，便命令手下动手开箱。结果，连开了九个箱子，里面都是瓦砾石块，蔡京恼羞成怒。当开到最后一箱时，只见里面装的，全都只是文房四宝和书籍一类的东西，箱底还压着一物。蔡京铁青着脸发问："这是什么？"郑侠回答："这是尘拂，下官一身干净，就靠这东西，时时打扫，内心干净。"说完便拿着手中的尘拂，故意往蔡京身上轻轻一扫，笑着说："太师这一身的尘土，恐怕是扫不干净啦！"蔡京一时张口结舌，十分尴尬，郑侠则在围观百姓的哄笑声中离开了京城开封。这便是他另一称号"一拂先生"的由来。（俞达珠，2008）

为官持正的黄祖舜

黄祖舜（1100—1165），字继道，晚号巩溪宫人，平南里（今福清东瀚镇）人。黄祖舜早年曾师从理学家胡安国，北宋宣和六年（1124）进士及第，不过到了南宋绍兴初年，才被任命为浙江衢州教授，后来得到赵构召见，升迁为守军器监丞，后又担任屯田员外郎、兵部员外郎、吏部员外郎等。

黄祖舜在朝为官期间，刚直持正，不媚权贵。当时权臣秦桧试图拉拢理学官员，但黄祖舜并没有因此对秦桧趋炎附势。他反对秦桧奉行的割地、称臣、纳贡的议和政策。他主张对金国入侵坚决进行抗击，为此受到了秦桧的排挤，被宋高宗调出了京城，担任主管皇族事务的闲职。

绍兴十八年（1148），兴化军知事傅自得，正在审理秦桧下属诬陷泉州太守赵令衿贪污的案子，傅自得虽然明知赵令衿是因为不愿与秦桧同流合污而遭诬陷，但又害怕秦桧的淫威，怕被报复，左右为难。听了别人的建议后专门登门拜访了黄祖舜。黄祖舜告诉他说，审理案子要以事实为依据，不能听信别人的一面之词，只有坚持实事求是，才能使案情大白。傅自得听取了黄祖舜的建议，最终没有定赵令衿的罪。

黄祖舜在政治上也多有建树。例如针对当时用人不重品德的做法，他上书朝廷，建议实行乡荐制度，作为科举补充，通过层层推荐考核的办法，给国家多举荐一些不论品行还是学识都十分出众的人。他的建议得到宋高宗的赞同并实施。绍兴二十九年（1159），秦桧死后，宋高宗才再次起用黄祖舜并让他担

けるように命令した。その結果、九個の箱を開けても、中には瓦礫や石ころばかりだった。蔡京は恥かしさ余って怒り出した。最後の箱を開けると、文房具や本しかなかったが、箱の底にはもう一つのものが隠されていたようだ。蔡京は青ざめた顔で「これは何ですか」と訊ねた。鄭侠はこう答えた。「これは埃払いです。小官はこれで時々掃除し、心も清らかに保てたのです。」そう言いながら、手の中の埃払いを手にして、わざと蔡京の体を軽く拭き、笑いながらこう言った。「そなたのこの体は、恐らくもうきれいにできないでしょう」。蔡京はへどもどして何も答えられなかった。これが「一払い先生」という称号の由来である。(兪達珠、2008)

官吏として正義を貫く黄祖舜

黄祖舜(1100–1165)、字を継道、晩年に号を強渓宮人とし、平南里(今の福清東瀚鎮)の出身である。黄祖舜は若い頃、理学者の胡安国に師事し、北宋宣和六年(1124)に進士に及第したが、南宋紹興初年になってから浙江衢州の教授に任じられ、その後趙構に召され、守軍器監丞に昇進し、さらに屯田員外、兵部員外郎、吏部員外郎などを務めた。

黄祖舜は在官している間、権力者に迎合することなく、まっすぐな性格の人物であった。当時、権臣の秦桧は理学官を登用しようとしたが、黄祖舜は秦檜に媚びることなく、秦桧が実行した地割、称臣、納貢の議和政策に反対した。金国の侵略に断固として抵抗すると主張したが、秦檜に排除され、宋高宗に都から転出され、皇族の事務をつかさどる閑職に就いた。

紹興十八年(1148)、興化軍知事であった傅自得は、秦桧の部下が泉州太守の趙令衿の汚職を冤罪した事件を審理していた。傅自得は、趙令衿が秦桧と同流になりたくなくて中傷されたことを知りながらも、秦桧の暴威や報復を恐れ、板挟みになっていた。人のアドバイスを聞いて、わざわざ黄祖舜を訪ねた。黄祖舜は、事件の審理は事実に基づいたものでなければならず、他人の言い分を聞いてはならず、事実に基づいて真実を求めてこそ、事件の真相を明らかにすることができると教えてくれた。傅自得は、黄祖舜の助言を受け、結局趙令衿の罪を決めなかった。

黄祖舜は政治的にも多くの功績を残した。例えば、道徳的な人格が重視

任副宰相。高宗提出要赐新近病死的秦桧儿子秦熺“太傅”官衔，黄祖舜则严肃地指出，秦桧父子祸国殃民、民怨沸腾，此举将失去人心。最终，高宗收回成命。

福清理学四大家

福建的文化，至宋代达到一次鼎盛时期，作为全国刻书业中心的建阳、崇安（今福建武夷山），与海丝发源地福州、泉州，为福建文化的兴盛奠定了坚实的物质基础和现实条件。

宋代是一个理学的时代，作为理学中心的福建，正是北宋著名理学家程颐、程颢兄弟嫡传弟子、程门四家之一——杨时的故乡，也是杨门弟子刘子翚、罗从彦、李侗的故乡，而理学的集大成者朱熹，正是从学于杨时、刘子翚、李侗等人，生活、讲学于建阳、崇安一带。福清地处福州、泉州之间，既是理学辐射的区域，也是开放创新的海丝文化的中心。北宋末年至南宋以来，福清诞生了一批著名的理学家，其中最为著名的是被誉为“福清理学四大家”的王苹、林亦之、陈藻、林希逸。

王苹画像，林秋明供稿

王苹像 （林秋明提供）

王苹（1082—1153），字信伯，福清龙山（今福清市）人，其思想受程颢的影响，主要强调发明人的内在良知本性，是南宋陆九渊心学派乃至明代王阳明思想的先驱者。王苹与陈藻、林亦之、林希逸，不仅积极传播理学思想，更为推进地方民风道德建设，为福清社会文化的繁荣兴盛，做出了不可替代的巨大贡献。

王苹出生于福清，后随父迁居平江（今江苏苏州），曾到河南洛阳跟随程颐学习，并成为程颐的得意门生。南宋绍兴四

されないことに対し、彼は朝廷に上書し、郷薦制度を導入し、科挙の補足として、何層もの推薦審査の方法を通じて、国に素行も学識も非常に優れた人をより多く推薦できるようにすることを提案した。彼の提案は宋高宗の賛同を得て実施された。紹興二十九年（1159)、秦桧が死んだ後、宋高宗は再び黄祖舜を副宰相に起用した。宋高宗は最近病死した秦檜の息子である秦熺に「太傅」の官位を下賜することを提案したが、黄祖舜は秦桧父子が国に災いを及ぼし、人民の恨みが沸き立っているので人心を失うことになると厳粛に指摘した。結局、高宗は命令を撤回した。

福清理学の四大家

福建省の文化は、宋代に一度最盛期を迎え、全国の刻書業の中心となった建陽、崇安（今の福建武夷山）と、海上シルクロードの発祥地の一つである福州、泉州は、福建文化の興隆のために堅実な物質的基礎と現実的条件を打ち立てた。

宋代は朱子学が盛んな時代で、朱子学の中心である福建省は北宋の有名な理学者である程頤、程顥兄弟の直伝弟子であり、程門四家の一人である楊時の故郷であり、楊門の弟子である劉子翚、羅叢彦、李侗の故郷でもあった。理学の集大成者である朱熹は楊時、劉子翚、李侗などから学んでおり、建陽、崇安のあたりで生活し講義していた。福清は福州と泉州の間に位置し、理学輻射の区域であるだけでなく、開放革新の海絲文化の中心でもある。北宋末期から南宋以来、福清にはいくつかの有名な理学者が誕生した。その中で最も有名なのは「福清理学の四大家」と称賛された王苹、林亦之、陳藻、林希逸である。

王苹（1082-1153)、字を信伯とし、福清龍山（今の福清市）の出身である。彼は程顥の思想の影響を受け、主に発明者の内なる良心に主眼を置き、南宋の陸九淵心学派、ひいては明代の王陽明思想の先駆者であった。王苹と陳藻、林亦之、林希逸は積極的に理学思想を広めただけでなく、地方の民風道徳文化の建設を推進し、福清の社会文化の繁栄にかけがえのない多大な貢献をした。

福清で生まれた王苹は父について平江（今江蘇蘇州）に移り住み、河南

年（1134）十月，苏州守臣孙祐曾向朝廷推荐王苹。宋高宗召见王苹，对他提出的“统治者要有道德公心，听取天下人意见，用人不以个人好恶，这样就能建立良好的政治秩序，实现上古尧舜的美好政治社会”等意见很是赞赏，当即赐他同进士出身，并先后担任秘书省正字兼史馆校勘等中央文化官员，参与编撰北宋史书。不过，王苹任职一段时间后，发现这些职位都只是提提意见、抄抄文件，无法实现自己的政治抱负，就自动请辞，出任地方官员，造福百姓。此后不久，他又因儿子王谊写文章讽刺批评秦桧，而与儿子双双被革职罢官。罢官后的王苹，回到乡里，授徒讲学，教化乡里，直到去世。

林亦之（1136—1185），福清新安里网山村（今福清海口镇）人，字学可，号月渔，一号“网山”，当时人称“网山先生”。林亦之一生布衣，乡居读书、学习，跟从莆田著名理学家林光朝，在红泉书院学习，林光朝去世后，莆田乡绅一致推举其为书院山长，继续讲学，传播理学思想。南宋名臣赵汝愚一生褒奖理学，担任福州知州期间，听闻林亦之学问，曾热情延请他到福州东井书堂讲学，拜林亦之为老师。淳熙十二年（1185），重新回到中央的赵汝愚还曾向朝廷举荐重用林亦之，然而林亦之却于同一年亡故，年仅五十岁。

林亦之画像，林秋明供稿

林亦之像 （林秋明提供）

陈藻，字元洁，号乐轩，是林亦之的弟子。他原籍长乐，后侨居福清海口横塘。陈藻屡试不第后，便到福清海口镇追随林亦之学习。陈藻的学术思想，深得林亦之的精髓。林亦之去世后，他接替老师任红泉书院教习。陈藻平时“入则课妻子耕织，出则诱生徒弦诵……独志孔、颜之学，学者称乐轩先生”。景定年间，陈藻的门人林希逸荐其贤，赠迪功郎，赐谥“文远”。（饶安

省洛陽で程頤に師事し、程頤の愛弟子となった。南宋紹興四年（1134）十月に、蘇州の守臣である孫祐によって朝廷に推薦され、宋高宗に招かれた。彼が提案した「支配者に対して道徳的で公正な心を持ち、世の中の人々の意見を聞き、個人的な好悪にとらわれずに人を使うことで、良い政治秩序が確立され、上古尭舜のような素晴らしい政治社会が実現できる」などの意見が宋高宗に高く評価され、直ちに進士と同じような学位が授けられた。その後、彼は秘書省正字兼史館の校勘などの中央文化官吏を務め、北宋の史書の編纂に参与した。しかし、しばらく在職した後、これらの役職はただ意見を述べたり、文書を写したりするだけで、自分の政治的抱負を実現できないことに気づき、彼は自ら辞職し、地方の役人に就任し、民衆に利益をもたらした。その直後、息子の王誼が文章を書いて秦桧を皮肉ったことを理由に、親子二人とも解任されることになった。罷免された後、王苹は故郷に帰り、亡くなるまで講義をして、郷民の教化に努めていた。

林亦之（1136–1185）は、福清新安里の網山村（今の福清海口町）の出身で、字を学可、号を月漁、または「網山」とした。当時の人に「網山先生」と呼ばれていた。林亦之は一生を布衣であり続け、郷に住み、読書や勉強をし、蒲田の有名な理学者林光朝に従って、紅泉書院で学んでいた。林光朝の死後、蒲田の郷紳らは満場一致で林亦之を書院長として推挙し、引き続き講義を続け、理学思想を伝播した。南宋の名臣である趙汝愚は生涯理学を褒賞し、福州の知州を担当していた間に、林亦之の学問を聞き、熱心に福州の東井書堂に招いて講義することを懇請し、林亦之を師とした。淳熙十二年（1185）、再び中央に戻った趙汝愚は朝廷に林亦之の重用を薦めたが、残念ながら林亦之は同年五十歳で亡くなった。

陳藻は、字を元潔、号を楽軒とし、林亦之の弟子である。本籍は長楽で、後に福清海口の横塘に住んでいた。受験に何度も失敗し、福清の海口鎮に行って林亦之に師事することになった。陳藻の学術思想は、林亦之の精髄を深く得ている。林亦之の没後、師の後を継いで紅泉書院の教師として活躍した。陳藻は普段、「家では妻に耕したり布を織ったりするように、書院に出ては生徒たちに詠唱するように勧め、孔子の教えだけに心を向け、学者たちは彼を楽軒先生と呼んだ」。景定年間、陳藻の門人である林希逸がその賢を

福清海口镇宋代古桥，林秋明摄
宋代古橋　福清市海口鎮　（林秋明撮影）

鼎，1989）

林希逸（1193—1271），字肃翁，号竹溪，又号鬳斋，苏田里（今福清市渔溪镇苏田村）人。南宋端平二年（1235）以省试第一名、殿试中甲科第四名的成绩高中进士第。林希逸少年时跟从陈藻学习儒学，后又到江淮一带游历，杂取百家之长，逐渐成为广博之士，这为他后来学贯儒、释、道三教，主张三教圆融，奠定了基础。与林亦之等人不同，林希逸进士及第后长期担任各级官职，一生仕途还算顺利，并且长期担任皇帝机要秘书。林希逸敢于直陈政见，多次上书言事，政绩较为突出。

在学术文化上，林希逸主要采用通俗语言的方式，注释和讲授儒家、道家经典文献，采用融合儒道、三教并重的方式，阐发儒家和道家修身养性的基本观念，努力将已经发展成熟的宋代理学，特别是修养功夫，通俗化、日常化，对当时南宋中下层社会接受理学、提升文化水平做出了独特贡献，被称为福清籍“南宋最后理学家”。

作为宋代福清文化传播典型代表的林希逸，不仅对闽东南文化产生了深远影响，其思想更是借助兴盛的海上丝绸之路往来交流，以及福清作为港口开放

推薦し、迪功郎を贈り、「文元」の諡号を与えた。(饒安鼎、1989)

林希逸（1193-1271）は、字を粛翁、号を竹渓、または鬳齋とした。蘇田里（今の福清市漁渓鎮蘇田村）の出身である。南宋の端平二年（1235）、省試で1位、殿試では甲科4位の成績で進士に登第した。林希逸は少年の頃に陳藻に師事して儒学を学び、その後また江淮一帯を遊歴し、あらゆる学派の良いところを取り入れ、次第に幅広い学識を持つようになった。これは彼が後に儒、釈、道の三教を学び、三教の統合が提唱できる基礎を築いた。林亦之らと違って、林希逸は進士に合格した後、長い間各級の官職を務め、生涯の官途は順調で、しかも長期にわたって皇帝の機要秘書を務めた。林希逸は恐れずに政見を率直に述べ、何度も意見書を差し出し、政績において優れた成果をあげた。

学術文化の面では、林希逸は主に平易な言葉を使い、儒教や道家の古典的な文献を注釈したり講義したりし、儒道、三教を融合する方式を採用し、儒家と道家の修身養性の基本観念を釈明し、すでに成熟した宋代の理学、特に修養工夫を通俗化、日常化させ、当時の南宋の中下層社会が理学を受け入れ、文化を高めることに独特な貢献をし、福清籍の「南宋最後の理学者」と呼ばれる。

宋代の福清文化の典型的な代表である林希逸は、福建東南文化に大きな影響を与えただけでなく、盛んな海上シルクロードの往来交流と福清の港湾開放都市としての利便性によって、林希逸の思想は海上シルクロード商路とともに日本社会にも大きな影響を与えた。

林希逸画像，林秋明供稿

林希逸像　(林秋明提供)

林希逸の主な著作に『老子鬳齋口義』、『列子鬳齋口義』、『荘子鬳齋口義』があり、遅くとも日本の室町時代（1336-1573）前期、つまり中国の元代中後期に、これらはすでに日本の僧侶によって日本に伝来し、復刻出版された。鎌倉時代から戦国時代にかけて、日本の社会文化は次第に仏学を中

城市的便利条件，随着海丝商路，在日本社会产生了深远的影响。

林希逸主要著作有《老子鬳斋口义》《列子鬳斋口义》《庄子鬳斋口义》，最晚到日本室町时代（1336—1573）前期，也就是中国元代中后期，这些作品就已由日本僧人传入日本，并被翻刻出版。从镰仓时代到战国时代，日本社会文化逐渐由以佛学为主转向以儒学为主，作为理学传人的林希逸，用道家思想理解儒学，引用佛道典籍阐发儒家的基本精神，这在佛教思想仍然盛行的日本社会，既容易接受，又别开生面，由佛道进入对儒学的学习，这为江户时代以后理学思想的传入，提供了社会条件。（王晚霞，2018）明清之际隐元东渡，强调学佛必先通儒，正是这一时期文化交流模式的某种延续，二者都体现了福清文化中，既具有深厚传统文化的基础，又具有包容、多元、开放的特质。

特别值得一提的是，在林希逸后裔中，有一位即非如一禅师，正是隐元隆琦禅师重要弟子之一，与隐元隆琦、木庵性瑫并称“黄檗三笔”，对日本江户时代的社会影响很大。

从林希逸到即非如一，可以清楚地看到，隐元及黄檗文化之所以能在中日文化交流过程中产生重要影响，正是立足于福清深远的文化底蕴、悠久的传统和一脉相承的历史因缘。黄檗文化，不是地方性的宗教文化，而是源远流长的中华主流文化的一部分，同时也是经由海丝重要港口城市福清的融合、发扬、传播形成的具有新的内涵特征的文人文化、华侨文化、海丝文化。

闽中十才子之首林鸿

林鸿（1338—？），字子羽，福清城关横街（今福清一拂街）人。林鸿年少聪颖过人，读书过目不忘，被誉为“明代开国第一诗人”。

林鸿年少体弱多病，五岁时因患哮喘病险些夭折。父母听说福清福山寺里有一位僧人能治疗哮喘，就把林鸿送到了福山寺请那位僧人帮忙寄养。僧人在帮林鸿调理身体的同时，还教他读书、识乐谱、练剑术、种菜、种草。历经十年，在僧人的精心调理下，林鸿不仅身体逐渐好转，哮喘好了，还因饱读诗书，出口成章，被誉为“才子”。

明洪武年间，林鸿因才华出众，跳过了进士的考试，被官府层层上报，推荐给明太祖直接参加殿试。殿试时，林鸿当即在大殿上赋诗两首，其中有“堤柳欲眠莺唤起，宫花乍落鸟衔来”一联名句，被广泛传诵，一时名动京城。朱元

心とするものから、儒学を中心とするものへと転換し、朱子学の伝承者である林希逸は、道教思想で儒学を理解し、仏典を引用して儒学の基本精神を説いたが、これは仏教思想が依然として盛んな日本社会において受け入れやすく、また仏道から儒学への学習にも発展し、江戸時代以降の朱子学思想の伝来に社会的条件を与えた。（王晚霞、2018）明代から清へ変わる中、隠元が渡来し、仏を学ぶには必ず儒教に通じることを強調したのは、まさにこの時期の文化交流モデルのある種の延長である。両者にはいずれも福清文化の中で、深い伝統文化の基礎を持ちながら、包容的で多元的、尚且つ開放的な特質を併せ持っているという特徴が顕著に表れていた。

特筆すべき点として、林希逸の後裔の中に、即非如一禅師がいて、まさに隠元隆琦禅師の最も重要な弟子の一人であり、隠元隆琦、木庵性瑫と共に「黄檗三筆」と呼ばれ、日本の江戸時代の社会に大きな影響を与えていた。

林希逸から即非如一まで、隠元と黄檗文化が中日文化交流の中で重要な影響を与えたのは、福清の奥深い文化遺産に立脚し、悠久の伝統と一脈相承の歴史的因縁を持っているからであることが明らかになった。黄檗文化は、地方的な宗教文化ではなく、長い歴史を持つ中華主流文化の一部であり、同時に海上シルクロードの重要な港町である福清の融合、発揚、伝播によって、新たな内包特徴のある文人文化、華僑文化、海絲文化が形成された。

閩中十才子の筆頭林鴻

林鴻（1338-？）、字は子羽、福清城関横街（今の福清一払街）の出身だった。林鴻は子供の時からとても聡明で、本を読んだ後も忘れず、明代の開国第一の詩人と称賛された。

林鴻の若い頃は病弱で、5歳の時に喘息を患って危うく死ぬところであった。福清福山寺に喘息を治療できる僧侶がいると聞いた両親は、林鴻を福山寺に送って僧侶に身を預けた。その僧侶は林鴻の体の調子を整える手助けをすると同時に、読書、楽譜、剣術の練習、野菜の栽培、草の栽培を教えた。10年間を経て、僧侶の丹念な保養の下で、林鴻は体の調子がだんだん良く

林鸿画像，林秋明供稿
林鸿像　（林秋明提供）

璋非常喜欢，大声夸赞道："这真是我大明朝的高才啊！"于是直接下诏派林鸿回故乡将乐县（今福建省三明市将乐县）担任训导。

七年后，年仅四十岁的林鸿，又被召回北京，担任礼部官员，官从五品。但是林鸿担心卷入当时兴起的"文字狱"，又因为请求减轻农民赋税的意见未被采纳，便连上三道辞呈，请求回乡伺候双亲。朱元璋看林鸿去意已决，也就准许了。

林鸿回到家乡福清后，再次住进福山寺闭门读书，长达五年。出于对宋代乡贤郑侠高洁品格的敬佩，林鸿与福州附近的文人发起成立"一拂诗社"，与侯官王葆、唐泰，闽县郑定、周玄，永福王偁，长乐高棅、王恭、陈亮，以及将乐的黄玄一同游山玩水，相互唱和，被称为"闽中十大才子"。周边名士也慕名而来，林鸿的名声逐渐享誉八闽大地，最终形成了一个具有全国影响力的诗派——"闽派"。林鸿也被后世文学理论家称为明代开国第一宗派"闽派"的创始者及领袖人物，他的作品则被视为明代诗歌唐音的典范。

林鸿不仅在诗坛成就显著，他与张红桥浪漫凄美的爱情故事，也流传后世。张红桥是闽县人，家住红桥附近，因此自号红桥。张红桥才貌双全，但是非常清高，她对父母说："要以诗取夫，要嫁才如李白的大诗人。"林鸿游学拜见好友王偁时，偶遇张红桥，得知了张红桥的要求后就投诗一首，二人情投意合，一作一和，在诗歌的撮合下，两人很快就堕入了爱河，两人的诗中经常都嵌有对方的名字。在征得张家人同意后，林鸿住进了张红桥家，两人感情越来越好。第二年，林鸿去南京游学，二人以诗往来联系，但张红桥误解了林鸿的诗意，认为林鸿对她的感情只是敷衍，结果抑郁成病，没多久就死了。林鸿回到福建后，得到红桥已死的噩耗，伤心地失声痛哭，再加上怀才不遇，林鸿从此心灰意冷，整日以抄录《心经》消磨时间。抄完后就焚毁，焚后的纸灰竟然装满了一箩筐。

なり、喘息もよくなっただけでなく、詩書を熟読し、文才に優れ、「才子」と誉められた。

明洪武年間、林鴻は才能が優れていたため、進士の試験を飛び越え、官府に次々と報告され、明太祖に直接殿試を受けるようにと推薦された。林鴻はすぐに大殿に詩を二首作り、その中に「堤柳欲眠鴬喚起、宮花乍落鳥銜来」という名句があり、広く伝わり、一時は京城に名を馳せた。朱元璋は非常に気に入り、大声で「これこそ、真の我が明朝の高才である」と誉めた。そこで直接詔を下し林鴻を故郷の将楽県（現在の福建省三明市将楽県）に派遣して訓導を担当させた。

七年後、わずか40歳の林鴻は再び北京に召還され、五位下の礼部官に就任した。しかし、林鴻は当時勃興した「文字獄」に巻き込まれることを恐れ、農家の税負担軽減を求める意見が受け入れられなかったため、三度も辞表を出し、故郷に帰って両親に仕えたいと願い出た。朱元璋は林鴻の去る決意が固まったのを見て、ようやく許可した。

林鴻は故郷の福清に戻った後、再び福山寺に住み込み、五年間にわたって学問に没頭した。宋代の郷賢鄭侠の高潔な品格に敬意を表し、林鴻と福州付近の文人が発起して「一払詩社」を設立し、侯官の王葆、唐泰、閩県の鄭定、周玄、永福の王偁、長楽の高棅、王恭、陳亮、及び将楽の黄玄と一緒に遊山し、互いに歌を歌い、「閩中十大才子」と呼ばれている。周辺の名士も名を慕ってやって来た。林鴻の名声が次第に八閩大地に広まるにつれ、一つの全国的な影響力を持つ学詩派である「閩派」が形成された。林鴻も後世の文学理論家に明代の開国第一宗派である「閩派」の創始者、指導者と呼ばれ、彼の作品は明代の詩歌の唐音の模範とされている。

林鴻は詩壇で著しい成果を上げただけでなく、張紅橋とのロマンチックで悲しいラブストーリーも後世に伝わっている。張紅橋は閩県の出身で、家は紅橋の近くにあったため、紅橋と自号した。張紅2橋は才色兼備であるが、とても高潔で、両親に「詩をもって夫を取り、李白のような才能のある大詩人と結婚したい」と言っていた。林鴻は遊学して親友の王偁を訪ねたところ、偶然張紅橋に出会った。張紅橋の要求を知ってから、詩を一首投げかけ

林鸿《宿云门寺》诗题刻，长乐云门寺，温志拔摄
林鴻『宿雲門寺』誌石　長楽雲門寺　（温志抜撮影）

林鸿与“闽中诗派”的创作，与明代中后期日益兴起并鼎盛于明清之际的江南文化有着密切的联系。这些诗人不仅成为江南文化、明代诗文发展的先驱，开风气之先，更是与同时代及后来的江南文人，有着或远或近的交游师友关系。

这些人物的关联和故事，反映出福清及周边的思想文化，是宋元明以来整体思想史和文化史的重要组成部分，更为重要的是，这样的联系，在此后，表现得越来越突出鲜明。我们将会看到，黄檗文化的诸位名人和文化成就，正是明清之际江南文化、遗民文化的一部分，呈现出黄檗文化作为中华文化核心精神一部分的传承性。

二、临济祖源与慈流东照

印度佛教传入中土以来，不断调整适应中土各阶层的需求，在此过程中，佛教也逐渐完成中国化进程。尤其到了隋唐时期，中国化的佛教宗派——禅宗，迅速兴起并发展成为中国佛教主流。

た。二人は意気投合し、作風もぴったりと合い、詩のとりもちですぐに恋に落ちた。二人の詩の中にはいつも相手の名前が綴られている。張家の同意を得た後、林鴻は張紅橋の家に住み、二人の仲はますます良くなった。翌年、林鴻は南京へ遊学に行き、二人は詩で連絡を取り合ったが、張紅橋は林鴻の詩の意味を誤解し、彼女に対する感情はただのごまかしだと思ってしまい、憂鬱になって病気になり、間もなく死んでしまった。林鴻は福建省に戻った後、紅橋が死んだ悲報を聞き、悲しみのあまり大声で号泣した。それに不遇に遭ったため、林鴻はすっかり意気消沈し、一日中『心経』を書き写して時間をつぶしていた。写し終わると焼却し、焼かれた灰はなんと籠いっぱいになっていた。

林鴻と「閩中詩派」の創作は、明代中後期に日増しに台頭し、明清時代に全盛だった江南文化と密接な関係がある。彼らは江南文化、明朝の詩文発展の先駆となっただけでなく、時代を切り開き、「閩中詩派」の各才人は、更に同時代及びその後の江南文人とは、遠いあるいは近い交遊師友関係を持っていた。

これらの人物の繋がりや物語には、福清とその周辺の思想文化が反映され、宋元明時代以来の思想史と文化史の重要な構成部分であり、さらに重要なのは、このような関連がその後、ますます際立って鮮明になっていくことである。われわれは、黄檗文化の諸名人とその文化的成果を見ることができるが、それはまさに明清の江南文化、遺民文化の一部であり、黄檗文化が中国文化の核心精神の一部として伝承されてきたことを示している。

二、臨済祖源と慈流東照

インド仏教が中国に伝わって以来、中国の各階層のニーズに適応するために絶えず調整し、その過程で、仏教は次第に中国化の過程を完成した。特に隋・唐の時代になると、中国化した仏教宗派である禅宗が急速に台頭し、中国仏教の主流となった。

临济之源

中唐时期，禅宗内部“一花五叶”分化出来了五个派系，分别是沩仰宗、临济宗、曹洞宗、云门宗和法眼宗。北宋后期临济宗又分化出黄龙和杨岐二派，因此禅宗史上就有了“五家七宗”说法。

历史源流

唐代禅宗六祖慧能以后，他的思想主要由弟子南岳怀让、青原行思传承。南岳怀让传马祖道一，马祖道一传百丈怀海。百丈怀海的弟子黄檗希运传至临济义玄，从而开创了临济宗。临济宗的影响相较其他宗派，影响最广泛和深远。

南岳怀让（677—744），陕西人，唐代高僧，六祖慧能高徒，曾侍奉慧能大师十五年之久。怀让禅师和马祖道一师徒之间有一个著名的“磨砖成镜”对话。在六祖慧能示寂后，南岳怀让前往湖南衡山传播南禅顿悟法门。一日，怀让禅师在衡山见一个年轻僧人搭草庵坐禅，一心向道，便知道年轻僧人是个志向高远的弘法人才。怀让禅师问年轻僧人：“请问你坐禅图什么呢？”僧人回答道：“图作佛。”怀让禅师听完，从路边捡了一块砖在草庵前的石头上磨呀磨。年轻僧人见状，十分不解，问道：“你磨砖干什么？”怀让禅师答道：“磨成镜子。”年轻僧人听完更加不解，脱口而出：“磨砖怎么可能变成镜子啊？”怀让禅师缓缓说道：“磨砖不能变成镜子，那坐禅怎么能变成佛呢？”年轻僧人问：“那要怎么做才能成佛呢？”怀让禅师没有回答，反问道：“比如牛架着车子，车子不行进，是打车还是打牛呢？”年轻僧人无言以对。怀让禅师这时才开示说：“你学习坐禅，学的是坐佛形式。禅不是坐卧的形式，本来佛陀显示也是没有定相的。你如果执著取舍其中的方式去成佛，那么就是杀佛，根本无法悟得真理。”这段对话强调禅宗的修行是在修心，而不是修身，不要舍本求末。年轻僧人听完如醍醐灌顶，当下虔诚礼拜怀让为师。这个年轻僧人就是著名高僧马祖道一。

马祖道一，四川成都人，他在衡山得到南岳怀让密授的心印后，于开元、天宝年间离开湖南来到福建、江西等地弘法。马祖道一倡导顿悟，他学养精深，加上个人禀赋，把南禅教学法发挥到极致，把高深的禅法融于日常应用中，以当头棒喝的方式传递禅法妙谛。在他的门下，培养了一大批禅门俊贤，

臨済の源

中唐時代、禅宗内部の「一花五葉」は、潙仰宗、臨済宗、曹洞宗、雲門宗、法眼宗という五つの宗派に分化された。北宋後期に臨済宗が黄龍派と楊岐派に分かれたことから、禅宗史に「五家七宗」という言い方がある。

歴史の源流

唐代禅宗の六祖慧能以降、彼の思想は主に弟子の南岳懐譲、青原行思によって伝承された。南岳懐譲は馬祖道一に伝え、馬祖道一は百丈懐海に伝えた。百丈懐海の弟子である黄檗希運が臨済義玄に伝授し、臨済宗を開いた。臨済宗の影響力は、他の宗派に比べて最も広く、幅広い範囲に及んでいたのである。

南嶽懐譲（677-744）は、陝西省の出身、唐代の高僧で、六祖慧能の高弟であり、慧能大師に15年間仕えた。懐譲禅師と馬祖道一師弟の間には有名な「南嶽磨塼」の対話が伝えられている。六祖慧能の示寂後、懐譲禅師は湖南衡山に行って南禅頓悟法門を伝えていた。ある日、彼は衡山で一人の若い僧侶が草庵で坐禅に励んでいる姿を見た。この人は志の高い弘法の人材であることを知り、若い僧侶に尋ねた。「あなたは坐禅をしてどうしようというのだ」と。若い僧侶は「仏になろうと思います」と答えた。すると懐譲禅師は、一枚の塼を取って、石の上で磨き始めた。それを見た若い僧侶は「何をなさっているのですか」と言うと、懐譲禅師は「鏡にしようと思う」と答えた。若い僧侶は不思議に思い「塼を磨いても鏡にはできません」と言うと、懐譲禅師は「坐禅をしても仏にはなれないぞ」と言い返した。その意味が解せない若い僧侶に対し懐譲禅師は、「牛車が進まない時、車を叩くのと、牛を叩くのとどちらが正しいのだ」と問う。若い僧侶が答えないと、懐譲禅師はこう諭した、「おまえは坐禅を学んでいるのか、それとも坐仏を学んでいるのか。もし坐禅を学ぶというのなら、禅は坐ったり横たわったりすることではないぞ。もし坐仏を学ぶというのなら、仏は定まった形とは限らないぞ。仏は、何ものにもとらわれない真理として捉え、取捨してはならない。おまえが、もし坐仏するのなら、仏を殺すことになる。もし坐る形にとらわれるのなら、真理に到達できない」と開示した。この対話で強調された

其中包括著名的百丈怀海大师。百丈怀海（720—814），俗姓王，福州长乐人。百丈怀海小时候跟随母亲到寺院礼拜，他指着佛像问母亲："这个人是谁？"母亲回答说："是佛。"他随口说："他的长相跟人也没什么差异，我以后一定也能做佛。"后出家追随马祖道一修持佛法。百丈怀海最大的贡献就是制定了佛门修行规诫《百丈清规》，它成为历代寺院遵循的基本行为准则。他倡导的"一日不作，一日不食"的务实精神，为宋以后僧界和儒界所学，更是经历元明清绵延不绝。

宋代临济宗绵延不绝，空间上遍布全国各地，涌现了一大批禅门高僧，他们以高深的禅学思想、高超的文艺修养和广泛的士僧交往，深刻影响着宋代社会生活和文化的方方面面。尤其是临济宗十七世虎丘系禅师语录存世比较多，他们的重要贡献是引领临济宗向海外日本传播，这些传播者既包括入宋求法的日本僧人，也包括不少远涉重洋、赴日弘法的临济宗禅师。如著名僧人兰溪道隆（1213—1278），他在1246年赴日后受到当时幕府的热烈欢迎，住持了长乐寺、建长寺，开创日本临济宗建长寺派。随后道隆的徒子徒孙相继赴日，师徒共同把临济宗"即心即佛"的根本法门和"返求本心"的具体途径，以

福建长乐龙泉寺"龙柱"，怀海时代遗存，温志拔摄
龍泉寺「龍柱」—懐海時代の遺物　福建省長楽区　（温志拔撮影）

のは、禅宗の修行は身体ではなく心を修めることであり、根源を捨てて目的を求めてはいけないということであった。この示晦を聞いた若い僧侶は悟りを開き、すぐに懐譲を師と仰いだ。この若い僧侶は有名な高僧の馬祖道一である。

四川省成都出身の馬祖道一は、衡山で南嶽懐譲から秘授の心印を受けた後、開元、天宝年間に湖南を離れて福建、江西などに来て弘法した。馬祖道一は悟りを唱え、深い学識と個人の資質により、南禅の教えを最大限に生かし、深遠な禅の教えを日常に取り入れ統合し、禅がいかに素晴らしく意味があるかを正面から伝えているのである。彼の指導のもと、百丈懐海をはじめとする多くの禅門俊賢を育てた。百丈懐海（720–814）、通称王姓、福州長楽の出身である。幼い頃、母親に連れられてお寺に参拝した際、仏像を指さして「この人は誰？」と聞いたそうである。母親は「お釈迦様だ」と答えた。彼は「人間と変わらない姿をしているから、私も将来必ず仏になれるに違いない」と何気なく言ったという。後に出家して馬祖道一に従って仏教の修行に励んだ。百丈懐海の最大の貢献は、仏門の修行規戒「百丈清規」を制定したことである。これは歴代寺院の基本的な行動規範となっている。彼が唱えた「一日不作、一日不食」の実務精神は、宋代以降の僧界や儒教界に受け継がれ、元、明、清の時代まで続いた。

宋の時代では、臨済宗は隆盛を極め、全国までに広がり、多くの禅門高僧が現れ、彼らは深い禅学思想、優れた文芸修養と幅広い士僧の往来によって、宋代の社会生活と文化の各方面に多大な影響を与えた。特に臨済宗十七世の虎丘系禅師の語録は多く現存されている。彼らの重要な貢献は臨済宗を海外である日本に広めることである。そのうち宋に入って法を求めた日本の僧侶だけでなく、多くの遠洋を渡り、日本に渡って法を広めた臨済宗禅師も含まれている。例えば、名僧である蘭渓道隆（1213–1278）は1246年に日本に渡来した後、当時の幕府の熱烈な歓迎を受けて、長楽寺や建長寺の住職とし、日本臨済宗建長寺派を開いた。その後、道隆の弟子、孫弟子が相次いで日本に渡り、師弟共同で臨済宗の「即心即仏」の根本的な教えと「返求本心（本心に戻る）」の具体的な方法、および宋代の儒学と各種の文化芸術を日本にもたらし、日本の宗教と文化に大きな影響を与

及宋代儒学和各类文化艺术带到了日本，对日本宗教和文化影响巨大，不得不说，这是唐代之后将中华文化移植到日本的一次高潮，值得重视。南宋时期临济宗还有一些著名的禅师，如济颠道济（1148—1209）。他从小性情狂简，或与少年摔跤，或在酒肆狂歌，但神悟聪慧，十八岁便得到师父印可。道济有神通，但行为癫狂，经常施药施财救济穷苦百姓，被后人尊称为“活佛”“济公”。临济宗人才鼎盛，门庭光大，在佛教发展史上有非常重要的地位。

黄檗棒喝

“公案”原指官府案牍文卷，用来断是非，禅宗借以指代禅门祖师接引学人的言行机缘。禅宗各派为了接引不同根基的学人，就会采用上堂说法、举扬公案的方式。临济宗的公案故事也是非常丰富，主要以机锋棒喝方式为主。

如临济宗的历代祖师当中，黄檗希运禅师是一位爱扇别人耳光的祖师。当然，这“扇耳光”不是因为生气，而是他教人顿悟的独特法门。他不但扇徒弟的耳光，也扇自己师父的耳光，甚至扇皇帝的耳光。据禅宗史书《景德传灯录》记载，有一天，怀海禅师问希运：“你刚才干什么去了？”希运回答说：“到山上采蘑菇去。”怀海又问他：“在山上是否遇到老虎？”希运立即作虎吼声，于是怀海就以手作斧，也做出要砍虎的样子，两人就这样在原地彼此对峙，希运突然挥掌就打了师父一个耳光，没想到怀海被弟子打后却哈哈大笑地回去了。这一掴掌其实是表明希运已经开悟的境界，怀海认可了这一开悟，回寺院后，怀海上堂说：“大雄山下有一只大虫，你们各位也要小心，我百丈老汉今天遭这条大虫咬了一口。”

明朝人瞿汝稷编的禅宗人物传记故事集——《指月录》中也记载：唐宣宗李忱在登基称帝之前，为了躲避皇室内部的斗争，不得不躲进了寺院。有一天，希运在佛堂礼拜佛像，李忱便向希运请教佛法，向希运表达了自己对于佛法的见解。他说南禅讲求自悟，不求佛、不求法，也不求僧，既然都不求，为什么还要做礼拜？希运听后当即扇了他一个响亮的耳光。李忱自小在皇室里长大，哪里受过这种待遇，于是他怒斥希运说：“你怎敢如此粗野？”希运听到这句话，上去又给了李忱一记耳光，并同样怒斥道：“大胆！你以为这里是什么地方？这里是本师世尊释迦牟尼佛的大雄宝殿！为了拯救众生于苦难，佛祖以

えた。これは唐代以降の中国文化を日本への取り入れの大きな高まりと言わざるを得ず、重視すべきことである。南宋時代の臨済宗には、済顚道済(1148-1209)のような有名な禅者がいたが、幼少時から短気で少年と相撲を取ったり、酒場で歌を歌ったりしていたが、聡明で、18歳で師匠の印可を得た。道済は神通力を持っていたが、狂気じみた行動をし、常に薬や財を施して貧しい庶民を救済し、後世には「活仏」、「済公」と尊称された。臨済宗には優れた人材が大勢存在し、仏教発展史においては非常に重要な地位を占めている。

黄檗一喝

「公案」とは、本来、善悪を判断するための公文書や書類を指すものであったが、禅宗では禅門の祖師に代わって学人の言動や因縁を導くことを指している。禅宗各派は、基盤の異なる学人を引き付けるために、上堂説を採用し、公案を挙げる方式を用いた。臨済宗の公案物語も非常に豊富で、主に機鋒・棒喝などが中心であった。

たとえば臨済宗の歴代祖師の中で、黄檗希運は平手打ちを好む祖師であった。もちろん、この「平手打ち」は怒っているからではなく、彼が他人に悟りを教える独特の仏法の教えだそうである。弟子たちだけでなく、自分の師匠や皇帝までも彼の平手打ちを食らったことがある。禅宗の歴史書『景徳伝燈録』によると、ある日、懐海禅師が希運に「あなたは今何をしに行ったのか」と尋ね、希運は「山へキノコ狩りに行きました」と答えた。懐海はまた彼に「山で虎に会ったのか」と尋ね、希運はすぐに虎の真似をし、唸り声をあげた。すると懐海は手で斧を見立て、虎を叩き斬るふりをした。二人はその場でにらみ合っていたが、希運は突然手を振って師匠に平手打ちをしてしまった。懐海は弟子に殴られて大笑いして帰ってしまった。その「平手打ち」は希運がもう悟りの境地に至ったということの証拠であるが、懐海はその悟りを認めた。寺院に戻ると、堂に入り、懐海はこう言った。「大雄山の下に大きな虫がいるから、みんな気をつけなさい。私は今日この大虫に噛まれた」。

明代の瞿汝稷が編纂した禅僧人物の伝記物語集である『指月録』にも、唐の宣宗李忱は皇帝に即位する前に、皇室の内紛から逃げるために、やむを得

迦毗罗卫国皇储身份，舍弃王位出家为僧，苦修苦行，在菩提树下，最终悟道解脱。而你做了什么？你有什么资格站在这神圣的地方？还敢在这里大放厥词？”李忱听后，当时就是一愣，接着泪水在眼眶里打转，随即眼中神采飞扬，心中充满喜悦满足，于是慢慢在希运面前下跪忏悔，随后，他站起身，对希运说：“弟子今生际遇，注定是不平凡的，若不是您的提醒，几乎忘记了我的责任和使命。终有一天，弟子一定会证明自己配站在这里！”希运也几乎落泪，缓缓点点头。后来李忱即位当了皇帝，就是唐宣宗。希运圆寂之后，按照弟子请求，唐宣宗给希运加封谥号“粗行禅师”，后来经过宰相裴休解释、争取，又改称“断际禅师”。

黄檗希运的整个禅理论，极其强调“心悟”的作用，面对一般僧人和众人，如何激发他们心中本有的领悟能力，是晚唐禅宗最为关注的修行功夫问题，黄檗希运特别主张用当头棒喝、动手打骂等极端方式，试图让听者醒悟，扫清自我内心长期的困顿和迷雾。

宗脉继绝

福清黄檗山坐落在今天福建省福清市渔溪镇梧瑞村境内，其山因多产黄檗而得名。

唐代贞元年间（785—805），福清黄檗山开辟为佛教道场，由禅宗六祖惠能的弟子正干禅师开创。正干禅师，俗姓吴，是莆田人，嗣法于曹溪慧能，后来到福清黄檗山，想起师父受记的话“遇苦即止”，而黄檗山所产黄檗树的果实味苦，正符合了师父的受记，于是正干就在黄檗山结庵落脚，传播曹溪禅法。正干以后，黄檗希运禅师成为黄檗山历代僧俗引以为豪的高僧。黄檗希运主要继承和发展洪州禅法思想，其禅学思想属于慧能一系，是临济宗的祖师，他的禅学思想集中体现在唐代裴休编录的《断际禅师传心法要》（简称《传心法要》）和《黄檗断际禅师宛陵录》（简称《宛陵录》）中。福清黄檗山万福寺也一直是以唐代黄檗希运禅师为法派始祖。如今在新修建的正大门前就立着《传心法要》的石碑。与黄檗希运同时代的黄檗高僧还有长庆大安、鸿休、黄山月轮等。其中鸿休有骂贼的美誉，话说有一年，社会动荡，寇贼充斥于黄檗山寺外，此时鸿休毫无畏惧，镇定自如走出寺外，脱下衲衣放置松树下的石头上，然后对寇贼说：“我发誓

ず寺院に隠れたと記録されている。ある日、希運は仏堂で仏像を礼拝し、李忱は希運に仏法を教わり、希運に仏法に対する見解を述べた。李忱は南禅が自悟を重んじ、仏を求めず、法を求めず、僧も求めないと言っているが、求めない以上、どうして礼拝をしなければならないのかと述べたが、それを聞いた希運はすぐに平手打ちをした。幼い頃から皇室で育たれた彼は、こんな待遇を受けたことがなかったので、「どうしてそんなに乱暴なのですか」と怒って希運を叱責したが、それを聞いた希運は再び李忱に近づいて平手打ちをし、同じく「よくそんなことを！ここはどこだと思ってるのだ？ここは本師世尊釈迦牟尼仏の大雄宝殿だ！衆生を苦しみから救うために、仏祖は迦毗羅衛国の皇太子として、王位を捨てて出家して僧となり、苦行を修め、菩提樹の下で、最後に悟り、解脱した。おまえは何をしたのか？お前にこの神聖な場所に立つ資格があるのか？ここでそのような口答えができるとでも？」と一喝した。李忱はそれを聞いて呆然としていた。涙が目に溢れ、光が差し、心の中が喜びに満ちていた。そこで、希運の前にひざまずいて、ざんげした。そして、彼は立ち上がって、希運に言った。「私のこの人生での出逢いは決して平凡なものでないことは運命づけたに違いありません。あなたの指摘がなければ私のこの世での責任と使命はほとんど忘れていたでしょう。いつの日か私がここに立つ価値があることを証明いたします」。希運も涙を流しそうになり、ゆっくりとうなずいた。のちに李忱が皇帝に即位した。彼が唐の宣宗なのである。希運が入寂した後、弟子の願いどおり、唐宣宗は希運に「粗行禅師」というおくり名をつけたが、後に宰相裴休の解釈と努力を経て、「断際禅師」と改称した。

黄檗希運の禅理論は、「心得」の作用に重点を置き、一般の僧侶と人々に対して、どのように彼らの心の中に本来持っている悟りの力を引き出すかは、晩唐の禅宗の修行において最も煩わしい問題であり、特に黄檗希運は頭ごなしに一喝し、さらには手を出すまでの極端な方法を提唱し、それによって相手を目覚めさせ、心に長く潜む困惑と靄を一掃しようとした。

宗脈の断絶と持続

福清黄檗山は現在の福建省福清市漁渓鎮梧瑞村の境内に位置し、黄

福清黄檗山黄檗树，林秋明摄
黄檗樹　福清市黄檗山（林秋明撮影）

绝不会让你们污染这个清静之地。”说完，安详地拿起刀刃就着脖子一抹，神奇的是刀刃上毫无血迹，寇贼顿时惊异无比，一一下跪忏悔。（福清县志编撰委员会，1989）

黄檗山万福寺在宋元时期的发展状况，因为资料缺失，难以了解全貌。不过两宋时期，禅宗在南方盛行，黄檗山在宋代可能曾经兴旺一时。根据《黄檗山寺志》所记载的宋人诗文似也可以推断其在宋代的兴盛。如蔡襄《宿黄檗听彬长老谭禅》：

一圆灵寂本清真，谁向苍浪更问津。
欲说西来无见处，奈何言句亦前尘。

蔡襄（1012—1067），福建莆田仙游人，北宋名臣，著名的书法家、文学家，曾任福建路转运使、泉州太守等职务。诗句中反映出蔡襄与黄檗寺彬长老谈论禅学的问题，从大臣造访便可知黄檗寺的知名度了。还有刘克庄《黄檗寺一首》：

檗（キハダ）が多くとれることからこの名がついた。唐代の貞元（785-805）年間に、福清の黄檗山は仏教の道場として、禅宗六祖慧能の法嗣正幹禅師によって開山された。正幹禅師は、俗姓は呉、蒲田の出身で、曹渓慧能に師事し嗣法した。後に福清黄檗山に着いた時、「苦に遭ったら止めよ」という師匠の言葉を思い出した。黄檗山で作られた黄檗の木の実の苦味がまるで師匠の言葉のように感じられ、正幹は黄檗山に尼寺を作り、曹渓の禅法を広めていた。正幹以降、黄檗希運禅師は黄檗山の歴代僧俗を誇る高僧となった。黄檗希運は主に洪州の禅法思想を継承し、発展させたが、その禅思想は慧能一系に属し、臨済宗の祖師である。その禅思想は唐代の裴休が編纂した『断際禅師伝心法要』（略称『伝心法要』）及び『黄檗断際禅師宛陵録』（略称『宛陵録』）に集中的に体現されている。福清黄檗山万福寺も唐の黄檗希運禅師を法派の始祖としている。今、新しく建てられた正門の前には『伝心法要』の石碑が立っている。黄檗希運と同時代の黄檗高僧には、ほかにも長慶大安、鴻休、黄山月輪などがいる。そのうち、鴻休は賊徒を厳しく叱ったことで有名となった。ある年、社会は混乱し、寇賊は黄檗山寺の外にあふれていた時、鴻休は恐れず、落ち着きはらって自由に寺の外に出て、刺し子を脱いで松の下の石に置いた。そして、寇賊にこう言った。「この清らかな場所をお前たちに絶対に汚させないぞ」。そう言って、静かに刃を手に取り、自分の首を拭ったが、不思議なことに刃には血の跡がなく、盗賊たちは驚きのあまり、ひざまずいてざんげをしたという。

宋元時代における黄檗山萬福寺の発展状況に関しては、資料が不足しているため、全貌を把握することが難しい。しかし、両宋の時代には、禅宗は南方で大流行となり、黄檗山も盛んになっていた可能性がある。『黄檗山寺志』に記された宋人の詩文からもその宋代においての隆盛さを推察することができよう。例えば蔡襄の『宿黄檗聴彬長老譚禅』という詩文がある。

一園霊寂本清真、誰向蒼浪更問津。
欲説西来無見処、奈何言句亦前塵。

犹记垂髫到此山，重游客鬓已凋残。
寺经水后增轮奂，僧比年时减钵单。
绝壑云兴潭影黑，疏林霜下叶声干。
平生酷嗜朱翁字，细看荒碑倚石栏。

刘克庄（1187—1269），福建莆田人，南宋著名词人，《黄檗寺一首》说明，他在幼年时候游览黄檗寺时该寺还是非常兴盛的，到了晚年再游时寺院已经凋败，当年朱熹在此留下的碑刻也已只是荒碑了。南宋时期著名理学家林希逸也曾留下《诸侄约至黄檗因思前岁刘朔斋同宿，约后村不至，慨然有感》一诗，记录了游黄檗寺经历：

黄檗山前古梵宫，早年屡宿此山中。
猿啼十二峰前月，鹏送三千里外风。
日者共游因朔老，期而不至有樗翁。
骑鲸人去相如病，更欲跻攀孰与同。

林希逸早年经常借宿寺中，在黄檗山的自然美景中感悟李白、司马相如的逝去，获得精神上的理趣。特别值得一提的是，林希逸后人即非如一禅师，正是明末黄檗山万福寺僧人，隐元隆琦禅师重要弟子之一，对日本江户时代的文化界影响很大。从以上所引诸诗可了解到，黄檗山在宋代应该是颇具规模，兴盛一时。（福清县志编撰委员会，1989）

宋末元初动乱，黄檗山受到毁灭性的破坏，在元代一直没有恢复。到了明朝晚期，逐渐兴盛。明万历四十二年（1614），皇室赐藏经于福清黄檗山，赐寺名“万福禅寺”，使得黄檗山具有了很高的政治地位，为后来的兴盛奠定了基础。崇祯三年（1630），临济宗第三十世密云圆悟（1566—1642）应请前来住持，福清黄檗山万福寺从此归入临济宗流派，作为具有宗派系谱传承的禅寺而展开新的历史。密云圆悟法子费隐通容（1593—1661）、法孙隐元隆琦相继住持，盛况空前。在阐扬临济宗风的同时，黄檗山僧侣和外护有意识强调作为临济义玄师父的希运禅师的源流地位，并以希运为法派始祖确立了法系源流，以标榜黄檗山在明末禅林中独自的主体性。

蔡襄（1012-1067）は、福建蒲田仙遊の出身で、北宋の名臣、有名な書家、文学者で、福建路中継使、泉州太守などを務めたことがある。詩中に、蔡襄が黄檗寺の彬長老と禅学の問題について話していることが示されており、大臣が訪れたことから黄檗寺の知名度が明らかだろう。また劉克庄の『黄檗寺一首』との詩も記載されている。

猶記垂髫到此山，重遊客鬢已凋殘。
寺經水後增輪奐，僧比年時減缽單。
絶壑雲興潭影黑，疏林霜下葉聲幹。
平生酷嗜朱翁字，細看荒碑倚石欄。

劉克庄（1187-1269）、福建蒲田の出身で、南宋の有名な作詞人である。『遊黄檗寺』によると、彼は幼い時に遊覧した黄檗寺は非常に繁盛したが、晩年に再び遊覧した時に寺院はすでに凋落したそうである。当時の朱熹がここに残した碑も荒れ果てた碑でしかなかった。南宋時代の有名な理学者林希逸も、『諸侄約至黄檗因思前歳刘朔斎同宿，約後村不至，慨然有感』との詩に、黄檗寺を訪れた際の光景が描かれていた。

黄檗山前古梵宮，早年屢宿此山中。
猿啼十二峰前月，鵬送三千里外風。
日者共遊因朔老，期而不至有樗翁。
騎鯨人去相如病，更欲躋攀孰與同。

林希逸は早くから寺院に宿泊し、黄檗山の自然風景の中で李白、司馬相如の逝去を感じ、精神上の理趣を得た。特に、林希逸の後人即非如一禅師は、明末の黄檗山万福寺の僧侶で、隠元隆琦禅師の重要な弟子の一人であることが注目される。彼は日本の江戸時代の文化界に大きな影響を与えた。以上の引用された諸詩からわかるように、黄檗山は宋代にかなりの規模をもっていたはずで、一時期盛んであっただろう。（福清県誌編纂委員会、1989）

福清隐元所建报恩塔遗迹，林秋明摄
隠元禅師が建てた報恩塔遺跡　福清市　（林秋明撮影）

清乾隆年间（1736—1795），万福寺又趋衰微，寺僧清馥募化修复。清末民初，因为战乱，殿宇大多被毁殆尽。1928年遭遇山洪之劫，寺院损失严重。

慈流东照与西来拜祖

二十世纪以来，中日之间的经贸往来频繁，日本方面对中国福清黄檗山万福寺的造访也没有间断过。1917年3月7日，大正天皇（1879—1926）赐予隐元禅师封号：真空大师。当时日本宫内省的公文如下："大光普照、佛慈广鉴、径山首出、觉性圆明国师谥真空大师。大正六年三月七日。宫内大臣从二位勋一等男爵波多野敬直奉。"这个公文现在保存在日本京都黄檗山万福寺。3月10日，京都黄檗山万福寺派出专使福田荣一，前往中国福清黄檗山万福寺传达这个喜讯，记载在日本《禅宗》第264号文中。

1925年4月28日，京都黄檗山万福寺住持隆琦大雄，与黄檗僧人山田玉

宋代末から元代初めにかけて、黄檗山は壊滅的な破壊を受け、元代では全く復旧されることがなかった。明の末期になると、次第に盛んになった。明万暦四十二年（1614）、皇室が蔵経を福清黄檗山に授け、「万福禅寺」との寺名を下賜したことにより、黄檗山は高い政治的地位を得て、その後の隆盛の基礎が築かれることになった。崇禎三年（1630）、臨済宗第三十代の密雲円悟（1566–1642）が要請を受けて住持に任ぜられ、その後の福清黄檗山万福寺は臨済宗の流れに入り、宗派の系譜を持つ禅寺として新たな歴史をスタートさせた。密雲円悟の法嗣費隠通容、法孫隠元隆琦が相次いで住職となり、前後にも匹敵する盛況である。臨済宗風を説きながら、黄檗山の僧侶や外護は臨済義玄の師である希運禅師の源流を意識的に強調し、希運を法派の始祖として法系源流を確立し、黄檗山の明末禅林における独自の主体性を標榜した。

清乾隆年間（1736–1795）になると、万福寺は衰退の趨勢にあり、寺僧の清馥は布施を募って修復した。清末民初、戦乱のために殿舎はほとんど破壊された。1928年には山崩れに見舞われ、寺院は大きな被害を受けた。

慈流東照と西来拝祖

20世紀以来、中日間の経済貿易往来は頻繁に行われている。日本から中国福清の黄檗山万福寺への訪問も途絶えることがなかった。1917年3月7日、大正天皇（1879–1926）が隠元禅師に真空大師という封号を授与した。当時の宮内省の公文は「大光普照、仏慈広鑑、径山首出、覚性円明国師諡真空大師。大正6年3月7日。宮内大臣従二位勲一等男爵波多野敬直奉。」である。この公文書は京都黄檗山万福寺に保管されている。3月10日、この吉報を伝えるために、京都黄檗山万福寺は専使福田栄一を派遣し、中国福清黄檗山万福寺に赴いた。このことは日本の『禅宗』第264号の文章に記載されている。

1925年4月28日、京都黄檗山万福禅寺で住職を務めていた隆琦大雄が、黄檗僧の山田玉田、阪田金龍、安部禅梁らと共に福清黄檗山万福寺に到着し、祖庭を参拝し、5月2日に帰途についた。（林観潮、2018）住職の学真和尚が化縁に出かけたため、監督院の如蓮和尚が山田一行を迎えた。在山

隐元封号铜牌，福清黄檗文化促进会供稿
隠元禅師諡号 （福清黄檗文化促進会提供）

田、阪田金龙、安部禅梁等人到达福清黄檗山万福寺礼拜祖庭，5月2日离开。（林观潮，2018）因住持学真和尚外出募化，监院如莲和尚接待山田一行。在山期间，他们阅览了福清黄檗山万福寺保存的明朝大藏经，并受赠《黄檗山寺志》《修行集要》等。当时监院如莲和尚与山田玉田笔谈文书："惟隐祖道场冷落，稽经三百余秋，适住持学真舍身诣北劝募，蒙宦豪善信乐助囊金，始建法堂，仍欲续迁大殿，冀后圣僧复生，祖室重光。奈浩费甚繁，致真年近古稀，不辞劳役，于桐月二十日领众诣莆田涵江三江口，乘轮舟入安南国，并诣新加坡各埠劝化，志望已复旧观。兹逢大和尚率诸上座旋山，称万幸。弟不揣冒昧，胆敢延诸上座卓锡檗山，同建祖庭，稽后圣人复至，长聆棒喝之声，续绍隆琦之志。惟眄慈诺，过现咸忻。专此拜启，惟忻西东不别。倘能梵刹聿新，是谓隆琦即世，寺名并列不朽耳。弟如莲九拜。"此文书记载在山田玉田著述

期間中、福清黄檗山万福寺に保存されている明代の大蔵経を閲覧し、『黄檗山寺志』、『修行集要』なども贈られた。当時の監院如蓮和尚と山田玉田との筆談文書の内容は以下の通りである。「惟隱祖道場冷落，稽經三百餘秋，適住持學真捨身詣北勸募，蒙宦豪善信樂助囊金，始建法堂，仍欲續遷大殿，冀後聖僧複生，祖室重光。奈浩費甚繁，致真年近古稀，不辭勞役，於桐月二十日領眾詣莆田涵江三江口，乘輪舟入安南國，並詣新加坡各埠勸化，志望已複舊觀。茲逢大和尚率諸上座旋山，稱萬幸。弟不揣冒昧，膽敢延諸上座卓錫檗山，同建祖庭，稽後聖人複至，長聆棒喝之聲，續紹隆琦之志。惟眄慈諾，過現巘忻。專此拜啟，惟忻西東不別。倘能梵刹聿新，是謂隆琦即世，寺名並列不朽耳。弟如蓮九拜。」この文書は山田玉田が著述した『支那祖蹟巡拝記』に記載されている。現代文に訳すと以下の通りである。「隠元禅師が日本に渡ってから三百年近く、黄檗山万福寺の道場は日々寂れており、住職が苦労して資金を募ったことで法堂は再建されましたが、本堂は莫大な費用が必要で、まだ再建することができていません。寺院は万福寺の復興を願い、古希に近づく和尚をシンガポールに募化に派遣しました。この時期、ちょうど日本の黄檗山万福寺の大和尚は僧侶一行を率いてここを訪れてきました。私はあなた方に隠元禅師の願いを引き継いで、東西両国の黄檗が共に不朽になるように、祖庭の建立に力をかして欲しい」という趣旨である。1929年1月18日、日本の真宗僧常盤大定は黄檗山万福寺を視察し、監院の如蓮和尚が接待を担当した。常盤大定が著した『支那仏教史跡踏査記』には再建中の大雄殿が描かれ、写真も掲載された。(常盤大定、1975)

1972年、昭和天皇は隠元禅師に「華光大師」の封号を贈った。当時の日本宮内省の公文書は次のようになっている。「真空大師、加謚華光大師。昭和四十七年三月二十七日。宮内庁長官宇佐美毅奉。」今は東京府宇治の黄檗山万福寺に現存している。1979年、日本仏教黄檗宗友好訪中団が福清万福寺を初めて訪問したのち、両国間の民間往来はますます頻繁になった。1982年、中国国務院は福清黄檗山万福寺を中国漢伝仏教の重点寺院に指定した。翌年11月、日本臨済宗黄檗宗協会は福清黄檗山に記念碑を建て、「隠元禅師東渡日本弘法振錫之聖地」と刻んだ。

的《支那祖迹巡拜记》中。大意是：隐元禅师东渡之后近三百年，黄檗山万福寺道场日渐冷落，住持历尽艰难募化资金，才使得法堂重建，但大殿耗资巨大，尚无能力重建。寺院派遣年近古稀的和尚前往新加坡募化，希望复兴万福寺。这时恰逢日本黄檗山万福寺大和尚带队前来拜访，我希望你们帮忙共建祖庭，延续隐元禅师的志愿，让东西两黄檗能并列不朽。1929年1月18日，日本真宗僧人常盘大定考察黄檗山万福寺，监院如莲和尚接待。常盘大定于所著《支那佛教史迹踏查记》中，描述了正在重建的大雄宝殿，并摄影。（常盘大定，1975）

1972年，昭和天皇（1901—1989）赐封隐元禅师封号：华光大师。当时日本宫内省的公文如下："真空大师，加谥华光大师。昭和四十七年三月二十七日。宫内厅长官宇佐美毅奉。"公文现存于京都黄檗山万福寺。1979年，日本佛教黄檗宗友好访华团首次到福清万福寺参访后，两国间的民间往来日益频繁。1982年，中国国务院将福清黄檗山万福寺列为全国汉传佛教重点寺院。随后的1983年，日本临济宗黄檗宗协会在福清黄檗山建立纪念碑，并刻字："隐元禅师东渡日本弘法振锡之圣地"。

1992年6月，纪念隐元禅师诞辰四百周年法会在福清黄檗山万福寺举行。日本黄檗宗第四次友好访中团拜谒福清黄檗山万福寺，由日本黄檗宗管长奥田行朗率领，参加宗祖隐元禅师诞辰纪念活动。1993年11月，日本黄檗宗赠送隐元禅师木雕法像回福清黄檗山万福寺供奉，宗务总长内藤文雄率领第五次友好访中团一行约五十人亲自护送来到中国。1994年6月，内藤文雄再次率领第六次四十多人的友好访中团，前往福清黄檗山参加隐元纪念堂奠基典礼。隐元纪念堂由日本黄檗宗信徒山冈容治先生捐资，次年6月，内藤先生又亲率友好访中团一行五十多人前来参加隐元纪念堂的落成典礼。

1996年11月，旅日福建同乡会与京都福建同乡会共同捐资，在福清黄檗山万福寺门外梧瑞村建造梧瑞桥，同年旅日华侨捐建的法堂藏经阁竣工。1998年3月9日，日本黄檗宗管长林文照率第七次友好访中团一行四十九人，来福建福清参加法堂落成暨禅堂上梁庆典活动。同年11月18日，名誉团长林文照、日本黄檗宗新任总务总长赤松达明，再次率领第八次友好访中团一行八十多人，参加福清黄檗寺禅堂落成庆典，并参观了弥勒岩石佛。1999年6月，日本黄檗宗捐建的黄檗塔院竣工。1999年10月，为了弘扬中日两黄檗的友谊，福

1992年6月、福清黄檗山万福寺で隠元禅師生誕400周年記念法会が行われた。日本黄檗宗第4回友好訪中団は福清黄檗山万福寺に参拝し、日本黄檗宗管長の奥田行朗が率いて宗祖隠元禅師の生誕記念行事に参加した。1993年11月、日本黄檗宗は隠元禅師の木彫り像を福清の黄檗山万福寺に寄贈して奉納した。内藤文雄宗務総長は第5回友好訪中団一行約50人を率いて護送した。1994年6月、内藤文雄を団長とする第6回友好訪問団一行

重建后的福建福清万福寺隐元纪念堂，福清黄檗文化促进会供稿
再建後の隠元記念堂　福清市万福寺　（福清黄檗文化促進会提供）

清黄檗山万福寺建立“日本黄檗宗捐资祖山功德记”石碑，记载了日本从1996年到1999年三年间捐资项目。1999年11月24日，由团长山本智丈率领的第九次友好访中团一行前来参加费隐亭暨黄檗塔院落成典礼，并举行拜塔仪式。同月，福清黄檗山万福寺建立“日本黄檗宗访问古黄檗祖山记”碑，记载了中日邦交正常化以来，日本黄檗宗组团访问佛教黄檗宗祖庭黄檗山万福寺的简要历史。

2003年4月14日，为纪念中日邦交正常化三十周年，日本黄檗宗大本山京都黄檗山万福寺、东京福建同乡会、京都华侨总会等团体共同发起，捐赠京都黄檗山版600卷《大般若经》于福清黄檗山万福寺。2004年10月1日，“黄檗山万福寺法堂藏经阁建立纪念碑”建成，纪念旅日华侨的捐资义举。同日，日本黄檗宗大本山万福寺和旅日华侨建立“大般若经寄赠纪念碑”。2017年10月

2017年中日黄檗文化交流大会，福清黄檗文化促进会供稿

2017年中日黄檗文化交流大会（福清黄檗文化促進会提供）

40数名が福清黄檗山に隠元記念堂の定礎式に参加しに来た。記念堂は、日本黄檗宗信者である山岡容治から寄付されたものである。翌年6月、日本の内藤文雄宗務総長が友好訪中団一行50人余りを率いて隠元記念堂の落成式に参加した。

1996年11月、旅日福建同郷会と京都福建同郷会と共同で出資し、福清黄檗山万福寺門外の梧瑞村の逕江の上に梧瑞橋を建て、同年、旅日華僑の寄付によって建てられた法堂蔵経閣が竣工した。1998年3月9日、林文照管長を団長とする第7回友好訪中団一行49人が、法堂落成および禅堂上棟式に参加した。11月18日、林文照管長を名誉団長とし、赤松達明総務総長を団長とする第8回友好訪中団80人余りが禅堂の落成式典に参加し、弥勒石仏座像を見学した。1999年6月、日本黄檗宗の寄進による黄檗塔院が竣工した。1999年10月、中日両黄檗の友誼を発揚するため、福清黄檗山万福寺に「日本黄檗宗寄進祖山功徳記」という石碑が建てられ、日本の1996年から1999年までの3年間の寄付プロジェクトが記載されている。1999年11月24日、山本智丈団長が率いる第9回中国友好訪問の一行は費隠亭及び黄檗塔院の落成式に参加し、拝塔式典を行った。同月、福清黄檗山万福寺に「黄檗宗訪問古黄檗祖山記」の碑が建てられ、中日国交正常化以来、日本黄檗宗が団体を組んで祖庭である万福寺を訪問した簡潔な歴史が記されている。

2003年4月14日、中日国交正常化30周年を記念するため、日本黄檗宗大本山である京都黄檗山万福寺、東京福建同郷会、京都華僑総会などの団体が発起し、京都黄檗山版600巻「大般若経」を福清黄檗山万福寺に寄贈した。2004年10月1日、旅日華僑の義挙を記念するための「黄檗山万福寺法堂蔵経閣建立記念碑」が完成された。同日、日本黄檗宗大本山万福寺と旅日華僑によって「大般若経寄贈記念碑」が建てられた。2017年10月11日、福建省と長崎県が共同で発起した中日黄檗文化交流大会が福州で開催された。

山川異域，風月同天（山河は異なろうとも風や月は同じ天の下にある）。中日両国の黄檗関係者の友好往来は、黄檗文化の発揚と黄檗祖庭の振興、中日友好事業の永続的な発展のために大きく貢献した。

11日，中日黄檗文化交流大会在福州举办，由福建省与长崎县共同发起。

山川异域，风月同天。中日两国黄檗人士的往来，为弘扬黄檗文化和振兴黄檗祖庭，促进中日友好事业永续发展做出了巨大贡献。

三、黄檗文化的内涵与流行

黄檗文化，孕育于历史悠久的精神文化和独特鲜明的闽地宗教传统，她的形成、发展、兴盛、流传，是一个长达千年的融合、变化、衍生的过程。那么，什么是黄檗文化呢？

早在昭和四十七年（1972），日本学者林雪光就最早提出了“黄檗文化”这一概念。不过，该书主要是黄檗禅僧的书法、绘画作品的展示，并没有明确描述究竟什么是黄檗文化。

到了2016年春，福清市民间学术组织——福清玉融文化研究会的内部刊物《玉融文化》，收录了地方文化研究者严家梅先生的文章《敢闯走天下，念祖不忘根——试谈“黄檗文化”之精髓及其现实意义》。这篇文章对什么是“黄檗文化”，第一次做了明确的界定。文章认为，所谓“黄檗文化”，狭义来说，是指以临济宗为核心内涵的禅宗文化，广义的“黄檗文化”，则是指深受禅宗佛教文化影响，以中华传统文化为核心内容的福清地方文化。

2017年，多年致力于隐元和黄檗文化的研究、传播的学者林观潮，在他的文章《隐元大师与黄檗文化刍议》中，提出了新的理解，认为“黄檗文化”是以日本黄檗宗为中心，在江户时代形成的一种影响社会生活方方面面的综合性文化。

2020年出版的有关“黄檗文化”的综合研究《黄檗文化研究》一书中，对什么是“黄檗文化”有了总结性的表达：“黄檗文化乃是发祥于以福清为中心的中国东南沿海地区，并兴盛于日本的一种综合性的文化形态，它以佛教文化为载体，同时涵盖了思想、文学、语言、建筑、雕塑、印刷、音乐、医学、茶道、饮食、绘画、书法、篆刻等诸多领域，全方位地影响了日本江户时代以来的社会生活，并拓展到整个东南亚地区。”（廖深基，2020年）

从中我们可以看出，黄檗文化是一种有着历史渊源，不断发展扩大，并且曾经东传日本，深深影响了日本社会文化生活方方面面的精神文化。因此，黄

三、黄檗文化の内包と流行

黄檗文化は長い歴史をもつ精神文化と独特で鮮明な福建の宗教伝統から育まれ、その形成、発展、興隆、伝承は千年に及ぶ融合、変化、派生の過程を経たものである。では、黄檗文化とは何だろうか。

早くも昭和47年（1972）年、日本の学者林雪光が編纂した『黄檗文化』（京都宇治黄檗山万福寺発行）の中で、「黄檗文化」という概念を最初に打ち出した。しかし、本書は主に黄檗禅僧の書道、絵画作品の展示であり、黄檗文化とは何かを明確に述べていない。

2016年春、福清市の民間学術組織——福清玉融文化研究会の内部刊行物『玉融文化』には、地方文化研究者の厳家梅氏の文章『天下を突破し、祖を念じ根を忘れない——「黄檗文化」の精髄とその現実的意義についての試談』が収録されている。この文章は「黄檗文化」とは何かについて、初めて明確に定義した。この文章では、狭義のいわゆる「黄檗文化」とは、臨済宗を中心とする禅宗文化を指し、広義の「黄檗文化」とは、禅宗仏教文化の影響を深く受け、中華伝統文化を中心とした福清地方文化を指すと主張している。

2017年、隠元禅師と黄檗文化の研究、普及に長年尽力してきた学者林観潮は、『隠元大師と黄檗文化についての卑見』との文章には、「黄檗文化」というのは日本黄檗宗を中心に、江戸時代に形成された社会生活の各方面に影響を与える総合的な文化であるという新たな理解を打ち出した。

2020年に出版された「黄檗文化」に関する総合研究書『黄檗文化の研究』では、「黄檗文化」とは何かについて、総括的に表現されている。「黄檗文化というのは福清を中心とする中国南東部の沿岸地域で発祥されて日本で隆盛された、仏教文化を媒体とし、同時に思想、文学、言語、建築、雕塑、印刷、音楽、医学、茶道、飲食、絵画、書道、篆刻など多くの分野にわたっており、日本の江戸時代以来の社会生活に全面的に影響を与え、東南アジア地域全体に拡大した総合的な文化形態である」。（廖深基、2020）

黄檗文化は深い歴史淵源を持ち、絶えず成長・拡大し、日本に東伝され、

檗文化的早期形成，是以福清黄檗山万福寺为中心的禅宗文化，是中晚唐以来禅宗文化的重要组成部分。这一阶段黄檗文化的典型代表黄檗希运，他的师承脉络是六祖慧能、南岳怀让、马祖道一、百丈怀海，经过他和弟子的发扬光大，最终开创了中国禅宗绵延不绝的宗派——临济宗。

可以说，黄檗文化发展的第一阶段，就是禅宗中影响范围最广的临济宗的核心部分。从唐代到宋代，乃至明代，禅宗临济派，深刻影响了宋代文人文化、理学文化，特别是直接启发了南宋陆九渊到明代王阳明的心学。从这个意义上说，黄檗文化与整个宋明中华文化的发展，都是息息相关的，她推动和构成了唐宋以后中华传统文化的发展。“黄檗文化”，从一开始就不是一个单纯的地方文化，其核心内涵，更不是以饮食、风俗、习惯为中心的地方性民俗文化传统，而是中华文化核心精神传统的一部分，从历史上看，“黄檗文化”是唐宋以来士大夫文人文化、闽地理学文化、禅宗佛教文化相互交织形成的产物。

“黄檗文化”在福建海洋文化系统中，更是深受海上丝绸之路共生文化的影响，她的中华文化精神内核，逐渐与海上丝路沿线各个国家和地区多元文明

福清侨乡博物馆馆内展示，温志拔摄

僑鄉博物館館內展示　福清市　（温志拔撮影）

日本の社会・文化生活のあらゆる面に深い影響を与えた精神文化であることがここからわかるだろう。そのため、黄檗文化の初期形成は福清黄檗山万福寺を中心とした禅宗文化であり、中唐・晩唐以来の禅宗文化の重要な構成部分であった。この時期の黄檗文化の代表である黄檗希運は、彼の師承脈絡が六祖慧能、南岳懐譲、馬祖道一、百丈懐海であり、彼と弟子の発揚を通じて、やがて中国禅宗の延々と続く宗派——臨済宗を創始した。

禅宗の中で最も広く影響を及ぼした臨済宗の中核的な部分は、黄檗文化の発展の第一段階であったと言える。唐代から宋代、ひいては明代まで、禅宗臨済派は、宋代の文人文化、理学文化に深刻な影響を与え、特に南宋陸九淵から明代の王陽明までの心学を直接啓発した。その意味で、黄檗文化は宋・明の中国文化全体の発展と密接に関係しており、唐・宋以降の中華伝統文化の発展を促進・構成してきたと言える。「黄檗文化」は、初めから単なる地方の文化ではなく、その核心内容は、飲食、風俗、習慣を中心とした地方性民俗文化の伝統でもなく、中華文化の核心的な精神伝統の一部であり、歴史上から見れば、「黄檗文化」は唐宋以来の士大夫文人文化、閩地理学文化、禅宗仏教文化がお互いに織り成した産物である。

「黄檗文化」は福建海洋文化系統の中で、さらに海上シルクロードの共生文化の影響を受けており、その中国文化精神の内核は次第に海上シルクロード沿線国や地域の多元的な文明と結合して、海洋文化の独自の特性と、単独的特徴を持った海洋文化と福建省から海外にわたった華人華僑を中心とする華僑文化で形成された。全世界史の角度から見ると、17世紀から18世紀にかけての人類の文明は、大航海時代の到来につれて、西ヨーロッパの世界をめぐる航海にしても、新大陸の発見にしても、中国の明朝の鄭和の西域航海にしても、中外の文化交流は日増しに頻繁になっていた。かつて人類を恐れさせた広大な海洋は、すでに征服され、ほとんどすべての海洋に、異なる国、異なる文化の船が行き交い、多彩な遠洋の帆がたなびいている。大洋の上では、日増しに頻繁になる東西貿易、異文化間の交流と対話が行われている。中西文化、中日文化、中国と東南アジア文化交流の使命を背負った文化巨匠たちと使者たちは、この時期に、自らの輝かしい名前を、長い歴史の星空の中に映した。その中に、黄檗文化交流の使者たちの名前が特に光を放っ

相结合，形成了一种独具特色的海洋文化和以福建旅居海外华人华侨为中心的华侨文化。从全球史的角度观察十七、十八世纪的人类文明，随着大航海时代的来临，不论是西欧的环球航行、发现新大陆，还是中国明朝的郑和下西洋，中外文化交流日益频繁，曾经令人类望而生畏的辽阔海洋，已经被征服，几乎每一片海洋上，都穿梭着不同国家、不同文化的航船，飘扬着多姿多彩的远洋风帆。大洋之上，承载的是日益频繁的东西方贸易，不同文化之间的交流与对话，背负中西文化、中日文化、中国与东南亚文化交流使命的那些文化巨匠们和使者们，都在这一时期，将自己光辉的名字，映照在了历史长河之上。这其中，就有黄檗文化交流使者们的名字！

“黄檗文化”正是在这一开放、交流的历史过程中形成的文化形态，最初她是中华文化的典型代表，综合了禅宗文化、文人文化、理学文化，而与此同时，黄檗文化的相关历史人物，又与日本及东南亚国家和地区的人们有着密切的联系，当他们的文化成果，随着海上丝路被带入异国他乡之后，主动融入当地社会，将中华文化向外传播的同时，又与当地固有文化结合起来，形成新的文化成果，并成为当地民众和旅居华人华侨共同的生活方式。

从宋代林希逸的三教融合思想文化东传，再到隐元师徒东渡，都带去中华物质文明和精神文化，影响推动日本社会文化发展，并形成江户时代以后独特的文化生活方式，这些都说明，元明以后“黄檗文化”的发展，衍生出新的内涵，成为中外文化交流、融合、共生的新文化形态，她是千年海上丝绸之路及海洋文化的产物，是华侨文化的重要组成部分。

正是在这个意义上，如果说唐代中外文化交流的标志性事件，除玄奘西游天竺以外，便是鉴真和尚六次东渡和日本派出遣唐使进入长安，那么明清时期中外文化交流的标志性事件，除了基督教传教士入华和西学东渐之外，便是黄檗禅僧东渡日本，传播宋明以来的中华优秀文化成果，推动近世日本社会的进步。到了现当代时期，特别是1972年中日邦交正常化以来，“黄檗文化”已经日益成为中国两国文化交流新的友好桥梁。进入二十一世纪以来，“黄檗文化”更是继续发挥其桥梁和纽带作用，成为推进中日两国之间、中国与东南亚国家地区之间，新的海上丝绸之路建设、人类命运共同体建设的新载体。

中日两国邦交正常化五十年来，以日本临济黄檗宗协会为代表的佛学界，先后数十次派出友好访问团，前往中国福清黄檗山万福寺拜谒祖庭，并由此在

ていた。

「黄檗文化」はまさにこのような開放、交流の歴史の過程で形成された文化形態だったが、はじめは中国文化の代表的な存在で、禅宗文化、文人文化、理学文化を総合したものであった。一方で、黄檗文化関連の歴史人物は、また日本、東南アジアなどの国と地域の人々と密接な関係にあった。彼らの文化成果は、海上シルクロードが異国に持ち込まれた後、自発的に現地社会に溶け込み、中華文化を外部に伝播すると同時に、現地固有の文化と結合して、新しい文化成果を形成し、現地の民衆と在留華人華僑の共通の生活様式となった。

宋代の林希逸の三教融合思想文化の東伝から、隠元禅師師弟の東渡まで、いずれも中国の物質文明と精神文化を伝え、日本の社会文化の発展に影響を与え、江戸時代以降の独特な文化生活方式を形成した。これらのことから、

福清竹溪寺，林希逸竹溪书院旧址，温志拔摄
林希逸竹渓書院跡地　福清市竹渓寺　(温志抜撮影)

福州、泉州、漳州等历史文化名城、海丝重要港口城市，寻访古迹旧地，开展多层次、全方位的文化交流活动。

以“黄檗文化”为主要载体的中日文化交流活动，不仅没有减弱，反而以更高层次、更大规模、更深入立体地展开，成为民间交流访问的场所平台、思想学术领域研究的共同对象和两国之间的友好象征。

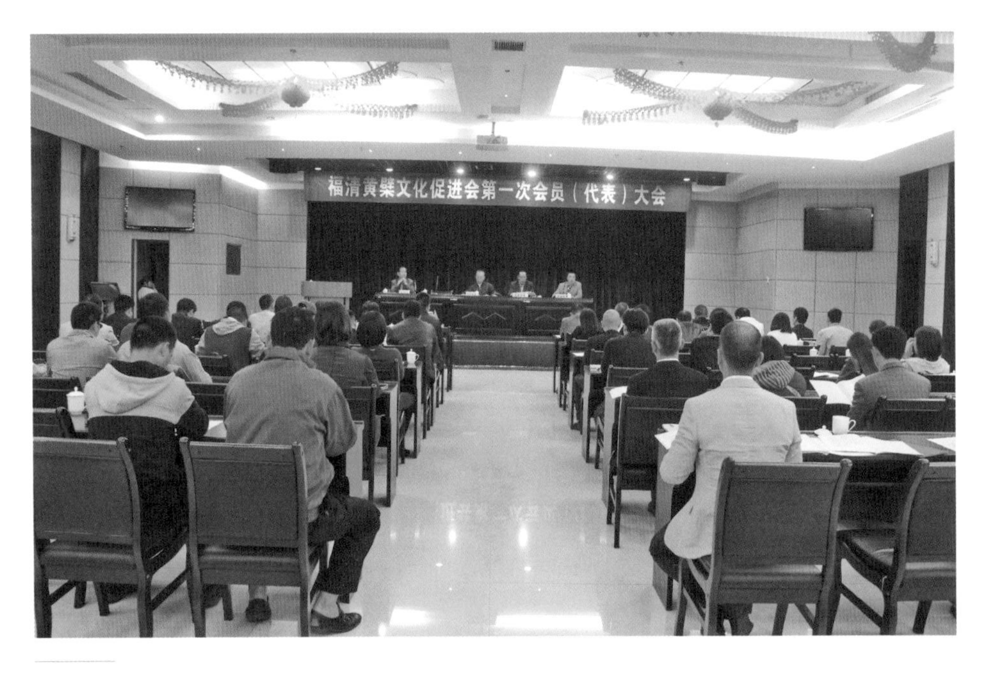

福清黄檗文化促进会第一次会员大会，福清黄檗文化促进会供稿
福清黄檗文化促進会創立大会　（福清黄檗文化促進会提供）

2015年4月，福清黄檗文化促进会正式成立，同年5月，该促进会的林文清会长，就在中国佛教协会相关人员带领下，访问日本黄檗古迹遗存，广泛联系在日华人华侨代表，影印各种流传日本的汉籍文献。同年10月，日本黄檗促进会也在东京注册成立，并以此为平台，与中国福清逐渐建立更高层次、更宽领域的文化交流。日本黄檗促进会成立之后，得到了日本社会各界人士的高度重视，其中，日本七大日中友好团体之一的日中协会理事长白西绅一郎先生，亲自担任促进会名誉会长，日本黄檗宗宗务总长、著名旅日爱国华侨、在日各地福建同乡会负责人、旅日知名学者等分别担任促进会顾问，促进会有千

元明以降の「黄檗文化」の発展が新たな内包を生みだし、中外文化の交流、融合、共生の新たな文化形態となり、千年の海上シルクロードと海洋文化の産物であり、華僑文化の重要な構成部分だったということが明らかになる。

この意味で、唐代の中外文化交流の象徴的な事件といえば、玄奘が天竺に西遊したことのほか、鑑真和尚が六回も日本に渡り、日本が遣唐使を長安に派遣したこともある。明清時代の中外文化交流の象徴的な事件は、キリスト教宣教師の中国への進出と西洋学問の東洋伝来のほかに、黄檗禅僧が日本に渡航し、宋明以来の中国の優れた文化成果を広め、近世の日本社会の進歩を推進したことである。現代の時期、特に1972年の中日国交正常化以来、「黄檗文化」は日増しに中国両国の文化交流の新たな友好の架け橋となっている。21世紀に入っても、「黄檗文化」は引き続きその架け橋と紐帯の役割を発揮し、中日両国間、中国と東南アジア諸国・地域間、新たな海上シルクロードの建設、人類運命共同体の建設を推進する新たな媒体となっている。

中日国交正常化から50年、日本臨済黄檗宗協会を代表とする仏教学界は、前後にして友好訪問団を数十回も派遣し、中国福清黄檗山萬福寺との間を往き来して祖庭を拝み、さらには福州、泉州、漳州等の歴史文化都市、海上シルクロードの重要港湾都市において旧跡を訪ね、重層的、全方位的な文化交流活動を展開している。

新世紀に入ってから、「黄檗文化」を主な媒体とする中日文化交流活動は、衰えることなく、より高いレベルで、より大規模に、より深く、立体的に展開されており、民間交流訪問の場となり、思想学術分野研究の共通対象と両国間の友好の象徴ともなっている。

2015年4月、福清黄檗文化促進会が設立され、5月には促進会会長林文清が、中国仏教会の代表法師を率い、日本黄檗の古跡を訪問し、在日華人・華僑の代表と広く連絡を取り、日本に伝わる様々な漢籍文献を影印した。同年10月に、日本黄檗促進会も東京で設立され、これを交流の場に、中国福清とより高いレベル、より広い分野の文化交流を徐々に進めている。設立後、日本黄檗促進会は、日本国内の各界から高く評価され、その中で、日本の七大日中友好団体の一つである中日協会理事長の白西紳一郎氏が自ら名誉会長を務め、日本黄檗宗の宗務総長、著名な在日愛国華僑、在日各地の福建同郷

余名会员，在促进中日民间友好往来方面，扮演了重要角色。此外，2016年12月6日至16日，时值中日邦交正常化45周年之际，旅日艺术家冯学敏，在日本东京中国文化中心举办个人摄影展，主题为《福建·乌龙茶的故乡暨福清黄檗印象》，用艺术展的活动，展示黄檗文化的魅力，为中日两国民间文化交流奏响华彩乐章。

学术研究方面，越来越多的专家学者，开始关注黄檗文化与中日关系研究，除长期研究的大陆学者林观潮、台湾学者廖肇亨、徐兴庆等人，大力整理隐元隆琦、独立性易等人的文集，出版研究专著，发表大量专题研究论文外，近十年以来，国内各著名高校，包括华东师范大学、东北师范大学、厦门大学、福建师范大学等，还发表了十余篇有关黄檗文化研究的硕士、博士学位论文，其领域广泛涉及隐元师徒的事迹、文学艺术成就，茶文化、医学成就等。

特别值得一提的是，在校长廖深基教授的大力倡导和积极推动下，作为坐落于福清的唯一一所本科高校，福建技术师范学院日益成为新时代“黄檗文化”研究的前沿阵地和学术重镇。早在2015年8月，福清黄檗文化促进会成立

黄檗文化与海上丝绸之路研究院揭牌成立，谭俊摄
黄檗文化と海上シルクロード研究院が設立（譚俊撮影）

会会長、在日の有名な学者などがそれぞれ促進会の顧問を務め、すでに千人余りの会員がおり、中日民間友好往来の促進において、重要な役割を演じている。また、2016年12月6日から16日にかけて、中日国交正常化45周年にあたり、日本在住の芸術家馮学敏が、日本の東京中国文化センターで『福建・烏龍茶の故郷と福清の黄檗印象』をテーマとした個人写真展を開催し、芸術展の活動を通じて黄檗文化の魅力を紹介し、中日両国の民間文化交流のために華麗な楽章を奏でたのである。

学術研究の面では、ますます多くの専門家と学者が黄檗文化と中日関係の研究に関心を持つようになり、長期にわたって研究してきた大陸の学者林観潮、台湾の学者廖肇亨、徐興慶らが、力を尽くして隠元隆琦、独立性易などの文集を整理し、研究専門書を出版し、多くの研究論文を発表したほか、ここ10年、華東師範大学、東北師範大学、厦門大学、福建師範大学などの国内の各有名な大学では、黄檗文化研究に関する修士、博士号論文が十数編発表され、隠元師弟の事績、文学芸術の業績、茶文化、医学の業績など幅広い分野に及んでいる。

特筆すべきは、ここ数年、学長廖深基教授の強力な提唱と積極的な推進の下で、福清に創立された唯一の本科大学として、福建技術師範学院は日増しに新時代の「黄檗文化」研究において最前線の地となっていることである。2015年8月、福清黄檗文化促進会が設立された当初から、大学側は関係指導者を送り検討を重ね、協力の推進について話し合った。こうして一丸となって努力した結果、2017年7月、福建省教育庁の認可を得て、本学初の福建省内大学人文社会科学研究基地である「黄檗文化発展研究センター」の設立を迎えることができた。これは国内初の黄檗文化を専門に研究する省レベルの学術の場である。これを機に、福建技術師範学院は国内外の関係専門家、学者と連絡を取り合い、ともに「黄檗文化」についての研究をより高いレベルに推し進めようという決意を固めたのである。

その2ヶ月後、学長の廖深基教授が自ら院長を兼任し、主要の文科学院院長が副院長を兼任する「黄檗文化と海上シルクロード研究院」が正式に設立され、学内外、国内外の関連研究力を統合し、国際学術会議の開催、研究専門書の出版、古文書・文献の整理、電子データバンクの建設、社会への奉仕

之初，学校就派有关领导前往洽谈，共商合作推进事宜。在学校上下齐心努力下，2017年7月，经福建省教育厅批准，成立了该校首个省级高校人文社会科学研究基地——“黄檗文化发展研究中心”，也是国内首个专门研究黄檗文化的省级学术平台。以此为契机，福建技术师范学院联系国内外有关专家学者，共同将“黄檗文化”研究，推向更高层次。

两个月后，由校长廖深基教授亲自兼任院长、主要文科学院院长兼任副院长的“黄檗文化与海上丝绸之路研究院”，正式揭牌成立，整合校内外、国内外相关研究力量，通过召开国际学术会议、出版研究专著、整理古籍文献、建设电子数据库、服务社会等方式，深入推进黄檗文化研究迈向学术化、专业化

2020黄檗文化与海上丝绸之路国际学术研讨会，谭俊摄
2020年黄檗文化国際シンポジウム　（譚俊撮影）

などの方法を通じ、黄檗文化研究を学術化、専門化の新たな段階に進めることで、黄檗文化、海上シルクロード、中日友好などの各方面の建設に向け、新たな貢献をしようとする。研究センターと研究院の専門家、学者の協力の下、学校は中国社会科学院世界宗教研究所、中国宗教学会、台湾中華宗教哲学研究社などの科学研究機関と共同で数多くのシンポジウム、フォーラムを主催した。

各国、地域各界の人士の努力の下、千年の「黄檗文化」は発展し、これにより本格的に学術研究の殿堂に入り、新時代における新たな内包が与えられた。

国と政治の面でも、「黄檗文化」を絆として、中日両国、福建省と長崎の交流・相互訪問活動が非常に頻繁且つ盛んになっている。早くも1980年、中国の福州市と日本の長崎市は、黄檗文化の興隆・発展過程における最も重要な2つの地区として、正式に友好都市関係を締結し、長崎は福州市の改革開放後の最初の国際友好都市となった。1982年、中日国交正常化十周年にあたり、福建省と長崎県は、さらに正式に友好省県関係樹立の協議を正式に結んだ。2013年、当時の長崎県知事であった中村法道氏が「日本新華僑報」のインタビューで語ったように、「長崎市は日本が鎖国していた期間、唯一の対外開放の窓口であり、多くの中国人がここに滞在していた。その大部分は福建省籍の各界の人々で、長崎県と福建省は友好省県として、中日両国の友好往来の架け橋となるのである」。(仲偉東、2013)

その30年後の2012年10月、中日国交正常化40周年を記念するため、福建省博物院と長崎歴史文化博物館はそれぞれ相手の博物館で一連のテーマ展示を開催していた。その中の重要な展示品は、いずれも黄檗文化と長崎華僑文化に関連する文化財の珍品であった。

2015年5月23日、中日友好交流大会が北京人民大会堂で盛大に行われた。会議に出席した習近平国家主席はさらに、中国の名僧、隠元大師が、「仏教の教義だけでなく、進んだ文化と科学技術も伝え、日本の江戸時代における経済社会の発展に重要な影響を与えた」と明確に指摘し、中日文化交流史における黄檗文化の重要な意義を十分に認めた。2019年6月、日本の長崎で隠元東渡三百六十五周年の祈祷法会と「隠元禅師と黄檗文化」

的新台阶，为黄檗文化、海上丝绸之路、中日友好等各方面建设，做出新的贡献。在研究中心和研究院相关专家、学者的通力配合下，学校与中国社会科学院世界宗教研究所、中国宗教学会、台湾中华宗教哲学研究社等科研学术机构联合主办了多场学术研讨会、论坛。

在各国家地区各界人士的努力下，千年“黄檗文化”发展，真正步入了学术研究的殿堂，这也赋予其新的时代内涵。

在国家和政治层面，以“黄檗文化”为纽带，中日两国、福建与长崎的交流互访活动，也十分频繁兴盛。早在1980年，中国福州市和日本长崎市，作为黄檗文化兴起、发展过程中最重要的两个地区，就正式缔结成为友好城市关系，长崎成为福州市改革开放后的第一个国际友好城市。1982年，时值中日邦交正常化十周年之际，中国福建省与日本长崎县，再次正式签署了成为友好省县关系的协议。正如2013年时任日本长崎县知事的中村法道在接受《日本新华侨报》采访时所说，长崎是日本闭关锁国期间唯一的对外开放窗口，大量中国人到此旅居，其中大部分是福建省籍的各界人士，长崎县和福建省作为友好省县，将成为中日两国友好往来的桥梁。（仲伟东，2013）

30年后的2012年10月，为纪念两国邦交正常化四十周年，中国福建省博物院和日本长崎历史文化博物馆，分别在对方博物馆举办系列主题展览，其中很重要的一部分展品，就是黄檗文化、长崎华侨文化相关文物珍品。

2015年5月23日，中日友好交流大会在北京人民大会堂隆重举行，出席会议的中国国家主席习近平，更是明确指出，中国名僧隐元大师“不仅传播了佛学经义，还带去了先进文化和科学技术，对日本江户时期经济社会发展产生了重要影响”，对黄檗文化在中日文化交流史上的重要意义，给予了充分肯定。2019年6月，日本长崎举办隐元东渡三百六十五周年祈福法会暨“隐元禅师与黄檗文化”论坛，赞扬黄檗文化在中日两国文化交流互鉴中做出的历史性贡献。

2017年10月，正当两国邦交正常化四十五周年之际，又逢中国福建省与日本长崎县建立友好省县关系三十五周年，为此，福建省在福州市专门举办了“中日黄檗文化交流大会”，长崎县知事中村法道，再次率领日本友好访问团和黄檗文化交流团一行，访问福建福州，并在大会上做了热情洋溢的致辞。正如福建省政协副主席在大会上发言所指出的，“黄檗文化”已经成为中日两国人

2019年日本隐元东渡三百六十五周年祈福法会，福清黄檗文化促进会供稿
2019年日本隠元禅師東渡365週年祈福法会　（福清黄檗文化促進会提供）

シンポジウムが開催された。習近平主席はわざわざ祝賀の手紙を送り、黄檗文化が中日両国の文化交流と相互参考の中で行った歴史的な貢献を称賛した。

2017年10月は中日国交正常化45周年であり、福建省と長崎県の友好省・県締結35周年であり、このため、福建省は「中日黄檗文化交流大会」を開催し、長崎県の中村法道知事は再び友好訪問団と黄檗文化交流団を率いて福建省を訪問し、大会で熱意あふれる挨拶をした。福建省政治協商会議の副主席が大会で発言して指摘したように、黄檗文化はすでに中日両国人民の友好交流の共通のシンボルとなっている。

1972年から2022年にかけて、中日国交友好の船は丸五十年の輝かしく、そして平凡ではない歩みを経てきた。歴史を振り返り、未来を展望すると、黄檗文化は、千年を超えて結実した中日文化交流の種も、再び海上シルクロ民友好交往共同拥有的符号。

从1972年到2022年，中日邦交友好的航船，驶过了整整五十年光辉而不平凡的航程。回顾历史，展望未来，黄檗文化，跨越千年结出的中日文化交流的种子，也将再次沿着海丝新航路，在两国更广阔的土地上，生根发芽、开枝散叶。黄檗文化，这颗海上丝绸之路上的明珠，也将在两国人民的共同努力下，放射出更加辉煌灿烂的光芒！

ードの新たな航路に沿って、両国のより広い土地に根を下ろし、芽を出し、枝を広げ、葉を散らすことになるのだろう。黄檗文化、この海上シルクロードの真珠は、両国人民の共同の努力の下で、いっそう輝かしい光を放つであろう。

第二章

黄檗东传与旧事遗迹

明朝末年，社会动荡，但是东南沿海的福建经济仍然保持高度发达，福州、泉州、漳州先后成为海外贸易的中心，尤其是泉州，有“梯航万国”之称，闽籍侨民的足迹遍及东南亚各个国家，海外华侨的数目大量增加。他们在海外建立了各类书院，传播儒家传统文化，也将福建各地的民间信仰，如妈祖信仰、临水夫人信仰等传入海外。

在经济发展的大背景下，福建佛寺、僧人数量也随之增加，同时，僧人从事专门佛事活动、进行佛学思考的时间也相对能得到保证，名僧的出现成为可能，以至于有“江浙出活佛，福建出祖师”之说，其中就有福建福清的隐元禅师。在佛学宗派中发展最快的是禅宗，这也是最受到日本佛学欢迎的一派。

日本此前的五山文化是佛禅文化的高峰，之后，日本经历战国时代，虽然由于战乱佛教略有沉寂，但随着相关中华移民的增多，又增加了新的发展力量，由侨民集资修建的寺院也不断增多，随着大批中国闽僧东渡日本，这些寺院往往聘请闽籍僧人担任住持，然后住持又会召唤更多的僧徒东渡日本，由此形成佛僧人力由西到东的流动。

一、明清易代中的隐元传奇

明万历二十年（1592）的中国社会尚处于安定发展期，这一年，隐元禅师在福建省福州市福清县万安乡东林村出生了，禅师为家中第三子，姓林，名曾

第二章

黄檗の日本伝来とその旧蹟

明の末期になると、社会は動揺し不安定な中、東南沿海の福建は依然として急速な経済成長を保ち、福州、泉州、漳州は海外貿易の中心となった。特に泉州は梯航万国と呼ばれ、福建籍華僑の足跡は東南アジア各国に及び、人数も大いに増加した。彼らは海外で書院を設立し、儒教の伝統文化だけではなく、媽祖や臨水夫人などの福建の民間信仰をも海外に伝えた。

経済の成長を背景に、福建省には寺院の数と僧侶の人数が増加し、僧侶たちは仏事活働に専念でき、仏学について深く考える時間も保証されたため、名僧の出現が可能になった。昔から「江蘇省浙江省は活仏、福建省は祖師が生まれる」と言われていたが、福建省福清の隠元禅師はまさにその祖師の一人であった。当時、仏教の中で最も急速に発展した宗派は禅宗であり、日本の仏教の中でも最も人気があった。

日本では五山文化が一度禅文化の頂点に達したが、その後の戦国時代から、戦乱のため仏教の発展は一時的沈滞状態に陥った。しかし、中華系移民の増加に伴い、新たな発展力が現れ、華僑によって建設された寺院が増え続けていた。また、多くの福建籍僧侶は日本に渡航し、住職として招聘され、さらに多くの僧侶を日本に渡航させ、仏僧の日本渡来の流れを作りあげたと言えよう。

昺，号子房。父亲林德龙，母亲龚氏，是当地土生土长的农民，对土地充满热爱，对佛学由衷崇敬。

隐元像，福清黄檗文化促进会供稿
隐元像 （福清黄檗文化促進会提供）

出家因缘

当时福清县东林村中有一个印林禅寺，隐元禅师幼小时经常随父母去寺里拜佛乞求平安。在他6岁时，因为家境实在贫困，生计难以维持，父亲决定去荆楚一带经商谋生，这一去就再无音信。从此，家里的一切大小事务都落在母亲龚氏肩上。隐元禅师生性善良，不忍心母亲如此操劳，便主动承担力所能及的家务。三年后，隐元禅师9岁时，母亲送他去乡里的私塾求学，但第二年冬天他便因家境贫寒不得不辍学回家。而隐元禅师并未因此埋怨母亲，而是安慰母亲，说了“负薪挂角”的励志故事，借古人砍柴放牛坚持读书最后成名之事激励自己，抚慰母亲。在家里，隐元禅师主要跟随哥哥学习耕种、砍柴等各种农活，闲暇之余，他还会跟身边的人说：“吾谦少失学，汝等有志于道者，宜早勉励，无

一、明から清王朝へ変わる中の隠元伝説

明万暦二十年（1592)、中国社会はまだ安定した発展期にあったが、この年に、隠元禅師は福建省福州府福清県万安郷東林村で三男として生まれた。もとの名は曽昺、字は子房である。父の林徳龍、母の龔氏は農業で生計を立て、土地を愛し、仏学を心から崇敬していた。

出家の経緯

当時、東林村には印林禅寺というお寺があり、隠元禅師は幼い頃、両親と一緒にそこに参拝して平安を願うことが多かった。隠元が六歳の時、父は生計のため、湖南、湖北省方面に商売に出かけたまま帰ってこなかった。家のすべてのことは母の龔氏の肩にかかっていた。親孝行な隠元禅師は母の苦労に耐えられず、できる限りの家事を自ら引き受けた。3年後、隠元禅師が9歳の時、彼は郷里の私塾に入ったが、翌年の冬に貧困で学校を中退せざるを得なかった。自責の念を感じた母親に対して、隠元禅師は「負薪挂角」という励ましの物語を語った。その内容は、昔の人が薪を切って牛を放し飼いにして読書を続け、最後に有名になったという話で、彼はこの物語を借り、母親を慰め、自分を励ました。また兄と耕作や薪を刈り、暇な時間があれば、彼は身の周りの人に「私は勉強を怠ることが少なく、君たち道を志す者は、早く勉学に励んで、後悔しないようにしなければならない」と言っていた。(『普照国師年譜』、『新撰校訂隠元全集』第11巻、東京：開明書院、1979年)「自分は勉強する機会がなかったのを残念に思い、後輩に同じ思いをさせたくない」という意味である。学校を中退したことは、隠元禅師にとって一生の遺憾であった。しかし、強い信念を持っていた隠元禅師は常に勉学の信念を持ち、暇があれば読み書きをし、塾の友に教えてもらった。

聡明な隠元禅師は成長するにつれ、多くの人生の疑問にぶつかった。16歳のとき、秋のある静かな夜、友人と松の木の下に座って、星空の動きを仰ぎ見て、宇宙は秘密に満ちていると感じ、この真理は仏でなければ明ら

贻后悔。”（平久保章，1979）意思是说：“我只恨自己没有机会学习，年纪轻轻就不得不辍学，你们有志向、有抱负的人应该尽早以此勉励，好好用功，不要留待以后悔恨。”可见辍学回家这件事，是隐元禅师一生的遗憾，他一直期待能够多读书。当然，对于那些对一件事抱有坚定信念的人来说，所有困难都有解决办法。回家务农的隐元禅师时刻信守着自己的读书信念，一有闲暇，就读书写字，请教私塾学友。

聪慧的隐元禅师也曾遇到很多人生疑惑。在他16岁的一个夜晚，曾与朋友坐卧松林之下，看着浩瀚夜空中的星月流辉，觉得这一切是如此美妙，又如此神奇，却无人能说明白，他觉得宇宙间充满了秘密。他心想：这些奥秘估计只有仙佛才能明白吧。那是隐元禅师第一次萌生了慕佛修道的念头。一念既起，便潜滋暗长无法遏制，此后隐元禅师无心留念世俗之事，一心只想超然物外。于是，18岁时，他加入了径江念佛会，学习修行佛法的要领，可以想见此时的隐元禅师一定内心欢喜，且安然怡然，以至于到了20岁那年，母亲和兄长催促他娶亲成家，他极力反对，并说：“男儿生世亲恩为重。今父远游未归不知处所，岂人子议娶时耶？”（平久保章，1979）大丈夫处世，应以念亲恩为重，现在父亲离家，不知身在何处，我此时完婚，有违孝道，有忤常伦，这话说得气势浩然，父亲去向不知的确是个理由。而儒家也有“不孝有三，无后为大”的说法，如果要以儒家的观念来看，则此理由或许也不是个理由。那到底是什么原因，让他断然拒绝？他暂时还不明白，或者说自己也还没有完全确信自己选择的路，因为这条路上的阻力太大，所以他还需要时间、思想准备。到了第二年，他说服母亲和兄长，把娶亲的钱当作路费，赴江浙寻父。他先到江西南昌，后到南京碰到舅母，告诉他根本没有父亲的音讯，劝其回家。隐元禅师委婉拒绝，继续前往宁波、舟山一带寻访。这一路，既是寻父，也是在行万里路中进行深刻思考，在儒家的亲亲人伦之爱中，寻求宇宙的答案。两年以后，他跟随进香的渔船到南海普陀山拜观音菩萨，希望菩萨神力护佑他寻找父亲，其实这是一个很明显的征兆。寻找父亲是事由，而护佑的力量可以是多方面的，儒家、道家都有许多可以寻求保佑的途径，隐元禅师却选择了佛教。因为，他长期以来心里琢磨的、思考的只有佛教，所以当困难发生以后，他最快想到的、最想寻求的、最愿意接近的，也是佛教。至于其他的力量，并不是没有，并不是不知道，并不是找不到，而是有意忽略，有意屏蔽，这便是

かにするのは難しいだろうと思い、仏を慕う心を起こしたという。この頃から心は世俗を離れて、いつも物思いにふけるようになったという。18歳で径江念仏会に入会し、仏法修行を学んだ。20歳の頃、母と兄に結婚を促されると、彼は強く反対し、「男は世の親の恩を尊ぶ。今、父が遠出してどこにいるのかわからないのに、私は結婚するものか」と言った。(平久保章、1979) 一人前の男は、親の恩を重んじなければならない。父の行方がわからない状態で結婚すれば、親孝行に背き、倫理に逆うことになると言い、隠元禅師はそれを理由に結婚を断った。観念から言えば、父の行方がわからないのは確かに儒教上の理由になりうる。しかし、儒教には三つの親不孝の中でも、子がなく家系を跡絶えるのが最大の不孝だという説があるから、父の行方がわからないというのが理由になれない一面もある。恐らくそれはそもそも理由ではなかったかもしれない。本当の原因は隠元禅師自身もわからず、あるいはまだ自分が選んだ道を確信していないか、その道を歩み続けるにはまだ時間と心構えが必要だからと言ってもいい。翌年、彼は母と兄を説得し、結婚資金を旅費とし江蘇省、浙江省へ父を探しに出かけた。彼は初め江西省の南昌に向かい、その後南京の母方のおじの家に赴いたが、父親の行方について、何ら知りえなかった。叔母から家に帰るよう勧められたが、隠元禅師はそれをやんわりと断り、寧波、舟上一帯を訪ね続けた。この旅は、父を探す旅であり、その途方のない長い道中で深く考え、儒家の人倫の愛から宇宙の答えを求める旅でもあった。二年後、隠元禅師は南海の普陀山に線香を上げる漁船に従って観音菩薩を巡拝し、菩薩の神力をいただいて父に出会えることを願った。父を探すには、儒家、道家などの加護が必要だったのかもしれないが、隠元禅師はためらわず仏教を選んだ。彼は長い間心の中で考えていたのは仏教だけで、だから困難にあった時、まず思いついたのは仏教だけである。他の選択肢がなかったわけではなく、また知らなかったわけでもなく、それを意識的に無視し、遮断したのである。

普陀山に至って、隠元禅師はこの山の風景の静寂幽邃、寺院の荘厳を見て、たちまち俗念が取り払われ、この場所こそが彼がずっと求めていたも

个人选择的力量。

到了普陀山后，他果然发现佛国殊胜，宛如仙境，顿时凡念皆除，这是他一直想做的事，一直期待接近的地方。于是他便在潮音洞担当了茶头执事，每天为来往众人提供茶水，一句怨言也没有。潮音洞的住持称赞他说："你是菩萨派来的使者吧，不然怎么会如此不知疲倦地发心呢！"隐元禅师晚年在《自勉录》也曾写道："吾昔因朝礼普陀大士遂发心出家，今五十年矣！"（平久保章，1979）可知在普陀山时，隐元禅师心理发生了较大的变化，还遇到过得道高僧点化，产生了出家的想法，开始发心于此，放下俗世的一切：寻不到的父亲，贫苦无奈的母亲兄弟，以及为个人痛苦流转无休止的俗世人生。

而真要做出这个决定，绝不容易。隐元禅师陷入深深的思考中，他要认真地想好，父亲、母亲、兄弟都要想好，而佛教的生活和未来，他也要想好。就这样，不知不觉中，他在普陀山一待就是一年多，这期间寻找父亲的事情，也再无进展了。之后隐元禅师回到家中，告诉母亲他的想法，母亲听闻他要出家，坚决不同意，说："我今年事已高，去日无多，你要出家等我百年以后也不迟。"母亲所言不虚，侍奉母亲终老，也是作为人不可推卸的责任，于是隐元禅师听从劝告，在家中服侍母亲，而与此同时，他志向已定，并未放弃自己的理想，一边吃斋念佛，一边思考佛理。三年后，隐元禅师26岁，母亲尚在，他经过几年的思考，决定毅然出家，不再等待，看隐元禅师几年如一日不犹豫不动摇，而且越来越坚定，母亲默然认可。于是，隐元禅师打点行李，迈上新的征途。人算不如天算，在宁德一带的路上，他遇到强盗，衣物、路费被抢一空，无奈之下只得返乡，继续耕樵，又过了两年吃斋念佛的日子。据说盗贼当时想灭口，无奈举刀时候手脚发软，因为隐元禅师口中在默念观世音菩萨保佑，他也因此逃脱了一劫。这个路遇盗匪的环节，是社会混乱所致，也是佛祖对隐元禅师的考验。心意不坚者，经此劫难，恐怕就退缩了，改变方向了，或许以为都要出家了，却并未得到护佑，还被洗劫一空，会对信仰发生怀疑。信仰坚定者会认同，取经路上，艰难险阻，只有心志超群、毅力非常者能获取真经。苦难艰辛，是试金石，更是筛选框，把不符合标准者经过一次次筛选，漏于网下。幸运的是，隐元禅师始终毫不动摇。

农耕的生活依旧。一日，隐元禅师登上石竹山九仙观祈梦，恍惚间来到了一处深山，见三位僧人盘腿坐在临崖的一块石头上，正在分食一个西瓜，见隐

のだと感じた。彼は潮音洞に投じ茶頭を務めることになったが、毎日何千何万人分のお茶を入れても、文句一つも言わなかった。潮音洞の住持は、「そなたはきっと菩薩の使者に違いない、どうしてこんなに疲れを知らないで気を配ることができようか」と称賛した。隠元禅師は晩年の『自勉録』にも、「私は昔普陀大士の朝礼で出家の意を得た。もう五十年が過ぎた。」（吾昔朝礼普陀大士遂発心出家、今五十年矣！）と書いている。（平久保章、1979）普陀山にいた時、隠元禅師は悟りを得た高僧の指導を得て、出家の決意を固めた。この時、行方不明の父や生活に困窮している母と兄弟、自分の苦しみに満ちた人生、その俗世のすべてを捨てなければならないと悟った。

しかし、この決定を下すのは容易なことではなかった。家族のことも、仏家の生活と未来も、隠元禅師は真剣によく考えなければならなかった。こうして、瞬時に一年が経ち、父の捜索も進捗していなかった。普陀山に滞在した後、一旦母のもとにもどった禅師は、再び普陀山に登って出家する旨を母に伝えると、「わたしはもうこの世にいる時間が長くないので、出家するなら、わたしがなくなった後にしなさい」と言われ、猛反対にあった。すると、隠元禅師はその志をしばらく留め、家で一年間母に仕えながら念仏を唱えていた。しかし隠元禅師の出家の志はすでに固まっており、決して容易に変わるものではなかった。三年後26歳の時、隠元禅師は母を説き伏せ、普陀山に向かったが、寧徳一帯の道で盗難にあった。盗賊は刀を振り隠元禅師を殺そうとしたところ、突然彼らは手足の力が抜けた。それは隠元禅師が口の中で観世音菩薩を唱えていたため、おかげで一難を逃れたという。盗賊との出会いは、社会の混乱によるものであり、仏からの試しでもあった。意志が堅くない者は、このような災難に遭ったら、恐らくひるんで、方向を変えるかもしれない。出家しようと思ったのにもかかわらず、なぜ仏様から加護を得ていないのかと信仰に疑いを生じるかもしれない。それに対し、信仰がしっかりしている者なら、固い志を持ち、粘り強い者だけが真の経を得る。苦難は試金石であり、それにより選別される。幸いに、隠元禅師は終始揺れることはなかった。

衣類、旅費をすっかり奪われた隠元禅師は、仕方なく再び故郷に帰り、引

福清石竹山道院，温志拔摄

石竹山道院　福清市　（温志拔撮影）

元禅师来到便将西瓜分成四块，分一块给他。隐元禅师心中无比高兴，想这是四沙门的征兆，我也算其中一个，出家之事肯定能成。或许也是佛祖怜悯他母亲尚在人世，自己也曾许诺要照顾母亲终老，如在母亲尚在时出家会愧对母亲和自己的承诺，于是盗匪出面阻拦。再次回家以后，隐元禅师继续照顾久病的母亲，两年后，隐元禅师28岁这年，母亲因病去世，家人请了渔溪镇黄檗山万福寺的鉴源兴寿禅师（？—1625）为母亲举行葬仪。

母亲的去世了却了隐元在尘世的一切牵挂，他遂决心到普陀山出家。万福寺的鉴源和尚得知隐元有出家意愿之后，就指引他在黄檗山剃度，说："普陀山、黄檗山都是佛教胜地，在哪儿出家都一样，为什么要舍近求远呢？"而隐元禅师却觉得黄檗山相较普陀山来说，离俗世太近，容易惹人讥疑诽谤，滋生烦恼，不适合参佛法。鉴源说："任俗无妨，心不俗就好。"（平久保章，1979）一个人要是要求通过环境改变来改变自己，也是可能的，但经常是无法如愿的。环境能改变，那最好，这样自己可以随之做出比

隐元骑狮图，福清黄檗文化促进会供稿
隐元騎獅像　（福清黄檗文化促進会提供）

き続き畑を耕し、木こりをし、母子とも念仏持斎（念仏をしながら）の生活を送った。ある日、禅師は石竹山に登り九仙観で祈夢（仮眠して見た夢の吉凶を判断する）し、ぼんやりとある山奥にふと立ち寄ると、三人の僧侶が崖に面した石の上にあぐらをかいてスイカを分けて食べていた。隠元禅師が来たのを見て、僧侶たちはスイカを四つに割り、その一つを与えてくれた。これはまさか四沙門の兆候ではないかと、隠元禅師は大喜びして、これで出家の願いが叶うと確信した。28歳の時、母が病気で亡くなり、家族は漁渓町にある黄檗山万福寺の鑑源興壽禅師（？-1625）を請じて法事を営んだ。

母がいなくなると、この浮世にあるすべての絆が断ち切られ、隠元禅師は普陀山で出家することを決意した。鑑源は隠元禅師の出家の志を知ると、「普陀山も黄檗山も仏教の名所で、出家するならどこでも同じであるから、遠くまで捜し求める必要がない」と黄檗山で剃髪するよう勧めた。しかし、隠元禅師は、黄檗山は普陀山に比べてあまりにも俗世に近いため、誹謗を受けて悩みが生じやすく、仏法には向かないと考えていた。それに対し、鑑源は次のように言った。「俗に任せてもかまわない。心が俗でなければいい」。（『普照国師年譜』）周りの世界を変えることによって自分を変えようとすると、常に望み通りにならないのである。周りの世界は変えられるなら楽だが、そうならなければどうすればよいか。多くの人がこれで自分を変えることを諦めたが、鑑源和尚はその核心を突いた。俗世に関わらず、自分によって、自分を変えようとしなければならない。どのような人間になるのか、その決め手は周りではなく、自分によるものである。この言葉に悟った隠元禅師は、黄檗山万福寺で出家することを約束した。

旧暦1620年2月19日の観音誕生日に、隠元禅師は29歳で鑑源禅師に従って出家し、隠元の法号は、隆琦の字を授けられた。案の定、故郷の人たちから嘲笑された。これは仏門の道を進む者にとって大きな障害であり、克服しなければならない道である。決して容易ではない。このような外的干渉は絶え間なく、特に儒教思想がはびこる社会ではどこにでもある。隠元禅師はそんな中傷を受けても気にすることはなく、淡々と「仏性は誰にでもある。昔は東晋の廬山東林寺に高僧慧遠大師がいたが、今は福清の東

较轻松的改变。但如果环境一时无法改变，自己就不进步了吗？许多人以此为保持现状的理由，鉴源和尚这句话指出了关键。无论俗世环境如何，一个人都可以改变自己，成为自己，发现自己，发展自己。因为，一切的决定应该是在自己手里，而不是在环境，更不应该把自己应该成为什么样的人的决定权交给环境。经过思考的隐元禅师，答应到黄檗山万福寺出家。

1620年农历二月十九日观音诞生日，29岁的他皈依了鉴源禅师，落发为僧，法号隐元，字隆琦。果然乡人嘲笑他，这也是取经路上的一大障碍，要克服，并不容易，因为这种干扰，持续不断，范围甚广，无所不在，尤其是在儒家思想盛行的熟人社会。隐元禅师听到却不以之为恼，淡然说："佛性人人有，东晋的时候，江西庐山东林寺就出了一位高僧，叫慧远大师，难道我们福清东林村，就不能出这么一个高僧吗？"他没有停留在大家嘲笑他的点上，出不出家无须讨论，问题是出家以后的未来和为生民祈福的意愿，因而，他的着眼点是远超脱于周围人的，自然大家也都为他的气概折服，钦佩赞赏。隐元禅师于是立下宏愿："从现在起，如果我不能认真修行，振兴禅门，就让我陷落地狱吧！"自此，隐元禅师的佛门生涯正式开启。

佛门贡献

隐元禅师出家后，努力践行所立誓言。为人方面讲求名实相符，做事方面追求全始而终。住持黄檗寺十七年间，他广泛阅读佛教经典，重建庙宇厅堂，广结善缘，让寺院焕然一新，门下僧众人才辈出。福清万福寺也逐渐成为东南沿海地区的重要佛教场所，隐元禅师个人声望也远播海内外。

募化参禅。1621年，隐元禅师出家第二年就领命四处募化，为修复祖庭筹集钱款。到浙江杭州时听说京城政变，化缘一事中止，暂住绍兴云门寺听湛然和尚讲《涅槃经》，并请教时仁禅师问题："依照经书解释，偏离经书一字，就如同魔说，其中的道理我实在无法明白啊，请问如何解释呢？"时仁禅师回答说："三十年后，我再告诉你吧！"（平久保章，1979）这样的回答似乎让隐元很是失望，这和尚真是欺人太甚，这么简单的问题，居然要等上三十年。于是决定不回黄檗山，继续参访名师解决疑惑。

1622年，隐元禅师来到浙江嘉兴兴善寺，寺主相邀为檀越诵经，圆满后隐元禅师计划离开，此时，寺主让他等拿到檀越做法事的费用再走，这也是为

林村にも慧遠のような高僧が出てこないのだろうか」と言った。皆はその気概に感服し、大いに賞賛した。隠元禅師は「わたしはここで髪を落とし修行をはじめたからには、法門を興隆しなければ、泥犂に陥よう」と誓いを立てた。泥犂とは、地獄の意味である。これにより、隠元禅師の仏門生活が本格的に始まった。

隠元禅師の功績

隠元禅師は出家後、立てた誓いを果たそうと努力した。名実ともに相応しいことを重んじ、初志貫徹を追求した。黄檗寺に住職を務めた十七年の間、仏教経典を多く読み、伽藍を再建し、善縁を広く結び、寺院を一新し、門下の僧侶を輩出した。これにより、福清萬福寺は東南沿海の重要な寺院となり、隠元禅師の名声も国内外に広がった。

募金と修行。1621年、隠元禅師は出家の翌年寺院修復のための資金を集めるよう命じられ、万福寺を出た。杭州に着いた時、都で政変があったと聞いて托鉢が中止になり、しばらく紹興市の雲門寺に泊まった。そこで湛然和尚の『涅槃経』の解釈を聴き、教えを学んだ。ある日、隠元禅師は時仁禅師に経を尋ねた。「経によって義を解するは三世仏の怨、経の一字を離れては魔説に如同すという。これはいかに解釈するのか」。(『普照国師年譜』)すべてが経書によって解釈すれば悟らず、すべてが経書から外れれば魔説になるというのだが、その理由は実にわからない。それに対し、時仁禅師は「三十年後に汝に話そう」と答えた。(『普照国師年譜』)このような簡単な経書の解釈を三十年も待たせるなど、隠元禅師はがっかりし、黄檗山に戻らず、ほかに師を尋ね、疑惑を解かそうと心に決めた。

1622年に隠元禅師は嘉興の興善寺に来て、檀越のために読経するよう住職から頼まれた。読経が終わり、再び旅に出ようとすると、住職から費用をもらってから行けと言われたが、隠元禅師は「出家者が決めたらすぐ行く、金に左右されるものではない」と断り興善寺を後にした、住職は大いに感心した。明末清の初め頃のように人々が困苦にあう時期でも、こんにちに至ってでも僧侶でお金を少しも気にしない者は、人々の敬服を引きつけることであろう。のちほど天台山通玄寺に密雲円悟禅師がおられると聞き、彼はすぐ

隐元祖师源流图，福清黄檗文化促进会供稿
隐元祖師源流図（福清黄檗文化促進会提供）

に赴いた。

金粟山の広慧寺で、二人は棒喝禅の問答を行い、互いに感服して、心を打ち明けた。一年ほどを経て、隠元禅師は徐々に悟り、夜を徹して座り込み、横にならないことが多かった。彼はいつも歓喜しながらも平静に禅友に言った。「私は金粟に着いた時、東林の凡夫俗子（平凡で浅薄な人）にすぎなかったが、今は悟りを得て、実にこの上もない幸いである。毎日昼夜ともに修行しても間に合わないから、人と言い争う暇があるものか」と。密雲円悟の指導の下で、修行が大いに進み、昼夜を問わず修行して、交友をしたり雑談したりする暇なく、完全に閉じこもり、さらに上の境地に入ったことがわかった。金粟山で密雲円悟の元で3年間参禅すると、隠元禅師は次第に悟りを開き、金粟山で名が知られるようになった。

1629年、密雲円悟は黄檗山万福寺の元老と檀信から要請を受けて住職に任ぜられ、隠元も喜んで密雲禅師に従い、出家の場所として親しんでいる万福寺に帰った。その後、円悟の命で何度も漳州、潮州あたりに托鉢に出たが、身なりが乱れていたため、黄檗山の托鉢僧ではないと疑われた。1631年、隠元禅師は獅子岩寺の住職に招かれた。すぐのちに費隠通容禅師が円悟から萬福寺住職を継ぎ、隠元禅師を西堂に任じた。費隠通容禅師は数年前から隠元禅師の博学多才を高く評価し、彼を付法の唯一の人選と考えていた。その二、三ヶ月後、隠元禅師は獅子岩寺に戻り、隠棲、修行をし始めた。彼は七年前後黄檗山と獅子岩の間を往来し、続けて参禅し教えを究めた。1637年に、大衆の再三の懇請により黄檗山の住職となり、費隠通容禅師の法を受け継ぎ、臨済正伝32代目となった。この年十月一日、密雲円悟、費隠通容禅師、隠元禅師、三代同時に布教伝道をし、遠近の僧衆五百人余りが集まり、まさに法門の一大行事だったと言えよう。

黄檗復興。隠元禅師が住職に就任して最初に行ったのは、開山正幹、断際希運、嫩安、鴻休、月輪、大休など、歴代の黄檗祖師のために賛文を書くことで、祖師たちの功績を称えた。

次に、1637年12月、僧侶たちを率いて臥雲庵に万本の松の木を植え、「万松庵」と改称し、記念文を書いたことである。木を育てるには十年、人を育てるには百年と言われるように、こうすることによって山門に風致を添え、

隐元禅师的出行做考虑，而隐元禅师答道："出家人要行便行，岂能被些许利养系留。"遂告辞而去，寺主深为叹服。不要说是当时在明末清初生民涂炭的时期，纵使是现在，僧人中能对金钱丝毫不在意的人，也都能引起人们深深的敬佩。在接下去的参访过程中，隐元禅师听说天台山密云圆悟和尚是临济宗尊宿，前去拜谒。在金粟山广慧寺，两人经过一番禅宗式说偈棒喝问答后，互相折服，彼此交心。前后历经一年左右，隐元禅师渐渐悟道，常常彻夜静坐，胁不沾席。他常欢喜又平静地对禅友说道："我初到金粟时，只是东林一凡夫俗子，今会道意，实为三生有幸，日夜间参究自己的本家事都来不及，哪有闲工夫再与人争长论短。"可知他在密云圆悟和尚的启发下，对佛理的思考深度大大增进，日夜思量，宵衣旰食，焚膏继晷，无暇交友闲谈，完全进入了一个闭关提升期。在金粟山跟随密云圆悟和尚修禅三年后，隐元禅师逐渐展露出他非凡的悟性，一时名闻金粟山。

1629年，黄檗山万福寺的耆旧、檀信邀请密云圆悟和尚担任住持，万福寺是隐元禅师出家的地方，生活过的地方，当然更熟悉，于是隐元禅师欣然随从密云和尚回到了黄檗山万福寺。随后多次奉密云和尚之命赴漳州、潮州一带化缘，因衣衫不整被怀疑不是黄檗山派出的化缘僧。1631年，学理日益增进的隐元禅师受邀担任狮子岩寺的住持。过了没多久，密云圆悟和尚退位，费隐通容禅师继任，招请隐元禅师为西堂。费隐通容禅师在此前几年就已非常赏识隐元禅师的博学多才，早就把他作为法嗣的唯一人选。可是仅过了两三个月，隐元禅师便继续回到狮子岩寺隐居静修。后来经过大家的再三恳请，隐元禅师终于答应继任，1637年正式登上住持的法座，成为临济宗第三十二世传人。同年十月一日，密云圆悟和尚、费隐通容禅师、隐元禅师，三代同时开宗施教，远近僧众闻风而来，达五百余人，可谓法门盛事。

中兴黄檗。隐元禅师担任住持后的第一件事，就是为历代黄檗祖师撰写赞文，如开山正干、断际希运、嫩安、鸿休、月轮、大休，充分肯定祖师们的功绩。

第二件事，是于1637年腊月，率众于卧云庵种植松树万株，改名为"万松庵"，并且作文章纪念。有道是十年树木，百年树人，此举既为山门增添景观，又为后人树立榜样，更符合临济栽松之意旨。

第三件事，则是于1638年春天重修中天正圆祖塔，建梅福庵于旁，慨念

後世の人々の「道しるべ」ともなり、「臨済栽松」の趣旨にも合致している。

三つ目に、1638年春に中天正円の祖塔を改修し、梅福庵を傍らに建て、大蔵経要請のため上京した苦労を記した。萬歴年間正円禅師は神宗に蔵経を賜わるように奏請し、北京で八年待ったが、成し遂げずに亡くなった。その法孫の二人により遺志が継承され、万暦四十二年（一六一四）宰相葉向高の助けを得て、全蔵を手に入れ、黄檗山の影響力を大きく高めた。中天とその弟子たちは仏法の教えを伝えるために、風や雨にさらされ、万難を排さなければならず、儒家の「無理と知りながらも敢えてやる」という教えによく似ている。当時の人々は、心配事や苦しみがありながらも昂然とした黄檗僧の品格に粛々と敬意を表し、黄檗の精神に感動しない者はいなかった。

最後の一つは、黄檗伽藍の改修に着手したことであった。明の後期、何度も戦乱を経た黄檗山万福寺はかなり破損していた。しかし、困窮の境遇に直面しても隠元禅師は気を落とさなかった。仏に祈願すると、「鳳凰が涅槃し、火を浴びて生まれ変わる」と明示された。そこで禅師は弟子を率いて托鉢をし、飢えや寒さをしのぎ、苦労を重ねた。托鉢から帰ってくると、隠元禅師はすぐに寺の改修に着手し、大雄宝殿、法堂を再建し、蔵経閣を西廊の後ろに移し、明代の建築様式に則って鐘鼓楼、山門、雲厨、倉庫など各殿堂を新築した。彼は弟子を率いて山に登り、良質の木材を精選し、また泉州に行って名匠を招き、新しい建物の装飾や彫刻を作った。

そして、仏像の彫刻中に縁起の良い出来事があった。大雄宝殿の仏像は最後に細かい泥で磨いてから金箔を貼る工程になるが、しかしどこにも適当な泥を見つけることができなかった。隠元禅師と弟子たちは心配で落ち着いていられなく、未完成の仏像の前に立って祈願するほかなかった。翌日、暴風雨で寺の近くの川の水位が上がり、流れが変わるところには、五色に光り、しっとりとした土砂が現れてきた。隠元禅師ははっと悟り、これは仏様が送ってきた泥だとみんなに伝えたので、みんなは急いで泥を運び、仏像を粉飾した。終わるころに、その五色泥は消えてしまった。これは明らかに仏像のために出たもので、不思議な感応道交だと思われている。そのため、本堂の仏像が完成して開光した後、隠元禅師は『黄檗語

他赴京请藏的艰辛。万历年间，中天正圆为了获得朝廷赐藏经，进京苦等八年没有结果，最后在京圆寂。后来他的两个弟子继承师父遗志，继续请藏六年，最终在叶向高的帮助下获得赐藏，极大提升了福清黄檗山的影响。中天师徒为了弘扬佛法，沐风栉雨，排除万难，这与儒家"知其不可而为之"有很大相似之处。时人对黄檗僧人虽饱经忧患却节操昂然的品格肃然起敬，无不为黄檗精神动容。

最后一件事是着手重兴黄檗殿宇。明朝后期，经过兵劫的黄檗山万福寺早已破损不堪，面对困厄之境，隐元禅师并没有泄气。他向佛祖祈请，佛祖明示："凤凰涅槃，浴火重生。"于是，他亲自带领弟子四处化缘，忍饥受寒，历尽艰辛。化缘归来，隐元禅师即着手修寺，重建了大雄宝殿、法堂，又将藏经阁移到西廊后面，遵照典型的明代建筑风格，新建钟鼓楼、山门、云厨、库房等各类房舍场馆。他还带领弟子上山精选优质木材，对新建筑的装饰、雕塑，隐元禅师还亲自到泉州邀请名师来制作。

在佛像的雕塑过程中传说发生了一件祥瑞之事。大雄宝殿的佛像制作剩下最后一道工序，需要用细泥打磨后才可以贴金。可是师傅们到处都找不到合适的细泥。隐元禅师和众弟子也急得寝食难安，只好站在未完工的佛像前虔诚祈请。第二天，狂风暴雨大作，寺院周边溪水暴涨，但是在溪水湍流回转处，却出现了一片发着五色光芒的泥沙，用手一捏还细滑湿润。隐元禅师恍然大悟，和大家说，这就是佛祖显灵送来的五彩细泥啊！大家马不停蹄运泥粉饰佛像，等粉饰完毕，溪里的五彩泥沙也消失无踪了。众人都认为，这彩泥分明是为佛像而生，是神奇的感应事件。为此，大殿佛像装塑完工开光后，隐元禅师还刻印《黄檗语录》二册，专门记载这些遭遇以传世。

经过七年的努力，黄檗山万福寺又恢复了昔日的壮观。寺院修建后，隐元禅师又为奠立经济基础奔忙，他广置田园，将田园从原来的一百多亩扩至四百多亩。他还在寺院内大力开展接化僧侣活动，开讲佛经，设坛传戒，重修寺志，开刻语录。经过这一系列的举措，寺院临济之风大振，黄檗之道大兴，僧众从早期的三百多人发展到一千七百多人，黄檗山万福寺再次扬名于东南沿海。

隐元禅师在中兴黄檗的过程中树立了极高的声誉，各方禅衲、名人学士纷至沓来，拜师礼佛。从明崇祯十二年（1639）至清顺治二年（1645），隐元禅

福清万福寺法堂旧迹，福清黄檗文化促进会供稿
再建前の法堂　福清市万福寺　（福清黄檗文化促進会提供）

録』二冊を編纂し、これらの出来事を記録して世に伝えた。

七年間の努力を経て、黄檗山万福寺は以前の状態を取り戻し、鬱然たる一大叢林となった。その後、隠元禅師は経済基盤を築くため、寺産を増置して、元の田園を百畝から四百余畝までに大きくした。また四衆を接化する活動を盛んに行い、経典を講じ、戒壇を設けて授戒を行い、寺誌を再整備し、語録を出版した。この一連の措置により、臨済の禅風が大いに振るい、黄檗の仏道が盛んになり、僧侶の数は初期の300人あまりから1，700人以上に増加し、黄檗山万福寺は再び東南沿海に名を馳せた。

黄檗が中興した中、四方の禅僧や学士たちがひっきりなしにやってきて、名高い隠元禅師の門下に帰依、修行した。明代崇禎十二年（1639）から清順治二年（1645）まで、隠元禅師は全国各地の要請に応じて、十数回

师受到全国各地寺院的邀请，先后十几次远行到浙江、福州、泉州、长乐等地弘法，所到之处无不受到隆重欢迎，这才有了后来日本佛界的再三邀请和他的东渡。

易代抗争。1644年，明崇祯帝自缢景山，明朝灭亡。也就在这一年，隐元禅师离开了黄檗山，前往浙江拜见费隐禅师。一路上，他深切感受到王朝大厦将倾的岁月里社会的混乱与悲惨。面对明朝灭亡，隐元禅师更是痛哭涕零。对于隐元禅师来说，无论出家与否，赤胆忠心、骨气凛然都是不可缺少的。

明亡后，反清复明的战事不断。1647年3月24日，清兵逼近福清，镇东、海口二城失陷，百姓数千人被无辜屠杀，尸横遍野。四月初，隐元禅师每天都在黄檗山万福寺法堂举行法会，为在抗清中英勇牺牲的福清义军将士和被残杀的平民百姓的亡灵超度。法会选择在天色未明之际举行，以避开清兵的注意和不必要的杀害。这样半秘密的法会举行了七七四十九天，但隐元禅师的悲愤心情依然难平。他对即非如一在内的几个高徒说："一定要带好僧众，尽一切可能组织如常，不可因此懈怠，该做的事情不做，增加新的不安定情绪；不可助纣为虐，是说绝对不可帮助满夷屠杀祸害民众；也不可惹是生非，给满夷灭寺的借口，是说不可主动制造问题，招惹清兵，以免给寺庙带来灭顶之灾。"（平久保章，1979）

正在此时，海口望族谢名世登门恳求隐元禅师率众到海口举行水陆法会。隐元禅师心有忧虑，怕清兵阻挠。此时性格刚烈的即非如一站起来说："满夷暴戾贯天，海口哀鸿遍野，凡我族类，无不痛心疾首，师父，若不及时施以佛法，安慰数万冤魂，于心不安。"即非如一之言代表了僧徒的心声，在哀鸿遍野的时刻，民众恐惧万分，尤其倚赖佛法的抚慰，祈望在佛法中寻求心灵的安顿，此时施以佛法正当时。同时，如一还表示，法会不涉及反清之举，清兵没有理由阻挠。在弟子们一番分析后，隐元禅师答应举行普度法会。作为寺庙住持，这是一个艰难的决定，若有意外发生，寺庙很可能面临灭顶之灾。隐元禅师做出这个英伟的决定，体现了他慈悲为上的心怀。6月19日，一切准备就绪后，隐元禅师穿上明朝廷所钦赐的袈裟，率领八十位僧徒，各自手捧《大藏经》，登上水陆法会道场，手执法器，敲击鱼鼓，齐声诵经，此番诵法，祈祷万众苍生平安健康，祈祷国家早日安定，祈祷社会生产恢复如常。参与者恭恭敬敬，聆听者无不感激涕零。

も浙江、福州、泉州、長楽などへ法を弘めていた。行く先々で盛大な歓迎を受け、やがて後の日本仏界の再三の招請にもつながった。

清王朝への抗争。1644年、明の崇禎帝は都の背後にある景山（万歳山）で首を吊って自害し、明は滅亡した。ちょうどこの年、隠元禅師は黄檗山を離れ、浙江省へ費隠禅師に会いに行った。道中、彼は社会の混乱と悲惨さを痛感し、明王朝の滅亡に悲しみ、号泣した。隠元禅師にとっては、出家するかしないかに関わりなく、忠誠心と凛とした気骨が欠かせないものであった。

明が滅んだ後、反清復明の戦いが絶えなかった。1647年3月24日、清の軍隊は福清に迫り、鎮東、海口の二城が陥落し、罪のない百姓数千人は虐殺され、死体が野原に横たわった。四月の初めから、隠元禅師は毎日黄檗山万福寺法堂で法会を行い、犠牲になった福清義軍の将士や虐殺された庶民の霊を済度する。清兵や更なる殺戮を避けるために、法会は夜明け前に密かに行われ、四十九日続いても、隠元禅師の悲憤は依然として収まらなかった。彼は即非如一などの僧徒たちにこう言った。「怠ってやるべきことをやらないと、不安定な情緒が高まるから、ぜひ皆をよく率いて、いつものようにしなさい。また、清軍を助けて民衆を害したりすることは絶対にしてはならない。しかも、自らいざこざを引き起こし、寺を滅ぼす口実を与えるようなことはしてはならない」(平久保章、1979)。

ちょうどその時、海口町の名族である謝名世がやってきて、隠元禅師に僧徒を率いて海口で水陸法会を行うよう懇願した。隠元禅師は清軍に邪魔されるのではないかと心配していたが、気性の激しい即非如一禅師は「清軍は暴虐無道で、海口の住みかを失った難民が野に満ちあふれる。直ちに法事を行い数万の怨霊を慰めないと、気がとがめる」と言った。即非禅師の話は僧徒たちの本音そのもので、戦乱で民衆の恐怖の気持ちが強まり、一層仏法に頼り心の落ち着きを求めるため、法事を行うには今がちょうどよい時期だ。また如一は、法会は反清の行為には関与しておらず、清軍が妨害する理由はないと述べている。弟子たちとよく相談した後、隠元禅師は普度法会を開くことを承諾した。それは住職としては難しい決断であり、不測の事態が生じたら、寺院の滅亡に至ることになる。隠元禅師の

福清海口瑞峰寺，于明清之际重修，林秋明摄
明末清初に再建された瑞峰寺　福清市海口鎮　（林秋明撮影）

自此后，隐元禅师清淡自守，每日率众挑柴于市出售以充日用，使山门得以平安无事。1652年，隐元禅师六十一岁，有一天，和众弟子一起开戒，当读到“开戒于洪武十年，善述于成祖昭世”一句的时候，突然伤感哭泣起来。大家都愕然不解，后来有人悄悄问其中的缘由，隐元说：“当我听到明太祖的年号时，心中真是难掩亡国之痛，所以涕泣不止。”（平久保章，1979）在隐元心中，明朝始终是他的身心依止，此刻不变，未来也不会变。或许，这就是他作为文化遗民的一种无形抗争吧？

二、隐元禅师东渡因缘

十七世纪的日本，在德川幕府统治之下，正步入时间长达265年的江户时代。虽然期间实行闭关锁国政策，但是为了增加财政收入，幕府还是默许了部分和中国、朝鲜以及东南亚诸国进行的海上贸易，已经延续千年的海上丝绸之路，也得以局部维持贸易。此外，德川幕府还同欧洲的西班牙、葡萄牙、荷兰等国，开展有限但密切的经贸往来。伴随着日本与西方国家商业往来的频繁，

この賢明な決断は、まさに仏のように慈悲深い性格によるものである。6月19日、すべての準備が整い、隠元禅師は明の朝廷から下賜された袈裟を着て、八十人の僧侶を率い、『大蔵経』を手に持って水陸法会道場に登り、法具を手にして魚鼓を叩き、声をそろえて読経し、民衆の平安と健康、国家の安定、社会生産の回復を祈った。聴衆はみんな感激して涙にむせんだという。

その後、隠元禅師は警備を強め、行動を慎み、毎日僧徒を率いて薪を市で販売し、敬慕しない者はなく、それゆえに山門は無事であった。1652年、六十一歳の隠元禅師はある日、弟子たちに戒律を伝え、「戒律は洪武十年から伝え始め、成祖昭世に至って遠く伝わった」との一句を読んだ時、突然感傷的に泣き出した。皆は愕然としたが、後にその理由を尋ねると、隠元は「明太祖の元号を聞いた時、亡国の痛みを隠すことができず、涙が止まらなかった」と言った。(平久保章、1979)隠元禅師の心の中で、明は彼の心身の拠り所であり、ずっと変わらなかった。それはまさに彼が文化の遺民としての目に見えない抗争だったのではないだろうか。

二、隠元禅師渡日の理由

十七世紀の日本は、徳川幕府の支配下にあり、265年に及ぶ江戸時代に入った。幕府は鎖国政策を実施したが、財政収入を増やすため、中国、朝鮮、東南アジア諸国との海上貿易の一部を黙認した。それにより、千年以上の歴史を有する海上シルクロードの一部は続けられた。また、徳川幕府は西欧のスペイン、ポルトガル、オランダなどの国と、限られているが密接な経済貿易往来をしている。日本と西洋諸国との頻繁な取引に伴い、カトリック宣教師は日本に入って布教をしはじめた。長崎などでは、重い税の取り立てに苦しんでいた日本の民衆は仏教からカトリックに改宗して精神的慰めを求めた。こうした社会文化の新たな情勢が、日本の禅宗の衰退に拍車をかけたに間違いない。それに加え、中国の儒学の伝来は更に日本の禅宗に打撃を与えた。沈滞状態にある日本仏教の宗風を振興するため、日本仏教界の一部の理性的な僧侶は中国の僧侶を招いて法を広めようと思いつい

天主教传教士也进入日本传教，特别是在长崎等地，苦于封建主残酷压迫的日本底层民众，因此纷纷放弃佛教，皈依天主教寻求新的精神安慰。这些社会文化的新形势，无疑加速了原本困难重重的日本禅宗的消沉。而中国新儒学的传入，更是加重了对日本禅宗的打击。日本佛学界一些有理智的僧人，率先想到邀请中国僧人东渡弘法，以期振兴处于沉滞状态下的日本佛教宗风。隐元禅师的赴日正是顺应了日本当时的政治和宗教需求。

江户前期的日本佛教

江户时代，日本国力到达巅峰，期间不仅是经济社会的发展，更有思想上多番的较量与更迭，最显著的特点是，儒学传入，生命力蓬勃旺盛，道教流行，长久以来流行的佛学，却日渐衰微。

社会背景

从政治发展历史上看，由于古代日本社会，从镰仓时代到室町时代，长期处在战争动乱之中，特别是镰仓时代以后南北分裂的时期，在大约六十年的时间里，天皇、幕府将军、守护大名以及武士等统治阶层内部，相互斗争更是异常激烈。在此情况下，原本属于从属地位的小农阶层，却纷纷获得了独立，这反而促进了农业及相关产业的发展。伴随着农业和手工业经济的发展，日本的商业经济也得到了一定程度的发展，在此条件下，日本社会开始出现了较为发达的城市经济，在这些以商业为基础发展起来的城市中，平民阶层也不断扩大，悄悄地改变了日本社会的结构。

进入室町时代后，势力不断增强的大名阶层，也开始割据地方。在经历了长达百余年的战国时代和安土桃山时代（1573—1603）之后，特别是丰臣秀吉死后，大名集团中，实力最强的德川家康（1543—1616）最终掌握了朝政实权，并于日本庆长八年（1603）被册封为征夷大将军。从此开始一直到日本庆应三年（1867）幕府向天皇归还大政，共计265年，因德川幕府设在江户（今日本京都），这一历史时期，就被称为日本的“江户时代”。由于这一时期的日本政权始终掌握在德川家族手中，故这一时代也被称作“德川时代”，大致年代，相当于中国晚明到晚清时期。

思想发展史上，在此前日本的奈良、平安时代，佛教从整体上说始终是日本的国教，受到极大的尊崇。而到了镰仓和室町时代以后，由于中国儒学的传

た。そのため、隠元禅師の渡日は、その当時の政治的・宗教的欲求に即したものであった。

江戸時代前期の日本仏教

江戸時代に日本の国力は頂点に達し、経済社会の発展が進み、諸思想の交渉と交替が激しくなっている。その中で最も顕著な特徴は、儒学の伝来により道教が盛んになり、一方で長い間流行していた仏教は日に日に衰退に向かい、生気を喪失しつつあった。

社会背景

政治発展の歴史から見ると、古代の日本は、鎌倉時代から室町時代にかけて戦乱が止まらず、特に鎌倉時代以降南北が分断され、約六十年の間、天皇、将軍、守護大名、武士などの支配層の内部では、激しく闘争していた。それを背景に、もともと従属的な地位にあった農民層が独立し、農業や関連産業の発展を促進した。農業と手工業の発展に伴って、日本の商業はある程度の発展を得て、比較的発達した都市経済が現れた。こうした商業を基礎として発展してきた都市の中で、庶民層がますます壮大になり、徐々に日本社会の構造を変えていた。

室町時代に入ると、勢力を増していた大名層も、地方を割拠するようになった。百年余りの戦国時代と安土桃山時代（1573–1603）を経て、豊臣秀吉の死後、戦国大名の中で最強とする徳川家康がついに政治の実権を掌握し、慶長八年（1603）に征夷大将軍に任じられた。それ以来、慶応三年（1867）の大政奉還までの265年間、徳川幕府が江戸（現在の京都）に置かれたことから、この歴史的時期は「江戸時代」と呼ばれている。この時期の日本の政権は終始徳川家に握られていたため、この時代は「徳川時代」とも呼ばれ、大まかな年代は中国の清末からの時期に相当する。

思想発展史から見ると、日本の奈良と平安時代では、仏教は日本の国教であり、大きな尊崇を受けていた。しかし、鎌倉・室町時代以降、中国儒学の伝来により、儒仏の激しい闘争の中で仏教は没落の様相を呈し、儒教は次第に隆盛していった。長期の儒仏闘争の中で、上層階級は儒学を受け入れ重んじてきたが、中下層階級の民衆の中で、仏教は依然として重要な影響を持っ

日本奈良鉴真所建唐招提寺，林雪云摄
鑑真和尚によって建てられた唐招提寺　奈良市　（林雪雲撮影）

入和影响，在儒佛激烈的斗争中，佛教渐渐显出没落的态势，儒教逐步兴隆。在长期的儒学、佛教斗争的历史过程中，社会上层主要接受了儒学，而佛教在中下层民众中仍有重要的影响。具体而言，由于日本室町时代主要对禅僧开放海禁，中日两国佛学界的互通往来较为频繁，这一时期在京都和镰仓所实行的五山制度，以五山的禅僧为日本接受、创作和传播中国文化的主体，因而兴起的汉文学与文化的主要内容也是所谓“五山文化”。“五山文化”具有浓厚的佛教禅宗色彩，但是与此同时，这些五山的禅僧并不完全排斥中国儒学和其他中国的传统思想，并以开放心态研究各类汉籍，因此，中国文化的各个元素，都得以传入日本社会。

与室町时代相比，江户时代的日本，社会政治稳定，整体处在太平盛世时期，不论是农业、手工业还是商业经济，都得到了大力发展。蓬勃发展的商业经济，不断动摇着武士阶层的经济利益。反映到思想文化上，由于长期寄生于武士阶层的僧侣地位开始下降，佛教文化的影响也随之减弱，与此相对，维护幕府政权稳定的朱熹理学思想的影响日益增大，理学文化甚至已经成为当时学术思想领域的主流。这就是黄檗文化东渡日本之际，日本佛教所处的社会思想

ている。具体的には、室町時代には民間人の海上交易が禁止されているが、禅僧の渡航は認められていたため、中日両国の仏学界の往来は比較的頻繁であった。この時代に京都・鎌倉で行われた五山制度は、主に五山の禅僧が中国文化を受け入れ、受容と流布したため、この時期盛んになった漢文学と漢文化を主とする「五山文化」は、仏教禅宗的な特徴が多くあった。しかし同時に、これらの五山の禅僧たちは儒学とその他の中国の伝統思想を完全に排斥することはなく、開放的な態度で各類の漢籍を研究している。これにより、中国文化の各要素は日本社会に伝来することができた。

室町時代と比べ、江戸時代の日本は、社会政治が安定し、国が栄えた太平な時代にあり、農業、手工業、商業などはいずれも大いに発展した。活況を呈した商業は、武士層の経済基盤を揺るがし続けた。思想と文化の面では、古くから武家に寄生していた僧侶の地位が下がり、仏教文化の影響力が低下したのに対し、幕府政権の安定を維持する朱子学の影響力が強くなり、朱子文化が当時の学術・思想分野の主流となっていた。これが黄檗文化が日本に

日本岐阜县高山市江户风格街景，林雪云摄

江戸風街並み　岐阜県高山市　（林雪雲撮影）

背景。

江户佛教处境

中日两国的文化交往，大致可以分为三个阶段，日本社会流行中国文化和汉文学也出现过三次高峰。第一次，是奈良时代的贵族士大夫文学，第二次，是室町时代的以五山文化僧侣为中心的汉文学，第三次，无疑就是江户时代儒者、文人为主体的儒学、佛学、文人文学艺术为主要内容的汉文学发展。（绪方惟精，1980）在古代的东亚国家和社会，接受中国文化典籍的数量，往往是衡量这个国家和社会文明程度高低的重要指标。（陈小法，2011）这三次高峰，也正是儒学、史学、诸子、文学、艺术典籍、作品流传至日本的高潮。这也离不开来自中国的高僧群体对中国佛学、禅宗典籍传播所做的努力。

作为中日文化交流的一次高峰，江户时代前期，一方面佛教依然有较高的地位，并且已经深入日本社会日常生活的方方面面，但是，另一方面，从奈良时代以来，长达数百年的发展渗透使江户时代前期的日本佛教早已失去了创新活力，对于新兴的平民文人群体的吸引力也开始降低，单纯作为一种管理工具的佛教，各种弊病也层出不穷，这恰恰为儒教和道教的乘虚而入，提供了有利的环境和条件。一种思想一旦显示出衰微的征兆，便会加速衰微。因为加速的力量不是在衰微的时候才出现，而是早已存在，只是尚未显示出来，而在主流思想之衰弱出现的时候，一直隐藏其中的其他力量，便趁机凸显。

江户时代以前，新思想的出现，往往借着佛学的旗帜，即使到了江户时代初期，著名儒者如藤原惺窝（1561—1619）、林罗山（1583—1657）等人，也都曾在年少时出家为僧，在寺院中学习读书，学有所成之后，才出山在幕府担任儒官职务。而到江户时代中期以后，随着佛教在日本的堕落和腐败，其社会地位也大大下降，日本的儒者、文人，往往不再出于佛门，一般儒者也以曾经入于佛门为耻，这时期佛学的发展和影响，已经远远不及儒学。（朱谦之，1958）此时，日本儒学发展势头猛进，佛教远远不及。

三教合一的趋势

“五山时代”的文学，一个令人瞩目的特点，便是提倡儒佛一致、三教一致的观点，这种观点越来越普遍，可以看作儒学——主要是朱熹的理学——开始凌驾于佛教之上的先兆。而且“五山禅僧中几无不言三教合一的”（朱谦之，1958），五山禅僧本身就是主张三教合一的早期代表，隐元高足之一的即非如

渡来した際、日本仏教が置かれた社会思想的背景である。

江戸仏教の境遇

中日両国の文化交流は、大きく三つの段階に分けられる。過去に日本社会の中国文化と漢文学の受容において三度のピークが訪れた。一度目は奈良時代の貴族士大夫文学、二度目は室町時代の五山文化僧侶を中心とした漢文学、三度目は間違いなく江戸時代の儒者、文人を主体に、儒学、仏教、文人文学芸術を主な内容とした漢文学の発展である。(緒方惟精、1980) 古代の東アジア諸国では、中国文化典籍の輸入数は、その国と社会の文明度の高さを測る重要な指標となっていた。(陳小法、2011) この三度のピークは、まさに儒学、歴史学、諸子思想、文学、芸術典籍、作品が日本に伝わるクライマックスでもある。それには、中国の高僧たちによる中国の仏学、禅宗典籍の伝来のために力を尽くしたことがなくてはならない。

中日文化交流のピークの一つとして、江戸時代前期、仏教は依然として高い地位を持っており、そして日本社会の日常生活の各方面に深く入り込んでいる。しかし、一方で、奈良時代以来何百年も経ち、江戸時代前期の日本仏教は、すでに革新的な活力を失い、新興の庶民文人集団への魅力も低下し始め、幕府の管理手段の一つとしても様々な弊害が続出し、儒教や道教の参入にチャンスを与えた。また、仏教は衰微の兆しを示すと、急速に衰微する。それは、衰微の兆しが出る前から既に存在しながら、まだ現れていない力が、主流思想の停滞が現れた時、その機に乗じて際立っているからである。

江戸時代以前、新しい思想は仏教の看板を掲げて出世するのが普通で、江戸時代の初期になっても、有名な儒者である例えば藤原真窩、林羅山などは、若い時に出家して僧になり、寺院で勉強してから幕府で儒官の職務を担当するのである。しかし、江戸時代の中期以降、仏教の衰退に伴って、仏教の社会地位が大幅に低下し、寺院で勉強する日本の儒者と文人が少なくなり、仏門に入ったことも恥とされ、この時期の仏教の発展と影響力は儒学にはるかに及ばない。(朱謙之、1958) 儒教は大変な勢いで発展したため、仏教がはるかに及ばなかった。

三教統合の傾向

「五山時代」文学の注目すべき特徴の一つは、儒仏一致、三教一致の観点

一禅师，在东渡日本后，也是三教合一的践行者，他校勘了福清名儒林希逸的《老子鬳斋口义》，这部道家著作，便是明证。禅僧们的思想倾向导致“三教一致这时成为一般外佛者而内俗儒的一种借口”，可见此时日本的释者已显出弱势。

到江户时代前期，佛教和儒教还处在论争之中，在社会上并未分出胜败，而实际的状况是这时涌现出越来越多的寺庙，其中80%的寺庙仅靠自己的收入已经不能维持自身的生存（Richard Bowring，2017），这是当时日本佛教衰落的一个征兆。

道教随着移民潮在魏晋南北朝时期就传入日本，并有一定接受度，江户初期就有吉川惟足（1616—1694）创立的吉川神道、山崎暗斋（1619—1682）创立的垂加神道、契冲和尚（1640—1701）等衍生出的复古神道等等。在儒学传入日本以后，室町末期呈现出佛、儒、道并存的局面，各自都在借力发展，于

日本京都妙心寺，福清黄檗文化促进会供稿
妙心寺　京都市（福清黃檗文化促進会提供）

を提唱することであり、これは儒学——主に朱子学——仏教を超える前兆と見ることができる。しかも、「五山禅僧の中には三教統合を語らない者はいない」。(朱謙之、1958) 五山禅僧自身が三教統合を主張した初期の代表であり、隠元の高足である非如一禅師は日本渡来後も三教統合を実践し、福清市の名儒林希逸が書いた道家の著作『老子鬳斎口義』を校勘したことがその証である。禅僧たちのこの傾向により、「三教統合はこの時、外見は仏者ながらも、中身は儒者と言うのが常である」。日本の仏教はすでに弱体化していたことがよくわかる。

江戸時代の前期までは、仏教と儒教の交渉はまだ勝負がついていなかった。この時期、寺院がたくさん創立されたが、そのうち80%は自らの収入だけでは維持できなくなり (Richard Bowring、2017)、これが当時日本仏教の衰退の兆しとなった。

道教は魏晋南北朝時代に日本に渡来し、ある程度受容されていた。江戸初期には吉川惟足 (1616-1694) が創始した吉川神道、山崎暗斎 (1619-1682) が創始した垂加神道、契冲和尚 (1640-1701) などが創始した復古神道などがある。儒学が日本に伝来した後、室町末期に仏教、儒教、道教が并存する局面を呈して、それぞれ力を借りて発展し、徐々に三教が合流する傾向が生まれた。

当時、仏教は相変わらず宗派の振興に力点を置いていた。そこで、中国の高僧を招いて、外来思想を導入し、仏門の士気を奮い立たせるのは最もよい選択であった。名高い隠元禅師はその最初の人選とされている。

隠元禅師は福清市万福寺を二度にわたって十七年間住職を務め、国内外でその名を馳せた。彼の『隠元語録』の二巻は、旅人の往来とともに日本に伝わり、日本の僧侶の間で広く知られるようになった。日本の学者である木宮泰彦はかつて次のように述べている。「隠元の盛名は長い間日本長崎に滞在している中国僧侶の間で広く知られ、しかも隠元の来日三年前に『黄檗隠元禅師語録』がすでに日本に伝わっていた。最も隆盛な京都の妙心寺(日本臨済宗の本寺)では僧侶たちはこれを購入して読んでいた。」(木宮泰彦、陳捷、2015) 隠元禅師渡日の前、日本京都妙心寺の高僧である禿翁妙宏は『黄檗隠元禅師語録』に感銘を受け、僧侶に積極的に購入して読むよう要求し

是渐渐滋生出三教合流的趋势。

而当时佛教的着力点，依然是振兴教派。向外借力，引进中国高僧，以引进思想，提振佛门士气，就成为不二做法。久负盛名的隐元禅师，便是其中首选。

隐元禅师先后两次住持福清万福寺，长达十七年之久，可以称得上是名扬海内外。他所刻印的《隐元语录》二卷随着商旅往来传到日本，在日本僧界广泛传播。日本学者木宫泰彦曾这样描述："隐元盛名久为留居日本长崎的中国僧人间所宣传，且其在中国开印之语录，当彼未来日以前，已传至日本禅林中，最隆盛的京都妙心寺（日本临济宗本寺）派下僧侣，多购读之。"（木宫泰彦、陈捷，2015）隐元禅师渡日前，日本京都妙心寺高僧秃翁妙宏（1611—1681）读到《隐元语录》，深为叹服，便要求僧侣积极购买阅读。隐元禅师的禅心妙语由此流播开来，他的高僧形象更加深入到日本僧俗界。

关于隐元禅师渡日的原因，中日说法不一，目前学界主要有以下三种观点。

长崎僧俗四次恳请

第一次，菩萨梦嘱，禅师婉拒。日本长崎有著名的"唐三寺"——兴福寺、福济寺和崇福寺，都是出于自身信仰需要，由在日华人华侨和中国僧人发起兴建。1652年4月的一天，兴福寺的东渡名僧逸然性融（1601—1668）住持做了一个神奇的梦，他梦见南海观音菩萨对他说，如果要拯救日本佛学界的困境，必须迎请福清县黄檗山万福寺的隐元禅师前来，他就是中国的"鉴真和尚"第二。梦醒后，逸然性融特地去德川幕府申请许可，经过批准，他联名日中两国僧人十三名，向隐元禅师发出赴日弘法的第一封请启。信中写道："唐宋以后四百年间，日本禅宗宗风低迷。大和尚您是临济正统传人，要法雨均沾，拯救沉迷的扶桑。"（平久保章，1979）信函委托福州船主何素如居士，亲自送到万福寺。何素如回国如期将信函提交隐元禅师，恳请他东渡弘法。此时的隐元禅师对长崎邀请尚无想法，他回信说自己年事高，路途遥远，加上语言、礼节、佛法、人情不同，以行道困难拒绝了邀请。不过信中最后话锋一转，说道："如果确实因为有缘分，各方期待，我当然也应该去日本弘法。"（平久保章，1979）意思是说待因缘出现，时机成熟，护法神显相，日本王臣

た。ここから隠元禅師の禅心妙語が一層伝わり、その高僧像は日本の僧俗界に深く浸透した。隠元禅師の渡日の理由について、これまでいろいろの説が述べられてきたが、それらを大別すると次の三つに集約される。

長崎僧俗からの四度にわたる懇請

最初、菩薩が夢に託し、禅師は婉曲に辞退した。日本の長崎には有名な「唐三寺」——興福寺、福済寺と崇福寺がある。いずれも在日の華人華僑と中国の僧侶によって建てられた寺院である。1652年4月のとある日、興福寺の渡来名僧である逸然性融住職は不思議な夢を見た。南海の観音菩薩から、日本仏学界を苦境から救うためには福清にある黄檗山万福寺の隠元禅師を迎えなければならない。夢から覚めた逸然性融は取り急ぎ徳川幕府に許可を申請し、日中両国の僧侶十三人と連名で隠元禅師に最初の請啓を送った。手紙には、「唐宋以降四百年間、日本禅宗の宗風は低迷した。禅師は臨済正統の伝承者であり、低迷した日本の仏教界をお救いください」と書かれている。（平久保章、1979年）書簡は福州籍船主の何素如居士に依頼され、自ら万福寺に送られた。何素如は予定通り隠元禅師に書簡を提出し、東渡弘法を懇願した。これに対して、隠元は文化も違うし、言葉も通せず、自分も老齢であるからとして断った。しかし、手紙の最後には一転して、「もし機縁があり、皆が期待しているのであれば、私ももちろん日本に行って法を広めなければならない」と述べている。（平久保章、1979）因縁を待ち、時が熟し、護法神が姿を現し、日本官府側が仏法を重視すれば、必ず応じて日本に渡って開化するという意味である。

二度目の隠元禅師への懇請について、同年8月、隠元禅師から返信を受けた逸然性融は2通目の請啓を書き、道は遠いが心は同じであり、人情、言葉などは障害ではないことを明らかにし、路費用百金と香帛八種を添えて再び何素如に依頼した。途中海賊に奪われて、隠元禅師には届かなかった。

三度目、度重なる懇願に禅師はためらった。翌年三月、逸然性融は三通目の請啓を送り、長崎奉行や全国の僧俗が隠元禅師の渡日弘法を切望していることを示した。隠元禅師は逸然性融の誠意に心を打たれたが、日本への渡航

重视佛法，一定会应召渡日开化。

第二次，再次请启，未达禅师。同年八月，收到隐元禅师回信的逸然性融又写了第二封请启，阐明两国道远心同，人情、语言等不是障碍，并附上路资百金、香帛八种再次委托何素如送达。可是此次商船被海贼所盗，这封请启没有到达隐元禅师手上。

第三次，继续请启，禅师犹豫。第二年三月，逸然性融继续写了第三封请启，表示长崎奉行和全国僧俗都迫切希望隐元禅师渡日弘法。隐元禅师被逸然性融的诚意打动，但首先黄檗公案未了，其次黄檗山万福寺诸护法和大众苦苦挽留。不过对于赴日一事，他似乎有了一点动摇，信中说他派了弟子前往长崎打探消息，待其回来汇报具体情况后再做决定，可见其谨慎态度。

第四次，持续请启，禅师答应。十一月，逸然性融与七名长崎唐人联名发出第四封请启，强调说长崎奉行已经向江户幕府报告了邀请之事，幕府同意了。十二月，隐元禅师复信说："如果早知道各位禅道诸人如此矢志不渝的求法向上精神，不忘探求本心，当下了悟见性明心，世间烦恼全部除尽，本心净见无余，那么，老僧我早就到了扶桑弘法相助。"（平久保章，1979）这封信也基本确定了隐元禅师赴日的决心。

弟子遇难，"子债父还"

弟子也懒性圭（？—1651）赴日，不幸遇难海上。明清之际福建沿海私人贸易盛行，也正逢中国东南沿海省市临济宗处于中兴时期，长崎"唐三寺"为了振兴临济宗风，由各乡帮从国内原籍延聘高僧大德担任寺院的住持，在此需求下，闽僧大量东渡日本。清顺治八年（1651），长崎崇福寺正式邀请隐元禅师的弟子也懒性圭前往日本担任首座，然而不幸的是，也懒性圭在赴日途中遇风浪，最终葬身大海，未能实现隐元夙愿。消息传来，隐元禅师作诗表达心中悲痛："闷来窗底叹《离骚》，众角何殊凤一毛。不忍唾余混细壑，通身手眼出洪涛。"（平久保章，1979）《离骚》是战国时期屈原遭遇困顿而发的抒情之作，隐元禅师借《离骚》表达对弟子遇难的悲痛。也懒弟子作为众弟子中凤毛麟角的人才，身为老师恨不能拥有通天手眼的本领拯救弟子于洪涛之下。所以，隐元禅师在第四次接到长崎的请启后，叹道："子债需父还了。"（陈智超，1995）

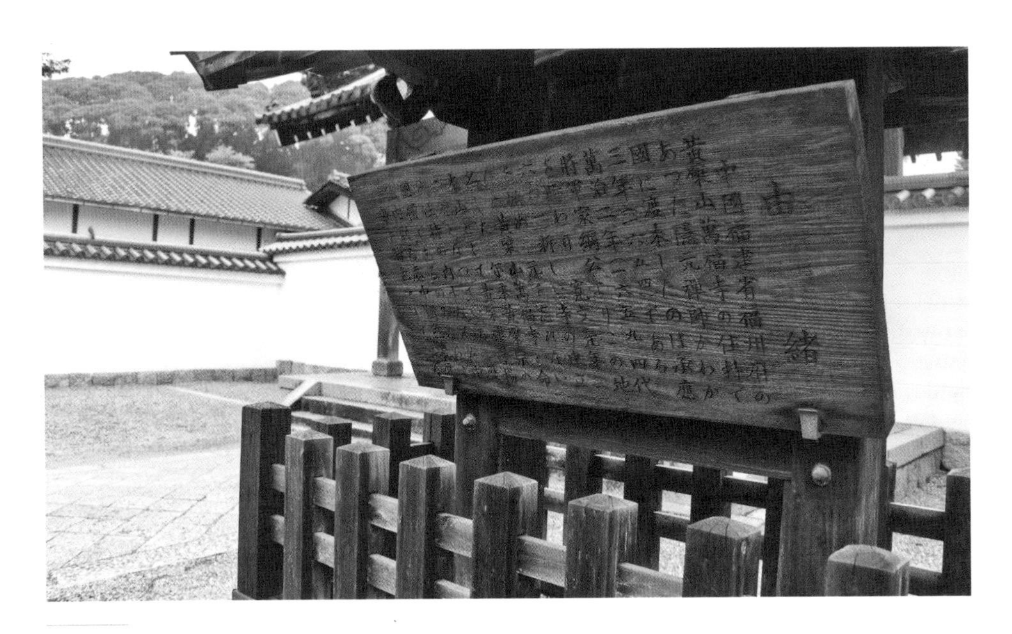

京都万福寺东渡缘起纪念牌，福清黄檗文化促进会供稿
東渡由緒記念　京都市万福寺　（福清黄檗文化促進会提供）

をまた躊躇していた。それは黄檗公案が未解決のままであり、また黄檗山万福寺の諸護法と大衆から強く引き止められたからである。しかし、渡日については少しの動揺が見られる。隠元禅師は弟子の良者を長崎に派遣、長崎における仏教界の実情を調査させ、慎重な姿勢を示している。

四度目、再三の懇願に禅師ようやく決意した。十一月、逸然性融は長崎の唐人七人と連名で4通目の請啓を出し、長崎奉行が江戸幕府に請文を報告し、同意を得たことを強調した。十二月、隠元禅師は「皆は本心を忘れず、法を求め精進しようとし、世の中の悩みをすべて取り除き、本心を明らかにした。このことを早くから知っていれば、私はとっくに日本に渡って法を広めていたのではないか」と返事をした。（平久保章、1979）この手紙を通し、隠元禅師は渡日の決意を固めた。

遭難した弟子の志を継ぐために

隠元禅師の弟子である也嬾性圭が日本に渡り、不幸にも海で遭難した事件があった。明清の際、福建沿海と日本の民間貿易が盛んになり、中国東南

京都万福寺伽蓝堂，福清黄檗文化促进会供稿
伽藍堂　京都市万福寺　（福清黄檗文化促進会提供）

继弟子之志，行弟子志事。一日为师，终身为父。弟子东渡弘法未遂之“债”，也促成了隐元禅师下定决心赴日。在复信中，他再次表示同意东渡弘法的邀请:“三请法轮能不退，千秋道振在斯时。”（平久保章，1979）隐元禅师被长崎的三次请启感动，认为此时是弘法的最佳的时机了。他把福清黄檗山万福寺的法席交给弟子慧门如沛，与众檀越约定三年后归来，然后置海上风浪危险于不顾，辞别僧众，与众弟子毅然踏上东渡的历程。

偶然不偶，一脉东流。隐元禅师渡日后在1657年写给他的师父费隐通容禅师的信中说道:“倘得一脉东流，亦是偶尔成纹。”1664年，他在退隐后所作诗句中也写道:“梦游阔别已多年，偶到扶桑一寄缘。无事清弹消白日，有时感赋闻苍天。依家父老今何在，故国生民几变迁。遥隔海涯徒感叹，夜阑反复不成眠。”（平久保章，1979）这两处的“偶”字，清楚地表明隐元禅师对这件事的想法：自己来到日本是一个偶然事件，仿佛做梦一般。而这一偶然事件就是弟子也懒性圭的溺水身亡。

沿海の都市では臨済宗が復興期にあった。長崎にある「唐三寺」は臨済宗の宗風を振興するため、各自の故郷から中国人高僧を寺院の住職に招き、福建籍の僧侶が大量に日本に渡航した。清の順治八年（1651年）、隠元禅師の弟子である也嬾性圭は長崎の崇福寺から招請され、1651年6月に渡日することになったが、その乗船が厦門を出港してまもなく沈没してしまった。隠元禅師はこのことを聞いて悲しみに暮れた。「悶來窓底嘆離騒、衆角何殊鳳一毛。不忍唾餘混細壑、通身手眼出洪濤。」（平久保章、1979）『离騒』は戦国時代の屈原が困窮した時に書きあげた抒情的な作品であり、隠元禅師はそれを借りて弟子の遭難に対する悲しみを表した。神通力を持って自分の優秀な弟子を荒波から救いたいと語っている。そのため、隠元禅師は四度目の招請書を受けた後、「子の借りは父が返さなければならない」と嘆いた。（陳智超、1995）

隠元禅師は弟子の志を継いで、弟子の所願を果たした。一日師として仰げば、一生父として慕う。弟子の未完成の願いも、隠元禅師が日本への渡航を決断した重要な理由となった。返信の中で、「三請法輪能不退、千秋道振在斯時（三請の法輪は退かず、千秋にわたる法の復興は今の時にある）」と招請に応じて、渡航を決心したことを表明した。（平久保章、1979）隠元禅師は長崎からの再三の招請に感動し、今が弘法の絶好の時だと考えた。福清の黄檗山万福寺の住持職を弟子の慧門如沛にまかせ、三年後に帰ることを弟子、檀越たちと約束し、渡海の危険を顧みず、大勢んの弟子とともに東渡の途についた。

偶然でありながらも必然性があり、臨済の一脈が東へ伝わった。隠元禅師は渡日後の1657年に師匠の費隠通容禅師に宛てた手紙の中で、「倘得一脈東流、亦是偶爾成紋（一脈が東へ伝わり、偶然に波紋ができた）」と述べている。また、1664年に隠退した後に詠んだ詩文にも、「夢遊闊別已多年、偶到扶桑一寄縁、無事清弾消白日、有時感賦聞蒼天。依家父老今何在，故国生民幾変遷。遥隔海涯徒感嘆，夜闌反復不成眠」と書かれている。遠く離れた異国の地で父を想い、故郷とその人々を想い感嘆し、夜も眠れない思いを綴っている。（平久保章、1979）この詩にはまた海難事故で亡くなった弟子の也嬾性圭を彷彿とさせる。

躲避战乱，保存文化

隐元禅师赴日带有传教和借兵双重目的，这是中日两国很多人都持有的观点。之所以有这样的说法，主要是因为隐元禅师赴日前，郑成功（1624—1662）曾主动提供资金、船只乃至部分人员支持。但是从现有文献记载来看，这些观点，恐怕是没有依据的。

首先，中日两国隔着浩瀚大海，东渡的所有僧人要到达日本只有海路一条。明末清初，郑成功的抗清军力控制着厦门，福建到日本长崎的海路也是由他控制。隐元禅师赴日最安全的方式，就是搭乘号称“国姓爷”的郑成功的船只。而郑成功非常敬重声望极高的隐元禅师，为他提供船只赴日也是人之常情。

其次，根据隐元弟子所编的隐元年谱记载，隐元于1654年5月10日离开福清前往厦门，住在仙岩受到郑成功招待，又于6月21日由郑成功船队护送离开厦门，同年7月抵达日本长崎。另一位弟子南源性派所编的年谱也记载“国

日本平户郑成功像，福清黄檗文化促进会供稿
鄭成功像　平戸市　(福清黄檗文化促進会提供)

戦乱を避け、文化を保存するために

隠元禅師の渡日には布教と借兵の二重の目的があったとよく思われている。何故かというと、隠元禅師が日本に渡る時、鄭成功（1624-1662）は資金や船、ないしは一部の人員まで自ら提供したからだ。しかし現有の文献資料からみると、これらの観点はおそらく根拠がないだろう。

まず、日中両国は広大な海を隔てており、日本に行くには海を渡るしかない。明が清にとって変わる頃、アモイ市および福建から日本の長崎までの海路は鄭成功により支配されていたため、隠元禅師渡日の最も安全な方法は、「国姓爺」と呼ばれる鄭成功の船に乗ることだった。また、鄭成功は名声の高い隠元禅師を尊敬したため、船を提供した。

次に、隠元の弟子が編纂した隠元年譜によると、隠元は1654年5月10日に福清を離れてアモイに向かい、仙岩に滞在している時鄭成功の招待を受け、6月21日に鄭成功の船団の伴いでアモイを離れ、同年7月に日本の長崎に到着した。もう一人の弟子南源性派が編纂した年譜にも、「国姓公備斎金送仙岩」、後に「撥舟相送」と記されている。「藩主」「国姓公」はいずれも鄭成功のことを指す。このことから、鄭成功は隠元禅師を非常に尊敬し、アモイでよくもてなしをしたことがわかる。隠元が日本に渡った後、鄭成功から手紙が送られた。「私は幸運にも仏教の禅法を学んで、悟りの扉を開きました。しかし、今禅師と会って歓談しようとしても間に合わなく、ただ風に乗ってお会いしたいと思うだけです。日本人は何度も招聘したのですが、本当に禅法を信じ、臨済宗風を広めることができるかどうか分かりません。あるいは単に禅師の名声を慕っているだけなのでしょうか。もし彼らが誠心誠意仏法に帰依することができれば、禅師は長く滞在して、法を弘めてもよいですが、もしそうでなければ、すぐにお帰りになり、私たち檀越たちの懇願に応えていただけるように願います。」と鄭成功は敬慕の気持ちを表した。（陳智超、1995）

この手紙には反清復明については一言も言及されていないことから、二人は仏教の信者と法師との関係がより明白だと窺い知れる。もちろん、

姓公备斋金送仙岩”，后“拨舟相送”。“藩主”“国姓公”都是指郑成功。由此可见，郑成功是非常敬重隐元禅师的，在厦门给予他优厚的礼遇。隐元赴日后，郑成功还致信给他，表达了敬仰之情：“我有幸学习佛教禅法，开启了顿悟之门，今与您面见握手畅谈已来不及，只能临风凭空想见了。日本国人虽然殷勤四请，也不知道是否真的敬信禅法，能否做到广播临济宗风？或者只是虚慕您的名声而已？如果他们真的能诚心皈依佛法，您当然可以多待时日，阐扬三昧禅法。假若他们不诚心，您不必久留，当速回，不辜负中土檀那们的夙愿。”（陈智超，1995）

信中只字未提及有关共同反清复明的意思，从中我们可以感受到的，更多是佛教信仰者与法师的关系。当然，这方面的传闻，也并非毫无根据，主要的依据就是面对明清易代时期，他们所具备的共同的思想感情。

由于清兵的不断南侵，隐元禅师所主持的福清万福寺也岌岌可危，为了安全起见，他不得不暂时到其他寺院避难。清兵从北到南的烧杀抢掠，造成无辜民众死伤数量巨大，生民涂炭。隐元向来对人间疾苦有着深厚悲悯的情怀，对劳苦大众的所苦感同身受，在此种时代背景下，对清兵的厌恶和对明朝的怀念，在情理之中，在意料之中。而事实上，感情上的相通并不等于就负有秘密的使命。我们翻阅隐元禅师在厦门的行踪文献，并无发现他与郑成功有不可告人的秘密关系。在新的史料发现之前，我们只能说，郑成功与隐元禅师的关系，是佛教信仰者和法师的关系。隐元禅师的赴日，是为了传弘佛法，隐元禅师并未负有郑成功的特殊使命。（胡沧泽，1997）

日本学界还有一种观点，认为隐元禅师渡日的原因，主要是为了避开清兵入侵的时局。日本学界根据隐元禅师年谱中所记载的文献，认为隐元禅师渡日前在中国遭到迫害，居无定所，所以渡日是为了避乱保身。这完全是对隐元禅师在当时中国的情况不了解而做出的毫无根据的猜测。万幸的是，隐元禅师及所在的黄檗山万福寺，并未受到清军的毁坏，此后，他通过兴建庙宇、广置农田、开堂说法等方式，努力振兴黄檗宗，使得黄檗山成为东南一大名刹。自然，隐元禅师生在易代乱世，个人无法脱离大环境的影响，因为战乱，他辗转各地避难，一定程度上也促成了之后的东渡。面对明朝的灭亡，他也只能作诗感慨：“可怜南国风光媚，半入胡笳不忍听。”这首《纪春》作于1654年，“可怜南国”说的就是他所处的南方福建沦陷，风光再美也抵挡不住听闻“胡笳”

このような噂も、全く根拠がないわけでもないようだ。主な根拠は、明から清へと時代が移り変わる時期に直面した際、彼らが共通して持っていた思想感情だと言えよう。

清軍がますます中国南部へ侵攻するにつれて、福建省の黄檗山万福寺も何度も襲われ、隠元禅師はほかの寺院に避難せざるを得なかった。清軍は至る所で家を焼き払い、人を殺し、金品を略奪した。一般民衆まで膨大な死傷者数が出て、苦しみをなめていた。隠元は昔から民衆の苦しみに深い哀れみの情を持っていたため、この状況の中で、清軍に対する嫌悪と明に対する懐かしさが出てくるのは当然のことである。実際には、隠元と鄭成功は共通の感情を持っているとしても、共通の使命を持っていると言えない。筆者は隠元禅師のアモイ滞在の文献を調べたところ、二人の間に秘密の関係が見つからなかった。新たな史料が発見されるま

日本平户郑成功纪念馆，福清黄檗文化促进会供稿
鄭成功記念館　平戸市　(福清黄檗文化促進会提供)

音的悲痛。胡笳原是古代北方民族的一种乐器，这里指代清朝政府。从“可怜”“不忍”字眼，我们可以感受到隐元禅师内心深处的亡国悲痛。中国学者林观潮认为隐元禅师作为明朝遗民，东渡海外，弘扬禅宗这一“中华祖道”，保存了明朝文化，是他对亡国命运的抗争。（林观潮，2013）总之，隐元禅师渡日是偶然因素与必然因素相互作用的结果，日方的主动与诚敬是主导，隐元禅师的声望与弘法使命是基础。

1654年6月21日，隐元禅师道别诸子，作偈云：“江头把臂泪沾衣，道义恩深难忍时。老叶苍黄飘格外，新英秀气发中枝。因缘会合能无累，言行相孚岂可移。暂离故山峰十二，碧天云净是归期。”（平久保章，1979）离别总是充满悲伤，江头师徒涕泪沾湿衣服，道德恩义让人难以割舍，老叶也要飘黄，新叶重新萌发，因缘会合如此，言行一致不可动摇，但这种离别只是暂时的，以后必定归来，那时期待天蓝云白，家国形势一片大好。禅师对弟子们充满了信心，赴日之举是因缘会合之果，言出必行。隐元禅师答应弟子众檀越赴日三年

隐元东渡明船模型，福清黄檗文化促进会供稿
隠元禅師東渡明船模型　（福清黄檗文化促進会提供）

では、二人の間は、信者と法師との関係でしかないと言えるだろう。隠元禅師が日本に赴いたのは、弘法のためであり、鄭成功からの特別な使命を負っているのではなかった。(胡滄沢、1997)

日本の学界では、隠元禅師の渡日は主に清軍の侵攻を避けるためであるという説もある。それは隠元禅師の年譜に記載されている文献に基づいて、隠元禅師が渡日前に中国で迫害され、居所がなかったため、乱を避けて身を守るために渡日したと考えたもので、当時の状況を知らない無根拠な推測だと考えられる。当時の黄檗山万福寺は清軍の侵害を受けなかった。隠元禅師は伽藍の復建、農地の広置、開堂説法などを通じて黄檗宗の振興に努め、万福寺を東南地域の名高い寺と復興させた。当然、隠元禅師は明清交替の乱世に生まれたので、社会の影響から逃れることができず、戦乱のため各地を転々と避難し、それは日本への渡航に関わっているのも確かなことである。明の滅亡を前に、隠元は「可憐南国風光媚、半入胡笳不忍聴」と詩を作ったが、ほかにできることは何もなかった。この「紀春」という詩作は1654年に作られ、「可憐南国」とは、中国南部にある福建の陥落を指し、いくら美しい風景でも「胡笳」の音を聞いた時の悲しみには耐えられない。「胡笳」とは古代北方民族の楽器で、ここでは清朝政府のことを指す。「可憐」「不忍」という言葉から、隠元禅師の心の奥底にある亡国の悲しみを感じることができる。中国の学者林観潮は、隠元禅師が明の遺民として海外に渡り、「中華祖道」としての禅宗を発揚し、明の文化を守ったのは亡国の運命への抗争だと考えている。(林観潮、2013) 要するに、隠元禅師の渡日は偶然と必然両方の要素によるものであり、日本側の敬意のこもった積極的な招請は第一の理由で、隠元禅師の名声と弘法の使命もその理由である。

1654年6月21日、隠元禅師は諸僧徒に別れを告げ、「江頭把臂涙沾衣、道義恩深難忍時。老葉蒼黄飄格外、新英秀氣發中枝。因縁會合能無累、言行相孚豈可移。暫離故山峰十二、碧天雲淨是歸期」と詩偈を残した。(平久保章、1979) 別れは常に悲しみに満ちたものであり、川岸に立っている師と弟子は涙で服を濡らし、道徳恩義からその別れがさらに辛い

日本长崎福建会馆，福清黄檗文化促进会供稿
福建会館　長崎市　（福清黄檗文化促進会提供）

是归期，因此诗中说只是暂离黄檗山十二峰，等到碧天云净之时就是归来日。

海上航行期间，禅师夜怀作诗云：“万顷沧浪堪濯足，一轮明月照禅心。可怜八百诸侯国，未必完全得到今。”（平久保章，1979）海上惊涛骇浪，明月当空，禅师思绪翻涌，诗句中透露出对旧朝的依恋、对新朝的不满。有一天夜里，隐元还梦见也懒性圭等弟子千余人，一起参禅拜谒。第二天黎明梦醒之后，面对世事变幻，隐元感慨万千，就像沿途的大海一样，浪涛翻滚。还算万幸，一路上总体风平浪静，一帆风顺，行驶十五日后直抵长崎。

到达长崎港的前一个晚上，渔人看见海上红光亘天，一开始以为是船只失火，各操舟救援，快接近时候红光忽然不见了，才明白是瑞光出现，大家就各自回家了。第二天一早隐元禅师登岸，大家始知昨夜红光乃是隐元禅师入日本国的祥瑞之相。至此，隐元禅师正式开启日本黄檗宗的弘法盛举，并为中日文化的交流创造了不朽的业绩。

三、日本黄檗宗的创立

隐元禅师赴日以后，在多个方面为日本佛教发展做出了贡献，最突出的是

ものとなった。古い葉が黄色くなり、新しい葉がいつか芽生え、因縁というものもかくのごとしである。言行は一致せねばならず、約束は必ず果たすものだ。しかし、しばらくの別れの後、またいつか必ず帰ってきて、その時空青く雲白く、国の情勢がよくなるよう期待している。禅師は日本への渡航は因縁の賜物であり、言ったことは必ず実行すると語っている。弟子と檀越に三年の期限を約束したので、黄檗山十二峰をしばらく離れて、空が澄み、雲が清まるまでに帰ってくると書いたのだ。

渡航中、禅師は夜に詩を詠んだ。「萬頃滄浪堪濯足、一輪明月照禪心。可憐八百諸侯國、未必完全得到今」（平久保章、1979）荒波に乗り、明月を眺めている隠元禅師は思い巡らし、旧朝への愛着と新朝への不満が詩文ににじみ出ている。ある夜、隠元は也嬾性圭をはじめ弟子千人余りが参謁に来た夢を見た。夜明けに夢から覚めると、隠元は世の中の変化はこの荒波のように定まっていないと感慨深かった。幸いなことに、道中は全体的に穏やかで、出航してから十五日後に長崎に到着した。

長崎港に着く前の夜、海に赤い光が横たわっているのを見た漁師たちは、最初は船が火事になったのではないかと思い、それぞれ小船に乗って救助しようとしたが、近づくとその赤い光が突然消えた。翌朝、隠元禅師の上陸を聞くと、昨夜の赤い光は隠元禅師が日本国に入った吉兆であることがわかった。これにより、隠元禅師は日本黄檗宗の弘法を開始し、中日文化交流のために不滅の業績を残した。

三、日本黄檗宗の創立

隠元禅師は渡日後、様々な面で日本仏教の発展に貢献したが、そのうち最も際立っているのは宗派の創立である。宗派は思想を伝える教徒の団体である。宗派があってこそ規律が生まれ、活動の中心拠点として原則や思想が導かれ発展する。しかし、宗派の確立は容易なことではなく、特に渡来僧にとっては困難であった。法を広めるには衣食を忘れるほどの勤勉さと長年の積

建立宗派。宗派是教徒思想传播的群体，有了群体，便有了规矩，便有了可资依赖、围绕的中心，便有了原则和指导思想，这对于任何一门学问的发展、宗教的发展，都是行之有效的途径。而建立宗派困难重重，尤其是对于一个异域僧人来说。思想传播需要宵衣旰食、长年累月的能量输出，传播的地点也需要有保证，建立自己的寺庙，必然是当务之急。要在儒教欣欣向荣发展、道教根深蒂固的双重压迫下，建立一个实体寺庙，并获得政治上、经济上的力量，这是一个极大的困难。这些对于一般僧人来说，是想都不敢想的巨大困境，一代神僧隐元禅师，都克服了。

初入扶桑，异声突起

隐元禅师到达长崎的当天，并未休息，而是立即与日本僧人相见，受到逸然性融和众檀越的盛情款待，寓居在兴福寺，分别对山门、佛殿、伽蓝堂、祖师堂、方丈五个地方作法语相赠。如写山门，“菩提路一条笔直，解脱门两扇打开。黄檗琦上座到这里如何趋向，看破脚跟下，步步是如来”。（平久保章，

京都万福寺祖师堂，福清黄檗文化促进会供稿
祖師堂　京都市万福寺　（福清黄檗文化促進会提供）

み重ねが必要であり、弘法の場所も確保しなければならないため、寺院を建てることは当面の急務となった。儒教の急成長と道教の長期にわたる浸透という二重の逆境の下で、寺院を造り上げることだけでなく、政治、経済上の支持も獲得することは、極めて大きな困難であった。しかし、この一般僧侶が考えようとしない巨大な難関を、隠元禅師は乗り越えた。

渡日当初に上がった疑いの声

隠元禅師が長崎に到着した日、休むことなく、すぐに日本人の僧侶と会い、逸然性融や諸檀越の心のこもったもてなしを受け、興福寺に寓居した。また、それぞれ山門、仏殿、伽藍堂、祖師堂、方丈の五つの場所に法語を記した。例えば、山門に「菩提路一条筆直、解脱門両扇打開。黄檗琦上座到這里如何趨向、看破脚跟下、歩歩是如来」と書き上げた。(平久保章、1979）また、当日長崎奉行である甲斐正述と黒川正直の参謁を受け、二人にそれぞれ偈を贈った。寺主の逸然性融は、禅師に数日休養をするようと勧めたが、日本における隠元の名声は来日前に既に知られていたため、みんな禅師の教えを聞き、禅師に仏法を学びたいと思い、拝見者は絶え間なかった。

そのため、高齢になった隠元禅師は修養せず、長崎に来た初日から毎日、日本の各地から続々とやってきた僧侶や俗人の謁見を受けていた。毎日の布教説法で健康が害されると心配する逸然性融は接見をやめるようと勧めたが、禅師は「みんな遠路はるばる山を越え、川を渡ってやってきたので、断る理由はない」と慈悲深く言った。誰にでも、禅師はいつも我慢強く、注意深く、慈悲深く、中国高僧の高尚な道徳、寛大な振る舞い、深い学職をよく体現し、1ヶ月も経たず、禅師は無数の僧侶を感服させて、日本の仏学界で大きな反響を呼び起こした。

同年十月十五日から、隠元は興福寺で冬安居（冬期結制、冬の期間に寺院にてひたすら座禅を中心とした修行に励むこと）を行い、翌年の正月に解制をした。「冬安居」とは、仏教の安居儀式であり、一所に「居」て、「安」心に修行を行うとのことだ。冬の期間、僧侶たちが勝手に外出できず、座禅や仏法の修行に専念することによって、僧団全体の資質が高まる。『普照国師年譜』に、「十月十五日結制、四方衲子雲集盈室、所慮處所狭窄、弗能廣容」

1979）之后，当天接见长崎地方官，谦恭致礼，禅师又各赠他们偈言。寺主逸然性融本想让禅师休养几日，以解海上长途之劳。但是，德高望重的隐元禅师之声名在日本久有传闻，闻风赶来的僧众络绎不绝，都想一睹禅师的风采，聆听禅师的教诲，学习禅僧的佛法。

为此，已到高龄的隐元禅师并未选择安静休养，从到长崎的第一天起，每天都在高强度接见来自全国各地的僧人和其他人等，而参谒的人应接不暇。看到禅师每天长时间处在施法布道之中，逸然性融担忧年事已高的禅师身体难以承受，就劝他停止接见。禅师不以为然，且心怀仁慈地说："许多日本僧俗都是不远千里，跋山涉水，好不容易才来到这里，我没有理由拒见啊！"无论接见什么人，无论在什么时候，禅师都是耐心、细致、仁慈、关爱，把中国高僧的高尚道德、仁厚风采、渊博学识体现得淋漓尽致，不到一个月时间，禅师就折服了无数僧众，在日本佛学界引起不小的轰动。

同年10月15日，隐元禅师在兴福寺举行冬期结制，第二年的正月解制。所谓"冬期结制"，就是佛教的安居仪式，"居"于一处，"安"心办道，在整个冬季中，僧侣们不得随便外出，以全心坐禅和修习佛法，提高僧团的整体素质。《普照国师年谱》记载："十月十五结制，四方衲子云集盈室，所虑处所狭窄，弗能广容。"这期间，仰慕隐元高德禅风的有识之僧、学者们纷纷从日本各地云集到兴福寺，呈现出一派日本僧、唐人僧都参加的僧俗数千的盛况景象。因人数众多，超出了寺院容纳限度，兴福寺在解制后不得不扩充修建堂房，以满足日渐增加的僧俗。1655年5月，隐元禅师受邀进驻崇福寺举行开堂仪式，实现了五年前弟子也懒性圭没能实现的心愿。（平久保章，1979）

长崎各家寺院的住持，大多来自中国，尽管隐元赴日已经得到了德川幕府方面的准许，但受到锁国政策的影响，隐元的传法活动还是受到了不少限制，规定传法对象只能限定在中国移民范围之内。根据《普照国师语录》载，隐元禅师到达长崎的第二天，有两位地方官就来拜访，这当然含有考察隐元禅师和他弟子的目的。不久，地方官向幕府递交了有关隐元禅师来日的情报，并报告了他来日的目的是为了弘法。随后幕府对情报进行了分析，在《德川实纪》里面有记载："唐僧隐元携领徒弟六人乘船来到长崎。隐元禅师被问到是否是因为躲避战乱而渡日，于是由奉行出示了隐元的法语。"长崎地方官如此迅速地跟幕府汇报隐元的情况，可见其态度是非常谨慎的。（田中智诚，2020）

と記す。この間、隠元の高徳と禅風を慕う具眼の僧や学者たちが日本各地から興福寺に雲集し、日本僧も唐僧も参加し、僧俗数千とも謂われる活況を呈した。正月解制後、日本各地から興福寺に集まってきた僧は倍するようになり、寺院の収容限度を超えたため、隠元は興福寺の外堂、茅房及び山門を建てて、広く僧衆を容れるようにした。1655年5月、隠元禅師は招かれて崇福寺に進み、開堂式を行い、五年前の弟子であった也嬾が果たしえなかった志願を果たした。(平久保章、1979)

長崎の各寺院の住職の多くは中国から来ており、隠元の日本への渡航は徳川幕府側の許可を得ていたものの、鎖国政策の影響で隠元の弘法活動は少なからず制限され、弘法の対象が中国の移民に限定されていた。また、前述の二人の奉行が訪問し、隠元とその弟子たちの一行を考察する目的を持っているのは当然のことと思われる。その後、二人の奉行は隠元渡來に関する情報を江戸幕府に届け、渡來の目的を「弘法のため」と報告した。幕府は長崎奉行の呈した情報を分析した。『徳川實紀』に「(承応三年九月) 唐僧隠元徒弟六人引つれ、長崎の地に来船せるをもて、其さま問はせられしに、かの国の乱を避て帰化せるにまぎれなければとて、奉行よりその法語を進覧す。」と記されている。このように、長崎奉行は隠元のことを即急に幕府へ報告したので、その態度は慎重である。(田中智誠、2020)

各方面の努力によって、隠元禅師はようやく日本の民衆との接触を許可され、禅師の教えを乞う日本の禅僧は続々とやってきた。その中には、京都臨済宗妙心寺住職の龍渓宗潜 (1602-1670) など有名な高僧がいる。龍渓は以前から『隠元禅師語録』を読み、隠元の徳風に感心し、妙心寺へ招聘しようとしたが、妙心寺の一部の僧侶に反対された。その後、隠元禅師は摂津富田 (今の大阪府高槻市) の慈雲山普門寺に迎えられた。それについて、日本の学者である鷲尾順敬氏は、「長崎興福寺の逸然禅師を通じての渡来であったが、当時の評判は大変なもので、早速妙心寺の竺印などが相見して感服して、京都に帰り、龍渓、竺印、禿翁の三人の和尚が、板倉所司代を説得した。其の頃は天草の乱、即ち邪宗門の暴動の後であり、支那民が兵を挙げるといふ流言蜚語も盛んに行われた頃であるから、所司代に隠元語録を示して、風説の如きではないことを明らかにし、幕府も動かした。京都より五里

长崎兴福寺隐元铜像，福清黄檗文化促进会供稿
隐元銅像　長崎市興福寺　（福清黄檗文化促進会提供）

经过各方争取，隐元禅师最终才获准与当地的日本民众接触，日本禅僧纷纷前往寺中拜见寻访。这其中，就有如京都临济宗妙心寺住持龙溪宗潜（1602—1670）等著名高僧。龙溪此前就曾读过《隐元禅师语录》，对隐元禅师非常崇拜，原本希望邀请他担任妙心寺住持，遭到妙心寺部分僧侣反对，转而担任摄津（今大阪府高槻市）普门寺住持。关于迎请隐元禅师到普门寺的事情，日本学者鹫尾顺敬（1868—1941）这样说道："虽然是通过长崎兴福寺的逸然禅师来日本的，但是当时对此的评价并不乐观，于是妙心寺的竺印等立刻求见，被隐元折服，回到京都，龙溪、竺印、秃翁三位和尚一起说服板仓所司代（板仓的最高行政官员）。当时正值"天草之乱"（即邪宗门暴动）之后，也是中国将要举兵的流言蜚语非常盛行的时候，为此他们把隐元语录给所司代看，证明不是大家所流传的那样，同时也动员幕府，让隐元禅师到离京都五里远的摄津富田的普门寺，担任住持。"（田中智诚，2020）1655年9月5日，隐元禅师入住普门寺，四方道俗疑信相半，是非蜂起。起初他与日本人的会面及

隔てた摂津の富田の普門寺といふ寺がある。その寺へ禅師を屈請した」と述べた。（田中智誠、2020）隠元禅師が普門寺に晋山した当初、四方の僧俗たちはそれに対して半信半疑で、風説が飛び交っていた。幕府の手配により、禅師に会おうと思う者はまず当地の寺院管理所において申請書を提出したのち、はじめて普門寺に入ることができた。また、寺院に集まった日本僧のうち二百人だけを受け入れ、俗人の謁見は、また竜渓ら三人の認可を経なければならなかった。（孫宝山、2016）それに対して、禅師は「元祖である菩提達磨が中国に伝法に来たが、妬まれて毒殺された。また宋代の名僧蘭渓道隆も日本に渡って根拠のないデマによって流刑になった。昔はそうだったから、今も変わらない。」と言った。彼は禅宗の先祖に倣い、心の準備をしておいたから、すべての苦境に淡々と直面することができた。

また一部の保守勢力、たとえば儒者の向井元昇、京都臨済宗妙心寺の和僧

长崎崇福寺匾额，福清黄檗文化促进会供稿
扁額　長崎市崇福寺　（福清黄檗文化促進会提供）

外出活动还是受到了限制，聚会寺院的日本僧人每天被控制在200人以内，俗人参见要经过龙溪等人的批准。（孙宝山，2016）但禅师说："当年鼻祖菩提达摩西来中国传法被人记恨投毒致死，宋代僧人兰溪道隆东渡日本因为流言被流放，古人都这样，更何况今人，没什么好奇怪的。"面对流言蜚语，隐元禅师早已经做好了心理准备，禅宗先祖的榜样力量让他能够淡然面对一切困境。

一些保守势力也对隐元禅师进行攻击。儒者向井元升、京都临济宗妙心寺的日本僧人愚堂、大愚等也竭力反对隐元禅师的佛教思想和弘法方式，争论十分激烈。

由此可见，隐元初到日本的传法活动并不顺利，加上他曾与福清僧俗各界有三年就回山的约定，所以多次表露回国之意。当然，日本国内的异声并没有阻碍隐元禅师的弘法大愿，他以"智慧辩才，圆融无碍"的才能很快赢得了幕府和皇室上下的信任，他的思想终于开始向日本社会上层逐渐渗透。

不到一年时间，隐元禅师在日本树立了强大的声望，后来日本各寺院竞相邀请说法，在他率众坐船奔赴大阪普门寺的时候，还因为观者如潮导致无法上岸，只好改乘小船另寻落脚点。隐元禅师的到来，引起日本民间对佛教的再次关注，为振兴日本佛教注入了新思想、新力量，给日本民众带来希望，带来抚慰。不仅如此，隐元禅师在大阪普门寺期间，除了普通的僧俗前来参谒，幕府官员也纷纷加入。这是一个重要的标志，因为在此之前，隐元禅师的弘法虽获得大量僧众拥护，也受到一些保守势力的反对和幕府的监视。况且江户初期的德川家康将军，对弃佛从儒的林罗山所主张的儒学思想颇为中意，对佛学却兴趣淡然。而此时，幕府官员的加入，对于佛教来说，是获得了幕府的支持，这对于佛教的发展，至为重要。

声誉渐隆，赐地建寺

普门寺距离京都皇室不远，隐元禅师住持普门寺不到一年时间里，建禅堂、塑佛像、演佛法，声誉高涨，他的佛教思想得到许多幕府上层官员和皇室贵族的肯定。他们不断向黄檗禅师提出求得法偈、法语、题赞、赠诗以及诵经的要求，在频繁的往来互动中，隐元禅师的弘法活动拥有了政治上的充分保障。然而，越来越稳固的弘法环境代替不了他对故乡的思念，福清黄檗山万福寺的僧众不断写信请归，师父费隐禅师也寄来信件，言辞恳切地催促隐元归

愚堂、大愚らは隠元禅師の仏教思想と弘法の方式に猛反対し、論争が激しかった。

このように、隠元の日本での伝法活動は順調ではなかった。それに、福清の僧俗との三年の約束があるから、隠元は何度も帰国の意を表明していた。もちろん、当初の日本国内での謂れのない中傷は、彼の弘法の志願を妨げるものではなく、「知恵弁才、円融無碍」の才能で、まもなく幕府や皇室の信頼を勝ち取り、彼の思想はついに日本社会の上層部に浸透し始めた。

一年も経たないうちに、隠元禅師は各寺院から続々と招かれ、日本で高い名声を確立した。彼が僧徒を率いて船で大阪の普門寺に向かった時、見物人の多さに予定通りに上陸できなくなり、やむなく小船に乗って別の上陸地を探した。隠元禅師の来日は、民間の仏教への関心を再び引き起こし、日本の仏教の活性化のために新しい思想と力を注入し、日本の民衆に希望を与え、慰めをもたらした。それだけでなく、隠元禅師が普門寺にて住職をしている間には、一般の僧俗だけでなく、幕府の官僚も大勢参謁に来た。これまで隠元禅師の弘法は多くの僧侶の支持を得たものの、一部の保守勢力の反対や幕府の監視を受けていた。また江戸初期の徳川家康将軍は、仏教を捨てて儒学者となった林羅山が主張した儒学思想を大いに気に入ったが、仏教にあまり興味を示さなかった。そのため、幕府官僚の参謁は、幕府の仏教への支持を示し、これは仏教の発展にとって非常に重要だった。

名声が大いに高まり、土地を賜られ寺院を建設

普門寺は京都の皇室から近く、隠元禅師は一年足らずの間に、禅堂を建て、仏像を作り、講経説法をして、名声が大いに上がった。幕府の上層官僚、皇族と貴族は隠元禅師の思想を肯定し、禅師に法偈、法語、題賛、詩作を求め、絶えずに講経に招いていた。こうした頻繁な往来の中で、隠元禅師の弘法活動は十分な政治上の保障を獲得した。しかし、懐郷の思いはこれによっても解消できなかった。福清市の黄檗山の僧侶たちはしきりに書信を送り、彼が早く帰国し祖庭を維持するように懇願し、隠元禅師の師である費隠も書信を送り、催促した。費隠は、日本での弘法はもう三年になったので急流勇退するように隠元禅師に勧めた。(陳智超、1995)

国，并告知隐元，在日弘法已经三年了，应当急流勇退。（陈智超，1995）

信件到达逸然性融手上时，他担心隐元禅师深受触动，还故意扣压了三个月之久。当隐元禅师阅读师父来信后，立即回复说第二年夏秋之际回，这时间与原来的三年之约整整推迟了一年。日本方面，从天皇、幕府到僧俗界都已经十分信任尊崇禅师，此时后水尾天皇（1596—1680）以及京都的行政首脑板仓重宗（1586—1657）等人都皈依了隐元禅师，他们盛情挽留，希望禅师继续留日弘法。甚至有一些信徒还向神灵乞求留住隐元禅师，利益日本。

1658年11月1日，天晴气朗，在龙溪、秃翁等人的积极斡旋之下，隐元禅师终于得见幕府第四代将军德川家纲（1641—1680）。德川家纲是当时日本最高掌权者，他召见隐元禅师，意味着江户幕府对他的重视。同时隐元禅师还受到幕府重臣酒井忠胜（1587—1662）、稻叶正则（1623—1696）等人认可，并被邀请为酒井之父举行超度法事，又为稻叶的家庙安座释迦佛像。

这无疑是隐元在日本弘法活动迈出的关键一步。次年六月，日本皇室又将京都宇治区的太和山，赐给隐元师徒作开创新寺之用。太和山原是后阳成天皇（1571—1617）的妃子——中和门院前子（即后水尾天皇的生母）的别墅所在地，属于近卫家领地。作为外来禅僧，能获此地开山建寺，无疑是不容易的。这既与隐元本人的德行修为密不可分，也是龙溪等人积极斡旋的最终成果。

1661年5月，太和山改名为黄檗山，新的万福寺也开始营建，从此有“西黄檗”与“东黄檗”之称。日本黄檗宗也始终尊福清黄檗山万福寺为祖庭。据说在新黄檗动工之初，当地很多民众反对。在开挖地基时，发生了一件奇异的事，工人们在地下挖到一块有字的石碑，上面刻着四个字“无隐元晦”，通俗说就是“没有隐元会晦气”的意思。看来天意难违，这块土地冥冥之中与隐元禅师结下缘分，大家再无反对的声音了。如今这块石碑还供奉在日本黄檗山万福寺的斋堂内。8月29日，在新寺未建好的情况下，隐元禅师离开普门寺，进入黄檗山万福寺，住在临时搭盖的用房里，成为开山第一代住持。

建寺过程中，隐元还邀请闽南书画雕塑家范道生（1635—1670）前来协助造像。其中的法堂，也依从幕府老中（征夷大将军之下的幕府实权官员）酒井忠胜，去世前留下的遗命，捐巨资修建而成，酒井是隐元的坚定支持者，他本人最后也皈依了隐元禅师，并获赠法名“空印”，他在龙溪的斡旋活动中发挥

手紙が逸然性融の手に届いた時、彼は隠元禅師が感銘を受けて動揺するか心配し、わざと三ヶ月も差し押さえた。その後、隠元禅師は師匠からの手紙を読むと、すぐに翌年の夏か秋の頃に帰ると返事をしたが、三年の約束からちょうど一年遅れるようになった。この時、天皇や幕府から僧俗界に至るまで禅師への信頼が高まっており、水尾天皇及び京都所司代の板倉重宗らはみな禅師に帰依し、日本に留まり法を弘めよと強く引き止めた。信徒の中には、隠元禅師を引きとめるために神に乞う者もいた。

将軍のお目通りに関して、1658年11月1日、よく晴れた日に、龍渓、禿翁らの働きで、隠元禅師はついに幕府の四代将軍徳川家綱と会うことになった。当時日本の最高権力者であった徳川家綱が隠元禅師を召し出したことは、江戸幕府が隠元禅師を重要視しているということである。また、隠元禅師は幕府の大老であった酒井忠勝、稲葉正則らに認められ、酒井の要請で父忠利の三十三回忌法要を厳修し、稲葉の菩提寺に釈迦仏像を安置するよう招かれた。

これは隠元の日本での弘法活動において非常に重要でかぎとなる一歩であった。翌年六月、幕府より京都宇治区の大和山を開山の寺地として下賜された。大和山は元後陽成天皇の女御である中和門院前子（後水尾天皇の生母）の別荘地であり、近衛家領に属していた。渡来僧として、この地で新寺を建てることができたのは奇跡に違いない。それは隠元自身の徳行によるものであり、龍渓らの積極的な奔走の成果でもある。

1661年5月、太和山が黄檗山と改称され、隠元禅師を開山とする新しい万福寺が正式に建設されることになった。その後、中日の禅僧のうちでは福建の祖寺を古黄檗と呼び、日本の新寺を新黄檗と呼んだ。日本の黄檗宗は福清の黄檗山万福寺を祖庭としている。新黄檗の着工当初、地元では多くの人々から反対されたという。しかし、地盤を掘っていたところ、奇異なことがあった。「無隠元晦」、つまり「隠元がいなければ運が悪くなる」という意味の文字が刻まれた石碑が地下に見つかった。これは、この寺地が隠元禅師と縁があると示す神様の御心とされ、反対の声が消えるようになった。この石碑は現在なお黄檗山万福寺の斎堂に安置されている。八月二十九日、隠元禅師は普門寺より新黄檗山の仮屋に移り、まだ建設中の黄檗山万福禅寺に晋山し

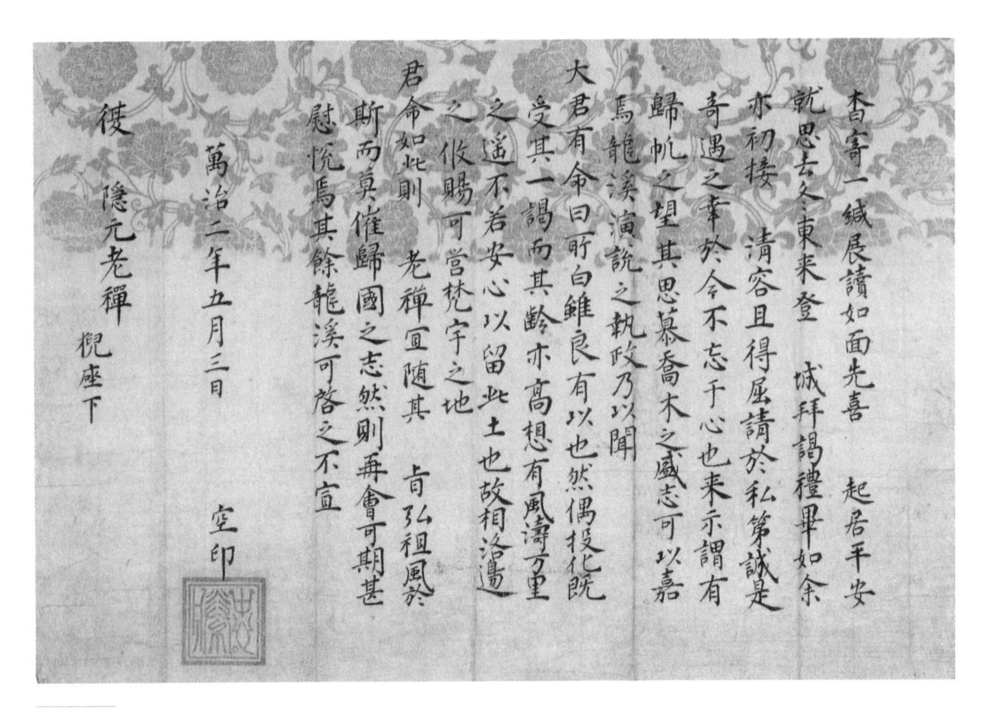
杳寄一緘展讀如面先喜 起居平安
就思去々東来登 城拜謁禮畢如余
亦初接 清容且得屈請於私第誠是
奇遇之幸於今不忘于心也來示謂有
歸帆之望其思慕喬木之感志可以嘉
焉龍溪演說之執政乃以聞
大君有命曰昕白雖良有以也然偶投化既
受其一謁而其齡亦高想有風濤万里
之遥不若安心以留此土也故相洛邊
之攸賜可営梵宇之地
君命如此則 老禪宜随其 旨弘祖風於
斯而莫催歸國之志然則再會可期甚
慰悦焉其餘龍溪可啓之不宣
萬治二年五月三日 空印
徒 隱元老禪 猊座下

酒井忠胜书状，福清黄檗文化促进会供稿

酒井忠勝書簡 （福清黄檗文化促進会提供）

了关键作用。

黄檗派获得幕府将军正式承认。1663年正月，黄檗寺举行开堂祝圣仪式当天，德川家纲更是亲自驾临，并赐400石土地作为僧产，由此，中国临济宗黄檗派作为一大宗派，终于得到了幕府及其他佛教宗派的正式承认。（孙宝山，2016）1664年，隐元禅师七十三岁，他把住持之位传给弟子木庵性瑫，退居松隐堂。在之后的五年中，寺院中的主要殿堂如天王殿、大雄宝殿、法堂等相继建成，建筑群都是依山势坐东朝西，对隐元禅师和东渡僧侣们来说也具有遥望故土的意蕴。

定宗立派，赐封尊号

1661年新黄檗的开建，标志着“日本黄檗宗”正式成立。以隐元禅师为核心的临济宗黄檗派因为有黄檗山万福寺的固定道场，日渐发展，最终形成了与临济宗、曹洞宗鼎足而三

て、初代住職となった。

万福寺建設中、隠元は福建省南部出身の書道家、画家、彫刻家の範道生（1635—1670）に仏像作りを願った。その中の法堂は、幕府老中の酒井忠勝が死去直前に遺命を残し、多額の資金を寄付して建設したものである。酒井は隠元の確固たる支持者であり、帰依して「空印」の法名を贈られ、龍渓らの奔走に重要な役割を果たした。

黄檗派が幕府に公認されたことに関して、1663年正月、黄檗寺の開堂祝聖式に徳川家綱は自ら訪れ、寺地四百石を寄進した。これにより、中国臨済宗黄檗派は独立の宗派として幕府をはじめとする仏教宗派から正式に認められるようになった。（孫宝山、2016）1664年、73歳の隠元禅師は新寺の住持職を木庵に委託し、自身は松隠堂に隠居した。その後の五年の間に、寺院の主要な殿堂である天王殿、大雄宝殿、法堂などが相次いで完成した。天王殿、法堂などの主要な伽藍はいずれも西に面し、東西の一直線上に建ち並び、隠元禅師と渡来僧たちの懐郷の思いを慰めた。

宗派の開立と尊号の下賜

1661年に京都黄檗山萬福禅寺の創建は、正式に「日本黄檗宗」の成立を告げた。隠元禅師が開祖と尊ばれた臨済宗黄檗宗は、京都黄檗山萬福禅寺を本山とし、元来の曹洞宗、臨済宗の二派に加えて新たに黄檗宗の一派となった。

新黄檗開山後も隠元禅師は弘法布教を行い、弟子を広く受け入れ、名声が大いに高まった。隠元と接触し、教化を受けた僧俗は数多く、文献中記録のある者だけでも千人以上に達し、一般庶民から皇室、幕府要人に至るまで各階層が含まれている。

後水尾天皇（1596-1680）は隠元禅師に深い関心を持ち、退位後は仏教の篤信者となり、禅師に法語を求めたり、各種の宝物を贈ったりした。その中で最も貴重なのは仏舎利と宝塔で、その後に舎利殿も建て贈った。また法皇は何度も万福寺に足を運び、隠元禅師と親交を結んだ。彼が隠元禅師に贈った綿織の観音仏像は貴重な証として現在もなお文華殿に保存されている。隠元禅師は1664年の隠居から1672年の示寂まで八年間にわたり、ゆったりし

的新兴宗派。

新黄檗开山之后，隐元禅师继续弘法布禅，广纳僧徒，声名远播四方。隐元在日本接触、教化了众多僧俗，文献中有名有姓者就多达千余人，从普通庶民到皇室、幕府，各阶层都有交往。

后水尾天皇（1596—1680）对隐元禅师产生了浓厚的兴趣，他退位后笃信佛教，向禅师求取法语，馈赠各类宝物，最殊胜的莫过于赐舍利五粒和金塔，后还赐金建了舍利殿。法皇还多次亲临寺院，与隐元禅师建立了深厚的佛门情谊，他馈赠隐元禅师的一帧棉织的观音佛像至今还保存在文华殿中，弥足珍贵。隐元禅师从1664年退居到1672年逝世的近十年间，晚年生活相对闲适自在，目睹着京都万福寺不断完备的庙宇、厅堂建设，僧众人数日益增多，心中应该是倍感欣慰的。除与德川幕府保持良好关系之外，隐元还积极与日本皇室保持亲密联系，特别是得到后水尾法皇等皇室成员的敬重和信仰。（林观潮，2013）

1671年，八十岁的隐元禅师深知时日无多，为了确保黄檗宗精神传统能长久传承，撰写《老人预嘱语》，将本派礼仪、戒律、传承、粮物等原则规范整理成文，次年，弟子木庵性瑫、高泉性潡将其编辑整理为《隐元和尚黄檗清规》，由隐元禅师撰序。这部清规的最终完成定本，标志着日本黄檗宗已经完满地建立完成。

1673年2月30日，隐元禅师病重，后水尾法皇派遣使者问候。在生命的最后一段时光里，禅师想起过往种种，感念至极，分别作偈赠福清黄檗山万福寺的僧众和檀越，又感谢后水尾法皇的洪恩和德川将军赠地的国恩。隐元禅师往生后，日本为了纪念他，把每年的4月3日定为“隐元日”。隐元禅师东渡日本弘法长达十九年九个月，为中日文化交流做出了卓著的贡献。

隐元禅师去世后，日本的黄檗宗在众弟子的努力下不断发展，到1748年新建寺院已经超过千余座，僧众人数有序增加，社会影响相应不断扩大。这些都得益于隐元留下的黄檗清规，以及历代万福寺住持的不懈努力。

获得日本历代皇室的封号对于在日本的中国僧人来说，是值得大书特书的伟大事迹。在隐元禅师弥留的前一天，即1673年4月2日，后水尾法皇特赐隐元禅师“大光普照国师”尊号。之后，对隐元禅师进行封号，成为日本皇室的一个惯例。天皇先后五次追封尊号，1722年3月隐元禅师逝世50周年，灵

た晩年生活を送り、伽藍のますますの完備と僧団の拡大を楽しく眺めていた。徳川幕府との良好な関係に加えて、隠元は皇族との親密な関係も積極的に維持していた。特に後水尾法皇などの皇族から崇信された。(林観潮、2013)

1671年、80歳の隠元禅師は自ら体力が日に衰え、生きているのも長くないことを覚り、黄檗山の亀鑑とするために『老人預嘱語』を作った。黄檗宗の精神と伝統が長く伝承されるように、礼儀、戒律、伝承、食糧物などの原則と規範を整理した。翌年、弟子の木庵性瑫、高泉性潡がこれを『隠元和尚黄檗清規』として編集、整理し、隠元禅師が序文を撰した。黄檗清規の刊行は日本黄檗宗の開宗の完成を示している。

1673年2月30日、隠元禅師が重病になり、後の水尾法皇が使者を派遣して見舞った。人生の最期に、禅師は過去の人生を思い出し、感謝の念を抱き、古黄檗と諸護法者に遺語と詩偈を寄せた。後水尾法皇の厚恩と徳川将軍の寺地下賜の国恩に感謝するために、それぞれ謝偈を書いた。日本では隠元の記念に毎年の四月三日を「隠元の日」と定めた。隠元禅師は日本で十九年九ヶ月にもわたって法を弘め、中日文化交流に多大な貢献をした。

隠元禅師が逝去した後、弟子達は師の遺命を受け継ぎ、1748年に全国に末寺は一千寺を超え、僧侶の数が徐々に増加し、社会的影響力がますます拡大した。これは隠元が残した黄檗清規と、歴代の万福寺住職のたゆまぬ努力のおかげによるものである。

隠元禅師は日本皇室から諡号を賜ったことは中国人渡来僧にとって、特筆すべき偉大な事績である。示寂の前日である1673年四月二日、隠元禅師の功績を称え、後水尾法皇より隠元禅師に「大光普照国師」の号が特諡された。その後、五十年ごとの隠元の遠忌に、時の天皇より諡号を授けられることが慣例となった。今まで五回にわたって国師号・大師号が賜与されているが、それは以下の通りである。1722年3月、50年遠忌に、霊元天皇より「仏慈広鑑国師」、1772年3月、100年遠忌に、後桃園天皇より「径山首出国師」、1822年3月、150年遠忌に光格上皇より「覚性円明国師」、1917年3月、245年遠忌に、大正天皇より「真空大師」、1972年3月、300年遠忌に、昭和天皇より「華光大師」と追贈された。これらの諡号から、隠元禅師は徳川幕府だ

京都万福寺真空塔，福清黄檗文化促进会供稿
真空塔　京都市万福寺　（福清黄檗文化促進会提供）

隐元第七次加赠封号，福清黄檗文化促进会供稿
隠元禅師に7回目の諡号 （福清黄檗文化促進会提供）

けでなく、日本皇室からも崇敬を得ており、黄檗宗の日本における発展のための外部条件となったことがわかる。中日国交正常化五十周年及び隠元禅師円寂350周年に際して、2022年2月25日、日本令和天皇は隠元禅師に「嚴統大師」との新しい諡号を賜わった。これは7回目の封号となり、これにより、両国の民間友好往来と交流をより一層緊密にしたに違いない。

隠元禅師は一般庶民から皇室、幕府要人に至るまで大勢の人々を魅了し、黄檗宗の成立と発展を促進しただけではなく、中国文化を日本の社会生活の各方面に取り入れ、「黄檗文化」と呼ばれる新しい文化体系を成した。

四、日本の黄檗旧蹟

日本黄檗宗は、創宗から三百年以上にわたり、隠元禅師と諸弟子の思想

元天皇（1654—1732）追封他为“佛慈广鉴国师”；1772年3月隐元禅师逝世100周年，后桃园天皇（1758—1779）追封他为“径山首出国师”；1822年3月隐元禅师逝世150周年，光格上皇（1771—1840）追封他为“觉性圆明国师”；1917年3月隐元禅师逝世245周年，大正天皇追封他为“真空大师”；1972年3月隐元禅师逝世300周年，昭和天皇追封他为“华光大师”。从这些封号可以看出，隐元禅师不仅得到了德川幕府的大力扶持，也获得了日本皇室的尊崇，这为黄檗宗在日本的发展提供了良好的外部条件。日本令和四年，即公元2022年，2月25日，日本皇室为纪念隐元禅师圆寂350周年和中日两国邦交正常化50周年，第七次为其加封谥号严统大师，进一步显示出黄檗文化历久弥新的价值，这一文化也必将增强两国民间友好往来与交流互鉴。

隐元禅师以他的人格魅力，获得了日本上下的尊崇，不仅促进了黄檗宗的成立和顺利发展，还把中国文化注入日本的社会生活各方面，从而形成了一种崭新的文化现象，我们称之为“黄檗文化”。

四、日本黄檗旧迹寻踪

日本黄檗宗创宗三百多年来，隐元及弟子的思想、著述，影响了一代又一代的日本民众，带来思想上的启发与指导，情感上的抚慰与慈悲，其所创立的黄檗文化影响不胜枚举，在日本黄檗宗寺院及日本各地都保留着无数黄檗遗迹，诉说着隐元禅师永远讲不完的故事、道不尽的奇迹，也见证了中日交往的一段辉煌历史。

万福寺遗迹

山门

万福寺的第一道门称总门，第二道门称山门。山门前面立着一块石碑，刻写着“不许荤酒入山门”。在日本的寺院中，只有黄檗宗寺院才有此类石碑。据说，自从隐元禅师开创并担任黄檗山万福寺住持以来，对出家僧人提出了严格的规范，除了按时诵经、坐禅，还必须严守禅门各项戒律，以此树立黄檗僧人的形象。如今日本的和尚既可娶妻，又可饮酒食肉，但在万福寺内依然严守不饮酒、不邪淫的戒律。石碑旁边就是中国式的庙宇山门，宏伟高大，上下两

や著書は世代を超えて大勢の日本人に影響を与え、思想の啓発と指導、慰めと慈悲をもたらしてきた。今日に至り、黄檗文化の影響は優れた文化遺産として、また文化的伝統として種々の分野に遺されており、枚挙にいとまがない。日本の黄檗宗寺院と日本各地には黄檗旧蹟が無数に残っており、隠元禅師の物語と奇跡を語り続け、中日交流の輝かしい歴史の証でもある。

万福寺旧蹟

山門

万福寺の最初の門を総門、二番目の門を山門（日本は「三門」とする）と呼ぶ。山門の前には「不許葷酒入山門（葷酒山門に入るを許さず）」と書かれた禁牌石が立っている。日本の寺院の中では黄檗宗の寺院だけがこのような禁牌石がある。隠元禅師が黄檗山万福寺に住職した当初、厳格な規則を定め、時間通りに読経や座禅をするだけでなく、禅門の諸戒律を厳守させ、黄檗僧のイメージを確立させたという。現在日本の僧侶は普通、妻帯肉食できるが、万福寺では依然として酒を飲まず、邪淫をしないという戒律を厳守している。禁牌石の隣には豪壮雄大な中国式の山門があり、二階二重門、正面の額「黄檗山」は緑青に金字で書かれており、同じく隠元禅師によって書かれた「萬福寺」の額とともに高く垂れ下がっている。当時の渡来僧たちは、この額を見て家に帰ったような気がしたに違いない。

木魚

万福寺の大きな木魚は日本全国の寺院で唯一無二のもので、万福寺のトレードマークとなっている。木魚は飯梆、魚板、魚鼓、魚梆、鳴魚とも呼ばれ、魚の形をしていることからこの名がついた。木魚は球形の木を空洞にし、表面一部に魚鱗の彫刻を施したものである。長さは約3尺で、叩くとボンボンと音がする。中国古代の禅寺では、よく浴室に吊るし、入浴を知らせるために鳴らす。現代の普通の寺院では、斎堂の外に吊るされることが多いが、一部は法堂のそばに吊るされ、日常の行事、儀式の時を知らせるために礼棒で打たれる。もともと日本の寺院には木

京都万福寺总门，福清黄檗文化促进会供稿
総門　京都市万福寺　（福清黄檗文化促進会提供）

层，两块由隐元禅师亲手题写的匾额“黄檗山”“万福寺”高悬于门楣。当年的东渡僧人们看到这样的匾额一定找到了回家的感觉。

木鱼

万福寺的大木鱼是日本全国寺院中独一无二的，乃至成为万福寺标志性的“品牌”。木鱼又作饭梆、鱼板、鱼鼓、鱼梆、鸣鱼，因为具有鱼的形状而得名。木鱼由实木挖空而成，长约三尺，敲击时，发出“邦邦”的声音。古代禅林中，木鱼常挂于浴室，敲击以通知大众入浴。当代一般寺院中，多悬挂在斋堂外，部分悬挂在殿堂旁，用以通知僧人用斋及法事仪程时间等。日本寺院原本并没有木鱼敲击制度，黄檗文化传入日本后，也带去了木鱼制度，成为日本现今寺院的新景观。木鱼也成为黄檗宗普及的象征之一，看寺院里面有没有木鱼，就可以判断这所寺院是否受黄檗宗影响而建。

木雕佛像

在隐元禅师留给后人的“文化遗产”中，佛像木雕是具有历史文物价值的

京都万福寺山门，福清黄檗文化促进会供稿
山門　京都市万福寺　(福清黄檗文化促進会提供)

隐元手书匾额，福清黄檗文化促进会供稿
隠元禅師書の額　(福清黄檗文化促進会提供)

魚叩きの制度はなかったが、黄檗文化の伝来とともに日本に持ち込まれ、現在日本の寺院の新しい風景となった。また、木魚は黄檗宗普及の象徴の一つとなり、木魚の有無で、この寺が黄檗宗の影響を受けて建てられたかどうかを判断することができる。

黄檗山万福寺鱼梆
魚梆　黄檗山万福寺

重要组成部分。当年，隐元禅师把福建泉州的雕塑巧匠范道生邀请到日本，为长崎各寺院雕塑了大量佛像。后到京都万福寺，仅用一年多时间，他就雕塑了十八尊像，包括罗汉、观音、弥勒、韦陀、关帝等像。范道生不仅雕工精巧，而且最能理解和体现佛像的“神韵”，深得禅师喜爱。可惜后来应邀奔赴越南造像，再回日本时在长崎病逝。范道生在日本雕塑佛像虽然只有六年的时间，却通过佛像见证了日本黄檗宗的开创，也开启了日本雕刻佛像历史的新纪元。

黄檗语言文化

黄檗宗寺院使用的唐音，即明代官方汉语语音，成为黄檗文化的重要组成部分，直接影响了江户时代日本的唐话学（研究中国话的学问）。当时的文人，特别是日本汉学家，都对黄檗唐音有浓厚的兴趣。例如江户后期的儒学家、古文辞家荻生徂徕（1666—1728），深受黄檗文化的影响，在学术上提出了用汉语语音直接阅读中文典籍的方法等。（林观潮，2013）

黄檗语言文化，又称“唐话学”。明宣德年间（1425—1435），闽商兴起海上贸易，日本长崎成为登陆点和移居地，涌现了许多优秀的唐通事百年家系。明万历年间，长崎唐通事家系达到顶峰，后来出现的福清人有被誉为“闽人才俊”的林楚玉、“纺织大王”的俞惟和、“长崎依哥”的何高材、“东京舶主”的魏之琰等，他们对于明代与日本的商贸往来和文化交流发挥着积极的作用。

木鱼，福清黄檗文化促进会供稿
木魚（福清黄檗文化促進会提供）

木造の仏像

木造の仏像も隠元禅師が後世に残した「重要文化財」である。当時、隠元禅師は福建泉州の仏師範道生を日本に招き、長崎の各寺院に大量の仏像を彫らせた。1662年頃、彼は萬福寺で造仏を行い、わずか1年余りで十八体にものぼる羅漢像、観音、弥勒、韋陀、関帝などの彫像を作り上げた。範道生は精巧な彫刻技法を持っているだけでなく、仏像の「神韻」を最も理解、表現でき、隠元からよく称えられている。その後、ベトナムに招かれ、1670年に再来日したが、長崎奉行所は入国を許可せず、船中で病没した。範道生の日本での造仏はわずか6年しかないが、仏像を通じて日本の黄檗宗の開創の目撃者となり、日本の造仏の歴史における新時代を開いた。

黄檗の言語文化

黄檗宗の寺院で用いられる唐音、すなわち明の官話音は重要な黄檗文化の一つとなり、江戸時代の日本の唐語学（中国語を研究する学問）に直接な影響を与えた。当時の文人、特に日本の漢学者はみな黄檗唐音に深い興味を示していた。例えば江戸後期の儒学者、古文辞学派の荻生徂

因为长崎港的接纳和融合，中国江南尤其是福建，在长崎、关西、北九州地区拥有相当数量的从事商贸活动的人口，长崎最盛时，7个长崎人中，就有一个是福建人。

同样，带有厚重口音的福建话（沿海的闽中、闽东、闽南方言），流行于长崎的大街小巷。特别是与隐元禅师同时期东渡日本的精英人士，成千上万，形成“隐元现象”。历史经历了三百多年，岁月风雨冲刷了记忆，繁华不再，但语言就像空气一般，在民间、在人们的潜意识里，传说着、延续着。比如：电话、世界、学校、教室、学生等都还原本保留着汉语的字音字义。隐元还是日本中国式素餐（普茶料理）的始祖，而“普茶料理”作为“福清料理”的指代，以外来语形式出现在日语中，这也说明“普茶料理”源于福清。还有餐桌上的食材和制作工艺，依然保留着福清人最朴实的做法和叫法：“他满卵”“仆倒猪肉”“蛏煿炸”“炒伞”等，听起来亲切顺耳，饱含着一份沉甸甸的乡愁。

雕版文字

日本万福寺的宝藏院，收藏有六万多件黄檗宗铁眼禅师版的雕版木，其中使用的，都是中国的“宋体字”，日本僧俗文人却称这种由明末东渡黄檗僧人传入的字体为“明朝体”。现在流行的日本文字中的汉字就是以这个“明朝体”文字为原型。

黄檗宗寺院

长崎兴福寺、崇福寺、圣福寺、福济寺，都是唐人寺院，是海外华人华侨的精神家园。

兴福寺

兴福寺，是日本最早的黄檗宗唐风寺院，也是开山黄檗宗隐元禅师渡日后最初担任住持的寺院，还因数位杰出的中国高僧曾在此住持而闻名，如“眼镜桥”架设者默子如定禅师、日本近世汉画之祖逸然禅师等，这里曾被誉为“日本的中国”。兴福寺寺内的正殿——大雄宝殿是由默子如定禅师在宽永九年时建造的，由中国的匠人用从中国运来的材料建造而成，柱子和横梁上雕刻了人物、鸟兽、鲜花等图案，是中国南方建筑的代表作，很具中国风，被列为日本的国家重要文化财产。正殿里面的琉璃灯是由中国工匠制作的清朝精致工艺品，如今也是市级重点保护有形文物；其他还有妈祖堂、钟鼓楼、三江会所

徠（1666-1728）は、黄檗文化の影響を深く受け、「唐音直読論」を説き、中国語の典籍を中国語音声で直読するのを提案した。（林観潮、2013）

黄檗の言語文化は「唐話学」とも呼ばれる。明の宣徳年間（1425-1435）、福建籍商人は海上貿易を興し、日本の長崎を上陸地と移住地とし、百年も続く唐通事の家系が多く現れた。明の万暦年間、長崎の唐通事家系の発展は頂点に達し、中には「閩人材俊」林楚玉、「紡織大王」兪惟和、「長崎依哥」何高材、「東京舶主」魏之琰など福清出身の唐通事が挙げられ、明代の中日商業貿易往来と文化交流に重要な役割を果たしていた。長崎港の受け入れと融合のため、中国南部、特に福建では長崎や関西、北九州で貿易に従事している人がかなりの数であり、最も盛んな時、長崎で七人に一人は福建出身だったという。

それ故、訛りの強い福建語（沿海の閩中、閩東、閩南の方言）が、長崎の街や路地で響いていた。特に隠元禅師と同時期に日本に渡航した人材は何千人もおり、「隠元現象」を成した。300年以上も経った現在、歴史の記憶が歳月という風雨にさらされ、過去の繁栄も失ったが、言葉というものは空気のように一般民衆の潜在意識に漂い、伝わり続いている。例えば、電話、世界、学校、教室、学生などの言葉はいずれも当時の中国語の字音と字義を残している。また、隠元禅師が日本に持ってきた中国風精進料理である「普茶料理」は「福清料理」の中国語発音による外来語であり、「普茶料理」が福清に由来していることを示している。また、食材と調理法には、「他満卵」、「僕倒豬肉」、「蟶焴炸」、「炒本」など福清の最も素朴なやり方と呼び方が残り、懐かしく聞かれ、郷愁を誘った。

明朝体のルーツ

日本の黄檗山宝蔵院に収蔵されている鉄眼版一切経約6万枚の版木は、いずれも中国の「宋体字」であるが、明代末期に黄檗の渡来僧により伝来されたため、日本の僧俗や文人から「明朝体」と呼ばれている。現在よく使われている日本語の漢字は、この「明朝体」に倣ったものである。

黄檗宗の寺院

長崎の興福寺、崇福寺、聖福寺、福済寺はいずれも唐寺であり、海外にい

京都黄檗山宝藏院近六万片“铁眼版一切藏经”版木，福清黄檗文化促进会供稿
6万枚ほどの鉄眼版『一切蔵経』の版木　京都市黄檗山宝蔵院所蔵　（福清黄檗文化促進会提供）

る華人華僑の精神的故郷である。

興福寺

興福寺は、日本最古の黄檗宗の唐風寺院であり、黄檗宗の開祖である隠元禅師が渡日した後、最初に住職を務めた寺院であり、また「眼鏡橋」の架設者である黙子如定禅師、長崎漢画の祖逸然禅師などの中国人高僧が住職を務めたことで知られており、かつて「日本の中の中国」と呼ばれていた。興福寺境内の本堂である大雄宝殿は、国指定重要文化財として、寛永9年（1632年）に黙子如定禅師によって建立された。ほとんどが中国工匠による純粋の中国建築で、資材も中国より運送したものが使われた。柱や梁には人物や鳥獣、花などが彫刻され、中国風が溢れた中国南方建筑の代表作とされる。本堂の中央高く懸けてある瑠璃燈は中国の工匠の作で、清朝末における精巧な工芸品の系譜に属し、市の有形文化財に指定されている。その他、県指定有形文化財の媽祖堂、鐘鼓楼、三江会所門、山門、旧唐人屋敷門などがある。また、興福寺境内自体は県の史跡に指定されている。

興福寺は、隠元禅師招請の中心であり、隠元禅師が日本で弘法する最初の場所でもあった。黄檗文化は興福寺に始まり、日本全土に広がり、伝わっていった。興福寺の歴史は隠元禅師が中日文化交流に偉大な功績を残した証であり、それを永遠に銘記し、伝えるべきだと思う。また、特筆すべきなのは、興福寺の山門は諸国より寄せられた寄進により建てられ、隠元禅師自ら筆をとり「東明山」の額を書かれたので、これを興福寺の寺号とした。この額は今も山門に掲げられており、「祖道暗きこと久し必ず東に明らかならん」という意味の壮観、且つ豪華なもので、隠元禅師をもって、興福寺中興の開山とするゆえんである。

崇福寺

崇福寺は1629年に建てられ、興福寺から遠くはない。山門の前後に掲げられている「高登彼岸」と「萬里安瀾」の扁額は同じく福建省福清県出身の檀越である林翹と魏之琰の手蹟である。それは時の華僑たちが媽祖を迎えて渡来したことを語り、航海安全への祈願も含まれている。寺の中に媽祖堂があり、そこで媽祖を祀っている。その媽祖像は歴史が古く、昔中国から迎え

日本长崎兴福寺，福清黄檗文化促进会供稿
興福寺　長崎市　（福清黄檗文化促進会提供）

门、山门、旧唐人居留地大门等，都被列为了重点保护文物，而兴福寺寺院本身也被指定为历史遗迹。

兴福寺是邀请隐元禅师东渡的主要发起寺院，也是隐元禅师在日本弘法的初登宝地，黄檗文化在日本发扬光大源自长崎兴福寺，长崎兴福寺的故事，就是黄檗文化在日本弘扬传播的见证，就是隐元禅师在中日两国文化交流史上立下丰功伟绩的真实写照，中日两国和两国人民要世世代代加以铭记和宣传。值得一提的是，兴福寺的山门借助各国捐献而建起，隐元禅师于匾额上亲题“东明山”三字，人们便以此为兴福寺的寺号。东明山含“祖道久暗矣，必于东方明”之意，壮观而华丽，亦为隐元禅师被公认为兴福寺中兴开山祖师的缘由。

崇福寺

崇福寺距离兴福寺不远，建于1629年，在庙堂大门之上，一前一后分别

长崎兴福寺山门隐元手书匾额“初登宝地”，福清黄檗文化促进会供稿
隠元禅師書の額「初登寶地」長崎市興福寺山門（福清黄檗文化促進会提供）

られてきたという。当時福建省福清県出身の檀越が多かったことから福州寺とも呼ばれていた。当時の商人たちは航海の安全を守るため、その船内に媽祖像を安置し、台湾海峡、東シナ海、南シナ海北部の荒波を通り抜け、目的地の港町に到着すると、感謝の気持ちを込めて媽祖像を船から揚げ、陸地のしかるべき寺廟に移し、異国で自分たちを守り続けるようと願った。媽祖は故郷の精神的象徴となり、また母性のイメージから、他郷にいる旅人が故郷の母親を懐かしむ感情が寄せられている。それ故に、長崎の黄檗宗の寺院に媽祖を祭るのは自然なことで、隠元禅師の弟子である即非禅師の遺嘱は仏寺としての三宝・伽藍と唐寺信仰としての媽祖の香灯を並列し、引き続き供養を怠らないように諭している。

その後、媽祖を祀る寺院は観音を併せ祀るようになった。江戸時代は身分

悬挂的是祖籍福建福清的檀越林翘敬立的“高登彼岸”牌匾和同样祖籍福建福清的魏之琰敬立的“万里安澜”牌匾，向后人诉说早年华侨恭迎妈祖漂洋过海，来到长崎这异国他乡土地的故事和良好祝愿。寺内有一座妈祖堂，供奉的是来自中国的妈祖娘娘。这一尊妈祖也是很古老的，据说当初随着海船到日本，寺院的檀越福建福清人居多，所以被称为福州寺。为了保佑航海安全，供奉妈祖神像在船上陪伴，穿过台湾海峡、东海、南海北部的狂涛巨浪，抵达陆地的刹那，船民心中的感恩之情无以言表。他们将船上的妈祖供奉下船，虔诚顶礼膜拜，等到船要返回的时候，移民者又希望妈祖神像留下陪伴，继续保佑，那是必然之举。妈祖，化身为家乡的精神象征，她作为母性的形象，又仿佛是移民海外的游子思念家乡母亲的一种情感寄托。所以长崎黄檗宗的寺院里供着妈祖没有什么奇怪的，隐元禅师的弟子即非禅师临终遗言写道：“三宝，伽蓝，妈祖同样供奉”。

后来，供奉妈祖的寺庙都改为拜观音的佛寺。由于江户时代日本仍存在阶级制度，而天主教、基督教提倡人人生而平等，对幕府的统治权力不利，所以开始禁教。但因妈祖也是女神，与天主教圣母一样，容易模糊，也有天主教信徒将圣母神像说成是妈祖，这样就无法分辨了。为了避免混淆，幕府于是下令佛寺只能供奉观音，对中国所信奉的妈祖倒是没有禁止，如此一来，妈祖就被供奉于寺庙的后方。

圣福寺

圣福寺始建于1677年，晚于兴福寺、崇福寺、福济寺约半个世纪。2014年，圣福寺被日本确定为国家有形文化遗迹。寺院也是典型的明代黄檗寺的风格，同时又综合了日本和式建筑的要素，既是僧侣修行的道场，又是中日文化交流的据点。寺院的开山祖师铁心道胖禅师，出生于长崎西北的平户，是隐元禅师的再传弟子，师出木庵禅师。铁心父亲是中国人，母亲为日本人，自幼便会说汉语。他在京都本山万福寺出家后，担任木庵翻译，又兼作师祖隐元的翻译，因而得以同时受教于隐元禅师，共修于万福寺中。

圣福寺整体建筑，主要仿照隐元、木庵、铁心师徒共同修行的京都万福寺建造。与大多数黄檗禅寺一样，包括山门前所悬挂“圣福禅寺”匾额、正殿的匾额等，都是隐元祖师亲自题写。此外，寺中的主要建筑雕刻花纹，多有桃树纹样。桃在中国文化中，是象征着长生不老的植物，因此，黄檗宗建筑上常能

日本长崎崇福寺，福清黄檗文化促进会供稿
崇福寺　長崎市　（福清黄檗文化促進会提供）

の違いによる格差社会であったが、日本へ伝わってきたカトリックやキリスト教はあらゆる人間が平等であることを唱え、幕府にとって次第に脅威となったため、布教を禁じられてしまった。媽祖は女性の神であるため、カトリックの聖母に混同されやすく、また聖母像を媽祖と呼ぶカトリック信者もいるから、一層見分けられなくなった。混同を避けるため、幕府は寺院で観音のみを祀るよう命令した。媽祖の禁令はなかったが、寺院の後方に祀られるようになった。

聖福寺

聖福寺は1677年に建立され、興福寺、崇福寺、福済寺より約半世紀遅れた。2014年、聖福寺は国の重要文化財に指定された。境内は明の黄檗寺の典型的な様式でありながら、日本和風建筑の要素も取り入れた。僧侶が修行する道場でもあるし、中日文化交流の重要な拠点でもある。寺院の開祖である鉄心道胖禅師は、長崎の北西にある平戸に生まれ、木庵禅師に師事して、

隐元禅师所书“圣福禅寺”匾额，福清黄檗文化促进会供稿
隠元禅師書の額「聖福禅寺」（福清黄檗文化促進会提供）

见到此类桃花纹样，包括寺中木质佛像，也大多可见桃纹。

圣福寺中，还保留有为数众多的精美生活用品和书画等装饰物，以及历代的僧侣留下的书画墨迹。特别值得注意的是，圣福寺后期主要接受中国广东籍商人的皈依，因此寺中保留有大量的广东商人捐赠的匾额，承载着粤商的独特情怀。

福济寺

福济寺创建于1628年，由泉州出身的僧人觉海在岩原乡结庵而居，供奉妈祖，是为福济寺的肇始，福济寺又称为漳州寺或泉州寺。隐元禅师赴日曾应请住此寺，后来他的弟子木庵性瑫、即非如一等都入寺说法，寺院建筑都采用明朝建筑风格，部分建筑在二战期间损毁，后重建。福济寺也以日本黄檗宗的发祥地之一而著名。

牛头山弘福寺

东京都墨田区（东京晴空塔附近）牛头山弘福寺，是黄檗宗寺院，由黄檗

隠元禅師の孫弟子に当たる。鉄心禅師の父は中国人で、母は日本人であるため、幼い頃から中国語を話すことができた。京都の万福寺で出家した後、木庵の通訳を務め、また師祖隠元の通訳を兼ねたため、隠元禅師からも教えを受け、京都萬福寺で修行していた。

聖福寺は京都萬福寺に倣い建てられ、山門の前に掲げられている「聖福禅寺」の額や本堂の額などは、いずれも隠元祖師の筆による。また、寺院の主な建物には桃の木の紋様が多く刻まれている。桃は中国文化の中で不老長寿を象徴するため、黄檗宗の建物や木造の仏像にはよくその紋様が見られる。

聖福寺には、精巧な生活用品や書画などの装飾品、歴代の僧侶が残した書画が数多く残っている。特に聖福寺は後期、主に中国広東籍の商人の帰依を受けていたため、寄贈された額が多く、彼らの独特な思いが寄せられている。

福済寺

福済寺は元和五年（1628）に創建され、泉州出身の僧侶である覚海が岩原郷に庵を結び、媽祖を祀ったのがその始まりである。福済寺は漳州寺また泉州寺とも呼ばれている。隠元禅師が日本に赴いた時、その寺に招かれたことがあり、その後、木庵性瑫、即非如一など隠元の弟子もここで説法を行った。寺院の建物はいずれも明の建築様式に則って建てられ、一部は第二次世界大戦で破壊されたが、後に再建され、日本黄檗宗の発祥地の一つとして名高い。

牛頭山弘福寺

東京都墨田区（東京スカイツリー付近）の牛頭山弘福寺は黄檗宗の寺院として、黄檗宗木庵禅師の日本人弟子である鉄牛道機禅師によって創建され、今まで350年以上の歴史がある。鉄牛禅師は黄檗宗の重要な日本人弟子であり、日本皇室より大慈普應国師の諡号を賜り、黄檗文化の日本での重要な伝承者であると同時に、隠元禅師の日本における重要な法嗣でもあった。また、日本の印刷と干拓事業の先駆者として、鉄眼道光の「大蔵経」の開版に協力し、椿海の干拓などにも力を尽くし、大きく貢献した。

木庵日籍弟子铁牛道机禅师开创，至今三百五十多年，铁牛禅师是黄檗宗重要的日籍弟子，被日本皇室赐封为“大慈普应国师”，他也是黄檗文化在日本重要的传承弟子，是隐元禅师在日本重要的法嗣。同时他还是日本围海造田的先驱（干拓技术），并协助铁眼道光开版《大藏经》，也是日本的印刷之先驱，对日本的印刷术和干拓事业做出了重要的贡献！

日本名桥

长崎眼镜桥

长崎中岛川上有20座左右的古桥环列，彼此相距百米，又名“长崎石桥群”，其中最出名的便是眼镜桥，它与日本桥、锦带桥并称“日本三大名桥”。眼镜桥是1634年由黄檗僧人默子如定设计，长22米，宽3.65米，石制双孔拱

长崎眼镜桥，福清黄檗文化促进会供稿

眼鏡橋　長崎市　（福清黄檗文化促進会提供）

日本の名橋

長崎の眼鏡橋

長崎中島川に架ける20基ほどの古橋は約100メートルを隔てて並んでおり、「長崎石橋群」と呼ばれている。その中で最も有名なのは眼鏡橋で、日本橋、錦帯橋と並び日本三名橋に数えられる。寛永十一年（1634）に、黄檗僧の黙子如定が設計したこの眼鏡橋は、長さ22メートル、幅3.65メートル、石造二連アーチ橋であり、日本最古のアーチ式石橋として有名である。石橋と川面に映った影が、きれいな丸い二つの円を描き、まるで眼鏡のように見えることから、この名がついた。それまでの日本の橋に比べて、中国明代の石橋の架設技術を取り入れたため、一部のコンクリート橋よりも強固で、

眼镜桥旁的墨子如定雕像，福清黄檗文化促进会供稿
眼鏡橋のほとりにある墨子如定禅師像（福清黄檗文化促進会提供）

桥，也是日本最古老的石制拱桥。两个半圆形拱门与河中的倒影形成两个圆圈，因外形颇似眼镜而得名。相比日本之前的桥梁，因融合了中国明代的桥梁技术，眼镜桥更加牢固，在400年历史中几乎没有受到太大的损害，甚至超越了一些混凝土桥梁，因而被指定为日本国家重要文化财产。日本的史书赞美它为“日本最古最有名的石拱桥之一”。据说墨子如定在建桥时藏了20颗心形的石头，如今还能找到不少。看到它们摸一摸就能得到幸福，因此它也是日本有名的恋爱圣地。

除了眼镜桥外，长崎石桥群中大多是来自中国东渡的明朝遗民出资设计构筑的，他们也把明代的建筑艺术与技术带到了日本。这些石桥是中日两国人民友好交流的象征之一，可谓架设在中日两国之间的友好桥梁。

山口锦带桥

黄檗僧人建造的日本名桥，不仅有长崎的眼镜桥，还有山口县岩国市的锦带桥，也是黄檗僧人独立性易的杰作，号称日本第一桥。这是一座横跨于岩国锦川之上的五拱桥，由藩主吉川广嘉参照中国杭州西湖苏堤的虹桥建造而成，具有浓厚文化交流碰撞的色彩。五拱桥的建造，采用传统的木工工艺，全部采用包铁和插销固定，充分应用精巧的木工技术，绝不使用一根铁钉。大桥始建于1673年，修建过程中，多次被洪水冲垮，多次复建才得以完工。现存的五拱桥，是二十世纪五十年代以来，在原有结构基础上多次修复而成。桥身结构精巧，坚韧而强劲，犹如湖面上轻柔的波浪，舞动着典雅的韵律。

历史上的锦川，雨季时常河水高涨，水流湍急，造桥难度很大，也给当地民众生活带来诸多不便。负责造桥的吉川广嘉，长期体弱多病，黄檗独立性易禅师受邀为其诊治。吉川在独立处借阅《西湖游览志》一书时，正好见到书中西湖“苏堤”和虹桥的插图，一时间大受启发，当即决定仿照苏堤虹桥，建造锦川新桥。新桥因其景致如锦带，故而被美称为“锦带桥”。大桥两岸风光迷人，桥头一株樱花，树干粗大，传说是日本樱花的典型代表，樱花开放的季节，更是将五拱桥装点得如梦如幻。

如今，山口县岩国市与杭州市结成了友好城市，锦川锦带桥与西湖锦带桥结成了姊妹桥，成为中日友好交往的一段佳话。

总之，随着隐元禅师开创的黄檗宗不断发展，以及黄檗僧侣们接连东渡，

400年経っても流失することなく度重なる水害に耐えてきて、国の重要文化財に指定されている。日本の史書には「日本で最も古く、最も有名なアーチ式石橋の一つ」と称賛されている。黙子如定が橋を建てる時、ハート型の石を20個埋め込んだと言われ、今でもたくさん見つけられる。これに触ると幸せになれるというハートストーンがあるため、眼鏡橋は恋人の聖地としても人気がある。

眼鏡橋のほか、長崎の石橋の多くは中国から渡航してきた明の遺民が出資して架けたものである。また、明の建筑芸術と架設技術も彼らによって日本に伝えられてきた。これらの石橋は中日民間友好交流の象徴であり、両国間に架けられた友好の架け橋と言える。

山口県の錦帯橋

黄檗僧侶が建てた有名な橋は、長崎の眼鏡橋だけでなく、黄檗僧である独立性易から啓発を受け架設した山口県岩国市の錦帯橋も数えられ、日本一の橋と言われている。岩国錦川に架かっている五連のアーチ橋は、藩主吉川広嘉が中国杭州西湖蘇堤の虹橋を参考にして作られたもので、中国日本両文化の融合が顕著である。伝統的精巧な木工技術を十分に応用し、主要構造部は継手と仕口といった組木の技術によって、釘は一本も使われずに造られている。1673年に建設が始まり、建設中何度も洪水で押し流されたが、やっと竣工された。現在の錦帯橋は1950年代以降、既存の構造に基づいて何度も修復されたものである。橋の構造は精巧かつ強靭で、優雅なリズムで踊っている柔らかな波のようだ。

昔の錦川は、雨季になるとよく水位が上がり、水の流れが急になるため、橋造りが難しく、地元の人々の生活に生じた不便が多々あった。藩主の吉川広嘉は長期にわたって病弱で、黄檗僧の独立易禅師に診療してもらった。吉川は独立禅師の住所で『西湖遊覧誌』を読んで、西湖の「蘇堤」と虹橋のイラストを見て大いに啓発され、蘇堤虹橋に倣い錦川新橋を建てることにした。新橋は錦帯のように美しいことから、「錦帯橋」という美称を付けられた。両岸の風景もとても魅力的である。ほとりにある桜は幹が太く、正に日本の代表的な桜である。開花期になると美しく咲き乱れ、錦帯橋をより一段と美しく彩る。

山口锦带桥，福清黄檗文化促进会供稿
錦帯橋　山口県　（福清黄檗文化促進会提供）

中国文化源源不断输入日本，不仅影响了日本佛教的发展转型，也对日本社会文化产生了深远影响，发展出涉及生活方方面面的综合文化形态——“黄檗文化”。

現在、山口県岩国市と杭州市は友好都市提携を結び、錦川錦帯橋と西湖錦帯橋は姉妹橋として中日友好交流の美談となっている。

このように、隠元禅師を開祖とした黄檗宗のさらなる発展、また黄檗僧たちが次々に日本に渡来したことにより、中国文化は絶えず日本に伝わり、仏教だけでなく、社会文化にも多大な影響を与え、生活の各方面にわたる総合文化形態である「黄檗文化」を成した。

第三章

黄檗名人与文化交流

明朝万历年间，万福寺僧人请得明朝廷所赐的《大藏经》，明神宗亲笔御赐匾额“万福禅寺”。福清籍宰相叶向高也为此亲自题写大殿门联：“千古祥云临万福，九重紫气盖山门”，至今万福寺的万福殿大门上，仍保留着这幅烫金大字对联。在万福寺的发展史中，福清的地方乡绅为万福寺的发展做出了巨大的贡献，神宗赐藏是万福寺发展的重要转折点，自此，万福寺香火鼎盛，临济禅风浩荡，特别是在隐元隆琦禅师两次住持万福寺期间，万福寺成为东南沿海有名的临济宗道场。

明末清初，东南地区纷乱不断，隐元应邀东渡日本，他希望在近邻日本保存临济法脉，等到国内安定后，可以反哺中国。隐元在异域弘法虽然艰辛，甚至遇到日本旧有的禅宗教团的阻挠，但最终得到幕府将军德川家纲的护持，隐元在日本宇治（京都府）创建万福寺，作为开山之祖，创立了日本黄檗宗。在他的法嗣木庵性瑫的住持下，万福寺成为日本具有中国独特风格的寺院。

无论是国内还是日本，黄檗僧团在隐元弘法过程中起着举足轻重的作用。南明时期，许多反清复明的志士文人皈依隐元禅师门下，他们才华颖异，提升了黄檗僧的整体文化水平，隐元禅师在日本创立黄檗宗后，许多避难于日本长崎的明朝遗民亦皈依万福寺。以隐元为首的黄檗僧团传播的不仅仅是禅宗思想，还是涵盖了哲学、书法、绘画、医学、饮食等诸多领域的文化，被日本社会称为“黄檗文化”。

第三章

黄檗名人と文化交流

明代万暦年間、万福寺の僧侶が明朝廷から「大蔵経」、そして明神宗から直筆の「万福禅寺」との扁額を賜った。福清籍の宰相葉向高はそのために自ら本堂の対聯を書いた。「千古祥雲臨万福、九重紫気蓋山門」。万福寺の万福殿門には、今もこの金箔装飾の対聯が残っている。万福寺の発展史の中で、福清の郷紳は万福寺の発展に多大な貢献をした。神宗が大蔵経を賜ったことは万福寺の発展における重要な転換点であった。それ以来、万福寺はお参りが盛んになり、臨済禅の宗風は堂々とし、特に隠元隆琦禅師が2度万福寺の住職をしている間に、万福寺は東南沿海の有名な臨済宗道場となった。

明末清初、東南地区の混乱が絶えず、隠元は招かれて日本に渡ったが、近隣の日本でどこかよい土地を探して宗派を設立し、臨済法脈を護り、国内が安定した後、中国に恩返しすることを望んでいた。隠元は異国で法を広めるのに苦労し、日本の古い禅宗教団の妨害に遭遇したが、将軍徳川家綱の保護を得て、宇治（京都府）に万福寺を創建し、開山の祖として日本黄檗宗を開いた。彼の法嗣木庵性瑫のもとで、万福寺は中国風の日本の寺院となった。

国内でも日本でも、黄檗僧団は隠元弘法の過程において極めて重要な役割を果たしている。南明の時代、多くの反清復明の志士文人が隠元禅師の門下に帰依した。彼らは才能のある指導者であり、黄檗僧侶の全体的な文化水準を向上させた。隠元禅師が日本で黄檗宗を創立した後、日本の長崎に避難し

一、乡绅官商

倾尽家财的大檀越周心鉴

福建省莆田市流传着一个“周檀越题缘”的民间故事，元末明初，福建兴化府莆田县（今福建省莆田市）有个贩牛的客商名叫周心鉴，仗义疏财，笃信佛禅，在莆田县、福清县渔溪镇一带颇负盛名。有一次，周心鉴被邀请参加一个为重建黄檗寺召集的募捐宴会，他在红漆木盘上的缘簿（指寺庙化缘的簿本）上，题了“尽心尽力尽家产”七个大字，引起众人喝彩。但他心里清楚，自己的生意遭小人算计，家产并不多。回家后，他的妻子听闻黄檗寺题缘一事，虔心向上天祈祷，结果他们在床底发现上天赐给他们的三坛银子，周心鉴随即将银子送到福清渔溪的黄檗寺，重修了九十九间僧房。佛教将那些向僧众施与衣食，或出资举行法会的供养信众，都称作“檀越”，于是便有了“周檀越题缘”的故事。

位于渔溪镇西北的黄檗山，正处于莆田与福清交界处，莆田籍僧俗多有致力于振兴黄檗寺事务。黄檗寺的开山祖师，就是莆田籍的正干禅师，他在黄檗山创立了第一座伽蓝——“般若堂”。唐贞元五年（789），正干禅师学禅回闽，途经黄檗山，见此处山风灵秀，黄檗成林，想起师父六祖慧能大师临别赠语“遇苦则止”，他马上感悟黄檗树皮味苦，正是师父慧能所指带有苦味的地方，于是便在黄檗山止步，开山结庵，募缘建寺，最初取名“般若堂”。三年之后，禅寺已经初具规模，唐德宗又赐名“建福禅寺”，俗称“黄檗寺”。

元代以后，黄檗寺逐渐衰落，到明洪武二十三年（1390），莆田籍禅僧大休禅师经过黄檗寺，眼见寺庙梁朽墙塌，一派荒废之象，便决定居住寺中，发愿重建。据说，在周心鉴来访的前一天，大休禅师就预言“最近会有檀越到来，寺院殿宇复兴有望了”。第二天，周心鉴果然进山拜访大休禅师，两人心缘相契。周心鉴毅然变卖田产，全力资助重修殿宇，正是“尽心尽力尽家产”。黄檗寺迎来第一轮中兴，大休禅师被称为“重兴之祖”，周心鉴功不可没。后来，隐元禅师重修《黄檗山寺志》，浓墨重彩地写上周檀越的故事，称“兴化儒商周心鉴，是倾尽家财襄助大休禅师重建黄檗的大檀越”。大檀越周心鉴帮助黄檗寺重建的故事，被黄檗僧众代代相传，广为称颂。

ていた多くの明王朝の遺民も万福寺に帰依していた。隠元をはじめとする黄檗僧団が広めたのは禅宗思想だけでなく、哲学、書道、絵画、医学、飲食など多くの分野の文化も含まれており、日本で「黄檗文化」と呼ばれた。

一、郷紳商人

家財を傾けた大檀越周心鑑

福建省莆田市には、「周檀越題縁」という民話が伝わっている。元末明初、福建省興化府莆田県（今福建省莆田市）には、周心鑑という牛売りの商人がいた。信心深く、義侠心からよく金を出して困っている人を助けるので、莆田県や福清県漁渓町の辺りでは、非常に有名だった。ある日、彼は黄檗寺再建のための募金会に招かれ、朱塗りの木皿に置かれた勧進帳に「尽心尽力尽家産」という七つの大きな文字を書いて喝采を浴びた。しかし、自分の商売は卑しい人に陥れられ、家財はそれほど多くないことを心の中で知っていた。家に帰ると、妻は黄檗寺の題縁（お布施）のことを聞いて、敬虔に天に祈ったところ、天から与えられた三壇の銀を寝床の底で見つけた。周心鑑はすぐさま福清漁渓の黄檗寺に銀を届け、九十九棟の僧房を再建した。かつては僧侶に衣食を施したり、お金を出して法会を開いたりする供養信者を「檀越」と呼んでいたので、「周檀越題縁」という話があるのだ。

漁渓町の北西部に位置する黄檗山が莆田県と福清県の両県の境にあるため、黄檗寺の振興に力を入れていた莆田籍の僧侶も多かった。黄檗寺の開祖は莆田籍の正幹禅師であり、黄檗山に最初の伽藍である「般若堂」を創立した。唐貞元5年（789）に、正幹禅師は禅を学んで福建に帰る途中、黄檗山を経由した。ここには黄檗という木がたくさんあり、景色がとても美しかった。師匠の六祖慧能が別れる際に教えた「遇苦則止」（苦に遇えば留まれ）という言葉を思い出し、黄檗という木の皮の味が苦いことからそこがまさに師匠慧能のおっしゃったところだと悟った。そこで黄檗山で歩みを止め、山を開いて庵を結び、寄付を募って寺を建てた。最初は「般若堂」と名づけられた。3年後には禅寺の規模が大きくなり、唐徳宗は「建福禅寺」と名づけ、俗に「黄檗寺」と呼ばれた。

促成神宗赐藏的阁老叶向高

福清港头镇叶向高雕像，林秋明摄

葉向高像　福清市港頭鎮　（林秋明攝影）

在福清流传一句话，“没有叶向高，就没有黄檗寺”。此言不虚，黄檗寺本是一处普通的地方寺院，明初洪武年间重建的主要殿宇，都被焚毁殆尽。此后虽然经过中天正圆、鉴源兴寿、镜源兴慈等几代禅师的多次重建，仍然大不如前。

明朝万历四十二年（1614）秋天，明神宗朱翊钧为纪念亡故的生母，有意选择六处大寺院赐藏经卷。鉴源、镜源禅师于是就恳请时任内阁首辅的叶向高从中斡旋，因此黄檗寺得有幸位列其中。当时全国共有古刹二十余处，能得到赐藏实属不易。如果没有叶向高的推荐，黄檗寺不可能引起皇室的注意。明神宗御赐《大藏经》，并亲笔题写匾额“万福禅寺”，此寺名沿用至今。皇家的青睐，使沉寂多年的黄檗寺重振雄风，

元代以降、黄檗寺は次第に衰退してしまった。明の洪武二十三年（1390)、莆田籍の禅僧大休禅師が黄檗寺を通った際、寺の梁も衰え、壁も崩れそうな様子を見て、寺の中に泊まり、再建しようと決めた。周心鑑の訪問の前日、大休禅師は「近いうちに、檀越（布施をする信者）が来て、寺院の復興が期待できるだろう」と予言した。すると、翌日、周心鑑が本当に予言どおりに訪ねてきた。彼は大休禅師と意気投合し、頑なに自分の田畑を売却し、全力で殿宇の再建を援助した。まさに「尽心尽力尽家産」だ。こうして、黄檗寺は第一回の中興を迎えた。大休禅師が「重興之祖」と呼ばれたのは周心鑑と深い関係があってこそだ。その後、隠元禅師によって書き直された『黄檗山寺誌』の中に、「興化儒商周心鑑，傾尽家財，襄助大休禅師重建黄檗的大檀越。」という周心鑑檀越の話が色濃く書かれた。(『黄檗山寺誌』)それで、周心鑑檀越が黄檗寺の再建を助けたという話は、黄檗の僧侶たちに代々伝えられ、広く称賛されている。

大蔵経の下賜に尽力した葉向高

福清には「葉向高がいなければ、黄檗寺がない」という言葉が伝わっている。黄檗寺はもともと普通の地方寺院であったが、嘉靖三十年（1555）前後に明初の洪武年間に再建された主要な殿宇はすべて焼失してしまった。その後、中天正円、鑑源興寿、鏡源興慈など何代にもわたって禅師が何度も再建したが、以前には及ばなかった。

明の万暦四十二年（1614）秋、明神宗は亡き母を偲ぶため、国内の6つの寺院を選んで蔵経を賜ることとなった。鑑源、鏡源は当時内閣首輔の葉向高に懇願し、ついに、葉向高の協力と斡旋により、黄檗寺はその六ヶ所の寺院の一つとなった。当時、全国には古刹が20カ所以上もあったので、蔵経を賜るのは容易なことではなかった。黄檗寺は葉向高の推薦がなければ皇室の注意を引くことはできなかった。明神宗は「大蔵経」を賜り、「万福禅寺」の扁額も自ら書いた。この寺名は今なお使われている。皇室の愛顧によって長年ひっそりとやや落ちぶれた黄檗寺がよみがえり、その知名度も格段にあげた。臨済宗の「中興の祖」と呼ばれる密雲円悟大師が福清の僧俗に招かれて黄檗寺の住職を務めることになり、その後法嗣の費隠通容に譲位した。雲

福清叶向高黄阁重纶坊，林秋明摄

葉向高黄閣重綸坊　福清市　（林秋明撮影）

黄檗寺的知名度得到极大提升，福清僧俗才能延请被称为临济宗“中兴之祖”的密云圆悟大师到此担任住持，接着传位法嗣费隐通容，直至隐元，经三代禅师努力弘法，黄檗寺实现了全面复兴，僧众达千余人，宗风闻名遐迩，黄檗寺终发展成国内外著名的禅宗大寺院。

明代三朝元老叶向高（1559—1627），是福清迄今为止职务最高的一位官员，福清县城区内著名的商业街“向高街”便是以他的名字命名。

叶向高对宗教的态度十分宽容，他的学问也广泛涉及儒、道、佛三教。他曾记载自己“黄河遇龙”的故事。天启元年（1621），叶向高结束七年的退隐生活，由福清远赴北京，第二次出任内阁首辅。当他到达淮安清口时，遇到黄河河床淤塞，无法行船，于是到当地龙神庙祭祀祷告，第二天河水上涨，他才顺利渡河。天启四年（1624），叶向高告老还乡，再次经过淮安，中途停留之际，请书法家董其昌亲自书写，将此事刻成碑记，立于淮安清口的淮神庙（当

円悟大師、費隠通容、あとの隠元を加え、三代の禅師が絶えず努力して弘法したので、黄檗寺は全面的に復興され、僧侶が千人にも達し、宗風がはるか遠くまでその名を馳せ、国内外で非常に有名な大禅宗寺となった。

明時代の三朝元輔の葉向高は福清において今までで最も位が高かった役人であった。現在の福清市内に「向高街」という商店街があるのは彼を記念するためだ。

葉向高は宗教に対してとても寛容な心を持ち、学問の面でも儒教・仏教・道教の三教にも幅広く通じていた。かつて自ら「黄河で龍に出会った」という語を記したことがある。天啓元年（1621)、彼は7年間の隠居生活を終え、福清から北京に赴き、2度目の内閣首相に就任したことが書かれている。淮安清口に到着した彼は、黄河の河床が泥で塞がれ、船を走らせることができないので、地元の龍神廟に行って祈りをささげた。翌日、川の水が増

福清瑞岩山叶向高《谢政归来》题刻，林秋明摄
葉向高『謝政帰還』誌石　福清市瑞岩山（林秋明撮影）

明万历皇帝钦赐牌匾，林秋明摄
明代万暦皇帝が賜った額　（林秋明撮影）

地的龙王庙）内。某种程度上，叶向高对龙王的信仰，与对海洋女神妈祖的信仰是一致的。叶向高从小浸染妈祖信仰，当时福清各地都有天妃宫，他在《苍霞余草》中，也详细记载了港头叶氏家族祭祀天妃的情形。他认为家乡天妃能显灵于海上，与北方龙神显灵于黄河，济人渡舟、救人危难，其信仰功效是一样的。

叶向高对西学天主教持友好接纳态度，他礼遇西方来华的耶稣会（当时罗马天主教海外传教的一个修会）教士利玛窦，他既不像徐光启（1562—1633）、李之藻（1565—1630）等人，直接受洗皈依天主教，也不同于沈榷、许大受等人对天主教痛恨至极，更多的是平等的对话和交流。他与意大利传教士艾儒略（1582—1649）的深厚情谊，成为中外文化交流的一段佳话。天启四年，艾儒略随退休归乡的叶向高入闽，成为福建天主教的创始人。叶向高三次到福州拜访艾儒略，对这位外来的“洋和尚”所念的经很感兴趣，艾儒略的著作《三山论学》中，也详细记载了他与叶向高、曹学佺（1574—1647）等人在福州讨论天主信仰问题的情形。受叶向高的影响，闽地缙绅士人与艾儒略交游者众

水したので、彼はやっと順調に川を渡ることができた。天啓四年（1624）、彼は年老いて退職し故郷に帰った。再び淮安を通った時、途中で立ち止まり、書家の董其昌に頼んでこれを碑に刻んでもらい、淮安清口の淮神殿内（地元の竜王廟）に立てた。彼の竜王への信仰と海の女神媽祖への信仰は一致している。竜王は水神であり、川や湖、海はすべて竜王の管轄である。竜王は川の神であり、海の神でもあると言える。葉向高は幼い頃から媽祖の信仰に染まった。当時は福清各地に天妃宮があり、『蒼霞余草』にも港頭葉氏が天妃を祭った様子を詳細に記録している。彼は故郷の天妃が海で現れるのと北方の龍神が黄河で現れるのとでは、人を助け舟を渡らせ、人を危難から救うことができる信仰の効果は同じだと思ったのだ。

葉向高は西洋のカトリック教を友好的に受け入れ、西洋から中国に来たイエズス会（当時ローマ・カトリックの海外布教の修道会）のマテオ・リッチを礼遇したが、彼は徐光啓（1562–1633）や李之藻（1565–1630）らのように洗礼を受けてカトリックに帰依したわけではなく、沈榷や許大受らのようにカトリックに対して激しい怨念を持っているわけでもなく、平等な対話と交流が多かった。イタリア人宣教師ジュリオ・アレーニ（1582–1649）との深い友情は、中国と外国の文化交流の逸話となっている。天啓四年（1624），アレーニは帰郷していた葉向高とともに福建に入り、福建カトリックの創始者となった。葉向高は三度も福州までアレーニを訪問し、この「外来の和尚が唱えたお経」に興味を持った。アレーニの著書『三山論学』には、アレーニと葉向高、曹学佺（1574–1647）の三人が福州でカトリックの信仰問題を論じた様子が記録されている。葉向高の影響で、アレーニと知り合った福建省の上役人が多く、アレーニは福建の各地で宣教し、広く善友を結んだ。アレーニは孔子の思想を利用してカトリックの義を説き、また、西洋学の知識の流布と教義の宣伝を結びつけ、当時の福建省内の士人たちに「西来孔子」と呼ばれた。福建省で24年間布教し、大小二十余りの聖堂を建設し、1万人以上の人に洗礼を受けさせ、当時の福建省内の士大夫及び中国知識界のために西洋社会を理解するための窓口を設けた。（林国平、2017）これらは葉向高の推薦と協力があってのことである。

多，艾儒略也到福建各地传教，广结善友，“八闽大地，周游殆遍”。艾儒略借孔子思想宣传天主教义，并将西学知识的传播与教义宣传相结合，被闽中士人称为“西来孔子”，艾儒略在福建传教前后共计24年，参与修建大小教堂二十余座，受洗皈依者超过万人，为当时的福建士大夫，乃至中国知识界都打开了解西方社会的窗口。（林国平，2017）这些都离不开叶向高的推荐与辅助。

叶向高当然更是佛教热心保护者，他曾参与重修福州闽侯著名的雪峰山崇圣禅寺、鼓山涌泉寺。在故乡福清期间，他也参与众多寺院的重建，其中就包括黄檗山万福寺。叶向高告老还乡后，亲自为黄檗寺题写对联。叶向高不仅自己出资四百两白银，还与亲友共同发起募捐活动。万历四十三年（1615），叶向高主持重建黄檗山万福寺，历时六年，于天启元年竣工。为了纪念叶向高的外护功绩，寺院僧俗在山内建择木堂，供奉叶向高像，可惜这尊塑像在二十世纪四十年代末，被盗贼所偷，早已不知下落。

招请密云圆悟的叶益蕃

黄檗寺成为南禅临济宗固定道场，始于明末崇祯三年（1630）。临济宗的第三十代传人、六十四岁的密云圆悟禅师，被称为明代临济宗“中兴之祖”，这年三月到八月，担任黄檗山万福寺住持，是第一代住持开法。而负责延请密云禅师的，就是“檀越”叶益蕃等人。叶益蕃是叶向高的长子叶成学之子，即叶向高的长孙。叶益蕃在延请密云圆悟的帖书中写道：“自从自黄檗希运禅师传播临济思想以来，至今代代相传，从未断绝。自神宗万历皇帝亲赐经藏之后，黄檗临济的传承更是兴盛，如今这项事业正需要阁下的亲临传扬，以满足各方人士的共同期待。”（福清县志编纂委员会，1989）叶益蕃表达了拳拳之心，强调黄檗寺虽然荣幸获得神宗赐藏，但长期没有大师到此弘法，甚为可惜，黄檗山虽地处偏僻，仍真切盼望密云禅师到此担任住持，传播临济禅宗。

虽然密云禅师住持万福寺的时间不到半年，但他的弟子费隐通容（福建福清人），从崇祯六年（1633）开始继任黄檗山万福寺住持，正是在此期间，费隐培养出了以隐元隆琦为代表的六十四名重要弟子，极大地壮大了密云圆悟禅师的临济宗天童派。隐元更是被誉为“黄檗中兴之主”。正是在隐元住持黄檗寺期间，黄檗寺成了东南沿海一大名刹。清顺治十一年（1654），隐元东渡日

葉向高も熱心な仏教保護者で、福州府福建侯県雪峰山の崇聖禅寺、福州鼓山の涌泉寺の復興を助けた。故郷の福清では、黄檗山万福寺など多くの寺院の再建に携わった。葉向高は年をとって故郷に帰った後、自ら黄檗寺のために対聯を書いた。そして、四百両の銀貨を出資しただけでなく、親戚や友人と共に募金活働にも参加した。『黄檗寺誌』によると、葉向高が主導した黄檗山伽藍の再建は、万暦四十三年（1615）に始まり、天啓元年（1621）に終わった。葉向高の外護の功績を記念するために、黄檗山の僧俗は山内に担木堂を建て、葉向高像を祀ったが、残念ながらこの像は1940年代末、盗賊に盗まれ、行方不明になった。

密雲円悟を招請した葉益蕃

黄檗寺が南禅臨済宗の固定道場となったのは、明末の崇禎三年（1630）に始まる。臨済宗の三十代の子孫である六十四歳の密雲円悟禅師は、明代臨済宗の「中興の祖」と呼ばれ、この年の三月から八月まで、黄檗山万福寺の住職を務め、初代住職開法になった。密雲禅師の招聘を担当したのは、「檀越」の葉益蕃らであった。葉益蕃は葉向高の長男葉成学の息子、すなわち葉向高の一番上の孫である。葉益蕃は密雲円悟を招いた帖書の中で、「臨済思想は黄檗希運禅師によって広められて以来、今に至るまで代々受け継がれ、特に、神宗万暦皇帝から経蔵を賜われたのをきっかけに、さらに盛んになった。今日、各方面の人々の期待に応えるために、現場へのご臨席の弘法が必要なのだ」。（福清県誌編纂委員会、1989）葉益蕃は懇切なる心を言葉にした。神宗から蔵経が与えられたことは素晴らしいことだが、黄檗寺は辺鄙な場所にあるから、長い間ここに来て法を広める有名な法師がいなかったのは非常に残念に思う。葉益蕃は密雲禅師にここに来て住職となり、臨済禅宗を広めてほしいと心から望んでいた。

密雲禅師が万福寺の住職を務めた時間は半年足らずだったが、法嗣の費隠通容（福建福清人）は崇禎六年（1633）に、黄檗山万福寺の住職を引き継いだ。その後、隠元隆琦をはじめとする64人の法嗣を養成し、密雲円悟が開いた臨済宗天童派の中で特に隆盛を極めた。そのうち、隠元が「黄檗中興の主」と呼ばれていた。彼が黄檗寺の住職をしていた頃、黄檗寺は東南沿海

京都万福寺藏费隐禅师像，福清黄檗文化促进会供稿
費隱禪師像　京都萬福寺所蔵（福清黃檗文化促進会提供）

の名刹となった。清の順治十一年（1654)、隠元は日本に渡って仏法を広め、日本の「黄檗宗」を開いたため、福清の黄檗寺は日本の「黄檗宗」の祖庭となった。これらすべての始まりは、密雲円悟を招いた葉益蕃にあると言っても過言ではない。

臨済宗が黄檗寺で発揚できたのは何代にもわたる禅師の努力による結果で、当時の社会環境にしては容易なことではなかった。元の時代から、程朱学は封建支配者の支配思想とされ、明清の時代になると、さらに強化された。明代の支配者は仏教も支持したが、一方で仏教を制限し粛正することもあった。例えば、寺院の田畑面積について明確に規定したり、寺院を整理併合したり、宋代の僧官制度に倣って、地方に各級の仏教管理機関を設けて仏教の僧尼事務を管理したり、寺院の数などを厳しく抑えたりした。

明万暦の末から清の始めにかけて、福清黄檗寺をはじめ、福建各地の有名な寺院は、いずれも厳しい環境の中にありながら、次第に福建臨済宗の有名な道場に発展した。(王栄国、1997)。このような寺院を積極的に発展させてきた功績のため、隠元師弟などは福建だけでなく、全国においても臨済宗中興期の有名な禅師として崇められるようになった。

禅宗六祖慧能の円寂後千年あまり、明末嘉靖年間、江蘇省宜興で、蒋という若者が26歳の時、偶然に『六祖壇経』を手に入れ、とても喜んだ。昼は耕作芝刈り、夜はわらじを編みながら、『壇経』の仏法を参究していて、いつも悟るところがあった。「私は魚を捕ったり、柴刈りをしたり、畑を耕したり、牛を放牧したりしているが、人が生死に如何に向き合うかということだけはずっと理解できずにいた」と彼は思った。そこで二十九歳の時、彼は家のことを片づけ、宜興の顕親寺に行き、幻有正伝禅師の下に出家した。正伝禅師はとても厳しく、しばしば彼をひどく叱った。ある時正伝法師に「君はまあとんだことになったものだなあ、かってにしろ。もう他に何も言うことはない」と言われた。彼は恥ずかしさあまり，なんと大病を患ってしまったが，二十七日後にやっと全快した。その後、龍池山に千日間閉じこもったが、大悟せず、出関後2年、銅官山の頂上を通り、周囲の草木が生い茂っているのを見て、ふと悟った。この時、彼は38歳だった。その後各地を旅し、1610年に正伝法師の元に戻り、ようやく正伝法師に認められた。この青年

本，开创了日本“黄檗宗”之后。福清的黄檗寺始终被日本“黄檗宗”奉为祖庭。这一切与最初招请密云圆悟的叶益蕃，密不可分。

临济宗能在黄檗寺弘扬得力于几代禅师的努力，在当时的社会环境下这并不是一件容易的事。从南宋理宗以后，程朱一派的理学，就已经进入科举考试，被尊为统治思想，到明清两朝，程朱理学在科举社会中的地位更是如日中天。历代统治者对佛教虽然也予以一定程度的支持，但也有不少限制与整顿，包括对寺院田产面积加以明确的限定，多次整顿归并寺院，同时也参照宋代的僧官度牒制度，在地方设置各级佛教管理的专门机构，对佛教等宗教事务加强管理，并且严格控制寺院数量等。

明万历末至清初，包括福清黄檗寺在内的福建各地著名寺院，都在艰难的环境中，渐渐发展为当时福建临济宗的著名道场。（王荣国，1997）正是因为这些发展兴寺的功绩，隐元师徒等人才被推崇为福建乃至全国临济宗中兴时期的著名禅师。

自禅宗六祖慧能圆寂一千多年，明代嘉靖年间（1522—1566），江苏宜兴有个蒋姓年轻人，二十六岁时，偶然得到一本《六祖坛经》，高兴不已，于是白天耕种砍柴，晚上一边编织草鞋，一边对《坛经》佛法进行参究，时时有所体悟。他想：“我打过渔、砍过柴、耕过田、放过牛，唯独对人如何面对生死这件事还一片茫然。”于是，二十九岁那年，他安置好家室，前往宜兴显亲寺，在幻有正传禅师的指导下出家。正传禅师对他要求严格，经常厉声责骂，有一次，正传法师对他说：“你如果到这田地，便就放身倒卧，我没有其他的话可说。”他惭闷交集，居然大病一场，二十七天后才痊愈。他在龙池山闭关千日，但并未大悟，直到出关后的两年，他经过铜官山顶，看到周围草木盎然，突然有所顿悟，此时他已三十八岁。接着，他到各地游历，直到1610年回到正传禅师身边，得到正传认可。这位蒋性青年就是被称为“临济宗中兴之祖”的密云圆悟禅师。

密云圆悟秉承六祖慧能的南禅宗法，历任六大名刹住持，僧俗问法者终日不绝，嗣法者十二人，座下徒众三千余人。圆悟用棍棒敲打或者大喝一声的方式，来暗示和启发对方，这种“当头棒喝”的禅修实践，主要是警醒和启发弟子，达成顿悟本心的效果。圆悟的禅学思想和修行实践方法，对明末清初的禅宗各派都产生了重大影响。隐元禅师也正是在这一历史时期，前往

こそが、「臨済宗中興の祖」と尊ばれている密雲円悟禅師だ。

密雲円悟は六祖慧能南禅宗法を受け継ぎ、六大名刹の住職を歴任していた。その間、僧俗問法者は終日絶えず、嗣法者は十二人で、座下徒衆は三千人余りであった。円悟が棒で頭を敲いたり、一喝したりして、相手に悟りを開かせる、いわゆる「頭ごなしに一喝する」という方法は、禅を学ぶ人の頑迷さを目覚めさせることを目的としている。それ故に、円悟の禅思想は、明と清が入れ替わる時期の禅宗各派に大きな影響を与えたのだ。それに、隠元禅師は天啓四年（1624）に浙江省海塩県の金粟山に行き、密雲円悟座の下に参禅し、2年間の修習を経て悟りを開いた。崇禎三年（1630）、密雲円悟がようやく黄檗寺の住職に就任するような招きを受けたのは、葉益蕃の出頭と直接関係があった。密雲円悟、費隠通容、隠元隆琦の三代が絶えずに弘法に力を尽くした結果、ついに黄檗寺が東南の名刹になった。

抗清義士の葉進晟

崇禎十七年（1644）、明王朝の政治は腐敗堕落し、風雨に揺れていた。李自成が蜂起軍を率いて北京城を攻略し、崇禎帝の朱由検は百官を集めて協議したが、対応できる人が一人もなく、たまらなく絶望して、景山に逃げ、古いエンジュの木で首を吊って亡くなり、明は覆滅した。その後、清朝は混乱に乗じて山海関（万里の長城の東端の町）より内側に入り、李自成を追い出して北京城を占領した。明代から清代へ変わる中、明の宗室は南方で相次いで政権を樹立し、統治に反対する闘争を展開していた。例を挙げると、南京福王の弘光政権（朱由崧年号、1644–1645）、福州唐王の隆武政権（朱聿鍵年号、1645–1646）、紹興魯王の監国政権（朱以海年号、1645–1646）、広州唐王の紹武政権（朱聿鐭年号、1646）、広東肇庆桂王の永暦政権（朱由榔年号、1647–1683）などがある。これらの政権はすべて南方で活動していたため、「南明」と呼ばれている。

清の順治五年（1648）、魯王朱以海は金門、厦門一帯を守っていた永勝伯鄭彩に擁立されて福建琅江（現在の福建福州琅岐）に駐在した。当時、龍峰岩寺院（福建省福州市長楽区）に隠棲していた元明刑務官外郎の銭粛楽は、その知らせを聞いて琅江に魯王を訪ねにきた。魯王はすぐに彼を兵部尚

浙江投密云圆悟禅修两年并最终开悟。崇祯三年（1630），密云圆悟开始担任黄檗寺住持，隐元隆琦师徒三代共同倡道，薪火相传，推动黄檗寺成为东南名刹。

逃禅避世的抗清义士叶进晟

崇祯十七年（1644），明朝政治腐败，风雨飘摇。李自成率起义军攻进北京城，崇祯帝朱由检召集百官商议对策，无人应对，绝望之下，崇祯帝逃至景山，吊死在一颗老槐树上，明朝覆灭。随后，清兵趁乱入关，赶走李自成，占领北京城。明清易代之际，明朝宗室在南方相继建立政权，开展抗清复明的斗争，有南京的福王弘光政权（朱由崧年号，1644—1645）、福州的唐王隆武政权（朱聿键年号，1645—1646）、绍兴的鲁王监国政权（朱以海年号，1645—1661）、广州的唐王绍武政权（朱聿鐭年号，1646）、肇庆的桂王永历政权（朱由榔年号，1647—1662），这些政权仍然沿用“大明”国号，因为它们都活动在南方，故称“南明”。

顺治五年（1648），据守金门、厦门一带的永胜伯郑彩拥立鲁王朱以海驻驿福建琅江（今福建福州琅岐）。当时，前明朝刑部员外郎钱肃乐正在龙峰岩寺院（福建福州市长乐区境内）隐居，他闻讯前往琅江拜见鲁王，鲁王当即任命他为兵部尚书，掌管内政。在钱肃乐的治理下，兵将士气大振。同年，鲁王朱以海自长垣（今福建福州市长乐区）遣兵取福清镇东城，福清的都御史林垐起兵响应。

林垐（1606—1647），福清三山镇海瑶村人，是一位抗清义士。1645年，唐王朱聿键在福州建立隆武政权，诏令林垐为御史。林垐被郑芝龙排挤到福宁州（今福建福安市），后听说隆武帝在长汀被害，痛哭流涕。他专门为自己准备好一副棺材，棺材上面写着“大明孤臣林垐亡柩”几个大字，始终以明朝大臣自居，并决心以身殉国。当他听说朱以海正领兵从海路进驻长乐，并接连攻克长乐、连江、罗源等地，就马上在福清率领义军积极响应。林垐跟父亲告别：我早已有尽忠报主的准备，你就当我已经死了。林垐率军与兵部侍郎林汝翥联合攻打福清城，以配合朱以海收复失地，奋战中，林垐身中数刀，仍英勇不屈，后被射中喉咙身亡，年仅42岁。

当时跟随林垐一同起事的还有叶进晟。叶进晟是叶向高曾孙，叶向高的

書に任命して内政を司どらせた。銭粛楽の支配のもとで、兵将の士気は大いに奮い立った。同年、魯王は長垣（現在の福建福州市長楽区）から福清鎮東城に兵を派遣すると同時に、福清の都御史林垐が兵を起こして呼応してくれた。

林垐（1606–1647）は福清三山鎮海瑶村の出身で、清に抵抗する義士であった。1645年、唐王朱聿鍵は福州で隆武政権を樹立し、林垐を御史に宣旨した。林垐は鄭芝龍によって福寧州（現在の福建福安市）に排除されたが、後に隆武帝が長汀で殺害されたと聞いて泣き崩れた。彼は自分のために棺を用意し、棺には「大明孤臣林垐亡柩」という大きな文字が書かれており、常に明の大臣を自任し、身をもって国に殉じることを決意していた。魯王が海路から長楽に進駐し、連江、長楽、羅源などを次々と攻略したと聞くと、すぐに福清で義軍を率いて積極的に呼応した。林垐は「わたしにはすでに忠義を尽くして主に報いる覚悟ができているから、もうわたしが死んだと思ってくれ。」と言って父に別れを告げた。その後、義軍を率いて兵部侍郎の林汝翥とともに福清城を攻撃し、魯王と協力して失地を回復した。奮戦中、身に数刀を浴びせられたが、それでも勇敢で屈せず、喉を撃たれて死亡した。わずか42歳だった。

当時、林垐と一緒に兵を起こしたのは葉進晟だった。葉進晟は葉向高のひ孫で、葉向高の次男葉益蕃の長男だ。福清兵が戦に負けた後、葉進晟は台湾に逃亡した。同年、魯王軍は清兵と戦い、連敗した。連江が陥落した後、銭粛楽は苦しく生きる気力がなくなった。長患いの彼は断食を始め、最後は琅江の舟の中で死んだ。銭粛楽の親族は遺骨を故郷の浙江省に運んで埋葬しようとしたが、道のりも遠いし、金もなく、銭粛楽の棺を琅岐江のほとりに置くほかはなかった。こうして六年が過ぎ、清の順治十年（1653）、台湾に住んでいた葉進晟は、抗清義士銭粛楽の棺が琅岐江のほとりに野ざらしになり、埋葬する人がいないと聞き、思い切って福清に潜入し、金も力も出して、銭粛楽の棺を黄檗山に移葬した。その移葬の過程は紆余曲折に満ちていた。

1653年冬、葉進晟は黄檗寺の住職の隠元禅師に銭粛楽の遺骨を黄檗山に移葬したいという意を表した。銭粛楽が黄檗山で隠居していたこともあり、

长孙叶益蕃的长子。福清兵败后，叶进晟逃往台湾。同年，鲁王军队与清兵作战，连连失利。当连江失守后，钱肃乐痛不欲生，久病的他开始绝食，最后死于琅江舟中。钱肃乐的亲属想将其遗骸运回家乡浙江安葬，但路途遥远又无钱财。最终钱肃乐棺柩只能露置于琅岐江畔。如此过了6年，清顺治十年（1653），身居台湾的叶进晟听说抗清义士钱肃乐的灵柩露置于琅岐江畔，无人安葬，毅然潜回福清，出钱出力安排移葬钱肃乐灵柩于黄檗山事宜，而移葬的过程充满艰辛曲折。

1653年冬，叶进晟先向时任黄檗寺住持的隐元禅师说明移葬钱肃乐事宜，希望能占用黄檗山一方净土作为葬地，钱肃乐曾在黄檗山隐居，隐元也对钱肃乐的报国赤诚感佩之至，自然答应了叶进晟的请求。当时在黄檗寺出家的独耀性日（浙江海宁人，俗名姚翼明，抗清义士）十分赞赏叶进晟的善举，也积极参与移葬之事。1654年二月初八，独耀性日将暴露于琅岐江畔六年之久的钱肃乐等四副灵柩（包括钱肃乐、钱夫人、嫂子陈氏、侄儿克恭四人的灵柩）捆绑好，准备从琅岐移至黄檗山，他雇了32个汉子，但两地相距一百三四十里，路途遥远，而且山路险要，他们只能缓慢前行。当时兵荒马乱，灵柩经常为乱兵所阻，不能顺利前行。如此，经过半个月之久，灵柩才被移至黄檗山。

叶进晟安排完钱肃乐的丧事后，多年足不出户。他不愿意在清朝做官，于是避世隐居，自称“蒙耻苟生，抱病杜门”。（林观潮，2010）顺治十五年（1658），叶进晟卒。

铁面御史林汝翥

隐元出家后，曾周游四方，遍访名师，成为临济宗的传法禅师之后，46岁又接受僧俗的邀请，住持黄檗山。隐元于1637年至1644年，1646年至1654年两度住持黄檗山，前后共十七年。他担任黄檗寺住持后，不断扩建寺院规模，僧众也多达数千人。经过多年经营，黄檗寺成为东南名刹，隐元也被尊为一代名僧。而最初向隐元发起邀请的是数十位福建省福清市上迳镇的父老乡亲，为首的正是被称为“铁面御史”的林汝翥，他是上迳的黄檗外护首领。

林汝翥（1568—1647），是福清县万安乡灵得里土堡境（今福清市上迳镇梧岗村）人，是叶向高的外甥。关于林汝翥的出生有一个离奇的故事，传说明

また隠元も葉進晟の国恩に報いるその熱い心に感服し、彼の要請にすぐさま応じた。当時、黄檗寺で出家した独耀性日（浙江海寧人、通称姚翼明、抗清義士）は葉進晟の善行を高く評価し、移葬のことを積極的に進めた。1654年旧暦の二月八日、独耀性日は、琅岐江のほとりに六年間さらされていた銭粛楽ら四人の棺（銭粛楽、銭夫人、兄嫁の陳氏、甥の克恭の四人の棺を含む）を琅岐から黄檗山に移し始めた。32人の男を雇ったが、両地が百三四十里離れていて、道のりが遠く、山道も険しく、ゆっくりと進むしかなかった。当時、兵が荒れ狂い、棺は常に乱兵に阻まれ、順調に前進することができなかった。このように半月を経て、ようやく棺を黄檗山に移した。

葉進晟は銭粛楽の葬儀を執り行った後、何年も家から出なかった。清朝に仕えるのを嫌って、世を避けて隠居し、「蒙耻苟生，抱病杜門（恥をかきながら生きている、病気でありながら門を閉めて人に会うことを拒否する）」との言葉を自ら口にした。（林観潮、2010）順治十五年（1658）、葉進晟卒す。

鉄面御史の林汝翥

隠元禅師は黄檗寺で仏道に入ってから、各地を周遊して名師を訪ね、臨済宗の正式な伝法者となった。46歳の時、また僧俗の招きを受けて黄檗山の住職となった。隠元の一生では、1637年から1644年まで、1646年から1654年までの2度にわたって黄檗山の住職を務めたことがある。黄檗寺の住職に就任している間、隠元は各地で布施を募ったり、寺院の規模を拡張したりして、僧侶が数千人にも達し、そのうち学問に長けた高僧が多く、黄檗寺が東南の名刹となったが、隠元自身も一代の名僧として尊ばれた。最初に隠元を招請した十数人の福建省福清市上迳鎮の故郷の人々のなかには、上迳鎮の黄檗後援の首領である「鉄面御史」と呼ばれる林汝翥がいた。

林汝翥（1568–1647）は福清県万安郷霊得里土堡境（現在の福清市上迳鎮梧崗村）の出身で、葉向高の甥である。林汝翥の誕生については、不思議な物語がある。嘉靖四十七年（1568）正月一日、迳江の人々は春節の準備をしていたところに、海賊が船に乗って迳江の港に来た。みんなは急いで家を出て避難した。身ごもっていた郭氏は容易に動けなかったため、海賊の魔の手に落ちようとするや、切羽詰まって、彼女は迳江に飛び込んだ。幸いなこと

嘉靖四十七年（1568）正月初一，迳江老百姓正准备过春节，海盗乘船来到迳江港口，大家赶紧离家避难，身怀六甲的孕妇郭氏行动不便，眼看将落入海盗魔掌，情急之下，她跳入迳江，所幸正值退潮，郭氏安然无恙，并产下小儿，他就是林汝翥。为纪念林汝翥是正月（即子月）初一诞生于江中，人们把郭氏跳江处蹑云桥下盛产的红睛鲫鱼叫作“子鱼”。（福清县《福清纪略》编委会，1988）明万历三十四年（1606），林汝翥参加乡试考中举人，乡试是省级考试，明朝考中举人就有做官的资格。林汝翥被任命江苏沛县知县，后因抵御白莲教起事有功，升任四川道监察御史。

林汝翥被称为“铁面御史”，因为他为人耿介直言、嫉恶如仇、执法如山。史料记载，林汝翥曾杖责阉党，得罪魏忠贤，险些丧命。明天启四年（1624），林汝翥负责维护京城的治安，这年六月，北京城北面发生一件大案，宦官曹进为给养父曹大出气，纠集一帮人把曹大的仇家杀死了，事发之后，刑部无人敢过问，他们把案子推给其他人，林汝翥接到案子，问明案情，马上把曹进和同伙傅国兴抓起来，各笞刑五十下。王体乾是魏忠贤的死党，也算是宦官的头头，他不能容忍宦官被林汝翥处罚，于是与魏忠贤一起奏请明熹宗朱由校廷杖林汝翥，朱由校下旨廷仗一百。林汝翥听闻之后，惊骇不已，“好汉不吃眼前亏”，他逃到遵化巡抚杨渼那里，并上奏明熹宗《弹劾魏忠贤书》，历数魏忠贤罪状，劝熹宗不要纵容阉党。明熹宗不听劝诫，仍将林汝翥抓捕廷杖，林汝翥几次昏迷，但所幸保住了性命。直到崇祯皇帝即位，林汝翥才返回官场。

最能体现林汝翥铁面无私的是他大义灭亲的故事，这个故事在福建福清广为流传。明崇祯年间，林汝翥的侄子们仰仗林汝翥在京为官，为害乡里，十分嚣张。当时的榆溪驿（今福建福清渔溪镇境内），是福州、兴化（今福建莆田）、泉州、漳州四地往来商旅的必经驿站，林汝翥家族中18个子弟，经常在此拦路抢劫，甚至谋财害命，他们都是“夫”字辈后生，因此号称“十八夫”。过往商人不堪其苦，当地百姓对此十分痛恨，将这些林氏子弟骂为“十八虎”。知县害怕得罪林汝翥，也始终不敢捉拿他们。此事传到京城，林汝翥义愤难平，连夜赶回迳江，准备亲自查办这群族侄。他声称大摆筵席宴请族人，族人齐聚一堂，在宴席期间，他令人把“十八虎”绑起来，大声训斥他们的罪行，然后把他们装进麻袋，扔进大海。从此，榆溪驿附近再无人敢犯事，商业往

に、ちょうど引き潮だったおかげで、郭氏はこの時無事に子供を出産した。この子どもこそが林汝翥だった。林汝翥が正月（子月）の一日目に江の中で生まれたことを記念して、人々は郭氏が川に跳び込んだ躡雲橋の下で大量に取れる紅眼鮒のことを「子魚」と呼んでいる。（福清県『福清紀略』編集委員会、1988）明万暦三十四年（1606）、林汝翥は郷試試験中挙人を受験した。郷試は省級試験であり、明の試験中挙人は官職に就く資格がある。林汝翥は江蘇県の知県に任命されたが、白蓮教の反乱を防いだ功があり、四川道監察御史に昇進した。

林汝翥が「鉄面御史」と呼ばれているのは彼が率直で、悪を憎み、情け容赦なく法を執行したからである。史料によると、林汝翥は権勢を振るった宦官の魏忠賢を処罰し、危うく命を取られるところだったようだ。明代天啓四年（1624）、林汝翥は巡城御史を務め、都の治安を守った。巡城御史とは天子のかわりに巡察することで、大きな事案の場合、上奏裁定を、小さな事案の場合、即席裁定を実施する。具体的な職務が京城内の東、西、南、北、中五城の治安管理の巡察、訴訟の審理、盗賊の編集・逮捕など、現在の中紀委紀検監察室の処長に相当する。林汝翥の巡礼の時は非常に威風堂々としていた。林汝翥の巡礼隊の最前列の役人が二本の鞭で街中をパタパタと鳴らしながら歩いていた。泥棒はこの澄んだ音を聞くや、遠くに隠れない者はいなかった。この年の六月、京城北城で事件があった。宦官の曹進が養父の曹大の鬱憤を晴らすため、一団を集めて曹大の敵を殺した。事件が発生した後、刑務官たちはその件について誰も口出す勇気がなく、ボールを蹴るように他の人に押しつけた。林汝翥はその事件の内容を尋ねると、すぐに曹進と一味の傅国興を捕らえ、それぞれしりたたき五十回の罰を与えた。王体乾は魏忠賢の親友であり、宦官の頭目でもあった。宦官が林汝翥に処罰されることを容認できず、魏忠賢とともに明熹宗朱由校に林汝翥のことを上奏した。朱由校は林汝翥に尻たたき百回の罰を下した。林汝翥はこれを聞いて大いに驚き恐れ、遵化巡撫楊渼のところに身を隠した。それに、明熹宗に『魏忠賢弾劾書』を上奏し、魏忠賢の罪状を数え、去勢党を黙認してはならないと勧めた。明熹宗は忠告に耳を貸さず、林汝翥を捕らえた。百回も尻たたきの罰を受けている間に、林汝翥は

来恢复正常。关于如何处理亲情，传统观念有两种："亲亲相隐"和"大义灭亲"。孔子在《论语》中曾提出"父为子隐，子为父隐"，他承认有血缘关系的亲属之间可以隐瞒某些罪行不向官府告发，因为亲情是人性中最真挚的情感，相互袒护是人之常情。但政府官员在处理公事时，国法和政治伦理高于亲情，因此要大义灭亲，正如《礼记》所言："门内之治恩掩义，门外之治义断恩。"（刘厚琴，2017）意思是处理家庭内部的问题，恩爱情意重于道义公理，以和为贵，不必过多计较是非得失，但处理公务，道义公理重于恩爱情意，必须明辨是非，不能因为顾及亲情而败坏道义公理。林汝翥大义灭亲的义举惩治了地方祸患，维护了一方安宁，为后人传颂。

顺治五年（1648），鲁王从海上率军接连攻克被清兵占领的连江、长乐、永泰、闽清等地。林汝翥积极响应鲁王号召，组织福清义军准备配合鲁王收复福清。鲁王召见林汝翥，任命他为兵部右侍郎，同年，林汝翥与吏部主事林垐汇合攻福清县城，不幸被捕，他拒不投降，清兵残忍地拔掉他的10个指甲，他仍面不改色。死后，族人把他安葬在山坳里，将棺木用铁链吊起来，因为他临终发誓：死不入清土。

林汝翥与隐元禅师是上迳同乡，年龄相仿。崇祯十一年（1638），林汝翥七十大寿时，隐元作诗庆贺，赞赏林汝翥的铁骨铮铮和精忠报国的豪气。清顺治四年（1647），林汝翥抗清兵败就义后，隐元曾饱含深情地写下悼念诗歌，（平久保章，1979）表达对林汝翥抗清义举的敬佩之情，也对他没有退隐官场、保全自身感到惋惜。隐元东渡日本之后，还专门写信给门人慧门如沛，要求在黄檗山供奉有功于黄檗的重要檀越，其中，林汝翥就名列首位。

二、南明精英

草莽英雄周鹤芝

隐元禅师与福清海口、镇东两城的统帅周鹤芝交情甚厚。周鹤芝始为草莽英雄，后为抗清义士的传奇故事在福清、平潭两地县志均有记载。

周鹤芝（约1592—约1680），又名周芝、周崔芝。福清仁寿里（今福清市音西镇）人，是明末清初威震闽海的传奇人物，少年时喜爱武艺，精于骑射，有侠义之气，被当地土豪劣绅视为眼中钉。有一次，周鹤芝杀死了一位欺压百

何度か意識不明になったが、幸いに一命を取り留めた。林汝翥は崇禎帝が即位するまで官界に戻ることはなかった。

林汝翥の鉄面無私を最も体現できるのは、彼の大義滅親の行為だ。明代崇禎年間、林汝翥の甥たちは林汝翥に頼って京で役人となり、同郷の人々を脅かしたりして、非常に威張っていた。当時、榆渓駅（現在の福建福清漁渓鎮境内）は福州、興化（現在の福建莆田）、泉州、漳州の四地の商業往来に必ず通る宿場だった。林汝翥一族の18人の甥はよく榆渓駅で強盗をしたり、財産を奪うために人を殺すことまでもした。彼らはいずれも名前に「夫」という字を持つ子孫であるため、「十八夫」と呼ばれていた。かつての商人はその苦しみに耐えられず、地元の人々も彼らを「十八虎」と憎んだ。知県は林汝翥の機嫌を損ねるのを恐れて、ずっと彼らを捕まえる勇気がなかった。この事が京城に伝わると、林汝翥は義憤に駆られ、夜通し紅江に帰り、自らこの一族の甥たちを取り調べようとした。大宴会を催して、甥たちを集めた。宴会の間に「十八虎」を縛らせて罪を叱責し、麻袋に入れて海に放り込んだ。それ以来、榆渓駅の近くでは誰も何もしないようになり、商業往来は正常に戻った。家族愛をどのように扱うかについては、伝統的に「親相隠」と「大義滅親」の二つの考え方がある。孔子は『論語』には「父は子隠、子は父隠」が述べられている。血縁関係の親族の間でいくつかの罪を隠して官庁に告発しなくてもよい、親族の情は人間性の中で最も真摯な感情で、互いにかばうのは人情だとしている。しかし、官吏が公事を処理する際には、親族の情よりも国法や政治倫理が優先されるため、『礼記』に「門内の治恩は義を覆い、門外の治恩は義を断つ」とあるように、大義で親族を滅ぼす必要があった。家庭内の問題を処理するには、道義の公理よりも愛の情を重んじ、和を貴とし、是非の損得をあまり気にする必要はないが、公務を処理するには、愛の情よりも道義の公理を重んじ、是非を明らかにしなければならず、家族の情を顧みて道義の公理を乱してはならないという意味である。（劉厚琴、2017）林汝翥が大義で親族を滅ぼす義挙によって、地方の害になる者が処罰され、一地方の安寧が守られた話は、後世に語り継がれた。

清順治五年（1648）、魯王は海上から軍を率いて清兵に占領されていた連江、長楽、永泰、閩清などを次々と攻略した。林汝翥は魯王の呼びかけに積

姓的地方官，逃亡海上，不能返乡，他索性干起劫富济贫的海盗营生。他常在日本沿海岛屿活动，把许多日本海盗打得落花流水，成为名震闽海的“江洋大盗”。但他行事仁义，并不滥杀无辜，实为“仁盗”。当时日本有一个名叫撒斯玛的萨摩王爷，是一个拥有权势的大将军，他慧眼识才，十分赏识年轻的周鹤芝，不仅收他为义子，还赐给他祖传的“太阳剑”，把他留在身边担任侍卫官。周鹤芝帮助王爷巩固势力，王爷也资助周鹤芝组建海盗集团，从此，周鹤芝在中日两国之间的商船畅通无阻。

周鹤芝虽为海盗，但他是一位身飘浮海，心忧国难的爱国人士。他在太平洋从事海盗营生时，已结识郑芝龙、郑成功父子俩，并与郑成功心气相投。明崇祯五年（1632），周鹤芝接受明朝廷招安，担任七品武官把总，负责稽查海上船只。明朝灭亡后，周鹤芝一直坚持抗清复明的立场。

南明隆武元年（1645），南明唐王封周鹤芝为水军都督，他以浙江舟山为基地，尽心尽力发展抗清武装力量，并派人送书信给日本义父萨斯玛王爷，表明抗清决心，痛述自己复明困境，恳请萨斯玛王爷派兵相助。王爷答应了他的请求，允诺第二年发兵三万驰援周鹤芝。周鹤芝大喜，正准备派遣使者前往日本接洽，却遭主将黄斌卿阻挠，黄斌卿认为周鹤芝向日本借兵，无异于吴三桂引清兵入关，有谋反之嫌，实际上，他更怕的是周鹤芝力量强大，会损害他身为主帅的权威，因而，周鹤芝向日本借兵的计划失败了。周鹤芝一气之下带兵回到福建。

同年，在南明唐王朝廷独揽大权的郑芝龙居然倒戈投降清廷，他写信给周鹤芝，当面劝他归顺清廷，周鹤芝义愤难平，坚决拒绝，当即立下誓言，“生为明朝人，死为明朝鬼”。郑芝龙拿他也没有办法。此后，周鹤芝移兵海坛（今平潭县），在此建立抗清武装基地，并第二次向日本义父借兵，但未能如愿。

1645年2月，清军南下，逼近福州福清，黄檗寺恐慌，寺中长老一致决定请隐元（当时隐元在福建长乐县龙泉寺担任住持）回寺住持大局，隐元在1646年正月底回到黄檗寺，再次担任黄檗寺住持。同年，唐王封周鹤芝为平鲁伯，他回到老家福清，镇守海口民城、镇东卫城两城。海口一地两城，地处福清、长乐、平潭三县交通要塞，是兵家必争之地，海口的镇东卫城曾是明朝的大卫所之一，与天津卫城齐名，史称“北有天津卫，南有镇东卫”，最强盛

極的に応え、福清義軍を組織して魯王の福清回復に協力しようとした。そうすると、魯王に召見され、兵部右侍郎に任命された。同年、吏部主事林垐と合流して福清県城を攻めたが、不幸にも逮捕された。彼は降伏を拒否し、清兵は残忍に爪10本を抜いたが、彼は顔色を変えなかった。死後、一族は彼を山間の窪地に埋葬し、棺を鎖で吊るした。彼は最期に「清朝の土には入らない」と誓ったからである。

林汝翥は隠元禅師の上迳の同郷で、年齢も似ている。崇禎十一年（1638)、林汝翥が七十歳の誕生日を迎えたとき、隠元は詩を作って祝い、林汝翥の頑強不屈で国に忠誠を尽くす豪気を賞賛した。清順治四年（1647)、林汝翥が清兵に立ち向かって敗北した後、隠元は深い愛情を込めて追悼詩を書いた（平久保章、1979)。林汝翥の清に抵抗する義挙への敬服の情も表しており、官界に退かず、自らを保全しなかったことも惜しんだ。そのうえ、隠元は門人の慧門如沛に手紙を書いて、黄檗山に黄檗に功績のある重要な檀越を奉納するよう要求した。その中で、林汝翥の名が首位に立っていた。

二、南明の秀でた人物

民間英雄の周鶴芝

隠元禅師は福清海口と鎮東両城の司令官である周鶴芝と親交が深かった。周鶴芝は民間の英雄であり、その後に抗清義士になったという伝説は福清と平潭両地の県誌に記録されている。

周鶴芝（約1592–約1680)、別名周芝、周崔芝。福清仁寿里（現在の福清市音西鎮）の出身で、明末清初の頃、福建辺りでは伝説的な人物であった。少年の頃は武芸が好きで、騎射に精通して、任侠の気があり、地元の土豪劣紳に目の敵にされていた。ある日、周鶴芝は人々を抑圧していた地元の役人を殺した。海に逃亡して、故郷に帰ることができず、思い切って金持ちの財産を奪って貧しいものに施すという海賊を生業とした。日本沿海の島々で活動し、福建海に名をとどろかす「大盗賊」となったが、それと裏腹に仁義を尽くし、無実の人をむやみに殺すことがなく、実に「仁盗」であった。当時、日本にはサスマという薩摩王がいた。権勢を持つ大将軍であった。彼は

的时候屯兵近九千人。明朝时期的海口也是经济繁荣的良港，号称“百万华居”，人称“小杭州”。

1646年9月，清兵攻破福州后，屠杀城中居民，次年3月，清兵围攻福清海口，军民与清兵抗争百日，最终被清兵将领满进忠率军攻陷。当时，周鹤芝不在城内，两城防守大军，还有众多协助守城的抗清民众被屠杀，据史籍记载，海口屠城死难者数千人（也有学者认为约二三万人被杀害）（释东初，1970），血流成河，惨不忍睹，这就是清军酿成的“丁亥惨变”。事变之后，隐元率领僧众前往海口、龙江两地举行水陆法会，超度亡灵。隐元作诗偈四首，其怀念旧朝与悲天悯人的情愫溢于字里行间，即使是身处空门的高僧，面对国破家亡、民生涂炭的现实也难以平复内心的悲凉，海口屠城给隐元禅师思想的震荡是巨大的，或许他曾经想做一位退隐山林不问世事的僧人，但世道浇漓，何处是净土？在明清鼎革之际，哪怕是僧侣也会直接或间接卷入反清复明活动。

海口被清兵攻陷之后，周鹤芝又转战平潭。1647年，平潭城破。至此，清兵占领福建全境，周鹤芝也不知去向。据说，周鹤芝此后随郑成功军队在福清、长乐登陆，曾一度攻下海口、镇东二城（今属福清海口镇）和长乐、松下等地，转战海坛，郑成功离开后，周鹤芝在海坛统兵据守。（平潭政协文史资料编辑组，1988）又据说，1680年，周鹤芝率兵与清廷提督万正色激战月余，最后粮尽，自刎殉国，此说尚无从考证。这位声震闽海的草莽英雄为抗清复明的理想战斗到生命的最后一刻，可歌可泣。

闽海才子黄道周

黄道周对隐元人格影响很深，黄道周尽忠事国，宁死不降清的民族气节与文天祥一样彪炳青史。隐元与黄道周多有交往，两人探讨佛法，互赠诗文。黄道周英勇就义后，隐元悲痛地写下挽诗，诗中表达了对黄道周的深切情意。

黄道周（1585—1646），漳州市漳浦县铜山镇深井村（今漳州东山县铜陵镇）人，曾在东门屿石室中读书，故号“石斋先生”。黄道周少年时期，曾隐居东门孤岛苦读的经历中，有一个木鸡腿的故事广为流传。

黄道周小时候家境贫寒，经常三餐不继，更谈不上吃鱼肉了。于是，他想

目利きで、若い周鶴芝を高く評価し、正義の息子として認めただけでなく、先祖によって伝承された「太陽の剣」も送って、彼を警備指揮官として側に置いた。周鶴芝はサスマ王の権力を固めるのを手伝い、サスマ王も周鶴芝に海賊団を結成するための資金を提供した。それ以来、周鶴芝が所有する商船は中国と日本の間では邪魔にされることは一切なくなった。

周鶴芝は海賊だったが、一方で彼は海に漂い、国難を憂う愛国者でもあった。太平洋で海賊をしていた時、鄭芝龍、鄭成功父子と知り合い、鄭成功と意気投合した。明崇禎五年（1632)、周鶴芝は明の宮廷に採用され、官階七位の駐在武官の指揮官を務め、海上で行き来する船の検査を担当した。明王朝の崩壊後、周鶴芝は常に清王朝に抵抗し、明王朝の回復を心から望んでいた。

南明隆武元年（1645)、周鶴芝は南明唐王朝の王に海軍の船長に任命され、浙江省の舟山を拠点とし、清王朝に対抗する軍隊を作った。一方、日本の義父サスマ王に書簡を送り、清王朝に抵抗する決意を表明し、自ら明王朝を復興する苦境を語り、サスマ王に兵を派遣して協力するよう懇願した。サスマ王は彼の願いを承諾し、翌年に三万人の軍隊を送って周鶴芝を支援することを約束した。周鶴芝は大喜びし、日本に使節を派遣しようとした。しかし、彼は主将の黄斌卿に妨害された。黄斌卿は周鶴芝が日本に軍隊を借りることは呉三桂が清の兵士を引き入れて山海関に入るのと同じだと考えていた。実際には、周鶴芝の強さが彼の権威を損なうことを恐れていたのだ。その結果、周鶴芝の日本からの軍隊の借り入れ計画は失敗に終わった。周鶴芝は怒って自分の軍隊を福建省に戻した。

同年、南明の唐王朝廷で権力を握っていた鄭芝龍が突然に清朝に降伏した。彼は周鶴芝に手紙を送り、清朝へ戻るよう説得した。周鶴芝は憤慨し、断固として拒否した上に、「明王朝の人として生まれ、明王朝の幽霊として死ぬ」と誓った。鄭芝龍はどうしようもなかった。その後、周鶴芝は彼の軍隊を海壇（現在の平潭県）に移して抗清武装基地を築き、日本の義父から二度目の借兵をしたが、望み通りにいかなかった。

1645年2月、清軍が南に進撃し、福州の福清に近づいた。黄檗寺は恐れ慌て、寺の長老たちは満場一致で隠元（当時隠元は福建長楽県龍泉寺の住職を

了一个画饼充饥的法子，寻来一段木块，把它雕成鸡腿的形状，肥肥圆圆的木鸡腿，乍一看，还真的神似鸡腿呢。黄道周很为自己的小聪明得意，每次吃饭时，他便用木鸡腿蘸酱油，津津有味地拌饭吃。

有一天，邻居大伯家一只母鸡不见了，找遍了整个深井村，都找不着母鸡的影子，便怀疑当地村民偷走了母鸡，他决定不露声色挨家挨户串门暗访。

当他来到黄道周家门口时，远远看见黄道周坐在院子里，左手捧着书，右手正拿着一根鸡腿往嘴里送，便认为母鸡肯定是黄道周所偷，穷小子家里怎么可能有鸡腿吃呢？没想到黄道周表面上斯斯文文的，背地里居然干着偷鸡摸狗的勾当。他义愤填膺，直接走到黄道周面前，黄道周下意识地把拿木鸡腿的手藏到桌子底下，大伯见状气不打一处来，他一把揪起黄道周，嘴里嚷嚷:“没想到你是这种人！”黄道周满脸疑惑，不知他为何如此生气，“我怎么啦？”“你自己做过的亏心事自己不明白？”黄道周没偷鸡，当然是一头雾水。

大伯干脆把黄道周拉到屋外，周围邻居都围了过来。双方争执不下，大家建议到关帝庙让关帝爷定夺，到了关帝庙，大伯拿起杯珓，在掷杯珓之前，他说杯珓如果一正一反就说明鸡是黄道周偷的。杯珓是关帝庙里占卜的用具，是像蚌壳状的两块木片，掷在地上，看它的正反判定吉凶，一般一正一反是吉兆。结果，大伯扔了三次，杯珓都是一正一反，黄道周没法否认了。大家认定黄道周是偷鸡贼，黄道周一气之下，马上回家收拾书箱，径直往东门屿静心读书了。后来，大伯家的母鸡也找到了，他到黄道周家道歉。至今，东门屿还保留着黄道周读书遗址——“云山石室”。（汪梅田，2017）

黄道周七岁习朱子学，勤学苦读，少时有文才，被誉为“闽海才子”，后以研习易学等享誉全国。他是晚明著名学者，博通天文地理，诗文、书画都自成一家，曾在各地书院讲学，培养了大批有气节、有学问的人才，被称为“黄圣人”。同时，他也是著名的抗清英雄。

南明隆武时，黄道周被任命为吏部尚书兼兵部尚书、武英殿大学士（首辅）。但实际上兵权都掌握在郑芝龙手中。1645年，清兵大举南侵，郑芝龙却按兵不动。黄道周只得回乡筹措兵粮，招募了数千人，带着十余匹战马和一个月的粮草，出仙霞关（浙江衢州境内）抗击清兵，这支小队伍根本无力与清兵抗衡，无异于送死。不久，已经六十岁的黄道周又前往江西征集军队，在婺源

務めていた）に寺に戻り住職を務めるようと依頼した。隠元は1646年1月末に黄檗寺に戻って再び住職になった。同年、周鶴芝は唐の王に平魯伯として取り立てられ、故郷の福清に戻り、海口民城、鎮東衛城の両城を鎮守した。海口は1地2城、福清、長楽、平潭3県の交通要塞に位置し、兵家必争の地であった。海口の鎮東衛城はかつて明朝の大衛所の1つであり、天津衛城と並び、歴史的には「北に天津衛、南に鎮東衛がある」と称され、最も強盛だった時には屯兵が9千人近くいた。鎮東衛城はかつて明嘉靖年間の海賊との闘争の中で重要な役割を果たした。明時代の海口は経済的に栄えた良港でもあり、「百万華居」（隠元詩偈、「誰迷方寸混天経、百万華居一斬平」）、「小杭州」と呼ばれた。

1646年9月、清軍は福州を攻め破り、唐王隆武帝は福建省長汀で清軍に殺害された。1647年3月、海口の両城の軍民は清兵と百日抗争したが、ついに清兵の将軍である満進忠に攻め落とされた。当時、周鶴芝は城内にいなかった。両城を守る軍隊、また守城に協力した多くの抗清民衆がすべて虐殺され、歴史籍の記録によると、海口城の犠牲者は数千人（約二、三万人が殺害されたと考える学者もいる）（釈東初、1970）、血の海のように、見るに忍びない惨状で、これが清軍が醸成した「丁亥惨変」である。隠元は僧侶を率いて海口、龍江両地に行って水陸法会を修め、霊魂を済度した。隠元禅師が詩偈を四首作り、旧朝への懐かしさと人民への哀れみが字の行間にあふれていた。たとえ空門に身を置く高僧であっても、国破家亡を前にして、人々が極度の苦難に直面し、現実では悲しみを収めることは難しく、海口屠城事件は隠元禅師の思想に大きな衝撃を与えた。彼はかつて山林に退いて世事を気にしない僧になりたいと思ったかもしれないが、そんな状況になく、明清鼎革の時、僧侶であっても、直接的または間接的に反清復明の活動に巻き込まれてしまう。

海口が清兵に攻め落とされた後、周鶴芝は海壇に転戦した。1647年、清兵は海壇を攻め取り、福建全土を占領した。周鶴芝は行方不明になった。史料によると、1653年、周鶴芝は鄭成功部隊とともに福清、長楽に上陸し、一時海口、鎮東二城（現在は福清海口鎮に属する）と長楽、松下などを攻め落とし、海壇に転戦したが、鄭成功が去った後、海壇に統兵して立てこもっ

与清军重兵接战，兵败被俘，绝食数日之后，被押往江宁（今江苏南京）监狱囚禁。在狱中，黄道周想起文天祥，南宋灭亡之后，文天祥绝食八日。黄道周不禁感叹，从福建到广西还是南明的天下，大明王朝还存有半壁江山，他不能效法文天祥，所以他放弃以绝食的方式抗争。他在牢房中写了三百多首诗，感时抒愤，至今读来都动人肺腑。

清廷意图劝服黄道周归降，毕竟黄道周是不可多得的人才，但铮铮铁骨的黄道周岂能轻易动摇？多尔衮选中了洪承畴去当说客，一是因为洪承畴与黄道周是福建老乡，二是因为洪承畴是清廷重臣，黄道周到底能否为清廷所用，洪承畴可以一探虚实。

洪承畴（1593—1665），福建南安人，明崇祯帝时曾任陕西总督、蓟辽总督，是明朝重臣。明朝末年，朝政腐败，民不聊生，农民起义此起彼伏，犹以陕西的起义军人数最多，朝廷以“剿抚兼施，以抚为主”的政策安抚起义军，很多起义军诈降，剿而不死，唯有洪承畴认清形势，全面清剿，屡建奇功，朝廷赞颂声不断，洪承畴的军队被称为“洪军”。清太宗皇太极即位后，为了夺取北京，他集合重兵围攻锦州。洪承畴在饷援皆无的情形下，守城百日后被俘。清太宗用“满汉之人均属一体”的文化策略笼络他，洪承畴绝食数日后归降。崇祯帝以为洪承畴已战死，以王侯规格祭奠他，后来才听说洪承畴投降清廷了。

黄道周兵败被俘后，洪承畴被多尔衮指派到狱中劝降。洪承畴自报家门后，黄道周未等他再说话，就呵斥道：“大明朝的三边总督、六省经略洪承畴，早就以身殉国了，先帝还祭奠过他的亡魂，你这鼠辈又是谁？敢冒充他的名号来玷污他的清名！”洪承畴听后十分尴尬。黄道周还写一副对联：“史笔传芳，本能平虏忠可法；皇恩浩荡，不思报国反成仇。”借“皇成仇”谐音“洪承畴”，用抗清英雄史可法对比洪承畴，讽刺他背叛明朝、毫无名节。或许是被黄道周的忠心感动，洪承畴请求清廷释放黄道周，但被清廷拒绝。

最终，黄道周于1646年壮烈殉国，当天早晨，他研墨写字作画，盖章后交给老仆人，嘱咐他把字画交付给以前向他求字画的人。临刑前，黄道周撕裂衣服，咬破手指，用鲜血写下“纲常万古，节义千秋，天地知我，家人无忧”十六字，高呼“黄道周岂是怕死之人”，慨然就义。他的门人蔡春落、赖继谨、赵士超和毛玉洁，也在同一天被杀，当时人称“黄门四君子”。（郭丹，2019）

た。(『平潭政協文史資料編集組、1988) また、1680年周鶴芝は兵を率いて清朝の提督である万正色と一月余り激戦し、最後に食糧が絶えて自刃したというが、この説はまだ考証ができない。この福建を震撼させた民間英雄は反清復明の理想のために、命ある限り最後まで戦い、人々を感動させた。

閩海才子の黄道周

黄道周は隠元の人格に強く影響し、彼の国家への忠誠心が文天祥と同様、その名は永遠に史書に伝わることであろう。隠元と深い付き合いがあり、二人はよく仏教について話し合ったり、お互いに詩を交わしたりした。彼が亡くなった後、隠元はひどく悲しみ、挽詩を書いて黄道周への深い情を表した。

黄道周（1585–1646）は福建省漳州市漳浦県銅山鎮深井村（現在は東山県銅陵鎮）の出身で、かつて東門嶼石室で書を学んだため、号を「石斎先生」とした。東門嶼は銅山古城の東門の向こう2キロ離れた海上にある島で、面積は大きくなく、約1平方キロメートルで、「海上の仙山」と呼ばれている。島に文峰塔があるため、塔嶼とも呼ばれている。アモイの鼓浪嶼、温州の江心嶼、台湾の蘭嶼とともに中国四大名嶼と呼ばれている。黄道周が少年時代に東門の孤島に隠居して苦学した理由は何だったのだろうか。「木の鶏の足」という一つの話が広く伝わっている。

黄道周は子供の頃、家が貧しく、三食まともにありつけず、魚さえありつけなかった。そこで、彼は絵に描いた餅で飢えを満たす方法を考えた。彼は木の塊を探して、それを鶏の足の形に彫った。肥えた丸い木の鶏の足は、一見すると、本当に鶏の足に似ている。黄道周はとても満足し、食事をするたびに木の鶏の足に醤油をつけておいしそうにご飯を食べていた。

ある日、隣のおじさんの家の雌鶏がなくなった。おじさんは深井村を隅々まで探してみたが、雌鶏の影すらも見つからなかった。彼はだれか意地悪な村人が雌鶏を盗んだのではないかと疑った。そこで、彼はこっそり村人たちの家々を訪ねながら探ることにした。

彼はふらっと黄道周の家の入り口に歩いて行くと、遠くに黄道周が庭に座っていて、左手に本を持ち、右手に肥えた鶏の足を持って口の中にもってい

黄道周殉国后，隐元作诗《挽石齐黄忠介公殉节诗》缅怀，感佩黄道周的英烈忠心，同时也表达了复兴明朝的期望。黄道周的书法也被隐元介绍到日本。

南明贤相钱肃乐

福建琅岐（今福建省福州市马尾区境内）位于东海之滨，屹立于闽江中流，三面环江，一面靠海，是闽江口的咽喉。进可攻占对岸琯头、亭江以及潭头等村镇，威逼福州，退可隔江自固，从海上逃脱，因而成为历史上政治势力的必争之地。1647年，鲁监国朱以海率军从浙江撤到琅江（今琅岐），当时，唐王隆武帝已被清兵杀害，整个福建归附鲁王。鲁王以琅江为抗清据点，开创了南明鲁王朝短暂的辉煌，而这一切离不开相国钱肃乐的辅助之功。

钱肃乐（1606—1648），浙江鄞县（今浙江宁波）人。1645年，清兵南下杭州时，钱肃乐倡议组织义兵反抗，并请鲁王在绍兴监国，浙东抗清义军从此有了统一的领导，钱肃乐则开启了他人生中抗清运动悲壮的一页。

第二年，江浙两地被清军攻占，鲁王流亡到海上避难。钱肃乐带领义军撤到福建，辗转于福清、文石（长乐）、海坛（平潭）之间，生活异常艰辛，米麦全吃完了，只能吃番薯，最后只能吃薯干充饥。钱肃乐只好遣散部队，只身来到龙峰岩寺院（今福建省福州市长乐区境内），他面对佛像思绪连绵，耳边

钱肃乐画像，福清黄檗文化促进会供稿
銭粛楽像 （福清黄檗文化促進会提供）

くのが見えた。彼は少しためらったが、すぐに雌鶏は黄道周に盗まれたに違いないと結論に達した。彼の手にある鶏の足がまさにその証拠だ。この貧乏人の家に鶏の足があるはずがない。黄道周は表向きは上品だが、陰では盗みを働くとは思わなかった。彼は義憤に燃えて、直接黄道周の前に行った。黄道周は無意識に木の鶏の足を持った手をテーブルの下に隠した。おじさんはその様子を見て怒りをぶちまけ、黄道周をつかんで、「まさかこんな奴だとは思わなかった！」と怒鳴った。黄道周は不審そうな顔をしていた。なぜこんなに怒っているのだろうか。「僕が何をしたの？」「自分でやったやましいことが自分でわからないのか？」黄道周は鶏を盗んでいないので、もちろんちんぷんかんぷんだ。

おじさんは黄道周を外まで引っ張り出すと、近所の人たちが集まってきた。双方の言い争いが収まらず、皆は関帝廟に行って関帝爺に決めてもらうことを提案した。関帝廟に着くと、杯珓を取り出した。杯珓とは２枚貝の形をした二枚の木片で、占いに使用する道具の一種である。これを3回投げて正面が出るか反面が出るかで吉凶を判定する。おじさんはこれを投げて、正面と反面が交互に出たら鶏は黄道周に盗まれたことにすると決めた。普通、正面と反面が交互に出ると吉兆である。おじさんは黄道周の前でそれを3回投げ、3回とも正面と反面が出た。黄道周は否定することができなかった。みんなは黄道周が鶏泥棒だと思った。黄道周は腹を立てて、すぐ家に帰って本箱を片付け、まっすぐ東門嶼に行って静かに勉強していた。その後、おじさんは自分の家の雌鶏も見つかり、黄道周の家に謝りに行った。今も東門嶼には黄道周の読書遺跡「雲山石室」が残っている。（汪梅田、2017）

黄道周は7歳で朱子学を学び、勉学に励み、若い頃は文才があり、「閩海才子」と呼ばれ、後に易学を学ぶなどして全国的に有名になった。彼は明代後期の有名な学者であり、天文学、科学、書道、絵画に精通し、詩とエッセイにおいて独自の特徴がある。各地の書院で講義を行なったりして、多くの学問と気節のある人材を育成してきたゆえに、「黄聖人」と呼ばれた。同時に、彼は有名な反清の英雄でもある。

南明隆武の時、黄道周は吏部尚書兼兵部尚書、武英殿大学士（首輔）に任命された。兵部尚書だったが、軍事力は実際に鄭芝龍の手にある。1645年、

传来寺庙的钟声，他不禁悲从中来，自己一心破家报国，却壮志难酬，不如在此出家，图个清静。于是，钱肃乐在龙峰寺祝发为僧，暂时隐居起来，当地的人经常到寺院向他讨教学问，他以此收取少许束脩，维持家人生计。

但一腔热血很难冷却，不久，钱肃乐听说鲁王来到琅江，他马上赶到琅江拜见鲁王，鲁王大喜，任命他为兵部尚书。钱肃乐把自己的小船系在鲁王的大船旁边，每天在小船中接见宾客，阅览奏章，然后呈给鲁王。公事处理完毕，钱肃乐就解开系船的绳索，把小船开到别处，静静地坐在舱中读书。

钱肃乐申明军纪，奖励军功，兵威复振，鲁王分兵数路攻取福州沿海各地，接连攻下兴化、福清、连江、长乐、罗源等三十余座城池，先后收复三府一州二十七县，声势大振。

当抗清形势好转之时，由于鲁王朝内部相互掣肘，形势急转直下。隆武帝时，郑彩被郑芝龙排挤，他带着自己的部队投奔鲁王，鲁王朝廷大臣多是浙江籍的知识分子，他们瞧不上郑彩这帮强盗出身的闽籍海商，闽浙矛盾自郑彩投诚的那一刻就产生了，但郑彩的海商势力是鲁王维持统治的支撑，鲁王也不敢得罪郑彩。手握重兵的郑彩愈发骄纵霸道，他与东阁大学士熊汝霖不和，于是用诡计把熊汝霖及其幼子投海击杀，隔了三天，又杀死郑遵谦。鲁王的股肱大臣就这样死于内讧之中，军心涣散，刚刚收复的城池陆续被清军攻占。

连江失守的消息传来，钱肃乐痛不欲生，开始绝食，不久死于琅江舟中，年仅42岁，时值起义三年后的夏天。夫人董氏前两月已卒，其嫂子和侄子也死于福建。鲁王哀痛不已，三天不上朝。钱肃乐一家四口的灵柩一直露置于琅江边，直到六年后，即1654年2月，由叶向高的曾孙叶进晟安排移葬到黄檗山。

郑成功与清廷议和始于1653年4月，破裂于1654年5月，钱肃乐一家的灵柩移葬之事，正好发生于郑清议和的短暂和平期内，但移葬过程仍然不顺利。1654年2月，郑成功军队到达黄檗山周围，向黄檗寺追纳粮饷，当时，黄檗寺的寺田有四百多亩，是粮饷催缴大户。钱肃乐一家的灵柩一度被郑军扣留在福清宏路，隐元出面周旋才得以放行。前后经半月之久，钱肃乐的灵柩才到达黄檗山。隐元在黄檗山住持钱肃乐的安葬仪式，他宣读了祭文《祭希声钱相国文》，文中称钱肃乐为“明故相国”，表明他坚称钱肃乐为明朝贤相，对钱肃乐的抗清活动大加赞赏，并为黄檗山能为钱肃乐提供葬地感到欣慰。但是钱肃乐

清の兵士が南に侵攻し、鄭芝龍は1人の兵士も派遣しなかった。黄道周は故郷に帰って兵糧を調達するしかなかった。黄道周は数千人を募り、十数頭の馬と一ヶ月分の食糧を携えて仙霞峠（浙江省衢州の域内）を出て清軍と戦ったが、この小さいチームは清軍に対抗する力がなく、まるで死に送るようなものだった。やがて六十歳になった黄道周は軍隊を募集するために江西省に行った。婺源というところで清軍の大軍と激しく戦った後、敗北し、捕まった。数日断食した後、江寧（現在の江蘇南京）の監獄に連行されて監禁された。監獄で、黄道周は南宋王朝の崩壊後8日間断食した文天祥のことを考えた。黄道周は、福建から広西まではまだ南明の天下であり、大明王朝はまだ国の半分を持っているから、文天祥のように断食による抗争をついに断念した（「乾坤猶半壁、未忍踏文山」）。彼は監房の中で300を超える詩を書き、当時の思いや怒りを言葉にした。それらの詩を今日読んでも、心が打たれない人はいないであろう。

黄道周が他にない人材なので、清朝は降伏するよう説得しようとしたが、気骨がある黄道周を簡単に揺さぶることはできなかった。洪承疇は清廷の重大臣で、黄道周と福建省の同郷でもあり、黄道周が果たして清廷で使える人材かどうか、ドルゴン清朝初期の皇族であるドンゴンはは洪承疇に探らせた。

福建省南安出身の洪承疇（1593–1665）は明崇禎帝の時に陝西総督、薊遼総督であり、明王朝の重大臣であった。明王朝の終わりに、朝政は腐敗し、人々は安心して生活することができなかった。農民の蜂起があちこちで起こり、陝西省は反乱軍の数が最も多かった。朝廷は「討伐撫兼施、撫を主とする」という方針を採用した。多くの反乱軍は詐欺的に降伏し、討伐しても死ななかったが、洪承疇だけが情勢を認識し、全面的に掃討し、しばしば奇功を立てた。朝廷は彼を称賛し続けていた。洪承疇の軍隊は「洪軍」と呼ばれた。清王朝の太宗皇太極が即位した後、洪承疇は北京を奪取するために大軍を集めて錦州を包囲した。給料も援助もないまま、100日間城を守った後、捕虜になった。清太宗は「満漢の一人一人が一体に属する」という文化戦略で洪承疇を籠絡し、彼は数日断食した後に降伏した。崇禎帝は洪承疇が戦死したと思って王侯の規格で供養していたが、その後、洪承疇が清王朝に降伏したと聞いた。

一家的灵柩却迟迟未能下葬，一直拖了八个多月，隐元当年五月南下厦门时，钱肃乐一家还未得安葬，隐元感叹，南明政权，仁义丧失，必定长久不了。直到隐元东渡日本后，还念念不忘钱肃乐移葬的事，并通过从日本回国的商船寄回资金，以便福清黄檗寺尽早安葬钱肃乐。钱肃乐与黄檗文化的渊源，由此可见一斑。

亦盗亦商郑彩

南明永历八年，清顺治十一年（1654），63岁的隐元禅师率30多名弟子离开福清万福寺南下厦门，准备从厦门渡海前往日本长崎。当时的厦门归属郑成功管辖，郑成功早在永历四年（1650）突袭驻守厦门的郑联（郑彩的弟弟），占领厦门，接着，驻兵金门的郑洪逵（郑成功的叔叔）也把手中的兵船悉数交付给郑成功，自此，厦门和金门成为郑成功抗清复台的重要军事据点。郑成功在厦门大开海道，再起海上丝路，与周边国家和地区积极开展商贸往来，开辟了东洋、东南洋、南洋、西南洋4条海外航线，大批商船从厦门出发到世界各地闯荡。

由于郑成功与日本的密切关系，厦门成为明末清初众多中国僧人东渡的出发点，隐元禅师就是其中一位。因此，隐元赴日自然离不开郑成功集团的护持。隐元到达厦门后，在仙岩停留了18天。在仙岩停留期间，前来拜谒隐元的人络绎不绝，大多是郑氏集团的上层人物，其中就有护国公郑彩。郑彩多次拜访隐元，两人还互赠诗句，交情深厚。

郑彩（约1605—1659），出生于福建南浦（今福建厦门），此地正处于九龙江入海口，俗话说“靠山吃山，靠海吃海”，长期以来，当地人形成了航海经商传统，下海通番被视为发家致富的捷径。

十六世纪初，随着地理大发现以及新航路的开辟，西方势力纷纷东来，葡萄牙、西班牙人首先来到中国海域，十七世纪初，荷兰人又接踵而至。故步自封的中国统治者仍然实施“片板不许下海”的海禁政策。中国东南沿海地区的民间走私力量则自发地融入到世界海上贸易市场之中，但他们的发展面临两方面的压力，一方面，他们要防备政府官兵的围剿，另一方面，他们还要与西方势力争夺远东市场。为了壮大自身的实力，这些走私力量逐步聚集起来走向集团化，形成了李旦集团、颜思齐集团和郑芝龙集团等规模比较大的海上贸易

黄道周が敗北して捕虜になったあと、洪承疇はドルゴンの命令を受けて監獄に行って黄道周に降伏するよう説得しようとした。洪承疇が話す前に黄道周は洪承疇に「大明朝の三辺総督、六省経略の洪承疇はすでに身国のために死んだ。先帝はすでに彼の亡魂を祭った。お前のような虫けらがどうして彼の名号を偽り、彼の清名を汚すことができようか」とすぐに怒鳴りつけた。洪承疇はそれを聞いて気まずい思いをした。黄道周は対聯を書いて彼に贈った。「史筆伝芳、本能平虜忠可法、皇恩浩蕩、不思報国反成仇」この対聯は「皇成仇」の語呂合わせで「洪承疇」と言って、彼が国に反逆して恩を忘れることを皮肉っており、南明弘光帝の時の抗清英雄の史可法と比べれば、彼が大漢奸だということを怒鳴りつけたものだ。洪承疇は黄道周の忠誠心に感動し、清廷に黄道周の釈放を求めたが、清廷は黄道周に使い道がないのならむしろ殺したほうがいいと判断し、洪承疇の要請を拒否した。

1646年に国のために殉死する黄道周は、その日の朝、墨を擦って字を書き、印を押した後、使用人に渡し、これまでに絵を求めていた人に渡すように頼んだ。刑に臨む前、黄道周は服を引き裂き、指を噛み破り、「綱常万古、節義千秋、天地知我、家人無憂」という16字の血書を書き、「俺は死を恐れぬものか」と叫び、従容として死に就いた。死後、衣服の中から「大明孤臣黄道周」という7つの大きな文字が見つかった。彼の弟子だった蔡春落、頼継謹、趙士超、毛玉潔は同日に殺され、「黄門の四君子」と呼ばれた。（郭丹、2019）

黄道周が勇ましい最期を遂げた後、隠元は「挽石斉黄忠介公殉節詩」という詩を作り、黄道周の英烈な忠誠心に感服すると同時に、明王朝の復興への期待を表した。黄道周の書道も隠元によって日本に紹介された。

南明賢相の銭粛楽

福建琅岐（現在の福建省福州市馬尾区）は東シナ海の沿岸に位置し、福建江の中流にそびえ立っており、三方は江に囲まれ、一方は海に面しており、福建江口の喉と言われている。進軍すれば対岸の琯頭、亭江、潭頭などの村鎮を攻略し、福州を脅迫することもできるし、撤退すれば江を隔てて自分の安全を確保するために、海上から脱出することもできるので、歴史上の政治

川原庆贺《唐馆之卷》中的福建商船，福清黄檗文化促进会供稿
川原慶賀『唐館の巻』に描かれた福建の商船　(福清黄檗文化促進会提供)

勢力の必争の地となった。1647年、魯監国の朱以海は軍隊を率いて浙江から琅江（現在の琅岐）に撤退した。当時、唐王の隆武帝は清兵に殺害され、福建全体が魯王に統治されていた。魯王は琅江を抗清の拠点として、南明魯王朝を創った。これは相国銭粛楽の補助なしには成し得なかった。

銭粛楽（1606–1648）は、浙江鄞県（現在の浙江省寧波市）出身である。1645年、清兵が杭州に南下した時、銭粛楽は義兵を組織して反抗することを提唱し、魯王に紹興で監国するよう要請した。浙東（浙江省の東地域）の抗清義軍は統一的指導を受けるようになった。そして、銭粛楽も自らの人生において抗清運動という悲壮な一ページを開いた。

翌年、江蘇省・浙江省は清軍に攻略され、魯王は海上に亡命して避難した。銭粛楽は義軍を率いて福建に撤退し、福清、文石（長楽）、海壇（平潭）の間を転々とし、生活が非常に苦しかった。米や麦を食べそれが尽きるとサツマイモを食べ、最後は干し芋を食べて空腹を満たすしかできなかった。銭粛楽はやむなく部隊を解散させ、単身龍峰岩寺院（現在の福建省福州市長楽区）にやってきた。仏像に向かって考えが乱れているところに、寺の鐘の音が聞こえてきた。彼は鐘の音がなぜか悲しく感じた。「自分は国に奉仕することに専念したが、願望を実現させるのが難しい。ここで僧侶になり、静かにする方が良い」と考えた末、彼は龍風寺の僧侶になり、一時的に隔離された生活を送っていた。地元の人々はしばしば僧院に来て教えを求めた。彼は家族の生活を支えるために少し謝礼金をもらった。

しかし、国のために戦った血気が冷めやらず、やがて魯王が琅江に来たと聞いて、すぐに琅江に駆けつけて魯王に会った。魯王は大喜びして彼を兵部尚書に任命した。銭粛楽は自分の小舟を魯王の大きな船のそばに結び、毎日小舟の中で招待客に接見し、上奏文を閲覧して魯王に提出した。公事処理が終わると、銭粛楽は船を結ぶロープを解き、別の場所に行き、船室で静かに本を読んでいた。

銭粛楽は軍事紀律を表明したり、軍事的功績を奨励したりして、軍事力を活性化した。魯王は軍隊を分割して福州の沿岸地域を攻撃した。興化（現在の福建プー田）、福清、連江、長楽、羅源など三十余城を次々と攻め、続いて三府一州二十七県を取り戻し、勢力を大いに振るった。

日本平户市“郑成功儿诞石”，福清黄檗文化促进会供稿
鄭成功児誕石　平戸市　(福清黄檗文化促進会提供)

抗清の情勢が改善すると、魯王朝内部は紛争のため、情勢は急転悪化した。隆武帝の時、鄭彩は鄭芝龍に排斥され、自分の軍隊を連れて魯王に亡命した。魯王の朝廷大臣の多くは浙江籍の知識人で、鄭彩のような強盗出身の福建籍の海上商人を見下していた。福建省と浙江省との間の紛争は鄭彩が投降した瞬間から始まったが、鄭彩の海商勢力は魯王の支配を維持するのに必要で、魯王も鄭彩を怒らせる勇気がなかった。大軍を手にした鄭彩はますます傲慢で威圧的になり、東閣大学士の熊汝霖と気性が合わず、詭計をめぐらして熊汝霖とその幼子を海に投げ込み、三日後、また鄭遵謙を殺した。このようにして、魯王の腹心の大臣は内輪もめの中で死んでしまい、軍の士気が衰え、新たに取り戻した城は清軍に次々と占領された。

連江が陥落したという知らせを聞いたとき、銭粛楽は非常なショックでもう生きる気力がなくなった。毎日断食を始め、まもなく琅江舟の中で亡くなった。当時は42歳で、一揆を起こしてから3年後の夏であった。夫人の董氏は2ヶ月前に亡くなり、義理の姉と甥も福建省で亡くなった。魯王は悲しみに沈んでおり、3日間朝廷に出なかった。銭粛楽一家4人の棺は、6年後の1654年2月、葉向高のひ孫である葉進晟の手配で黄檗山に移されるまで、琅江のほとりに置かれていた。

鄭成功の清廷との交渉は1653年4月から始まり、1654年5月に決裂した。銭粛楽一家の棺の移葬は、鄭成功の清廷との交渉の短い平和期間中に行われたが、その過程は順調ではなかった。1654年2月、鄭成功の軍隊が黄檗山の周辺に到着し、黄檗寺に食糧を要求した。当時、黄檗寺の寺田は400ムー以上あり、食糧追徴の主な対象であった。銭粛楽一家の棺は鄭成功の軍隊によって福清宏路に抑留され、隠元が立ち回ってようやく通過することができた。この時、半月の歳月を経て、銭粛楽の棺はやっと黄檗山に運ばれた。隠元は黄檗山で銭粛楽の埋葬式を主催し、『祭希声銭相国文』という祭文を読み上げた。祭文の中で銭粛楽を「明故相国」と呼び、政権を認めず明王朝の高潔な大臣だと主張した。それに、銭粛楽の抗清活動を大いに賞賛し、黄檗山が銭粛楽に埋葬地を提供できたことを喜んでいた。しかし、銭粛楽一家の棺は8ヶ月以上も埋葬されておらず、同年5月に隠元禅師が厦門に南下したときも、まだ埋葬されていなかった。隠元は南明の政権はいずれ慈悲と正義

集团。

明隆庆四年（1570），明穆宗废除海禁，允许海上贸易，史称“隆庆开关”。郑彩出生时，海禁已经解除，像故乡的祖辈一样，他也是海上起家。年轻的郑彩和父亲郑明长期从事对日贸易，是福建小有名气的海商，但还不够强大。当时，以郑芝龙为首的郑氏集团是东南沿海赫赫有名的武装海商集团，郑彩对郑芝龙这位家门甚是仰慕，决心投奔郑芝龙。郑芝龙是一位经历丰富且具有传奇色彩的海商，1621年，18岁的郑芝龙到澳门跟随舅舅黄程学习经商，学得一口流利的葡萄牙语，并曾在荷兰东印度公司任职。1623年，他贩货到日本，在平户娶日本妻子，次年生下一子，即郑成功。同年，他结识了泉州籍海商巨贾李旦，李旦收他为义子，让他帮忙经营东南亚的商业贸易。后来，郑芝龙又加入以漳州海澄籍颜思齐为首的海商集团，因反抗日本当局的压榨，他和颜思齐等人逃往台湾的北港，在此招募泉州、漳州两地无业游民三千余人（何绵山，2018），逐步形成具有一定规模的商队。天启五年（1625），颜思齐去世，郑芝龙被推为首领。同年，李旦在日本平户去世，其所属商业贸易归属郑芝龙控制。郑芝龙结交海盗首领，号称“十八芝”，劫掠福建和广东各地，声振东南。

郑彩大概是1625年投奔郑芝龙，并逐步成为郑氏集团的骨干成员。崇祯元年（1628），郑芝龙接受明朝廷的招安，由海盗商人摇身变为官商，一方面，他与官军合力剿灭其他海盗商人团伙，成为东南海域一家独大的海上霸主，海商没有他的“同安侯郑府令牌”不得出海。另一方面，他也听从明朝廷安排，奉旨剿灭边民起义。正是在郑氏集团发展的过程中，郑彩的势力不断增强，郑芝龙与郑彩的关系也相当密切，两人情同父子。郑芝龙把郑彩和郑联两兄弟安排在厦门、金门驻守，郑彩自此在厦门苦心经营十多年，这为他以后的作为打下了基础。

1645年，清兵南下，郑彩与郑鸿逵起兵入南京勤王，行至半路就听说南京城破，南明弘光帝被抓。郑彩与郑鸿逵在杭州遇到了唐王朱聿键，两人迎唐王到福建，拥立唐王为隆武帝，郑彩被封为永胜伯。郑芝龙对唐王入闽完全不知情，因而对二人心生不满。尽管郑鸿逵是郑芝龙的弟弟，但两人性情完全不同，郑芝龙是海盗起家，典型的海盗性格，唯利是图，郑鸿逵是科举取士，带有文人气质，他与郑彩关系反而更密切一些，两人常常赋诗唱和。郑芝龙想

を失い、長く続かないだろうと嘆いた。隠元は日本に渡った後も銭粛楽の移葬のことを忘れずにいた。一日も早くそのことが運ばれるように、日本から帰国した商船を通して銭粛楽を埋葬するための資金を送った。銭粛楽と黄檗の縁は、このことからも伺える。

海賊と商人との身分を合わせ持つ鄭彩

南明永暦八年、清順治十一年（1654）、63歳の隠元禅師は30人余りの弟子を率いて福清万福寺を離れてアモイに南下し、アモイから日本の長崎に渡海しようとした。当時のアモイは鄭成功の管轄に属していた。鄭成功は永暦四年（1650）にアモイに駐屯していた鄭聯（鄭彩の弟）を奇襲攻撃してアモイを占領し、続いて金門に駐屯していた鄭洪逵（鄭成功の叔父）も手にしていた兵船をすべて鄭成功に引き渡させた。それ以来、アモイと金門は鄭成功の抗清復台の重要な軍事拠点となった。鄭成功は、「通洋裕国（海を開いて国を繁栄させる）」と「大開海道、興販各港（海を開いて様々な港で貿易する）」を主張し、海上貿易を積極的に発展させた。アモイの当時の海外路線は東、東南、南、西南の4本があり、多くの人がアモイを出発して世界各地を渡り歩いていた。

鄭成功と日本との緊密な関係により、アモイは明後期から清初期にかけて多くの中国僧侶の東渡の出発点となり、隠元禅師もその一人である。したがって、隠元の来日は鄭成功集団の保護なしには成し得なかった。隠元はアモイに到着した後、仙岩に18日間滞在した。仙岩での滞在中、隠元を崇拝する人々が絶え間なく来、そのほとんどが鄭族の上流階級の者たちであり、その中には護国公の鄭彩も含まれていた。鄭彩は何度も陰元を訪れ、二人は詩を交換し、深い友情を持っていた。

鄭彩（約1605–1659）は福建南浦（現在の福建アモイ集美区）で生まれた。この場所は九龍江の河口にある。俗に「山に頼って山を食べ、海に頼って海を食べる」と言われ、長い間、地元の人々には航海と商売の伝統があり、下海通番は家を興して豊かになるための近道と見なされてきた。

16世紀の初め、地理的な発見と新しい航路の開拓により、西側の勢力が次々と東にやってきた。ポルトガル人やスペイン人が最初に中国海域に来

独揽大权，他派郑彩和郑鸿逵两人出兵浙江，但故意不提供足够的兵马和粮饷，其结果可想而知，郑彩和郑鸿逵节节败退，惨败而归。郑彩被夺去爵位和官职，再也无法在隆武朝待下去了，他带领本部兵士到浙江舟山投奔了监国鲁王朱以海。鲁王是1645年在浙江绍兴担任监国，后清兵南下，鲁王退到海上，直至舟山。唐王称帝时间稍早于鲁王，且得到除浙东之外各地南明势力的认可，而鲁王的势力只限于浙东一隅，因被清兵追击，一再败退，被人戏称“海上天子，舟中相国”。

郑彩投奔鲁王实是无奈之举，鲁王朝与隆武朝两方力量势同水火，史称“唐鲁之争”，鲁王周围多是浙江籍的大臣，他们都是科举出身的文人，多以气节自诩，本来就对郑彩这位闽籍的海商暴发户鄙夷不屑，更何况郑彩是从隆武朝叛离出来的。但郑彩海商势力的入伙无疑是给鲁王朝增添了不小的军力，那些自视甚高的文臣还得依靠郑彩维持鲁王小朝廷的统治。由此，鲁王朝内部从一开始就埋伏了闽浙两派、文武两方对立的危机。

南明流亡小朝廷与海商之间其实是一种交易关系，海商们等待封侯赐爵，小朝廷需要海商们的支持。“亦盗亦商”的海商一旦搅入官场，就会促使官场政局进一步恶化。1646年，隆武帝在汀州遇难，郑彩把鲁王迎往福建，郑彩被封为建威侯，后进为建国公，官爵显赫。但郑成功等不接受鲁监国。1648年，郑彩溺杀大臣熊汝林和郑遵谦，导致钱肃乐忧愤而死。郑彩的所作所为激起众怒。郑芝龙与郑彩的所作所为反映的是海商们的唯利是图、狡诈凶残的本性。

相比之下，郑成功积极发展海上贸易，养兵富国，不仅继承了父亲郑芝龙的商品流通网络和市场，还加强对港口的控制，将夺取厦门视为头等大事。永历四年（1650）中秋，郑成功偷袭郑联，占领厦门。郑彩向鲁监国求助，却被鲁王的部将趁机进攻。郑彩退居厦门养老，皈依佛门。金门为郑成功的叔叔郑洪奎驻守，他将船只悉数交付郑成功。郑成功获得厦门和金门后，积极在闽南征粮，开府设官，为“通洋裕国”做准备，为抗清乃至复台大业提供经济基础。（卢承圣，2016）

隐元到达厦门后，郑彩多次拜访，此时的郑彩手无兵权，在厦门颐养天年，早已失去往日的野心，两人互赠诗句。1655年，隐元已到达日本长崎之后，时年五十一岁的郑彩还写了一首七律诗相赠，表达自己一心向佛的心迹。

て、17世紀の初めに、オランダ人も続いてやって来た。旧態依然とした中国の統治者は依然として「片板不下海（誰も海に行くことは許されない）」という海禁政策を実施していた。中国東南沿海部の民間密輸勢力は自発的に世界の海上貿易市場に溶け込んだが、彼らの発展は二つの圧力に直面していた。政府の将校や兵士の包囲を防ぐ必要がある一方で、極東市場をめぐって西側の勢力と競争しなければならなかった。これらの密輸勢力は、自身の実力を拡大するために徐々に集団化に向かい、李旦集団、顔思斉集団、鄭芝龍集団などの規模の大きい海上貿易集団を形成した。

明隆慶四年（1570）、明穆宗は海禁を廃止して海上貿易を許可し、歴史的には「隆慶開関（港を開放する）」と呼ばれた。鄭彩が生まれた時、海禁はすでに解除されており、故郷の祖先のように海によって家を興した。若い鄭彩と父の鄭明は長期にわたって対日貿易に従事し、福建省の有名な海商だったが、まだ強大ではなかった。当時、鄭芝龍をはじめとする鄭氏集団は東南沿海で有名な武装海商集団だったが、鄭彩は鄭芝龍の一族を非常に慕っていたので、身を寄せることを決意した。鄭芝龍は経験が豊富で伝説的な海商であった。1621年、18歳の鄭芝龍はマカオに行って叔父の黄程に従って商売を学び、流暢なポルトガル語を学び、オランダの東インド会社に勤めていた。1623年、彼は日本に商品を売りに行き、平戸で日本人を妻に迎え、翌年に鄭成功という子供が生まれた。同年、泉州出身の海商の巨匠李旦と知り合い、李旦は彼を養子に迎え、東南アジアの商業貿易を経営させた。その後、鄭芝龍はまた漳州海澄出身の顔思斉をはじめとする海商集団に加入し、日本当局の搾取に抵抗したため、彼と顔思斉らは台湾の北港に逃亡し、ここで泉州、漳州両地の無職游民を三千人余り募集し、（何綿山、2018）徐々に一定規模の一団を形成した。天啓五年（1625）、顔思斉が死去し、鄭芝龍が首領に推された。同年、李旦が日本の平戸で死去し、その所属する商業貿易は鄭芝龍の支配下にあった。鄭芝龍は海賊の首領と関係を深め、「十八芝」と称し、福建省と広東各地を略奪し、東南地域ではその名が知られていた。

鄭彩は1625年に鄭芝龍に投じ、鄭氏集団の中心メンバーになった。崇禎元年（1628）、鄭芝龍は明の朝廷からの帰順を受け、海賊商人から官商に変わった。一方で、彼は官軍と力を合わせて他の海賊商人グループを壊滅し

只是直到1659年郑彩亡故，再未与隐元相见。

实学家陈元赟

柔道诞生于日本，是一种两人徒手较量的竞技运动，深受日本人民喜爱，日本素有“柔道之国”的称号。日本的柔道与一位中国人有直接关系，他就是明末清初中日文化交流史上不可忽视的人物——陈元赟。

陈元赟（1587—1671），原名珦，字义都，号芝山，又称陈五官，自称“大明武林”或“大明虎林”，杭州余杭县陈家桥（今杭州市余杭区）人。十八岁时便参加县学考试，结果名落孙山，自此不再参加科举考试，断绝仕途。于是，他离开家乡，四处游学，开始飘蓬人生。明万历四十一年（1613），二十七岁的陈元赟到河南登封县少林寺习武，虽然只有短短的一年的时间，但他在寺内管理陶器和药材，研学了武术，进修了制陶技术与医道。一年后，他离开少林寺，继续四处游学。陈云赟虚心好学，虽长期漂泊四方，但仍然勤奋读书，并熟练掌握了多种实用技能，这些技能成为他长期游学的谋生之术，也成为他交友的资本。万历四十七年（1619）秋，他随同客商到日本长崎，不久患了痢疾，身上所带盘缠用尽，不能回国，遂滞留日本。

关于陈元赟远赴扶桑的原因，大概有以下几点，一是躲避乱世，栖身它邦。明朝末年，各地农民起义风起云涌，社会动乱，民不聊生，居无定所的陈元赟应该更能感受到生活的艰辛，远赴日本倒是脱身之法。二是委身商旅，经商谋生。明朝末年，虽然朝廷曾长期禁止海外贸易，但“隆庆开关”（1570）后，海禁解除，前往日本的商船络绎不绝，而且海外贸易能获得巨额利润。出海经商不失为东南沿海居民的生存之道。三是云游海外，增长见闻。这一点也符合陈元赟喜欢四处游学的性格。

陈元赟三十三岁到达日本，八十五岁卒于名古屋，在日本居住五十二年，这期间的生活并非一帆风顺。

天启元年（1621），由于沿海日本浪人与海盗勾结，常常抢掠中国商船，朝廷派浙直总兵单凤翔到日本，与幕府协商约束浪人行为等事宜。当单凤翔来到长崎时，翻译员沈茂人推荐陈元赟做单凤翔的临时翻译，并随同前往京都参与谈判。

日本浪人，指那些失去了主家和俸禄的武士。幕府统治时期，武士阶层

て、東南海域の唯一の海上覇者になった。海商は彼の「同安侯鄭府令牌」を持っていなければ、海に出てはいけなかった。一方、明朝廷の段取り従い、清の勢力を討伐した。鄭氏集団の発展と同時に、鄭彩氏の勢力も強まっていった。鄭芝龍と鄭彩の関係も親子のように親密だった。鄭芝龍は鄭彩と鄭聯兄弟をアモイ、金門に駐屯させた。鄭彩はアモイで10年以上経営に苦心していった。これは彼のその後の活動の基礎を築いた。

1645年、清兵が南下した時、鄭彩と鄭鴻逵の二人は兵を率いて南京に行き弘光帝を助けようとしたが、途中で南京が清兵に攻め落とされ、弘光帝が捕らえられたと聞いた。鄭彩と鄭鴻逵は杭州で唐王の朱聿鍵に出会った。二人は唐王を福建省に迎え、隆武帝に擁立し、鄭彩は永勝伯として取り立てられた。鄭芝龍は唐王が福建省に入ったことを全く知らなかったため、鄭彩と鄭鴻逵に不満を持っていた。鄭鴻逵は鄭芝龍の弟だったが、二人の性格は全く違っていた。鄭芝龍は海賊から生まれた典型的な海賊気質で、利益のみを追求していた。鄭鴻逵は科挙取士で、文人気質を持っていた。鄭鴻逵と鄭彩との関係は逆に密接で、二人はよく詩を作ったり吟じたりしていた。鄭芝龍は権力を独占しようと、鄭彩と鄭鴻逵の二人を浙江に出兵させたが、故意に十分な兵馬と食糧を提供しなかった。その結果、鄭彩と鄭鴻逵は次々と敗退し、惨敗して帰ってきた。鄭彩は爵位と官職を奪われ、隆武朝にとどまることができなくなり、本部の兵士を率いて浙江省舟山に赴き、監国である魯王の朱以海に身を投じた。魯王は1645年に浙江省紹興で監国を務めたが、清兵が南下し、魯王は後退せざるを得なくなり舟山に至った。唐王が帝位につくのは魯王よりもやや早く、浙東を除く各地の南明勢力に認められたが、魯王の勢力は浙東の一角のみに限られ、清兵に追撃されて敗退を繰り返し、「海の天子、舟の中の相国」とからかわれた。

鄭彩が魯王に敗北したのは仕方がないことで、魯王朝と隆武朝の両方は水と火のように相容れなく、歴史上では「唐魯の争い」と呼ばれた。魯王の周りの多くは浙江籍の大臣で、彼らはすべて科挙出身の文人で、多くは気節を自慢していた。もともと鄭彩という福建籍の海商成金を軽蔑していた。まして鄭彩は隆武朝に叛いて逃げ出したので、さらに軽視していた。しかし、鄭彩の海商勢力は間違いなく魯王朝に少なからぬ軍事力を増強させた。自尊心

日本名古屋建中寺，福清黄檗文化促进会供稿
建中寺　名古屋市　(福清黄檗文化促進会提供)

の高い文臣たちは鄭彩に頼って魯王の小朝廷の統治を維持しなければならなかった。これにより、魯王朝の内部は福建・浙江両派、文武両派が対立する危機を最初からはらんでいた。

南明の魯王小朝廷と海商との間は実は一種の取引があり、海商は封侯から爵を賜るのを待ち、小朝廷は海商の支援を必要としていた。商人でありながら泥棒も厭わないとする海商が官界に入ると、官界の政局はさらに悪化した。1646年、隆武帝が汀州で遭難すると、鄭彩は魯王を福建に迎えた。鄭彩は建威侯の後に建国公に進出し、官爵はとても輝かしかった。しかし、鄭成功らは魯監国を受け入れなかった。1648年、鄭彩は大臣の熊汝林と鄭遵謙を殺害し、銭粛楽は憤慨して亡くなった。鄭彩の行動は国民の怒りを引き起こした。鄭芝龍と鄭彩の行動は、海事商人によく見られる利益重視の狡猾で残酷な本性を反映している。

対照的に、鄭成功は「通洋裕国」を提唱し、富国強兵のために、海上貿易を積極的に発展させていた。父の鄭芝龍の商品流通ネットワークと市場を受け継ぐほか、港をコントロールするために、アモイを奪取することを最優先事項とした。永暦四年（1650）中秋、鄭成功は鄭彩を襲い、アモイを占領した。鄭彩は魯監国に助けを求めたが、かえって魯王の部隊に攻撃された。鄭彩はアモイに退いて、仏門に帰依した。鄭成功の叔父である鄭洪奎は金門に駐屯していたから、船をすべて鄭成功に引き渡した。鄭成功はアモイと金門を獲得した後、積極的に福建省南部で食糧を徴集したり、開府して官を設けたりして、「通洋裕国」のためだけではなく、抗清ないし台湾の復興のためにも経済的基礎を提供した。（盧承聖、2016年）

隠元がアモイに到着した後、鄭彩は何度も訪問した。この時の鄭彩には兵権がなく、アモイで長い年月休養していた。すでに昔の野望を失い、二人は詩句を贈り合った。1655年、隠元が日本の長崎に到着した後、51歳の鄭彩は、七律詩を書いて贈呈し、仏に一心に向きあう自分の心情を表現した。ただ、1659年に鄭彩が亡くなるまで、隠元とは会っていなかった。

実学者の陳元贇

柔道は日本で生まれた。二人が素手で勝負する競技で、日本の人々に愛さ

名古屋建中寺陈元赟墓，福清黄檗文化促进会供稿
陳元贇の墓　名古屋建中寺　（福清黄檗文化促進会提供）

れ、日本は「柔道の国」として知られている。日本の柔道は、明末から清代初期の中日文化交流の歴史の中で無視できない人物-陳元贇と直接関係がある。

陳元贇（1587–1671）は浙江省杭州余杭県陳家橋（現在の杭州市余杭区閑林鎮）で生まれ、本名は陳五官（5番目のため）とも呼ばれ、字を義都とし、号は芝山である。自ら「大明武林」あるいは「大明虎林」と名乗っていた。18歳で県学の試験を受けて落第し、それよりのち科挙の試験を受けなくなり、官途を絶った。そこで、彼は故郷を離れて、あちこち遊学し、放浪人生を始めた。明万暦四十一年（1613）、27歳の陳元贇は河南省登封県の少林寺で武術を学び、わずか1年であったが、寺内で陶器や薬材を管理し、武術を学び、陶器の技術や医道を学んだ。1年後、少林寺を離れ、遊学を続けた。陳元贇は、長い間四方をさまよったが、勉学に励み、多くの実用的な技能を身につけた。これらの技能は、彼の長い遊学の生計を立てる術となり、交友の資本となった。万暦四十七年（1619）秋、旅商人に随行して長崎に渡ったが、やがて赤痢にかかり、持ち物を使い果たして帰国できず、日本に滞在した。

陳元贇が日本に赴いた理由については、おそらく次のような点があげられる。一つ目は、乱世を避けてその国に身を寄せたこと。明王朝の末、全国各地で百姓一揆が次々と起こり、社会が動乱し、人々は安心して生活することができなかった。居場所が定まっていなかった陳元贇は生活の辛さを他人よりも身をもって感じたはずで、遠く日本に行くのはそこから抜け出す方法であった。二つ目は商売に身を委ね、商売を通じて生計を立てることである。明王朝末期には朝廷が長期にわたって海外貿易を禁止していたが、「隆慶開関（港を開放する）」（1570）以降は海禁が解除され、日本への商船が後を絶たず、海外貿易は巨額の利益を生む可能性がある。海に出て商売をすることは東南沿海住民の生き残りの方法であった。三つ目は海外を行脚し、見聞を広めることである。この点もあちこち遊学するのが好きな陳元贇に合っている。

陳元贇は33歳で日本に到着し、85歳で名古屋で亡くなった。彼は52年間日本に住んでいたが、その間の生活は決して順調ではなかった。

成为国家的实质掌权者，天皇只是精神领袖，武士阶层的最高领袖是幕府将军，各地的大名都有自己的家臣和部将，家臣或部将依附大名生活，一旦遭遇主家获罪或被其他大名吞并的情形，武士就失去了自己的封地和俸禄，变成失业游民，这些武士彪悍有力，往往成为社会一股不稳定的力量，他们有的做保镖、当武师谋生，有的则沦为劫匪强盗。德川幕府时期，浪人为患的问题特别严重，因为德川家族为了削弱大名势力，找各种借口没收大名的土地，比如，不允许养子继承土地，到德川幕府第三代将军德川家光去世的时候，日本已有40多万浪人。（尹霞著，2019）

单凤翔访日之时，日本刚刚经历了一场残酷的内战，国内浪人数量激增，幕府根本无心管束沿海倭寇，单凤翔的请求无法得到回应，只能无功而返。陈元赟因为充任单凤翔临时翻译，在京都逗留了三个月，期间结识了著名汉学者户田花屋，朱子学者林罗山、石川丈山、松永尺五等人，他们诗酒唱和，引为文友。

陈元赟以教授书法和行医针灸在日本艰难谋生，没有固定职业，在长崎、京都、荻津、江户等地漂泊不定。明天启六年（日本宽永三年，1626），陈元赟赴日的第七个年头，他寄居在日本江户的西久保国昌寺中，把中国少林武术传授给了寺内僧侣，当时还有三个游荡的浪人也寄身于此，三位浪人也拜陈元赟为师。三人将陈元赟的少林拳术与日本的柔术融合，各成一派，传遍日本各地。国昌寺成为当时学习柔道的中心，陈元赟也被称为日本柔道的鼻祖。

明崇祯十一年（日宽永十五年，1638），陈元赟的命运开始好转。他的诗友武野安斋是尾张藩主的儒臣，武野安斋将他推荐给日本江户幕府御三家之一的尾张藩主德川义直。陈元赟担任尾张藩主的儒官和医臣，前往名古屋，有了固定的职业和收入，他开始跻身日本中上层社会。当时日本很多知名人物慕名而来，纷纷拜陈元赟为师，向他学习书法和作诗。陈元赟于是安心为尾张藩府服务，娶妻生子，在日本定居下来，为中日文化交流做出了很大的贡献。

1659年，陈元赟在川澄文子家里与日本日莲宗僧人元政（1623—1668）相识，两人年龄虽相差36岁，但一见如故，十分投机，遂成忘年交。久居日本的陈元赟经过勤奋努力的学习，已熟练掌握日语，两人交流毫无障碍，他们

明熹宗天啓元年（1621）、浙直（管轄地域：南直隶、浙江、山東、福建、広東、広西など）地方総兵官の単鳳翔が日本に派遣されて倭患の件について話し合った。当時沿海の日本浪人が海賊と結託して中国商船を略奪することが多く、単鳳翔は日本の江戸幕府（徳川幕府）に日本浪人の行為を拘束してもらおうとした。単鳳翔が長崎に来たとき、通訳の沈茂人は陳元贇を臨時通訳として単鳳翔に勧め、京都への交渉にも同行させた。

日本の浪人とは、主家や俸禄を失った武士を指す。幕府の統治の間、武士階級は国家の実質的な権力者となり、天皇はただ精神的指導者にすぎなかった。武士階級の最高指導者は将軍であった。各地の大名には家臣や武将がいて、家臣や武将は大名に従属して生活し、いったん主家が罪を受けたり、他の大名に併合されたりする状況に遭遇すると、武士は自分の領地と禄を失って、無職の浮浪者になった。これらの武士は頑丈で力強くて、多くの場合、社会の不安定な勢力になってしまう。彼らの中には、生計を立てるために、用心棒になったり、武師になったり、またある者は強盗になったりした。徳川幕府時代、浪人の問題が特に深刻であった。徳川家は大名の勢力を弱めるために、養子に土地を継がせないなど様々な口実を設けて大名の土地を没収した。徳川幕府の三代目将軍である徳川家光が亡くなったとき、日本には40万人以上の浪人がいた。（尹霞、2019）

単鳳翔が訪日した当時、日本は過酷な内戦を経験したばかりで、国内の浪人が急増していた。幕府は沿海の倭寇を取り締まる気がなく、単鳳翔の要請に応じることができなかった。単鳳翔は手柄もなく帰ってくるしかなかった。陳元贇は単鳳翔の臨時通訳に就任した時、京都に三ヶ月滞在していた。その間漢学者の戸田花屋、朱子学者の林羅山、石川丈山、松永尺五などと知り合い、お酒を飲んだり、詩を作ったりして、文友となった。

陳元贇は書道を教えたり、鍼灸を施して日本で生計を立てていたが、定職はなく、長崎、京都、荻津、江戸などを流浪していた。明代天啓六年（日本の寛永三年、1626）、陳元贇が日本に行って七年目、江戸城南の虎岳山の西久保国昌寺内に身を寄せていた。彼は中国の嵩山少林寺で少林武術を骨身を惜しまず学び、五拳百七十手に非常に精通しており、捕獲術や点穴術も習得していた。少林武術を寺内の僧侶に伝授し、当時3人の浪人もここに寄託し

一起阅读中国古籍，切磋诗艺，对袁宏道的性灵说推崇备至。他们长期相互赠文，结下深厚的友谊，这些赠文汇集而成一本文集——《元元唱和集》，里面收录绝句、律诗、词赋、散文等多种文体，这是日本首部中日诗人合著的公安派诗文集。陈元赟借此向日本文坛传播了“公安派文学”，并推动了日本文学的革新。后来，日本学者山本北山等人，就是以公安派文学主张为理论武器，倡导文字通俗化。陈元赟还主持了“御庭烧”，制作了各种“元赟烧”陶器，这也成为名古屋的特产之一，此外，他独创的“陈氏茶道”，在日本社会也风行一时。他与朱舜水（1600—1682）、隐元、张振甫等人时有往来，与隐元亦有交往，两人惺惺相惜，互有赠诗。他还与日本汉学者鹈饲石斋（1615—1664）合作把30多部中国典籍用假名训点，为中国文化向日本传播做出重要贡献。

才学富瞻、能文能武的陈云赟，移居日本长达五十二年，在武术、文学、书法、陶器、茶道和医学等诸多领域传播中国文化，日本学术界把陈元赟与藤原惺窝、林罗山、伊藤仁斋、朱舜水等人，共同尊为日本的“先哲”。（姚诚、沈国权，2011）朱舜水、戴曼公、隐元等人渡日的时间晚于陈云赟，但陈云赟的贡献鲜为人知。直到二十世纪八十年代，我国学者才开始关注陈云赟的研究。

三、隐元高徒与黄檗名僧

清朝顺治十一年（日本永历八年，1654），63岁高龄的隐元禅师，率领30多名弟子东渡日本，海上颠簸了两周余，终于平安到达日本长崎。作为中日贸易枢纽的长崎港，当时聚集了大量华侨，形成了独特的唐人社会。江户幕府为抵制天主教的传教扩张，实施宗教寺请制度，规定普通民众必须作为檀徒（施主）归属某一寺院，作为非天主教徒的证明，这在相当程度上，等于扶持了本土佛教寺院的发展，为隐元在日本的立足，提供了良好的社会条件。

隐元隆琦东渡前后，临济宗的超元（1651年渡日）、曹洞宗的心越兴俦（1677年渡日）等禅僧也陆续东渡，为日本带来了风格迥异的明朝禅，给陷入停滞的日本禅宗注入新鲜的血液，而且对宗教之外的其他文化领域也产生了巨大的影响。在这些东渡僧众中，以隐元隆琦为代表的黄檗僧团可视为江户时代

ていて、その3人の浪人も陳元贇に師事した。三人は陳元贇の少林寺拳法と日本の柔術を融合させ、それぞれ一派となり、日本各地に広めた。国昌寺は当時の柔道学習の中心となっていた。『日本柔道史』との本では陳元贇は日本の柔道の創始者とされている。

1638年（明崇禎十一年、日寛永十五年)、陳元贇の運命が好転し始めた。詩友の尾張藩主の儒臣である武野安斎から尾張藩主徳川義直に推挙され、陳元贇を尾張藩主の儒官・医臣として名古屋に赴き、一定の職業と収入を得て、日本の中上層社会に身を置くようになった。当時、日本の多くの有名な人物がその名を慕ってやってきて、次々と陳元贇に師事し、書道や詩を学んでいた。陳元贇は安心して尾張藩府に奉仕し、妻を娶って子供を産み、日本に定住し、中日文化交流に大いに貢献した。

1659年、陳元贇は川澄文子の家で日本の日蓮宗の僧侶元政（1623-1668）と知り合った。二人の年齢は36歳の差があったが、たちまち旧知のように気が合い、忘年の交わりとなった。日本に長く住んでいた陳元贇は日本語が上手くなり、二人の交流に支障はなかった。二人は一緒に中国の古書を読んだり、詩や芸術を研究したり、袁宏道の性霊説を高く評価したりしていた。彼らは長い間互いに文章を贈り、これらの贈り文を集めて一つの文集——『元元唱和集』がなった。中には絶句、律詩、詞賦、散文など多くの文体が収録されている。これは日本初の中日詩人が共著した公安派詩文集だ。陳元贇はこれを利用して日本の文壇に「公安派文学」を広め、日本文学の革新を推進した。その後、山本北山らのような日本の学者は公安派文学の主張を理論的武器として、日本で文字の通俗化を主張した。また、「御庭焼」を主宰し、名古屋の名物となった様々な「元贇焼」という陶器を製作し、独自の「陳氏茶道」もブームを呼んだ。彼は朱舜水（1600-1682)、張振甫などと頻繁に連絡を取り合った。また、隠元禅師とも友人関係にあり、互いに重んじ合い、詩を贈っていた。また、日本の漢学者の鵜飼石斎と協力して30余りの中国典籍を仮名で訓点するなど、中国文化の日本への普及に大きな貢献をした。

才能と学問に富み，文武に優れている陳元贇は52年間日本に居住し、武術、文学、書道、陶器、茶道、医学など多くの分野で中国文化を広めてき

宇治市隐元禅师登岸地石碑，福清黄檗文化促进会供稿

隠元禅師登岸地記念碑　宇治市　(福清黄檗文化促進会提供)

た。日本の学界では、陳元贇は藤原惺窩、林羅山、伊藤仁斎、朱舜水とともに日本の「先哲」としてともに尊敬されている。（姚誠、沈国権、2011）朱舜水、戴曼公、隠元らの渡日は陳元贇より遅いが、陳元贇の貢献はあまり知られていない。20世紀80年代になって、中国の学者はやっと陳元贇についての研究に注目し始めた。

三、隠元の高弟と黄檗の名僧

清朝順治十一年（日本永暦八年，1654）、63歳の隠元禅師は、30人余りの弟子を率いて日本に渡り、海上で2周間余り揺られ続け、ついに無事に日本の長崎に到着した。日中貿易の重要点としての長崎港には、当時中国華僑が多く集まり、独特の唐人社会をなしていた。江戸幕府はカトリックの布教拡大に抵抗するために、宗教寺院請制度を導入した。非カトリック教徒の証として、一般民衆が檀家として寺院に帰属することを義務付けることは、相当に本土の仏教寺院の発展を支え、隠元の日本における足場を整えるための社会的条件を満たしたことになった。

隠元隆琦が東に渡る前後、臨済宗の超元（1651年渡日）、曹洞宗の心越興致（1677年渡日）などの禅僧も続々と東に渡り、日本に風格の異なる明王朝の禅をもたらし、停滞した日本の禅仏教に新鮮な血を注いだだけでなく、宗教以外の文化分野にも大きな影響を与えた。これらの東渡僧の中で、隠元隆琦を代表とする黄檗僧団は江戸時代の日中仏教交流の代表と見なすことができ、隠元によって創始された日本の黄檗宗は、今でも法脈が伝わり、延々と続いている。

黄檗僧団は特殊な集団で、仏法を広めた僧であると同時に、明後期の文化を広め、新しい文化を創造した文化の使者でもあった。明と清の時代、福建省は南に位置するため、明代後期の多くの学者が集まる場所になった。彼らは旧朝を懐かしみ、南明朝廷に頼って反清復明の活働を行ったが、南明政権は一撃に堪えず、抗争に失敗した士人は清朝に頭を下げることに甘んじず、仏教に身を隠し、出家して僧になる人が多かった。隠元門下の弟子は多くは明清交替の前後に仏門に帰依し、その才能は並外れてすばらしかった。例え

日本万福寺开山堂，福清黄檗文化促进会供稿
開山堂　日本万福寺　（福清黄檗文化促進会提供）

ば、木庵性瑫、三山儒者欧全甫、法名独往性幽、海寧儒者姚興、法名独耀性日などである。彼らは晩明の遺民であり、文人秀士でもあった。これは黄檗僧団の特殊性を決定した。彼らは文化伝達の重要な責任を担い、異国にいながら亡国の傷と復国の熱望を抱いていた。このような深い感情は彼らの仏法発揚と文化伝承の情熱を大いに引き出した。

黄檗二祖木庵禅師

1658年、隠元禅師は江戸に行って徳川家綱に拝謁し、幕府の護持を受け、京都宇治郡に万福寺を創建して黄檗宗を開き、日本の黄檗宗の開祖となった。1664年、隠元は隠居し、法嗣木庵性瑫を万福寺の住職に就かせた。木庵禅師は師の期待に応え、黄檗宗をより輝かせ、日本の黄檗宗の第2代祖師となった。

木庵性瑫（1611–1684）は俗姓呉で、泉州府晋江県（現在の福建省泉州市）に生まれた。4歳で母を、5歳で父を亡くし、幼い頃から祖母と一緒に暮らし、祖母との愛情が深かった。木庵は幼少時に賢く、仏縁があり、10歳の時に観音菩薩の法号を唱え、僧侶に倣って精進料理を食べた。幼い頃から生活の寂しさを感じていたのか、木庵は13歳で泉州開元寺の礼仏に行き、仏門に入るという考えが生まれた。19歳の時、開元寺の印明禅師のもとで剃髪し、法号は「木庵」だった。

木庵が出家した理由は、現実の苦難から逃れるためでも、身を守るためでもなく、仏法を発揚し、動乱の時代を生きた苦難の大衆を救うためだった。このような積極的で精進的な仏心により、彼は絶えず仏教の教養を高め、一代の高僧となった。木庵は枯れた木のような僧侶とは異なり、世を避けて塵を逃れることに反対し、儒教思想による禅の修行を主張し、高齢の祖母の世話を忘れず、あちこちで法を尋ねたものの、祖母が亡くなるまで何度も帰郷して孝行を尽くす一方で、経典の研究に没頭し、修行に励み、仏学の教養を高め続けた。

26歳になってから、木庵は名山を巡り、見聞を広めた。兵乱の危険を冒して江蘇省、浙江省に赴き、密雲円悟、費隠通容などの有名な禅師に拝謁した。明末の乱世では、国の運命に関心を持ち、俗世間から離れることはでき

中日佛教交流的代表，隐元创立的日本黄檗宗，至今法脉流传，延绵不断。

黄檗僧团是个特殊的群体，他们既是传播佛法的僧人，也是传播明末文化并创造了新文化的文化使者。明清鼎革时期，福建因地处南方一隅而成为许多晚明士人的聚集地，他们眷恋旧朝，依附南明朝廷进行反清复明的活动，但南明政权不堪一击，抗争失败后的士人不甘心向清廷俯首称臣，避隐山门、出家为僧成为许多士人的人生选择。隐元门下弟子众多，很多是明亡前后皈依佛门，而且才华颖异，比如木庵性瑫、三山儒者欧全甫、法名独往性幽、海宁儒者姚兴、法名独耀性日等。他们既是晚明遗民，又是文人秀士，这决定了黄檗僧团的特殊性，他们当仁不让地担任起文化传播的重任，虽身处异国，却心怀亡国伤痛与复国热望，如此深沉的感情激发出他们弘扬佛法与传承文化的巨大热情。

黄檗宗二祖木庵禅师

1658年，隐元禅师到江户拜谒德川家纲，得到幕府护持，并在京都宇治郡创建万福寺，创立黄檗宗，成为日本黄檗宗的开山祖师。1664年，隐元退隐，让法嗣木庵性瑫接任万福寺住持。木庵禅师不负师望，把黄檗宗发扬光大，成为日本黄檗宗的第二代祖师。

木庵性瑫（1611—1684），俗姓吴，出生于泉州府晋江县（今福建省泉州市）。四岁丧母，五岁丧父，从小与祖母一起生活，与祖母感情深厚。木庵少时聪慧，颇有佛缘，十岁时就念观音菩萨法号，效仿僧人吃素。也许是自幼就体会到生活的孤苦，木庵十三岁至泉州开元寺礼佛，便萌发出家之念。十九岁时，在开元寺的印明禅师门下剃度为僧，法号“木庵”。

木庵出家的缘由并不是为了逃避现实的苦难，也不是为了独善其身，而是为了弘扬佛法，解救生活在动乱时代的苦难大众。这种积极精进的佛法精神激励他不断提升自己的佛学修养，并使他成为一代高僧。木庵与那些形同槁木的僧人不同，他反对僧人避世脱尘，而主张用儒家思想修禅。一方面，他不忘照顾年迈的祖母，虽四处寻法问道，但他仍然多次返乡尽孝道，直到祖母离世；另一方面，他潜心研究佛经，苦心修行，不断提升自己的佛学修养。

自二十六岁后，木庵就遍访名山，增长见识。他冒着兵乱危险，前往江浙拜谒密云圆悟、费隐通容等著名禅师。身处明末乱世，木庵关心国家命运，并

木庵像，福清黄檗文化促进会供稿

木庵禅師像（福清黄檗文化促進会提供）

不能隔绝尘世，每每想到明朝国势衰微，黎民百姓受苦，木庵就伤感不已，他一度绝食数日，决定与明王朝共存亡。后经友人及时劝说，又想到年迈的老祖母还需要他照顾，方才消了自杀的念头。

木庵三十岁自浙江返乡照顾祖母，后到开元寺闭关修道。1644年，三十三岁的木庵去浙江拜访费隐通容禅师，在广慧寺遇到隐元禅师，当时隐元是广慧寺的首座，在佛学界已经小有名气。木庵聆听隐元说法，内心十分佩服，隐元的博学谦逊给木庵留下深刻印象，隐元对木庵也赞赏不已，木庵当即

福建泉州开元寺，福清黄檗文化促进会供稿
開元寺　福建省泉州市　（福清黄檗文化促進会提供）

なかったが、明王朝の国勢が衰え、庶民が苦しめられていることを思うたびに感傷的になり、数日間断食して明王朝とともに存亡することを決意した。しかし友人に説得され、年老いた祖母の世話もまだ必要だと思いとどまり、自殺をやめた。

木庵禅師は30歳で浙江省から帰郷して祖母の世話をした後、開元寺にこもって修行した。1644年、33歳の木庵は浙江省に費隠通容禅師を訪ね、広慧寺で隠元禅師に会った。隠元は広慧寺の首座で、仏学界ではすでに少し有名だった。木庵は隠元の説法を聞いて、非常に敬服した。隠元の博学謙遜は木庵に深い印象を残し、隠元は木庵に対しても賞賛してやまず、木庵はすぐに隠元を師にして、この師弟の因縁は仏教史上の美談になった。それ以来、中国での伝道や日本での弘法を問わず、木庵は隠元の最も有能な弟子だった。

木庵は1646年に泉州開元寺に戻り、こもって禅の修行を行った。翌年、隠元禅師が福清の万福寺に戻ったと聞き、福清の隠元に参拝した。その後、黄檗山の万福寺の「維那」、いわゆる禅堂の主要責任者に任命された。翌年には「西堂」に昇進して僧侶の教化、仏法の説教を担当し、やがて首座に昇進して隠元の正式な後継者、臨済宗正伝三十三代目となった。1650年、40歳の木庵は福清県斂石山太平寺の住職を担当して、余暇の時間は畑を耕したり、薪をとったり芝を刈ったりして、清貧の生活を送っていたが、気にせず満足して終始一貫して農禅並行の修行を行っていた。3年後、木庵は泉州の開元寺に戻り、隠元禅師のもう一人の弟子である即非如一禅師が太平寺の住職を引き継いだ。

1654年、隠元はアモイに南下して日本に渡ったが、木庵は僧侶を率いて泉州洛陽橋の南に行き、隠元を迎えて泉州開元寺に5日間滞在した後、自ら隠元をアモイに送り、再び日本に向けて出航した。

そして暫くして、木庵は「一杖一笠」を持って永春県の象山に向かい、恵明寺（現在の永春開元寺）の住職となった。恵明寺は小さな観音寺であるが、木庵の苦心により、わずか半年で泉州の重要な禅宗道場となった。そして、木庵も「象山古仏」と呼ばれていた。

隠元禅師は日本へ渡った翌年（1655）、木庵に渡日を促す手紙を送った。手紙の中で、自分は老弱で心身ともに苦労しており、日本で法を説教するの

拜隐元为师，这段师生因缘成为佛教史上的佳话，自此以后，不论是在国内传道还是到日本弘法，木庵都是隐元门下最得力的弟子。

1646年，木庵回到泉州的开元寺，进行闭关禅修。次年，听说隐元禅师已经回到福清万福寺的木庵，到福清拜谒隐元后，被任命为黄檗山万福寺“维那”，也就是禅堂的主要负责人，第二年又升为“西堂”，负责教化僧众、宣讲佛法，不久后又升为首座，成为隐元的正式继承人，即临济宗正传三十三世。1650年，四十岁的木庵到福清县敛石山太平寺担任住持，空余时间种田采樵，生活清苦，但他不以为意，自得其乐，始终秉持农禅并行的修行方式。三年后，木庵重新返回泉州开元寺，由隐元另一位弟子即非如一禅师，接任太平寺住持。

1654年，隐元南下厦门东渡赴日，木庵带领僧众在泉州洛阳桥南迎接隐元。在泉州开元寺驻留五天后，又亲自送隐元到厦门开启第二次赴日之行。

不久后，木庵持“一杖一笠”前往永春县象山，担任惠明寺（今永春开元寺）住持。惠明寺是一座小小观音庙，在木庵的苦心经营下，仅用半年时间，就成为泉州重要的禅宗道场，木庵也被称为“象山古佛”。

隐元东渡第二年（1655），来信催促木庵东渡。隐元在信中称自己年老体弱，心力交瘁，需要木庵辅助他在日本弘法。在隐元的众多弟子中，他选中木庵，可见他对木庵的倚重之情。木庵接到来信的三个月后，启程东渡日本。木庵东渡一方面是因为师父隐元的诚恳传召，另一方面是当时社会形势下的必然选择，明清鼎革之际，社会动荡，身处佛寺的僧人也难以自保，东渡日本，寻一处太平之地保存宗门法脉，等到国内局势稳定，还可重整旗鼓。这是当时众多僧人东渡的根本动机，木庵也不例外。

木庵来到日本长崎，住在福济寺，因为当时的日本幕府对中国僧众进行严格管制，他们没有出入的自由，所以木庵暂时还不能与隐元会合。此时的隐元已离开长崎，在摄津普门寺担任住持。当时，日本佛教颓败，教派之间纷争不断，旧的禅宗流派对外来的黄檗僧众十分排挤，加上语言不通，隐元等人的弘法遇到不小的阻力，刚到日本的木庵颇有些灰心失望，他写信给隐元，劝隐元禅师早日回国，刚到普门寺的隐元怀抱着在日本开宗立派的宏愿，正着手振兴衰败的普门寺，所以对木庵的建议不以为意，隐元的坚持给了木庵信心，他在福济寺住持六年，弘扬临济宗法，使福济寺成为黄檗宗坚

を助けるには木庵が必要であると述べていた。隠元の多くの弟子の中から木庵を選び、隠元の木庵への信頼感が浮き彫りになった。木庵は手紙を受け取って三ヶ月後、すぐに日本に渡った。木庵が日本に渡った理由は、一つには師匠隠元の誠実な召集によるものであり、もう一つには当時の社会情勢では避けられない選択であった。明清の革命の際には、社会的混乱により、寺院の僧侶が身を守ることが困難になった。だから、日本に渡って宗派の法を守るための平和な場所を探し、国内情勢が安定するのを待って再び立ち直る。これが当時多くの僧侶が渡航した根本的な動機であり、木庵も例外ではなかった。

木庵は長崎に来て福済寺に住んでいたが、当時の幕府は中国の僧侶を厳しく管理していたため、出入りの自由がなく、当分の間は隠元と合流することができなかった。その時、隠元は長崎を離れて摂津普門寺の住職を務めていた。当時、日本の仏教は退廃していて、宗派間の争いが絶えなかった。古い禅宗の流派は、外来の黄檗の僧侶を孤立させていた。言語の壁に加え、隠元などの弘法は多くの抵抗に直面していた。日本に来たばかりの木庵は少しがっかりし、隠元禅師に一日も早く帰国するよう勧めるために手紙を書いた。普門寺に到着したばかりの隠元は、日本での開宗の大願を抱き、衰退した普門寺の振興に着手していたため、木庵の建議は気にしなかった。隠元の粘り強さは木庵に確信を与えた。彼は6年間福済寺に住職を務め臨済の宗法を発揚し、福済寺を黄檗宗の堅固たる弘法の拠点にした。

万治三年（1660）、木庵は隠元の招請を受けて長崎を離れ、摂津普門寺に来て龍渓性潜（1602–1670）らとともに隠元を補佐した。寛文元年（1661）、日本の万福寺がほぼ完成し、隠元は太和山を黄檗山と改称し、寺名を「万福寺」と定めた。隠元の来日から黄檗寺の創建まで、黄檗派は日本でようやく固定した弘法道場を持ち、臨済宗は大いに盛んになった。さらに重要なのは、隠元は先祖代々のスタイルを継承するよう努めていた。日本の万福寺の建筑、寺院の規則、禅の慣習はすべて中国本土の黄檗山万福寺の旧制に基づいて、隠元から始まり、連続14代の住職はすべて中国の僧侶である。それで、京都の黄檗山は創立以来の明王朝の特色をよく維持しており、隠元も日本の黄檗宗の開祖となった。

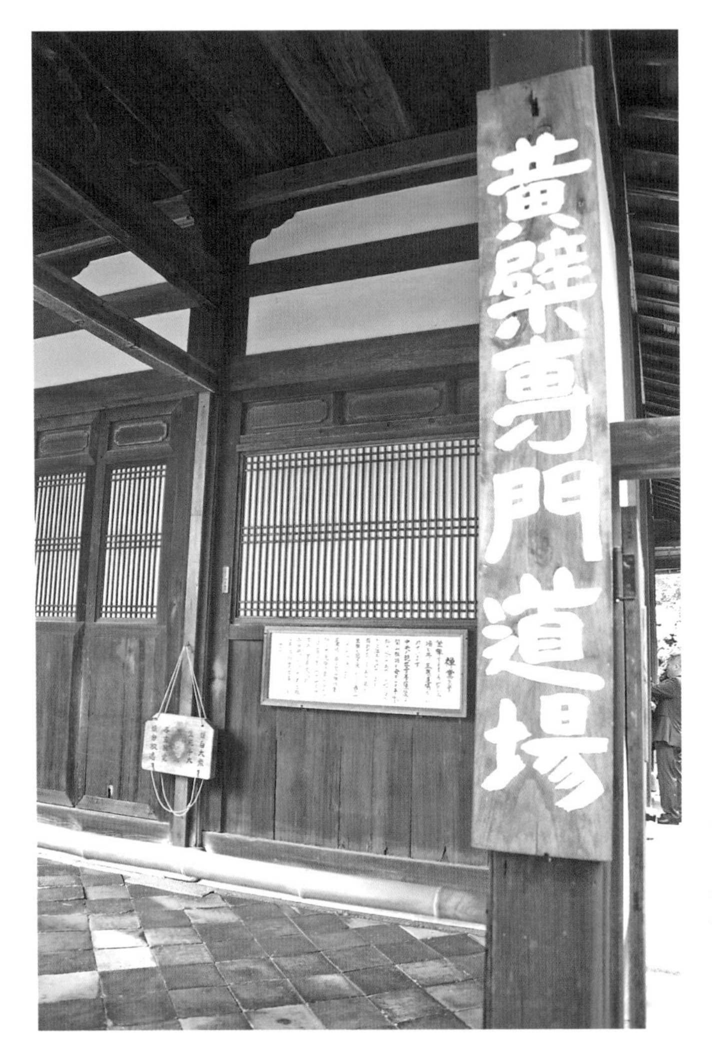

日本万福寺黄檗专门道场，福清黄檗文化促进会供稿

黃檗專門道場　日本万福寺（福清黃檗文化促進会提供）

实的弘法基地。

日本万治三年（1660），木庵接受隐元招请，离开长崎，来到摄津普门寺，与龙溪性潜（1602—1670）等人共同辅助隐元。宽文元年（1661），日本万福寺基本落成，隐元将太和山改称为黄檗山，定寺名为“万福寺”。自隐元东渡到黄檗寺创建，黄檗派在日本终于有了固定的弘法道场，自此，临济宗风大振，更为重要的是，隐元竭力弘扬祖风，日本万福寺的建筑、寺规、禅风行持都依照中国本土黄檗山万福寺旧制，从隐元开始，连续十四代的住持，都由中国僧人担任，使得京都黄檗山很好地保持了开创以来的明朝特色，隐元也成为

日本万福寺瓦当，福清黄檗文化促进会供稿
瓦当　日本万福寺　（福清黄檗文化促進会提供）

隠元が創建した万福寺は規模が大きくなかった。寛文四年（1664）、72歳で隠元が寺内の松隠堂に引退し、木庵は万福寺の住職を引き継いだ。木庵が万福寺の住職に就任した翌年、三戒壇場を開き、登山受戒者が五千人以上に達する大盛況だった。同年、木庵は江戸に行って徳川家綱に拝謁し、白銀二万両を贈られた。その後、徳川家綱が敬意を表すために紫色のローブを賜った。木庵は仏殿施設を拡張して万福寺全体規模の建設を完了させた。万福寺の外観が一新され、9年（1661–1670）の歳月を経て、万福寺の本館が完成した。木庵は10カ所以上の黄檗道場を次々と開き、黄檗の教えを日本各地に広め、日本の黄檗宗の第2代祖師に恥じない働きである。

木庵禅師は17年にわたって万福寺の住職を務めた。50人余りの伝法弟子の多くは日本人であり、その中の傑出した代表は鉄牛、慧極、潮音などであり、木庵門下の「三傑」と呼ばれている。木庵は生涯教化し、多くの僧侶を集めて黄檗宗の「万松派」を形成し、隠元の弟子の中で最も繁栄した一派となった。

日本黄檗宗的开祖。

隐元创建的万福寺，规模并不大，宽文四年（1664），72岁高龄的隐元退居寺内的松隐堂，木庵接任万福寺住持。木庵担任万福寺住持的第二年，开三戒坛场，登山受戒者达五千多人，可谓盛况空前。同年，木庵到江户拜谒德川家纲，获赠白银二万两，后又得赐紫衣以示尊隆。木庵扩建佛殿设施，完成了万福寺整体规模的建设，万福寺焕然一新，历经九年（1661—1670），万福寺的主要建筑修葺完成。木庵相继开辟了十多处黄檗道场，将黄檗教法传播至日本各处，是当之无愧的日本黄檗宗第二代祖师。

木庵住持万福寺长达十七年，五十多位传法弟子中，多数为日本人，其中杰出代表铁牛、慧极、潮音，被称为木庵门下“三杰”。木庵一生教化，僧众众多，从而形成了黄檗宗“万松派”，成为隐元弟子中门派繁衍最为繁盛的一支。

日本贞享元年（1684）正月，木庵在万福寺圆寂，享年七十四岁。1881年，明治天皇（1852—1912）追赠木庵禅师“慧明国师”称号。

爱国禅师即非如一

木庵性瑫到日本不久后，他的法弟即非如一东渡日本，来到长崎港，两人分别在福济寺、崇福寺弘法，引起不小的轰动，被称为长崎的“二甘露门”（甘露门，佛教用语，甘露为涅槃之譬喻，故趋赴涅槃之门户譬之为甘露门）。

即非如一（1616—1671），俗姓林，福建省福清市人，南宋理学家林希逸的裔孙，隐元的嗣法弟子。十八岁时他在福清县龙山寺落发为僧。后拜隐元为师，曾住持福州雪峰寺。清顺治十四年（1657），即非也应隐元之命东渡日本，在长崎担任崇福寺的住持，他长崎的生活与国内几乎没有什么变化，崇福寺的檀越外护多是福建籍移民，长崎的樱花在他眼中如同桃花般美丽，长崎的风景民俗与中国十分相似，他完全没有身处异国的陌生感，这让即非十分高兴。

日本宽文三年（1663），即非离开长崎前往京都宇治黄檗寺看望隐元。京都是日本的政治文化中心，即非如一看到京都寺庙规模宏大，百姓生活安乐，这番情景与中国国内动荡的局势形成鲜明的对比，在他协助隐元管理万福寺的这段时间，他的心境应该是祥和的。

虽然即非如一在日本常有身处故国家园的感觉，但他始终没有完全放弃

日本万福寺木庵纪念碑，福清黄檗文化促进会供稿
木庵禅師記念碑　日本万福寺（福清黄檗文化促進会提供）

日本の貞享元年（1684）正月、木庵は万福寺で死去した。享年74歳。1881年、明治天皇から「慧明国師」の称号を追贈された。

愛国禅師の即非如一

木庵性瑫が日本に来て間もなく、彼の法弟である即非如一は日本に渡って長崎港に来た。二人はそれぞれ福済寺、崇福寺で法を広めて、かなりの騒ぎを引き起こした。長崎の「二甘露門」と呼ばれていた（甘露門、仏教用語、

即非像，福清黄檗文化促进会供稿

即非禅師像 （福清黄檗文化促進会提供）

回国的念头，这与他的爱国情愫有关，当年崇祯皇帝自尽时，即非如一十分震惊，他专门写了《哭崇祯帝》等诗文表达了对明王朝覆灭的痛楚。当初他选择东渡日本，主要也是因为国内形势动荡，不如跟随隐元，东渡弘法，还可有所作为。

如今，看到隐元禅师已在日本立稳根基，万福寺初具规模，他决定回国，重新住持福州雪峰寺。回国途中，他路经日本福冈县，被小仓（今北九州市小仓北区）藩主热情挽留，即非如一打消回国念头，于1665年开创了广寿山福聚寺。即非如一是开山住持，他在此寺传法四年，和他的法嗣开创广寿派，广寿派也成为黄檗宗第二大派系。日本宽文八年（1668），即非禅师请法云明洞禅师住持福聚寺，自己则退隐于长崎崇福寺。

即非如一作为林希逸的后裔，精通儒释之道，师从本县的理学家陈藻，师生二人并称为“福清两夫子”。林希逸对《老子》《庄子》的阐释影响后世，也是日本学界认识老庄的

甘露は涅槃の比喩で、涅槃に向かう門戸にたとえて甘露門)。

即非如一（1616–1671）は、俗姓は林、福建省福清市の人で、南宋の朱子学者林希逸の孫で、隠元の嗣法の弟子だ。18歳で福清県の龍山寺で髪を下ろして僧となった。その後、隠元に師事し、福州の雪峰寺に住職した。清順治十四年（1657）隠元の命を受けて日本に渡り、長崎で崇福寺の住職を務めていた。彼の長崎での生活は中国とほとんど変わりがなくて、崇福寺の檀越や外護の多くは福建籍の移民であった。長崎の桜は彼の目の中で桃の花のように美しくて、長崎の風景や民俗は中国と非常に似ており、彼は全く異国にいる違和感がなくて、とても嬉しかった。

日本の寛文三年（1663)、即非禅師は長崎を離れて京都宇治の黄檗寺に隠元を訪問した。京都は日本の政治文化の中心であり、京都の寺院の規模が大きく、庶民の生活が安定していた。この情景は、中国の国内の混乱とは対照的であった。即非は隠元の万福寺管理に傍らから協力し、この時期の彼の心境は穏やかであったはずだ。

即非は日本でいつも故国にいるような感じがしていたが、国に戻るという考えを完全諦めたことはなかった。これは彼の愛国感情と関系がある。崇禎皇帝が自殺した時、彼は非常にショックを受け特別なエッセイを書いた。『哭崇禎帝』などの詩文は明王朝の壊滅に対する痛みを表現している。当初彼が日本に渡ることを選んだのも、主に国内情勢が不安定なためで、それなら隠元禅師に付き従い、日本に渡ったほうがまだ何かできると考えたからだった。

現在、隠元禅師が日本に確固たる基盤を築き、万福寺の規模が大きくなったのを見て、即非は帰国して福州の雪峰寺の管理を再び担うことにした。帰国の途中、福岡県を経由し、小倉（現在の北九州市小倉北区）藩主に温かく引き止められた。彼は帰国の念を捨て、1665年に広寿山に福聚寺を開創し、開山住職になった。またはこの寺で4年間法を伝授し、彼の法嗣と一緒に広寿派を開創した。広寿派は黄檗宗で第2位の派閥である。寛文八年（1668)、彼は法云明洞禅師に福聚寺の住職を務めてもらい、自分は長崎の崇福寺に隠棲した。

即非は林希逸の末裔として儒教・釈の道に精通し、本県の理学家陳藻に師

日本万福寺即非莲，福清黄檗文化促进会供稿

即非蓮　日本万福寺（福清黄檗文化促進会提供）

重要典籍，即非如一东渡之后，据家传旧本与日本同行本比对，以《即非老子经》刊行于世，在江户日本广受欢迎。即非如一擅长草书，与隐元隆琦、木庵性瑫并称“隐木非”，号“黄檗三笔”。

宽文十一年（1671），即非如一圆寂，享年五十六岁。

黄檗日僧龙溪性潜

隐元禅师东渡日本后培养的弟子有十几位，其中日本弟子僧人中，最为有名的是龙溪性潜、独昭性圆、独本性源三位高僧，分别是日本黄檗宗十一流派中的三个支派——万松派、直指派、海福派的创者，为临济宗黄檗派在日本

事し、師弟二人を合わせて「福清両夫子」と呼ばれている。林希逸の『老子』『荘子』の解釈は後世に影響を与え、日本の学界で老子と荘子を知るための重要な典籍でもある。即非は日本へ渡った後、家伝の旧本と日本で出回っていた本を比較して『即非老子経』を世に刊行し、江戸で大人気を博した。彼は草書が得意で、隠元隆琦、木庵性瑫とともに「隠木非」と「黄檗三筆」と呼ばれている。

寛文十一年（1671)、即非如一は56歳で円寂した。

黄檗日本人僧侶の龍渓性潜

隠元禅師が日本に渡った後、十数人の弟子を育てた。その中で日本の弟子僧の中で最も有名なのは龍渓性潜、独昭性円、独本性源の3人の高僧である。それぞれ日本黄檗宗十一流派の中の3つの支派—万松派、直指派、海福派の創始者であり、臨済宗黄檗派の日本での現地化（ローカリゼーション）に大きな貢献をした。特筆すべきは、隠元禅師が日本で黄檗宗を創立する過程でずっと龍渓性潜の協力を得てきたことだ。龍渓性潜がなければ隠元禅師の日本での弘法大業もなければ、日本の黄檗宗の誕生もなかったと言える。龍渓性潜と隠元の交際は、中日仏学界の美談だと言える。

龍渓性潜（1602-1670）は京都出身で、俗姓は奥村、本名は宗潜、字は龍渓だったが、隠元に改宗して性潜と改名した。16歳で出家し、その後は日本南部の諸寺の高僧を訪ねて禅法の研究に没頭した。隠元禅師が渡日する前から日本ではすでに有名であり、京都の妙心寺や摂津の普門寺の住職を務めていた龍渓は、隠元の著書を読んでいたので、隠元が渡日した後、長崎の興福寺に行って隠元の説法を聞き、隠元の禅宗の教養に感服した。

1655年、龍渓は隠元に摂津の普門寺の住職になるよう要請したが、当時龍渓はもともと普門寺の住職であり、自ら監院に降格した。このようにして、龍渓は隠元の指導の下で、深く禅法の旨を得た。

実は、日本での隠元の弘法は順風満帆ではなかった。江戸時代の日本の仏教は、宗派が乱立し、伝統的な勢力が強固であり、新たな宗派の居場所はほとんどなかった。隠元が日本に到着した後、まず長崎の興福寺と崇福寺で法を広めたが、長崎はやはり西部の辺境地帯に位置しており、聴衆は限られて

的本土化做出了很大的贡献。值得大书特书的是，隐元禅师在日本创立黄檗宗的过程中，一直得力于龙溪性潜的协助，可以说，没有龙溪性潜，就没有隐元禅师在日本的弘法大业，也就不会有日本黄檗宗的诞生。龙溪性潜与隐元的交往，堪称中日佛学界的一段佳话。

龙溪性潜（1602—1670），日本京都人，俗家姓奥村，原名宗潜，字龙溪，皈依隐元后改名性潜。十六岁出家，此后遍访日本南部的各寺庙的高僧，潜心研究禅法。在隐元禅师东渡之前，龙溪在日本已经有一定的名气，他曾担任京都妙心寺和摄津普门寺住持，因为早就读过隐元的著作，但并未见面，所以等隐元东渡后，他前往长崎兴福寺听隐元讲法，不由叹服隐元的禅宗修养。

1655年，龙溪请隐元前往摄津的普门寺担任住持，当时龙溪本是普门寺的住持，他自己甘心降级为监院。就这样，龙溪在隐元指导下，深得禅法旨要。

实际上，隐元在日本的弘法并非一帆风顺。江户时期的日本佛教，宗派林立，传统势力稳固，几乎没有新的宗派的立足之地。隐元到达日本后，先是在

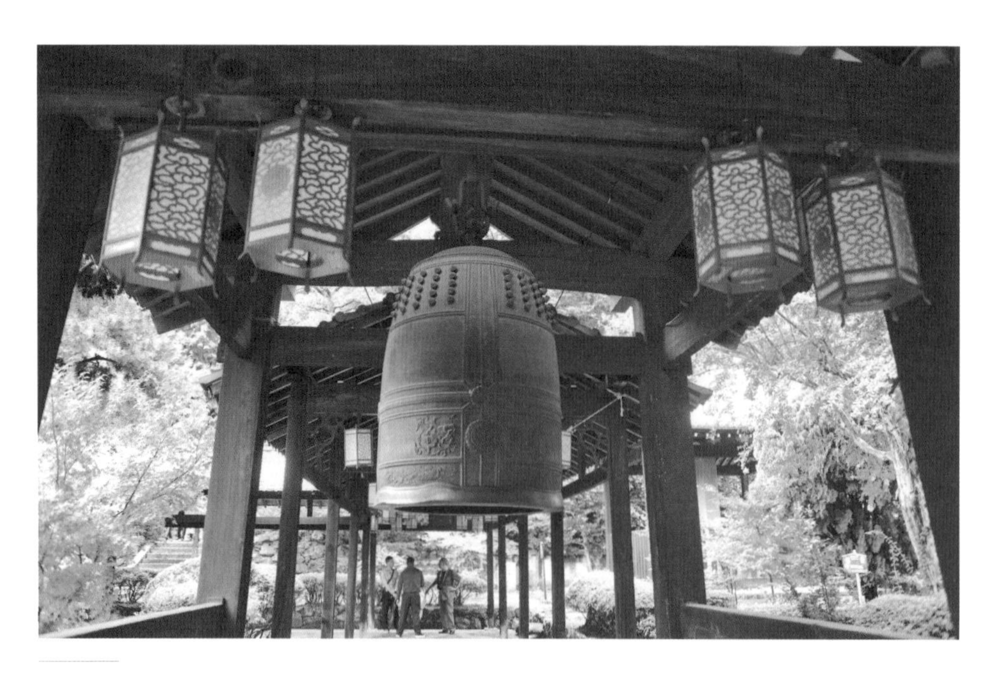

日本万福寺梵钟，福清黄檗文化促进会供稿
梵鐘　日本万福寺　（福清黄檗文化促進会提供）

おり、隠元の開宗立派の予想とはかなりかけ離れていた。その1年後、龍渓性潜らの招請を受けて、鎌倉幕府時代に建てられた臨済宗の名刹である摂津普門寺に赴いたが、応仁の乱で寺が破壊され、隠元が到着した時は、建物や住居条件が唐三寺にも劣っていた。しかし隠元はこの機会を大切にした。当時幕府が来日する中国人僧侶の居場所や行方を厳しく制限し、一般的に彼ら長崎港にしか滞在できなかったため、長崎から出ることは容易ではなかった。隠元が大阪の寺院に住み着くことができたのは幕府の同意があったからであり、大阪はすでに日本の政治文化の中心地である江戸に近く、この移動は隠元の弘法活動にとって大きな意義があったのだ。

隠元は普門寺で梵鐘を再鋳造し、銘文を書いて臨済禅宗を発揚する抱負を表した。国内の木庵と即非に書状を送り、弘法のために日本に来てほしいと要請したが、しばらくして情勢が変わった。幕府は彼の行動を厳しく監視し、1年近く寺内を軟禁し、普門寺の集会に参加した日本人僧は200人を超えないように制限した。

日本明暦二年（1656）十月、龍渓らは隠元に京都の妙心寺を訪れてもらい、隠元を妙心寺の住職にしようとしたが、妙心寺内の反対派に拒否された。妙心寺の黄檗宗反対論は無著道忠の『黄檗外記』に見られる。隠元は妙心寺に5日間滞在した後、その場を離れた。この攻撃により隠元は帰国の念を抱き、福清の万福寺の僧侶たちと3年で帰国すると約束をした。この時、木庵性瑫も手紙の中で彼に帰国を勧めた。木庵は手紙の中で、彼らが日本で法を広めるのは石女（子が産めない女性）に子供を生ませるようなもので、非常に困難であると書いていた。

龍渓性潜は隠元が帰国の念を持っていることを知り、必死に隠元を引き止めたが、妙心寺での一件が隠元に帰国の念を抱かせたのではないかと考え、妙心寺の住職を辞して隠元を師とし、隠元禅師に従うことに専念し、法名を「性潜」と改め、黄檗僧となった。

しかし、隠元禅師をどう引き留めるのか。龍渓は自分と皇室、幕府との関係を利用して、隠元が幕府の上層部の認可と彼らの護持を得ることさえできれば、隠元の弘法ははるかに順調になり、帰国することを考えなくなるだろう。それで、彼は幕府の上層部に隠元への関心を持たせるために、幕府の役

长崎的兴福寺和崇福寺弘法，但长崎毕竟地处西部边缘地带，受众很有限，离隐元开宗立派的预想相差甚远。一年之后，他接受龙溪性潜等人邀请到摄津普门寺，普门寺是镰仓幕府时期建造的临济宗名刹，但经“应仁之乱”后，寺庙被毁，隐元到达时，房屋建筑与居住条件还不如唐三寺。但隐元很珍惜这次机会，当时幕府严格限制中国来日僧人的行踪，他们一般只能待在长崎港，因而能走出偏僻的长崎对于他已经是相当的不容易。隐元能到大阪寺庙栖身，应该是经幕府同意的，因为大阪已经离日本的政治文化中心江户很近了，而这次迁移对于隐元的弘法活动而言意义重大。

隐元在普门寺重铸梵钟，撰写铭文，表达弘扬临济禅宗的抱负。他写信给国内的木庵和即非，希望他们到日本协助弘法，但没过多久，形势发生了变化，幕府严格监视他的行动，将他软禁寺内近一年，并限制在普门寺集会的日本僧人不能超过二百人。

日本明历二年（1656）十月，龙溪等请隐元访问京都妙心寺，并有意让隐元担任妙心寺住持，但遭到妙心寺内反对派的抵制，妙心寺反对黄檗宗的主

日本大阪府富田普门寺，福清黄檗文化促进会供稿
普門寺　日本大阪府摂津　（福清黄檗文化促進会提供）

人の間で遊説を行った。

万治元年（1658)、隠元は普門寺を出立し、龍渓を伴って江戸に赴き、幕府の役人と対面した。幕府から見れば、隠元らは明代の華やかな文化を代表していた。隠元は江戸に着いた後、幕府の上層部と比較的頻繁に接触して、幕府の上層部も隠元の徳才を認めていた。実は彼らも隠元を引き止めようとしたが、その方法についてはまだ合意に達していないので、隠元は幕府の承諾を得ていない情況の下で依然として帰国したいと思っていた。

万治二年（1659)、隠元の帰国を求める書状を幕府に渡した龍渓は隠元を帰国させたくないため、幕府高官の間を奔走し、この高僧の大徳を逃さないよう隠元を引き留める方法を模索するよう勧めた。ついに徳川幕府は新しい寺を開くという形で隠元を引き留めることにした。そして、隠元に京都近郊の地を選んでお寺を建てるように頼んだ。当時の中国国内情勢はどうだったか。1657年、南方の抗清勢力は鄭成功と西南の永暦政権の両方の勢力しか残っておらず、清朝はすでに土地と人口の大半を占領していた。1657年から1659年までの間、鄭成功は3回の大規模な北伐を起こしたが、いずれも失敗して元気を失い、鄭成功はオランダ植民地から台湾を取り返し、明鄭王朝を樹立した。西南の永暦政権も息絶え、清に抵抗する局面の大勢は決まってしまった。清廷は浙江省、福建省を制圧するよう命じ、日本に向かう船の数を大幅に減らし、隠元は帰国の条件を備えていなかった。そこで隠元は幕府の慰留を受け入れ、安心して日本で法を広めることにした。

1670年8月、龍渓禅師が大阪に招かれて法を伝授し、九島庵に座禅したところ、寺の外で洪水が発生した。危険に直面しても動じず、詩を書いた後、水の中に正座し、泰然として69歳で没した。龍渓性潜禅師は生前、しばしば宮中に入り、後水尾上皇に説法をしたことで、「大口正統禅師」の称号を与えられた。

痘瘡を治療した僧侶名医の独立性易

江戸時代、日本人は痘瘡（俗名天然痘）に非常に悩まされた時期があった。貴賤を問わず、最も恐ろしい病気だった。日本の民間ではかつてこのような噂が流れていた:「人生に二つの患いあり、麻疹と痘瘡だ。特に痘瘡が

张，可以在无著道忠的《黄檗外记》中看到。隐元在妙心寺住了五日后离开。这次打击让隐元萌发归国的念头，而且他与福清万福寺众僧有三年之约。木庵性瑫此时也在信中劝他回国，木庵在信中写到，他们在日本弘法如同让石女生孩子，十分困难。

龙溪性潜得知隐元有归国之念，拼命挽留隐元，他认为是妙心寺的排挤让隐元产生归国之念，所以干脆辞掉妙心寺的住持之位，拜隐元为师，一心追随隐元禅师，法名改为“性潜”，成为一名黄檗僧人。

但该怎样留住隐元禅师呢？龙溪决定利用自己与皇室、幕府的关系，让隐元获得幕府高层的认可，得到他们的护持，如此，隐元的弘法就会顺畅许多，那么他就不会想着回国了。他在幕府官员间游说，让幕府高层关注隐元。

1658年，隐元奉召离开普门寺，在龙溪的陪同下前往江户与幕府官员见面。在幕府看来，隐元等人所代表的就是鲜活的明代文化。隐元到了江户之后，与幕府高层有了较为频繁的接触，幕府高层也认可了隐元的德才，实际上，他们有意挽留隐元，但对以什么方式挽留还未达成一致意见，所以隐元在没有得到幕府承诺的情形下仍然想着回国。

万治二年（1659），龙溪把隐元要求回国的书信交给幕府，他并不想让隐元回国，于是在幕府高官中奔走，劝他们想办法留住隐元，不要错失这位高僧大德。德川幕府最终决定以开创新寺的形式挽留隐元，于是，他们让隐元在京都附近选地建寺。当时中国国内形势如何呢？1657年，南方抗清势力只剩下郑成功、西南的永历政权两方势力，清廷已占领一大半的土地和人口。1657年至1659年间，郑成功先后发动了三次大规模北伐，但都告失败，元气大伤，郑成功转而从荷兰殖民者手里收复台湾，建立明郑王朝。西南的永历政权也奄奄一息，抗清局面大势已去，清廷下令控制浙、闽，东渡日本的船只大大减少，隐元已不具备回国的条件。于是，隐元决定接受幕府的挽留，安心在日本弘法，与其回到清廷统治的故土，不如在日本开宗立派。

1670年8月，龙溪禅师应邀到大阪传法，坐禅九岛庵，寺外突发洪水。面对危险，他不为所动，写下诗偈后，端坐水中，泰然圆寂，享年六十九岁。龙溪性潜禅师生前常得奉旨入宫，为后水尾上皇讲经说法，因此获赐“大宗正统禅师”的封号。

最もひどく、十の子供の内九は死ぬ」。当時、日本の医者は痘瘡を治療する有効的な方法がなく、一方の中国では比較的にその治療が進んでいた。中国の痘瘡の治療術を日本に伝来したのは戴笠であった。

戴笠（1596–1672）は、本名観胤、字を曼公とし、浙江省杭州の出身だった。戴笠は子供の頃、才能と悟りを持っており，一度目を通せばすぐに暗唱することができるほど記憶力が優れていた。明末の実学思潮の影響で、彼は程朱伝注を信じず、科挙の官途を放棄し、医術の研究に専念し、浙江の嘉興濮院鎮で医者をやって生計を立てたことがある。

明代天啓元年（1621)、火事に見舞われた戴笠の家は貧しくなり、各地をさまよい始め、やがて医学の名門である江西の名医龚廷賢に師事した。戴曼公は龚廷賢の医術を真剣に学び、自分で『素問』、『難経』などの経典医学書を研究した。戴笠は龚廷賢の医術を継承した上で痘瘡の治療法を推進した。

清兵は山海関より北京に進駐すると、すぐに薙髪（髪を切る）を命じ、「嘉定三屠」「揚州十日」などの大虐殺事件を起こした。戴笠は激怒し、反清復明活動に積極的に参加した。清順治七年（1650）戴笠は江蘇呉江の「驚隠詩社」に加入し、別名「逃社」と呼ばれ、これは一時的な避難所として利用できるという意味だ。主に明の遺民が集まった文人組織で、創始者は抗清義軍の首領である呉振遠、呉宗潜、葉恒奏の三人であった。顧炎武、帰荘らもこの社の活動に参加しており、詩社は明らかに反清復明の性質を持っていた。そのため、詩社は清廷に厳重に監視され、重要な社員が数人相次いで殺害され、ついに圧力におされて康熙三年（1664）に解散した。

清順治十年（1653)、江蘇省・浙江省一代の反清勢力はすでに清朝にほぼ平定され、反清復明はもはや不可能となった。戴笠は広東の番禺から日本に渡り、長崎港に到着した後、同郷の医師陳明徳の家に一時滞在した。日承応三年（1654)、隠元禅師が長崎港に渡航した。戴笠は隠元を訪問し、同年に禅門に改宗し、法号は独立性易となった。

戴笠は日本に来た後も医術で人を救い、特に痘瘡の治療で有名で、多くの人がはるばる彼を訪ねて薬を求めた。長崎と周防州の岩国の間をよく行き来

治痘僧医独立性易

江户时期，日本人曾经深受痘疮（俗名“天花”）之苦，无论贵贱，最怕的病症就是痘疮，日本民间曾流传这样一则谚语：“人生有二患，麻疹与痘疮。痘疮最惨毒，十儿九夭殇。”当时日本医生并没有治疗痘疮的有效方法，而同时期的中国在治痘医术上相对领先，而把中国的治痘术传入日本的正是戴笠。

戴笠（1596—1672），原名观胤，字曼公，浙江省杭州人。戴笠幼年时天资颖悟，过目成诵。在明末实学思潮影响下，他不迷信程朱传注，放弃科举仕途，专心钻研医术，曾在浙江嘉兴濮院镇行医为生。

明天启元年（1621），戴笠家中遭遇大火，使他变得一穷二白，他开始到各地流浪，不久拜出于医学世家的江西名医龚廷贤为师。戴曼公认真学习龚廷贤的医术，尽得其真传，并且自己钻研《素问》《难经》等经典医书。戴笠还在继承龚廷贤的医术基础上，推进了痘科治疗方法。

清兵入关进驻北京后，随即下薙发令，并制造“嘉定三屠”“扬州十日”等大屠杀事件。戴笠满怀激愤，积极参与反清复明的活动。清顺治七年（1650），戴笠加入江苏吴江的“惊隐诗社”，又名“逃社”，意思是诗社可以用来作暂时避难之所，这是一个主要由明朝遗民聚集的文人组织，创始人是抗清义军首领吴振远、吴宗潜和叶恒奏三人，顾炎武、归庄等也参加过该社活动，由此看来，诗社有明显的反清复明的性质，诗社也因此被清廷严密监控，几个重要社员相继被杀害，最终诗社迫于压力在康熙三年（1664）解散。

清顺治十年（1653），江浙一带反清势力已基本被清廷平定，反清复明已无可能，戴笠从广东番禺东渡日本。到了日本长崎港后，他暂时住在同乡医生陈明德家中。日承应三年（1654），隐元禅师东渡至日本长崎港，戴笠前往拜访隐元，同年皈依禅门，法号独立性易。

戴笠来到日本后，仍然以医术救人，特别是治疗痘诊，远近闻名，不少人千里迢迢找他求医问药。他常常来往于长崎与周防岩国之间，因为岩国的地方风貌与江浙的自然风光相似，戴笠从这里可以稍稍慰藉自己的思乡之情。戴笠曾多次被邀请为岩国藩主吉川广嘉（1561—1625）治病，戴笠与吉川广嘉也因此结下了深厚的友谊。

戴笠不吝教诲，把治痘术传授给他人，他门下的弟子以池田嵩山和佐伯

していたが、岩国の風景は江蘇省、浙江省の自然に似ており、戴笠はそこから少しでも望郷の気持ちを慰めることができた。岩国藩主・吉川広嘉の病気治療に何度も招かれたのがきっかけで、戴笠の吉川広嘉との親交が深まっていった。

戴笠も教えを惜しまず、他の人に痘瘡の治療法を伝授していた。門下の弟子は池田嵩山や佐伯玄東が最も有名であった。池田嵩山は岩国藩主吉川氏の要臣であり、戴笠が吉川広嘉を何度も診察していたため、戴笠に接触する機会があった。池田嵩山は最初は戴笠に師事して書道を学んだが、戴笠は彼の振る舞いを観察し、この人は品性が整っていて痘瘡の治療法を伝授できると考え、彼を弟子として受け入れた。池田嵩山はその治療法を学び、全国的に有名になった。池田家はそれ以後、痘瘡治療を家庭医療の技として利用してきた。特に池田嵩山の曾孫の池田瑞仙はその治療に精通しており、徳川幕府時代には日本医学館に痘瘡科が設置された。池田瑞仙は教授、医官に任命されてその治療法を専門に伝授した。これが日本の痘瘡科学習の始まりであり、池田瑞仙は当時の日本の痘瘡治療医術の権威でもあった。

戴笠の医学伝授により、日本の医学界では天然痘の流行を防止する上で大きな進歩を遂げた。寛政年間（1789–1800）には幕府内に痘瘡科医官が設置され、戴笠のその治療法が伝承された。岩国藩医の佐伯玄東も戴笠医術の精髄を深く得て、子々孫々世代から世代へと受け継がれ、医療を実践し、藩医の医学的地位を繁栄させ、さらに引き継いでいる。

軍服を着た僧侶の独耀性日

独耀性日は、俗姓姚、名を翼明、字を興公とし、浙江海寧の出身。明滅亡後、浙江省東部で抗清蜂起に参加し、南明の魯王監国を擁護し、官職が主事となった。浙江省の舟山が清兵に占領された後、彼は魯王に従ってアモイの思明に避難した。姚翼明は長年清に抵抗し、各地を流浪したが、大勢は決まってしまい、明王朝に戻る見込みはなく、清朝に服従しようとせず、清代順治九年（日本の永暦六年，1652）に出家して僧となり、隠元禅師に師事した。隠元は彼を秘書などの職に就かせた。しかし、彼は世の中を無視せず

玄东最为著名。池田嵩山是岩国藩主吉川氏的要臣，因戴笠多次给吉川广嘉看病，所以池田嵩山有机会接触到戴笠。池田嵩山最初是跟随戴笠学习书法，戴笠观察他的为人，觉得此人品性端正，可以传授治痘方法，于是收他为徒，池田嵩山学会治痘术，并且闻名全国。池田家族从此以治痘为家传医术，池田嵩山的曾孙池田瑞仙尤其精于治痘术，德川幕府时期，日本医学馆开始设立痘科，他被任命为教授、医官，专门传授治痘术，这是日本学习痘科的开始，池田瑞仙也是当时日本治痘医术的权威。

由于戴笠的医学传授，日本医学界在控制痘疮方面取得很大进步，宽政年间（1789—1800），幕府内专门设立痘科医官，都是传承戴笠治痘方法。岩国藩医佐伯玄东也深得戴笠医术的精髓，子孙世代相传行医，使藩医地位长盛不衰，乃至发扬光大。

戎装僧人独耀性日

独耀性日，生卒年不详，俗姓姚，名翼明，字兴公，浙江海宁人。明朝灭亡后，他在浙东参加抗清起义，后拥护南明鲁王监国，官职方主事。浙江舟山被清兵占领后，他跟随鲁王避难厦门思明。姚翼明抗清多年，到处流离，但大势已去，复明无望，他不愿臣服清廷，清顺治九年（日本永历六年，1652）落发为僧，拜隐元禅师为师，隐元让他担任秘书之类的职务。但他并非不问红尘，断绝尘缘，而是与明朝遗民交往频繁，他与徐孚远、张煌言都互有赠诗。

最令人称道的是他冒险迁葬南明抗清志士钱肃乐。戊子年（1648），钱肃乐病逝琅岐岛，棺木露置琅江边，一直没能安葬。1653年冬天，叶向高的曾孙叶进晟敬慕钱肃乐的德义，不忍看到钱氏骸骨暴露江畔，有意捐资安葬钱肃乐，他找钱肃乐的好友何宠商议，但何宠迟迟未回应。正踌躇间，当时身在黄檗山的姚翼明得知此事，积极参与移葬，并与叶进晟一起商议准备将钱氏移葬黄檗山，隐元禅师也愿意提供一方净土给予安葬。

姚翼明为安葬钱肃乐做了大量的具体工作。1654年2月，姚翼明亲自徒步北上琅江，安排劳力抬着钱肃乐及其夫人、侄子的灵柩迁至黄檗山，路途遥远，前后历时两周。在钱肃乐的葬仪上宣读《告钱相国文》《再告钱相国文》和《三告钱相国文》，他与钱肃乐是同乡，敬慕钱肃乐的抗清志向，认为他死得其所。同年6月，隐元禅师东渡日本。姚翼明将禅师送至厦门，又回到黄檗

に、俗世の因縁を断ち切ったのではなく、明の遺民と頻繁に交際し、徐孚遠、張煌言とも互いに詩を贈っていた。

最も称賛されるのは、独耀性日が危険を冒して南明の抗清志士銭粛楽の墓を移したことだ。戊子年（1648)、銭粛楽は琅岐島で病気で亡くなり、棺は琅江のほとりにむき出しで置かれ、埋葬されなかった。1653年の冬、葉向高のひ孫葉進晟は銭粛楽の徳義を敬慕し、銭氏の骸骨が川のほとりにむき出しで置かれているのを見て、銭粛楽を埋葬するために寄付しようとした。彼は銭粛楽の親友の何寵に相談したが、何寵はなかなか応じなかった。迷っていたところ、黄檗山にいた独耀性日はこのことを知り、積極的に移葬に参加し、葉進晟とともに銭氏を黄檗山に移葬することを協議し、隠元禅師も一方の浄土を提供して埋葬しようとした。

独耀性日は銭粛楽の埋葬のためにたくさんの具体的な作業をした。1654年2月、彼は自ら徒歩で琅江に北上し、労力を手配して銭粛楽とその夫人、甥の棺を担いで黄檗山に移した。道のりは遠く、前後2週間かかった。銭粛楽の葬儀で『告銭相国文』、『再告銭相国文』、『三告銭相国文』を読み上げた。独耀性日は銭粛楽と同郷で、彼の抗清の志を敬慕し、彼の死に場所をついに得られたと思った。同年6月、隠元禅師が日本に渡った。彼は禅師をアモイに送り、黄檗山に戻った。12月に、ついに銭粛楽らの棺を黄檗山の東の坂に埋葬した。

同年、独耀性日は隠元禅師の生涯に関する最初の年譜である『黄檗隠元禅師年譜』の編纂を命じられた。『年譜』の全文には南明朝（明朝崩壊後，明の諸王が中国南方に打ち建てた地方政権）の年号が使用されており、清朝の年号は採用されていない。これは彼の清朝に対する屈服しない姿勢を示している。

隠元が日本に渡った年の10月には、独耀性日によって書かれた『年譜』はすでに長崎で刻印されて回覧され、隠元の影響力を拡大する上で重要な役割を果たした。独耀性日は隠元のあとにつき従ってわずか2年余りであったが、隠元の生涯の事業に重要な役割を果たした。隠元から日本に渡るように促す手紙をもらったが、結局彼は行かなかった。それは一方では彼が親孝行をするためであり、もう一方では、明代の再興にも希望を抱いているためで

山。腊月，钱肃乐终于得以安葬黄檗山东坡。

也就是在这一年，姚翼明受命编写了关于隐元禅师生平的第一部年谱——《黄檗隐元禅师年谱》。《年谱》全文使用的都是南明年号，并未采用清朝年号，这表明他姚翼明对清廷的不屈服姿态。

隐元东渡当年的十月，姚翼明编写的《年谱》，就已经在日本长崎刻印流传，为扩大隐元的影响发挥了重要作用。虽然他跟随隐元仅两年多，却在隐元一生的事业中起了重要作用。隐元写信督促独耀东渡，但最终他并未前行，一方面是为了尽孝道，另一方面他对复兴明朝还抱有希望。

此后一段时间，关于姚翼明的情况不明。直到1661年，费隐通容禅师临终之际，姚翼明曾去福严寺探望。姚翼明还著有《南行草》《东明寺志》。

もあった。

その後しばらくの間、独耀性日の状況は不明だった。1661年、費隠通容禅師が亡くなった。その際、彼は福厳寺を訪れたことがあった。また、『南行草』、『東明寺志』も著している。

第四章

人文习俗与商贸科技

“一衣带水”的中日两国的关系自古以来密不可分。远至日本奈良时代（710—794）的律令制度、平安时代（794—1192）的文学、镰仓及室町幕府时代（1192—1573）的宗教、桃山时代（1573—1603）的学术无不受到中国文化的深远影响。明代中叶以后，由于东亚种种复杂的政治局势，中日文化交流一度沉寂。到了十七世纪明清鼎革之际，大量人士东渡日本，特别是在以隐元隆琦为首的黄檗宗僧团赴日传禅的积极影响下，传统的诗文、书画、禅宗思想典籍之外，来自中国的音乐、建筑、医学、茶道、制瓷等技术莫不广泛流传于日本。“黄檗样式”一语在日本江户时期代表了当时文学艺术各色作品的中华情调，黄檗宗祖隐元渡日后传入的明末清初的中国诸文化被尊称为“黄檗文化”，其影响之大不言而喻。“黄檗文化”促使江户时期日本文化的迅猛发展，不仅涉及建筑、文学、音乐、书道、绘画、雕刻、印刷、医学等学术文化方面，而且也包括衣食住行与日常生活的方方面面。这些影响已融入到日本文化生活中，即使在当今亦随处可见。

一、服饰与音乐

服饰

中日两国友好交往历史源远流长，长期以来两国之间相互学习、相互了解，共同创造和构成了丰富多样的东方文明。日本向来是一个善于学习、融合

第四章

人文習俗、商業貿易と科学技術

中国と日本は一衣帯水の隣国であり、古来より密接な関係を持っている。奈良時代（710–794）の律令制、平安時代（794–1192）の文学、鎌倉・室町時代（1192–1573）の宗教、桃山時代（1573–1603）の学術…日本は色々な面で中国文化の影響を深く受けている。明代中期以降、東アジアにおける政治情勢が複雑になり、中日両国の文化交流は冷え込んでしまった。明清の交替の時期、多数の中国人が渡日し、なかでも特に隠元隆琦をはじめとした黄檗宗の僧侶たちが日本に渡り、伝統的な詩文、書道、絵画、禅宗思想に関する典籍だけでなく、音楽、建築、医学、茶道、陶芸などの技術も日本に伝えた。黄檗宗の祖である隠元が渡日以降日本にもたらした明末清初の諸文化は「黄檗文化」、そして江戸時代当時の様々な芸術作品に現れた中国風の要素は「黄檗様式」と呼ばれていた。黄檗文化や要素は江戸時代の日本へ与えた影響は幅広く、建築、文学、音楽、書道、絵画、彫刻、印刷、医学といった学術や文化の面だけでなく、衣食住といった生活面に密接した分野にまで及び、江戸期の日本文化を大きく発達させた。それらは現代の私たちの身の周りに溶け込み、今なお日本文化の中に息づいている。

一、服飾と音楽

服飾

中日両国は長い友好往来の歴史を持ち、お互いに学び合い、助け合い、深

其他民族文化的国家，在不断的学习与融合过程中，创造并形成了自身的文化传统。明治维新以前的日本社会，主要以唐宋时期的中国为师，积极吸收融合中国文化。

在服饰文化方面，早在绳文时代后期，大致相当于中国上古商周时期，就有大量当时中国的衣服饰品流入日本。到了古坟时代，也就是中国魏晋南北朝时期，中日两国间的服饰文化交流，便出现了第一次高潮。首先，这一时期，由于战乱等原因，大批直接从中国沿海或途经百济进入日本的中国商人、手工业者，凭借自身技术在日本从事养蚕、丝织、缝纫等产业，经过几代的发展，定居日本成为早期的“新汉人”。其次，当时也有不少日本人多次派出使者，直接到中国南方学习纺织、裁缝技术，并带回江南一带的丝织物品。

从公元七世纪初到十二世纪世纪末，日本社会经历了飞鸟时代、奈良时代、平安时代，大体相当于中国的唐宋时期。这一时期的日本更加积极、主动、全面地向中国学习，两国人员往来更为频繁、密切，共同谱写了中日文化交流史上最为绚丽的篇章。这一时期也出现了第二次服饰文化交流的高潮。

从飞鸟时代开始，日本社会通过模仿隋唐王朝的服饰制度，制定完善了自己的一套冠冕服饰制度，并在全国范围内向普通民众推广隋唐服饰样式。进入奈良时代和平安时代前期，日本社会各阶层的服饰装扮，更是与唐代前期的几乎完全相同，并且与唐代前期一样，流行女着男装的风气。在服饰文化方面，奈良时代又被称为“唐风时代”。

平安时代后期开始，大约在中国的北宋到南宋前期，日本服饰文化又发生了一次较大变化，也就是从较为单纯的模仿阶段，逐渐开启了探索具有本民族特点的服饰发展的新方向。奈良时代的日本服饰，主要是上衣下裙或上衣下裤的唐装式样，到这一时期逐渐改变为上下连属的“着物”，这就是“和服”的雏形。同时，独立发展的探索创新，并不意味着中日服饰文化交流活动的中断，相反，具有深厚文化底蕴的中华服饰文化，在日本民间仍然大受欢迎，伴随着宋代海外贸易的兴盛，彼此交流仍有进一步发展。

经历了元朝的短暂衰歇之后，进入明代，特别是在明成祖朱棣统治时期，中国官方短暂地积极推行对外开拓，大力加强经济往来和文化交流的政策，在东北地区实行卫所制度，建立了一条融朝贡、贸易和文化交流为一体的“东北亚丝绸之路”。借助这一海上丝路，本土服饰、丝绸等物品，再次源源不断地

い友情を結びつけ、人類の東方文明に貴重な貢献をした。日本は従来、他の民族文化を学び、融合するのが上手な国であり、絶えず学習と融合の過程で、自身の文化伝統を創造し、形成していた。明治維新以前の日本社会は主に唐宋時期の中国を師とし、中国の文化を積極的に吸収し、それを自身の文化と融合した。

ファションの面においては、縄文時代後期、大体中国の上古商、周の時期に、大量の当時中国の衣服やアクセサリーなどが日本に流入した。古墳時代、つまり中国の魏晋南北朝時代、中日両国間の服飾文化交流は初めてのクライマックスに達したのである。まず、戦乱などの原因で、この時期に直接中国沿海から或は百済を経由して渡日した多くの中国商人と手工業者は、自身の技術によって、日本で養蚕、機織り、裁縫などの産業に従事していた。数世代の発展を経て、これらの人々は日本に定住して初期の「新漢人」になった。また、当時日本人に何度も中国へ派遣された使者も少なくなく、彼らは直接中国南方に行って紡織、裁縫技術を学び、江南地域辺りの絹織物を持ち帰った。

7世紀初めから12世紀末まで、日本社会は飛鳥時代、奈良時代、平安時代と時代が変わり、中国では唐宋時代に当たる。この時期の日本は更に積極的、全面的に中国から学び、両国の人員往来は更に頻繁し密接になった。両国が共に中日文化交流史上の最も絢爛たる一章を書き上げたこの時期において、服飾文化交流の二回目の大きな高まりが現れたのである。

飛鳥時代から、日本社会は隋唐王朝の服装制度を模倣することを通じて、自らの冠冕服装制度を制定して完備し、そして全国範囲で一般民衆に隋唐の服装の様式を普及した。奈良時代と平安時代の前期に入り、日本の社会各階層の服装は唐代前期とほぼ同じになった。それだけではなく、女性が男装する風潮の流行も唐代前期と同じだった。服飾文化の面では、奈良時代は「唐風時代」とも呼ばれている。

平安時代後期から、大体中国の北宋から南宋前期にかけて、日本の服飾文化は再び大きく変化し、比較的に単純な模倣の段階から、次第に日本民族の特徴を持つ服装を探求するような新しい発展方向へ変わった。奈良時代の日本の服装は、主に上衣下裳（襟のある上着とスカート状或はズボン状の下

日本和服，福清黄檗文化促进会供稿
和服（福清黄檗文化促進会提供）

东传至日本北海道，形成“虾夷锦文化现象”。这一文化现象生动体现了中日两国之间服饰文化的第三次交流高潮。

明朝的服饰文化，主要是上承汉唐旧传统而有变化发展，试图体现汉民族传统服饰旧制，极力彰显等级、贵贱的礼法尊卑文化，形成了更为严格、正统化的王朝服饰制度，经过多次改造，最终形成了极具“汉官威仪”的，正统、规矩的制度性服饰化。明清易代之后，统治者一方面废除了明人的汉

衣）の唐服のデザインだったが、この時期から次第に上下連なる様式の服装に変わり、これが「着物」の雛形である。日本の独自の発展の模索と革新は、中日服飾文化交流活動の中断を意味するのではなく、逆に深い文化の基礎を持つ中国の服飾文化は日本の民間で依然として人気があり、そして宋代の海外貿易の繁栄に伴い、両国の相互交流は更なる発展を遂げていることを意味している。

元朝の短い衰退期を経て明代に入り、特に明成祖朱棣の統治時代、中国政府側は対外開拓を一時的に積極的に推進し、経済往来と文化交流の政策に力を入れて行い、更に東北地区で衛所制度を実行し、朝貢、貿易と文化交流を一体化した「東北地区アジアシルクロード」を確立した。この海上のシルクロードを通じて、中国本土の服飾やシルクなどの物品は再び絶えず日本の北海道に伝わり、「蝦夷錦文化現象」を形成した。この文化現象は中日両国間の服飾文化交流の三回目の高まりの鮮明な現れでもあった。

明朝の服飾文化は、主に漢唐王朝の古い伝統様式を受け続いた上で変化し、漢民族の伝統的な服装旧制を表現しようとし、等級、貴賤の礼法尊卑文化を強く表していた。そのため、より厳格で正統化した王朝の服飾制度を形成し、何度も改造した後、最終的に「漢官威儀」を極めた、正統で規則的な制度的な服飾化を形成した。明清易代以降、支配者は明人の漢唐服装制度を廃止する一方で、満州女真の特色を持つ服飾制度を強力に推進した。とは言え、一方の服飾文化の内在的な精神面においては、完全に明代を踏襲し、同様に服飾による等級の尊卑特性を強調し、明代と比べて勝るとも劣らないほどだったと言えよう。特に各級官僚の服装は、冠服装の形から、模様や色などまで、厳格な規定があり、少しの乱れ、僭越も許されない。(竺小恩、葛暁弘、2015)

明末に朱舜水、隠元らが渡日した後、中国文化の保存と伝達に全力を尽くし、日本の社会文化の発展に重要な影響を与え、その中には服飾文化の交流と相互作用も含まれている。文化遺民として、彼らはまさに服飾文化を借りて、中国文化の正統を保存するという追求を体現している。彼らは明王朝の旧式の服装を着ることを堅持し、服飾制度の文化を維持し、清朝の服装を異民族の服装と見なした。このような行動は、服飾文化の面で民族意識を体現

唐服饰制度，强力推行极具满州女真特色的服饰制度，但另一方面在服饰文化内在精神上，却完全承袭明代，同样十分强调服饰的等级尊卑特性，甚至有过之而无不及。尤其是各级官僚服装，从冠冕服装形制、补子图案、颜色区分等方面，都有严格的规定，不允许有稍微的混乱、僭越。（竺小恩、葛晓弘，2015）

明末朱舜水、隐元等人流亡日本之后，尽心保存和传播中华文化，对日本社会文化发展产生了重要影响，这其中也包括服饰文化的交流互动。作为文化遗民，他们正是借助服饰文化，体现并保存中华文化正统的价值追求。他们坚持着明王朝的旧式服装，维护服饰制度文化，将清朝人的服饰视为异族服装，在服饰文化方面，体现民族意识，坚守华夷之辩。

这种服饰文化首先体现在僧人服饰上。以隐元为首的从中国漂洋过海的黄檗僧侣们，到日本后依旧着汉服，他们以明代遗臣自视，衣冠服饰始终为明代的袈裟和僧服。这些袈裟和僧服与日本其他宗派的服饰明显不同。在固有印象中，僧人的袈裟无非就是一件黄袍子加上外面的褂子，传统的见解给袈裟带上了千篇一律的标签。但真正意义上的袈裟，其实远比这些简单的元素丰富和宏大，甚至于它的由来和演变和各种文化的交融有着千丝万缕的联系。黄檗宗及日本其他的宗派的服饰也是这样的。黄檗宗僧人们的袈裟在当时日本人的眼里显得极其独特而帅气。因此，临济宗、曹洞宗等其他宗派的僧人们，开始在服饰上竞相仿效黄檗僧的袈裟和僧服。

黄檗宗服饰居然给日本本土宗派带来如此大的影响并广为流传，这令日本幕府感到极其震惊，以至幕府于日本宽文十三年（1673）颁布了一条法令，限制黄檗宗僧侣们着汉服饰在江户的繁华街市自由出入。

其次，中国服饰对日本社会的影响还体现在歌舞伎们的服饰上。江户时代，作为时代潮流先端的歌舞伎，他们的服饰也离不开创新。当时的歌舞伎服装的制作上引入了黄檗僧侣服饰的一些独特的新元素，这种崭新的设计引起了来观看歌舞伎的观众们的关注。看到这种新潮独特的着装，他们也纷纷模仿起来，于是这些新元素就慢慢流行开来。比如歌舞伎服装之一的四天服，它的衣襟偏短，衣裾的两侧分别有开缝，形成一个断开处。这种服装就是吸收了黄檗僧人服装的元素而制作出来的。

再如在日常服饰中流传甚广的隐元头巾。江户时代被称为隐元头巾的其实

し、二者には違いがあるという主張の表れである。

このような服飾文化はまず僧侶たちの服装に表れていた。隠元をはじめとする中国から海を渡った黄檗の僧侶たちは、日本にいても漢服を着ていた。彼らは明代の遺臣を自認し、その衣冠服飾はずっと明代の袈裟と僧服だった。これらの袈裟と僧服は日本の他の宗派の服装とは明らかに異なった。僧の袈裟は大体黄衣に外の羽織を加えたものだというのはステレオタイプであったが、このような伝統的な見方によって袈裟は常に千篇一律だというラベルが貼れてしまった。しかし、本当の意味での袈裟は、そんな単純なものではなく、豊かで壮大であり、その由来と発展は様々な文化の融合と密接なつながりを持っている。黄檗僧の袈裟と法衣は、他の宗派のものとは異なり、当時の人の目にはとても独特で格好良く見えていたようだ。そのため、臨済宗や曹洞宗という他宗派の僧侶も、黄檗僧の袈裟や僧服などを真似するようになった。

黄檗宗の服装が日本本土の宗派に意外にもこのような大きい影响と流行をもたらしたことに、日本幕府はきわめて驚き、寛文十三年（1673）に黄檗僧の江戸市中徘徊の禁令を出したほどだった。

また、当時中国服飾の日本社会に対する影響は歌舞伎の衣装にも表れていた。江戸時代、流行の最先端を行く歌舞伎の世界でも革新を求め、その衣装に黄檗僧の服飾にあった特別で新しい要素を取り入れた。このような斬新なデザインが観客の注目を集め、それを見た人々が真似をして新たな流行が広がっていった。次の画像が示しているように、歌舞伎衣装の一つに、四天という衽が無く裾が少し短めで、裾の両脇に切れ目が入った衣装があるが、これは黄檗僧服にある要素を取り入れてできた新しい衣装だった。

また、日常の服装の中で広く伝わっている隠元頭巾もその一例であった。江戸時代隠元頭巾と呼ばれたのが実は高祖頭巾だった。高祖とは一宗一派を創立した僧のことで、江戸時代に高祖と呼ばれていたのはもちろん隠元にほかならなかった。一方の高祖頭巾とは、着物の袖の形をしていて、袖口から顔を出すようになっている頭巾である。

隠元禅師以外に、もう一人日本で明朝の服装文化を推進し、重要な影響を

就是高祖头巾。所谓的高祖就是创立了一宗一派的僧人，而江户时代被称为高祖的当然非隐元莫属了。高祖头巾就像和服的袖子一样，戴着高祖头巾的人的脸从袖口露出来。

隐元之外，另一位在日本大力推行明朝服饰文化，并产生重要影响的，是明末遗臣朱舜水。朱舜水定居日本二十余年，是中日文化交流史上的重要人物。在服饰文化方面，他以实际行动积极维护和推行明人服饰文化，向日本社会各界人士传播明朝服饰相关的礼仪制度和文化，引导日本民众穿着明式服装，甚至亲自传授服装裁剪技术。

旅日期间，朱舜水始终以文化遗臣自居，不仅自己坚持穿戴明朝冠冕服饰还要求亲朋好友都要以明朝衣冠制度为准。在讲学和书信中，他都将明代服饰文化作为中华文化的正统，有意识地进行自觉传播。他将这一文化明确纳入日常讲学的内容体系之中，向日本弟子讲授，还不厌其烦地解答弟子所提出的有关服饰文化方面的问题。朱氏弟子懋斋野传、今井弘济等人，后来将朱舜水这方面的言行，记录、整理、保存在《朱氏舜水谈绮》一书中。该书图文并茂地介绍了明代服饰在衣冠裁剪方面的样式分类、具体方法等内容，集中展现了明代服饰文化的详细知识，在中日服饰文化交流史上，具有重要的文物和文献价值。

此外，朱舜水还有意引导日本各界人士正确制作、穿戴明代服饰，亲手裁制各式各样具有明人风格特征的服饰，作为礼物，赠送给日本友人和学生。正是在朱舜水亲力亲为的推动下，日本民众逐渐对以明朝服饰为代表的中华服饰文化产生了浓厚兴趣。其弟子门生中，还诞生了专门研究中国服饰历史及文化的学者，如前述懋斋野传。（竺小恩，葛晓弘，2015）

音乐

自日本奈良、平安时代，也就是中国的唐宋时期，中日音乐文化交流达到高潮之后，一直到江户时代以前，两国音乐艺术方面的交流，受到双方国内各自的战乱等因素影响，基本停歇，只有平安时代后期到镰仓时代初期，还在民间小规模地进行，例如宋代音乐全书《陈乐书》的传入日本，对后来日本音乐理论的发展，产生了一定影响。直到黄檗文化所处的时代，借助隐元东渡，两国的音乐文化艺术交流，又迎来了崭新的一页。

与えたのは、明末の遺臣朱舜水である。彼は日本に20年余り定着して、中日文化交流史上の重要な人物である。彼は日本の社会各界の人々に明朝の服飾に関する礼儀制度と文化を広め、日本の民衆に明式の服装を着るように導き、更に自分で裁縫技術を伝授した。こうした実際の行動で明人の服飾文化を積極的に維持して推進していた。

日本に居住する間、朱舜水は終始己が文化遺臣だと意識し、明王朝の冠服を着続けただけでなく、親戚や友人にも明の服装文化を守るよう要求した。彼は講義や手紙の中でも明の服飾文化を中華文化の正統とし、意識的にそして自ら進んでそれを広めたのである。例えばこの文化を日常の講義の内容と関連して日本の弟子に教授し、弟子の服飾文化に関する問題を煩うことなく解答した。朱氏の弟子である四斎野伝、今井弘済らは、朱舜水の言動を『朱氏舜水談綺』という本に記録して整理し、保存した。この絵付きの本は衣冠の裁縫様式の分類から具体的なやり方まで、明代の服飾文化に関する知識を詳しく紹介した本であり、中日の服飾文化交流の歴史で重要な文化財や文献の価値を持っている。

また、朱舜水は日本各界の人々に明の服装の正しい作り方や着方を伝授し、自分で裁縫した様々な明式の服装を贈り物として日本の友人や学生にも贈った。朱舜水の影響で、日本の民衆は明の服飾を代表とする中華の服飾文化にますます興味を持つようになった。彼の門生の中には、前述の懋斎野伝のような中国の服飾の歴史と文化を研究する学者も誕生した。(竺小恩、葛暁弘、2015)

音楽

奈良時代、平安時代、つまり中国の唐宋時代に中日の音楽文化交流が最高潮に達してから江戸時代の前まで、両国の音楽芸術における交流は、それぞれ国内の戦乱などの影響でほぼ止まっていた。ただし、平安時代後期から鎌倉時代の初期まで民間で小規模で行われることもあった。例えば宋王朝に日本に伝わった音楽全書『陳楽書』がその後、日本の音楽理論の発展に一定の影響を与えた。両国の音楽文化交流は、黄檗文化の時代になってやっと新しい発展を迎えた。

《魏氏乐谱》

明清时代传入日本的中国音乐，通常被称为“明清乐”，但是明代音乐和清代音乐，实际上在各方面都存在较大区别。前者以古典诗词为主要唱词，配合贵族宫廷雅乐，而后者则以民歌小调为主要唱词，音乐风格多为通俗俚曲。传入日本的中国音乐，则融合二者之长，雅俗兼收，进入明治时期以后，日本社会就将发展变化后的这种中国音乐形式，合称为“明清乐”，但江户时代传入日本的音乐形式明乐、清乐，实质上是独立的。

大约在明末崇祯年间（1628—1644），明人音乐就已传入日本，最为著名的就是明朝音乐家魏之琰携带明人乐器东渡日本，并向日本社会各阶层人士教授明乐。

魏之琰（1617—1689），字尔潜，号双候，人称“九官仪”。根据2015年泉州海外交通史博物馆新发现的作于清康熙四十一年（1702）的《魏之琰墓志铭》记载，魏之琰是福清七建（大约在今福清东瀚镇）人。魏家祖上世代都为宫廷乐官，魏之琰本人也出于宫廷乐师，清军入关后，为避祸而只身东渡日本长崎，时间大约是清顺治十年（1653）。（薛彦乔、陈颖艳，2019）

此后不久，魏之琰与家兄来往于越南与日本长崎之间，开展海上丝绸、瓷器、药材、香料贸易，成为著名的海丝商人。日本宽文十二年（1672），魏之琰最终在日本长崎定居。在此期间，他与隐元交往频繁，不仅要求后者弘法讲经，还多次捐款扩建长崎的崇福寺。

在文化交流史上，魏之琰主要是作为音乐大师被载入史册，并为两国学界熟知和研究。他的名作《魏氏乐谱》，于明朝末年就传到了日本，全书内容包括《诗经》《乐府诗集》，以及唐诗宋词的相关乐谱、歌舞谱和郊庙音乐、佛教音乐等，被日本各界称为“明乐”或“魏氏乐”。

日本延宝元年（1673），他奉命进入京都天皇御苑，为后者演奏展示明朝音乐。美妙绝伦、高华典雅的明宫廷雅乐，立即引发了当时皇室王族及其他贵族群体的热烈反响，直到江户时代结束以前的两百年间，始终长盛不衰。

元禄二年（1689），魏之琰在日本去世后，魏氏家族的后人，仍世代有功于明乐的传播。例如第四代裔孙魏浩，长期致力于明乐的传承与普及工作，为便于传授学习，明和五年（1768），他从家传乐谱中，选辑五十首代表性乐谱

『魏氏楽譜』

明清時代に日本に伝わった中国の音楽は、通常「明清楽」と呼ばれているが、明楽と清楽とは実際大きな違いがあった。前者は主に古典詩を歌の文句とし、そして貴族宮廷雅楽に合わせて演じるものだったが、後者は主に民謡小唄の歌詞を歌の文句にして、その音楽スタイルは通俗的なものが多かった。その後、両者の優れた点が融合し、雅俗を兼ねたものに発展した。明治に入ってから、日本社会はこのような中国音楽から生まれた音楽形式を「明清楽」と呼ぶようになった。しかし、実は江戸時代に日本に伝わった音楽様式の明楽、清楽は、実質的に独立していた。

明末崇禎年間（1628–1644）、明人音楽はすでに日本に伝わり、とりわけ最も有名なのは明代の音楽家である魏之琰だった。彼は明人楽器を持って日本に渡り、日本社会の各階層の人々に明楽を教えた。

魏之琰（1617–1689）、字を爾潜、号を双候とし、「九官儀」と称されている。2015年に泉州海外交通史博物館で新しく発見された清康熙四十一年（1702）に作られた「魏之琰墓誌銘」によると、彼は福建省福州府福清県七建（現在の福清東瀚鎮）の出であった。魏の祖先は全て宮廷楽官で、魏之琰本人も宮廷楽師であった。清初の戦乱を避けるため、彼は清順治十年（1653）頃に一人で日本長崎へ赴いた（薛彦喬、陳穎艶、2019）

ほどなくして、魏之琰と兄はベトナムと長崎の間を行き来し、シルク、磁器、漢方薬、香料などの貿易を行い、有名な海上シルクロードの商人となった。やがて寛文十二年（1672）に魏之琰は日本の長崎に定住し、その間、隠元との付き合いが頻繁に行われ、隠元禅師に弘法講経することを求め、そして長崎崇福寺の増築のために何度も寄付した。

文化交流史においては、魏之琰は主に音楽の巨匠として史書に記されており、両国の学界によく知られ、研究されている。彼の名作『魏氏楽譜』は、明朝の末に日本に伝わり、その中に『詩経』、『楽府詩集』、そして唐宋詩歌の関連楽譜、歌や踊りの楽譜、郊廟音楽、仏教音楽などが記載されており、日本各界で「明楽」もしくは「魏氏楽」と呼ばれている。

日本延宝元年（1673）、彼は天皇の命令を受け、京都天皇御苑で明朝音楽を演奏した。そのこの上なく精妙な明代宮廷雅楽は当時の皇室王族や他の貴

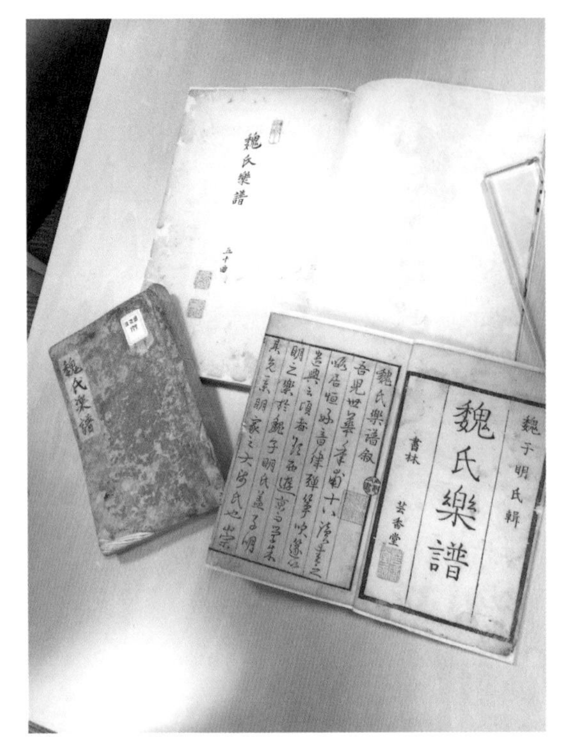

长崎历史文化博物馆藏《魏氏乐谱》，福清黄檗文化促进会供稿

『魏氏楽譜』 長崎歴史文化博物館所蔵 （福清黄檗文化促進会提供）

刊印成书，此后又陆续整理刊行了全部六卷，这就是流传至今的《魏氏乐谱》。这本书出版后，在日本社会产生广泛影响，魏之琰的名字则更加广泛地在京都王侯贵族中间传扬，不仅该书被日本奉为国宝，魏之琰也被称作日本民间音乐的鼻祖。（廖深基，2020）

在日本传播数百年之后，《魏氏乐谱》于1943年，再次传回中国，为原本保存数量稀少的中国古典音乐乐谱文献，再添瑰宝，引起了中国音乐届、学术界的热切关注。近年来，在福清黄檗文化促进会的积极推动下，相关学者得以展开广泛而深入的研究讨论。特别是2016年，促进会在日本长崎历史文化博物馆重新拍得该书全本后，历经三年，至2019年4月，广西艺术学院艺术家们首次将其中的著名诗篇，包括《关雎》《阳关曲》《月下独酌》《关山月》《游子吟》《清平调》《蝶恋花》《青玉案》等诗篇曲词，复原奏唱出来，为世人展现了不一样的古韵情怀。《魏氏乐谱》在中日两国之间的流传、复原、展示，无不生动体现出中日两国文化交流的成果与价值。

《魏氏乐谱》复古首演，福清黄檗文化促进会供稿
『魏氏楽譜』復古初演　(福清黄檗文化促進会提供)

族の間で熱烈な反響を呼び、江戸時代が終わるまでの二百年間、その勢いや影響は衰えることはなかった。

元禄二年（1689)、魏之琰が日本で亡くなった後も、魏氏一族の子孫たちは、明楽を広めることに功労があった。例えば魏之琰から四代目にあたる魏浩は、長年にわたって明楽の伝承と普及に力を入れた。明楽を伝授するため、明和五年（1768）に家伝楽譜の中から代表的な楽譜50首を選集して本に印刷し、その後、6巻を続々と整理して刊行した。これが今日まで伝わってきた『魏氏楽譜』だ。刊行した後、この本は日本社会に及ばす影響は広く、日本で国宝とされている。それだけでなく、魏之琰という名も京都の王侯貴族の間で幅広く褒め伝えられ、日本の民間音楽の元祖と呼ばれている。(廖深基、2020)。

日本で数百年広まった後、『魏氏楽譜』は1943年に再び中国に帰ってき

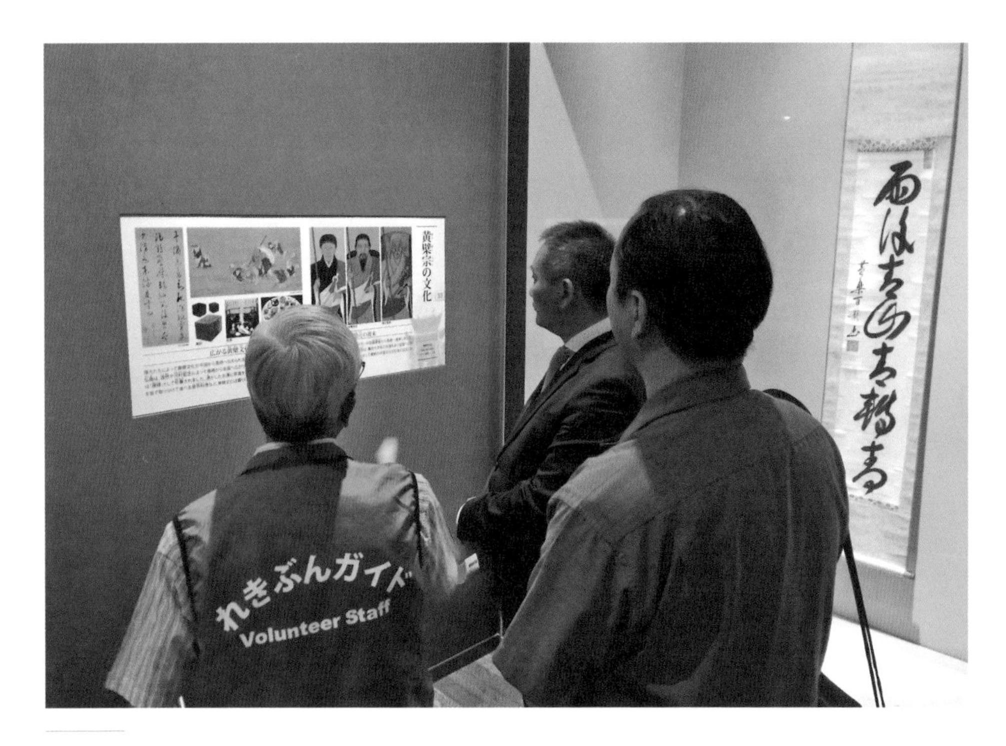

日本长崎历史文化博物馆黄檗文化展品，福清黄檗文化促进会供稿

黄檗文化展示品　日本長崎歴史文化博物館　（福清黄檗文化促進会提供）

黄檗声明

所谓“声明”，是日本佛教寺院中有关典礼音乐的统称，又叫“音声佛事”，梵语称为“梵呗”，意为佛教赞歌。将“梵呗”改称“声明”，主要是因为，日本佛学界人士多认为“梵呗”原指天竺佛教音乐，而日本寺院所用音乐，多为中国的佛教音乐与后来的日本音乐相结合的产物，包括“汉赞”“和赞”两大类，并非梵语音乐。

拥有千余年历史的日本佛教典礼雅乐“声明”，在发展过程中，因佛教宗派的不同，也产生了不同流派类型，主要包括奈良声明、真言声明、天台声明以及黄檗声明等。其中黄檗声明，就是由隐元禅师开创的京都黄檗宗的寺院典礼雅乐，主要遵循明代的佛教典礼仪式规范，在唱念诵经过程中，采用明朝南京官话为基本语音，且黄檗声明的器乐十分发达，表现力更强，其中保存了大量明清时期的雅乐元素。在中日两国文化交流史、佛教交流史上，黄檗宗的声

た。中国古典音楽楽譜文献が元々僅かしかなかったため、『魏氏楽譜』は貴重な宝物とされ、国内の音楽界、学術界の熱い注目を集めた。近年、福清黄檗文化促進会の積極的な推進により、学者達は幅広く且つ深い研究を行うことができた。特に2016年、促進会は日本長崎歴史博物館のオークションでこの本を購入して、その三年後の2019年４月、広西芸術学院の芸術家たちが初めてその中の有名な『関雎』、『陽関曲』、『月下独酌』、『関山月』、『遊子吟』、『清平調』、『蝶恋花』、『青玉案』などの詩編曲詞を復元して演奏することによって、その奇妙な古韻の情を世間に展示した。『魏氏楽譜』の両国間での伝承、復元、展示は、中日両国の文化交流の成果と価値が鮮やかに現れている。

黄檗声明

「声明」とは、日本の仏教寺院における式典音楽の総称で、「音声仏事」とも呼ばれる。梵語では「梵唄」と呼ばれ、仏教賛歌を意味する。「声明」に改称されたのは、日本の仏学界の人々が「梵唄」はもともと天竺仏教音楽を指していたが、日本の寺院で使われていた音楽の多くは、中国の仏教音楽とその後の日本音楽が結合した産物であり、「漢賛」、「和賛」の２種類を含み、梵語音楽ではないからだ。

「声明」は日本の仏教儀式雅楽として千年余りの歴史を持ち、その発展の過程で、仏教宗派の違いによって奈良声明、真言声明、天台声明及び黄檗声明など、異なる流派が生まれた。その中で黄檗声明は、隠元禅師によって創始された京都黄檗宗の寺院式雅楽であり、主に明代の仏教式の儀式規範に従い、読経を歌う過程で、明朝南京官話を基本音声とした。また、黄檗声明の器楽は非常に発達していたため、その表現力がより強く、明清時代の雅楽要素が大量に保存されている。中日両国の文化交流史、仏教交流史において、黄檗宗の声明は最後に日本に伝わった声明であり、最も体系が完備した中国仏教の雅楽でもある。

黄檗声明の曲やふしは、文化交流の融合の過程における多くの共通した特徴を反映していた。その中にある二つの風格特徴、つまり典型的な日本本土音楽の旋律特徴を持つ「和風旋律」、また中国の伝統雅楽の特徴を持つ「華風旋律」は、中日両国の文化の印だと言えよう。「都節音節」という典型的な日本民謡

日本黄檗声明演出现场，福清黄檗文化促进会供稿
日本「黄檗声明」公演現場　（福清黄檗文化促進会提供）

明，是最后传入日本，也是体系最为完备的中国佛教雅乐。

黄檗声明的音乐旋律，体现了文化交流融合的许多特征，它既具有典型的日本本土音乐的旋律风格，也就是所谓“和风旋律”特征，又具有突出的中国传统雅乐的风格样貌，即所谓“华风旋律”。除了“都节调”这种典型的日本民谣调式外，黄檗声明最大的特点和价值是，在日本佛教寺院音乐中，至今保存了古代中国雅乐的基本调式、演奏形式、节拍样式等因素，让今天的我们得以直观感受传统音乐，特别是明清雅乐的魅力。（周耘，2011）

此外，在音乐方面，除了京都黄檗山佛事音乐全仿明清外，东皋心越禅师（1639—1696）个人对日本音乐的影响是比较突出的。东皋心越明朝时出生于浙江省浦江县。幼时起就皈依佛门报恩寺。1676年为避清朝的压制从中国东渡到日本。受澄一禅师的邀请于1681年担任长崎兴福寺的住持，他曾拜访黄檗山万福寺木庵禅师并四处游历，作为外国人在日本各地周游，曾被误作清朝密探而被监禁在长崎。在1683年，受水户藩藩主德川的尽力帮助得以释放。在水户天德寺时他开始传授篆刻和古琴。在日本，东皋禅师又被称为琴乐中兴的祖师，他不仅擅长弹奏弦琴，东渡日本时还带去了虞舜琴，并且将演奏技法以及古乐乐谱，一一传授给了日本弟子，包括人见竹洞、杉浦琴川和小田野东川三人，三人中，尤以杉浦的成就为最高。杉浦将东皋禅师带去的乐谱进行

の音階以外、黄檗声明の最大な特徴と価値は、日本の仏教寺院音楽に古代中国雅楽の基本音階、演奏形式、リズム様式などの要素が今尚保存されているという点にある。だからこそ、今の時代に生きる私たちは、伝統音楽、特に明清雅楽の魅力を直感的に感じることができるのではないか。(周耘、2011)

また、音楽においては、京都黄檗山の仏事音楽が全部明清を模倣しているほか、東皐心越禅師（1639–1696）の日本音楽への影響も大きかった。東皐心越は明代に浙江省浦江県に生まれ、幼い頃から仏門の報恩寺に帰依した1676年に清の圧政から逃れるため日本に渡った。1681年に澄一禅師の招きで長崎興福寺の住持を務め、黄檗山万福寺の木庵禅師を訪ね、外国人として日本各地を周遊した。清朝の密偵と誤解されて長崎に監禁され、1683年、水戸藩藩主の徳川の尽力により釈放された。水戸天徳寺で篆刻と古琴を伝授し始めた。東皐禅師は日本で琴楽中興の祖師とも呼ばれ、弦琴が得意であるだけでなく、日本に渡った時に虞舜琴を連れて行き、演奏技法と古楽譜を日本の弟子に伝授した。彼の弟子には人見竹洞、杉浦琴川、小田野東川の3人がいて、特に杉浦の業績が最も高かった。杉浦が東皐禅師の日本に持って行った楽譜を整理してできた『東皐琴譜』は、伝承の絶えた琴法を再び日本で蘇らせ、両国間の文化交流と繁栄の美しい曲を奏でた。

二、飲食と茶道

飲食文化

明末清初に日本に渡った黄檗禅僧は、建築、彫刻、書画などの面で中華文化を広めただけでなく、日常生活を通して、わが国の特有の風習をも示していた。特に飲食においては故郷の習慣を改めることなく、中華風の調理、食習慣や食品を日本に紹介し、当時の日本の食生活にとても大きい震撼と影響を与えた。

江戸幕府は1639年から鎖国してきたが、長崎の出島から日本に伝わる中国料理は依然として少なくなかった。例えば『長崎夜話草』巻5に挙げられている我が国の東伝した菓子には、香餅、大胡麻餅、砂糖烏羅保衣、香沙餅、火縄餅、胡麻牛皮、玉露餅、賀饅頭など、種類が多い。この時期に東伝

了整理，编成《东皋琴谱》一书，最终让失传已久的琴法，再度在日本复兴，演奏出又一曲文化交流、共同发展繁荣的交响乐。

二、饮食与茶道

饮食文化

明末清初东渡的黄檗禅僧，不仅在建筑、雕塑、书画等方面，阐扬中土之风，而且在日常生活方面，亦因处处表现出祖国之风而独树一帜。其中尤为突出的是，饮食方面不改故土习俗，将中国式的烹调、饮食习惯及食物传至日本，对当时的日本饮食生活造成颇大的震撼与影响。

江户幕府虽然从1639年开始就奉行闭关自守国策，但从长崎的出岛东传日本的中国饮食却仍然不少，如《长崎夜话草》卷五所列举由我国东传的点心

黄檗山“普茶料理”，福清黄檗文化促进会供稿
普茶料理　黄檗山　(福清黄檗文化促進会提供)

した飲食の中、最も特色があるのは、隠元東渡により日本で流行になった「黄檗普茶」という斎食で、現在、「普茶料理」とも呼ばれている。

隠元が長崎の興福寺に入ったばかりの頃、妙心寺の僧侶虚欞了廊がその名を慕って参詣しに行った。その後、彼は書簡で黄檗僧の日常飲食について「一日三食で、朝、昼におかゆ、夜にお茶と果物を食べるのが毎日の決まりである。その間にはお菓子やお茶を1日に6，7回摂り、太って腹が出ており、日本とは大いに異なる。」と書いてある（川上孤山『妙心寺史』，京都：同朋舎，1975年，458ページ)。この描写は誇張しているかもしれないが、当時の食習慣はこれまで日本の禅僧とは異なることが推測される。

隠元は、明朝式の禅文化を日本に伝えるとともに、インゲンマメ、モウソウチク、スイカ、レンコンなど、さまざまな品を日本へもたらし、また、中国式の「普茶料理」を出した。普茶料理の基本的な特徴は「席に上下の区別がなく、人も食べ物も同じ」の教義に基づき、基本的な原則は4人でテーブル（短足）を囲んで、皿の中の料理を共有することである。森末義彰、菊地勇次郎の共著『改稿　食物史』は、このような斎食を大体以下のように描いている。「テーブルの上の料理は昔の唐風の宴席と同じ、貴賤の区別がなく、皆は誠実に向き合う。器の中には箸や食べ物などが置いてあり、主客が順番に味わう。盃とグラス杯は別々に用意して、酒を楽しむ時はお互いに杯を交わして飲む。出汁が食卓にこぼれないのがマナーで、こぼれたときはすぐに拭く。箸で食べ物を挟むには、小皿に置いて食べなければならない。左手にスプーンを持つ。骨は皿に入れ、食べ終わるとすぐに殻入れに入れなければならない。席では上品な言葉をを使わなければならない。例えば、小皿を「碟儿」や「皿子」、土瓶を「茶瓶」、箸を「歯筋」と呼ぶ。赤い中国の懐紙には福禄寿などの縁起の良い文字が書かれている。客の酒の量に応じて，臨機応変に酒を注ぐ」。（森末義彰、菊地勇次郎、1970）このように、主客はそれぞれ箸を持って食卓を囲んで、貴賤を問わず、わだかまりなく食事をすることは、当時の日本の封建社会の厳格な食事マナー、または席の間に頻繁に奔走することや、酒を捧げて掛け声をかけるのと比べて、実に異なる風情があった。最初に長崎に伝わったこの精進料理は、やがて摂津富田や黄檗の各寺院、中国禅僧が訪れた各地に伝わり、万福寺の前に「普茶料理」の専門店

有香饼、大胡麻饼、砂糖乌罗保衣、香沙糕、火绳饼、胡麻牛皮、玉露糕、贺馒头等，名目繁多。此一时期东传的饮食中，最具特色的，便是随着隐元东渡而盛行于东瀛的“黄檗普茶”斋食，亦即现今日本人所称的“普茶料理”。

隐元初进长崎兴福寺时，妙心寺僧虚棂了廊曾经慕名前往参谒，后来在他写给秃翁的尺牍中，提到黄檗僧的日常饮食云：“食物一日三餐，早晨、中午吃粥饭如常，甫又吃粥，入夜吃茶果，为每日固定的形式。其间并不时有点心、茶，日食六、七次，大腹便便，与日殊异。”（川上孤山《妙心寺史》，京都：同朋舍，1975年，第458页）此一描述或许有些夸大不实，然却可由此推知隐元当时的饮食习惯与此前日本禅僧不同。

隐元将明朝风格的各种文化与中国禅宗一起引入日本。对绿豆、胡萝卜、西瓜、毛竹、莲藕等的食用文化由禅宗大师们进行介绍。与此同时，他们还推出了中式素食菜肴“普茶料理”。普茶料理的基本特征是依据“座无上下区别，同样同物”的教义，基本原则是四人围一桌（短腿），共享盘中的菜肴。森末义彰、菊地勇次郎合著的《改稿食物史》描述此种斋食云：“桌上的料理与以往唐风的宴席相同，无贵贱之分，大家恳诚相待。器皿中放着筷子、食物等，由主客依序赏玩。玻璃杯、酒杯，分别备置，酒酣之际，互相交杯饮酒。汤汁不得溢出餐桌，溢出时应随即擦拭。以筷子夹食物，须置于小碟子来食用。左手持汤匙。骨刺应放在盘子里，并随即倒入渣斗内。席中须使用雅言，如称小盘子为‘碟儿’或‘皿子’；称泥茶壶为‘茶瓶’；称筷子为‘牙筋’，同时，在红色的中国餐纸上面，题有福禄寿等吉利文字。视客人的酒量，临机斟酒。”（森末义彰、菊地勇次郎，1970）像这样，主客各持筷子围着餐桌，不分贵贱，毫无隔阂进食的情形，与当时的日本封建社会之严格规定餐食礼仪，以及于席间频频奔走、献酒吆喝的习俗相比较，实有不同情趣。因此，首先传于长崎的此种斋食，不久便普及于摄津富田、黄檗各寺院及中国禅僧所到之处，而在万福寺前等地竟出现了“普茶料理”的专卖店。由此可知，黄檗斋食在当时是颇受彼邦人士欢迎的。

普茶料理作为黄檗宗临济正宗的一种教义传达开来。与日本的斋菜一样，这是一道不使用任何动物食材的中式素食菜肴，烹饪方法基本是用植物油油炸或炒制。所谓的“普茶”是由“普及茶一请”这句话而来的。它的原来意图就是普及“在让人生存的食材面前所有人都是平等的”这样一种教理。普茶料理

までも登場した。このことから、黄檗の斎食は当時、日本で人気を呼んだことがわかった。

普茶料理は黄檗宗の臨済正宗の一つの教義として伝えられた。日本の精進料理と同じように動物の食材を一切使わない中華料理であるが、調理方法は基本的に植物油で揚げたり炒めたりしていた。色々な調理法が使われている点は日本と大きく異なっている。「普茶」とは、「普及茶一請」という言葉に由来し、その本来の意図は、「人が生きるのに要する食材の前ではすべての人が平等である」という教理を普及させることである。普茶料理はつまり「普（あまね）く衆人に茶を施す」という意味である。隠元禅師は長崎に1年ほどしか滞在していなかったが、今でも長崎の黄檗寺では普茶料理の習わしが受け継がれている。また、普茶料理に使われる胡麻豆腐や飛竜頭などは、今では長崎の郷土料理として民間で広く嗜まれている。

日本の寺院では、法要の終わりに茶礼を行うことになっているが、「お茶だけでは物足りないのでは」ということから、僧侶たちは中国の精進料理、すなわち普茶料理を広めた。日本の萬福寺では、黄檗文化を広めることを目的に、昭和の時から一般の参拝者へ向けて提供を開始した。普茶料理は仏教の祭祀に使う供え物で作った料理で、「食べ物を一つ残らずムダにしない」という考えを基にした。例えば、下味をつけた野菜などを唐揚げにしたもの「油糍」、胡麻豆腐も白身魚の刺身に擬した「もどき」料理である「麻腐」、野菜の切れ端を炒め、葛寄せにしたもの「雲片」など、テーブルにずらりと並べる。淡泊な日本の精進料理をイメージして食べた人は、全く異なる味わいと品数の多さに大変驚いたという。

普茶料理は大体低カロリーの良質な植物タンパク質のある大豆と胡麻、または薬食に似ている食品などを原材料とするため、美容と健康にとても良いらしい。また、普茶料理には山や海の産物が多く食材として使われ、中国風の調理技術として胡麻油がよく用いられていた。もう一つの特色は、肉や魚のように見立てた料理がたくさんあることである。

普茶料理の献立は種類に富んでいるが、とりわけ「二湯六菜」がよく見られる。「二湯六菜」は、スープ、和え物の盛り合わせ、野菜天ぷら、ゴマ豆腐、香菌、野菜、筝羹、味噌汁を主にし、白いご飯と果物を添えて構成され

即广泛地给一般民众提供茶的意思。普茶料理使用了很多烹饪方法，这与日本的素食大不相同。隐元禅师虽然只在长崎待了近一年，但至今长崎的黄檗寺庙仍继承着普茶料理的习俗。此外，普茶料理中使用的一些菜如芝麻豆腐、飞龙头等如今也已经成为长崎的乡土料理，在平民中广泛传播。

据说日本寺庙的僧侣们做法事后要举行茶礼，但只有茶水似乎简单了些，于是僧侣们推广起中国斋菜，即普茶料理。而现在的日本黄檗万福寺，为了广泛传播黄檗文化，从昭和时代起就向一般的参拜者提供普茶料理。普茶料理是僧侣们基于"不浪费所有食物"的想法用佛教祭祀的供品烹制的一道菜。例如，用加了味道的面粉油炸做成的干梅子和馒头、油炸芝麻豆腐的鼻祖"麻芙"，将烹饪时会被扔掉的食材切碎切细，调好味道、裹上葛根粉油炸的"云片"等，然后把所有这些食材齐齐整整地摆放在桌面上。日本民众品尝了这种与传统的素淡日本斋菜完全不同的普茶料理后，往往会为普茶料理别样的味道及种类的繁多感到惊讶。

普茶料理多是用大豆和芝麻作为原料，这些原料可以产生很多低热量的优质植物蛋白，还有一部分原料类似药食，据说对美容和健康非常有益。此外，普茶料理还使用了大量的山珍和海鲜，因为是中国风，所以经常使用香油等油脂。它的另一特色，就是有许多类似肉和鱼的假菜。

普茶料理菜谱多样，其中尤以"二汤六菜"最为常见。它是由清汤、凉拌素什锦、蔬菜天妇罗、香菌、芝麻豆腐、青菜、笋羹、酱汤为主料，再配以白饭和水果组成。一般的普茶料理菜谱是由胡麻豆腐、羹（飞龙头、汤叶卷、豆腐羹）、油炸品（长芋头、鱼糕、魔芋等）、云片（蔬菜勾芡）、味噌汤（各种芋头、切片红萝卜、香菇、红叶麸、菠菜）、冷菜（醋拌金针菇、白醋菊菜、胡麻凉拌隐元豆腐）、茶饭（茶和水一起蒸出来的饭）、菜（腌萝卜、白菜）、水果（山桃、梨）等组成的。当有更尊贵的客人到来，黄檗僧人也会摆出更高档的素菜来，但这里所说的高档并非指价格的昂贵，而是指工艺更精湛的菜品。

据现任京都黄檗万福寺宗务总长荒木将旭介绍，即使是现如今万福寺的普茶料理，也还是强调"人人与茶相伴""座无上下区别""餐桌前人人平等"的理念。不过，身份完全不同的人之间的对话，往往难以长久持续。因此，当初为了让不同身份的人在共进普茶料理时也能亲切交谈、加深彼此之间的友谊，

日本黄檗山普茶料理，福清黄檗文化促进会供稿
普茶料理　日本黄檗山（福清黄檗文化促進会提供）

僧侣们花不少心思在斋菜上，他们用斋菜的食材，制作成了类似烤鳗鱼片等的各类食品，食用过程中就容易引发新的话题："这看起来像鳗鱼片呀，到底是用什么材料做成的呢?"于是不同身份的人，也将在愉快、融洽的交谈中共享斋菜。

普茶料理不仅在黄檗派的寺院中广为享用，作为享受异国风情的一种方式，在饭店和文化界人士中也广受欢迎。作为民间流传起来的普茶料理还和长崎的卓袱料理相互影响，有时使用桌布、珍贵的玻璃酒杯、水壶、西式餐具的情形也经常出现。1772年，《普茶料理抄》等专业食谱书籍出现，食物逐渐变化，它的外观也越来越独特而生动。

普茶料理之外，明显也受中国料理影响的，还有卓袱料理。这是一种中国式料理，最早起源于唐代中国寺院中的佛门素食，"卓"是指桌子，"袱"则是指桌布，"卓袱"一词，就是客人围坐桌子边，以及可口佳肴摆满桌子的意思，

日本卓袱料理"文化宴"，福清黄檗文化促进会供稿

日本卓袱料理「文化宴」（福清黄檗文化促進会提供）

ている。一般的な普茶料理のレシピは、胡麻豆腐、羹（飛竜頭、湯葉巻き、豆腐羹）、揚げ物（長芋、かまぼこ、こんにゃくなど）、雲片（とろみ野菜）、味噌汁（各種の芋、大根、椎茸、ほうれん草）、冷菜（酢和えキノコ、酢菊菜、隠元豆腐の胡麻和え）、茶飯（お茶と水を一緒に蒸したご飯）、野菜（大根漬け、白菜）、果菜（山桃、梨）などからなる。尊いお客さんが来るとき、黄檗の僧人は更に高級な精進料理を出すが、ここで言う高級は価格の高いことではなく、作り方のより優れた料理を指している。

現京都黄檗万福寺宗務総長の荒木将旭によると、現在の普茶調理にも「あまねく人々と茶を供にする料理」という、食の前では身分は平等なりという考え方がある。とはいえ、身分が違うと会話も続かない。そこで僧侶が気を遣い、親睦を深めやすいように、精進の食材で鰻の蒲焼きやカマボコに見立てた「もどきもの」も作っていた。「「カマボコに見えるけど、何で作ってあるんやろう？」とみんなで話しつつ楽しみながら召し上がっていただきたいですね」と荒木さん。

こうした普茶料理は、異国情緒を味わうものとして黄檗宗の寺院ばかりでなく、料理屋や文化人など、民間でも広く嗜まれた。特に民間で行われた普茶料理は、長崎の卓袱料理とも影響し合い、テーブルクロスや貴重なガラス製のワイングラスや水差し、洋食器が用いられる事もしばしばあった。1772年には『普茶料理抄』という専門の料理書も著された。料理は次第に変化していき、見た目が鮮やかな独特のものとなっている。

もう一つ中国からの影響を受けたのは卓袱料理である。これは中国式の料理で、唐代中国の寺院から始まり、「卓」はテーブル、「袱」はクロスの意味（袱紗など）を持つ。「卓袱」とは、大皿に料理を盛りつけ、円卓を囲んで皆で分けて食べる方式で、礼儀正しい雰囲気を体現している。この料理は明清に渡日した黄檗禅僧により、まず長崎で流行したことから「長崎料理」とも呼ばれている。つまり卓袱料理は、黄檗精進料理から派生した日本で流行している新しい料理である。

鎖国時代の約二百年間、日本で唯一、西洋に開かれていた長崎・出島。鎖国中もここ長崎だけは、オランダやポルトガル、中国などの貿易船がやってきて、様々な文化が入ってきた。そこで誕生したのが、和・洋・中のテイス

体现一种礼让进餐的气氛。这种料理在明清之际由黄檗禅僧带入日本并加以改良发扬，首先在长崎流行开来，因此又被称作“长崎料理”。总之，卓袱料理是由黄檗素食料理衍生而来的一种流行日本的新料理。

锁国近两百年间，日本唯一对外开放的是长崎码头。在这期间，日本仅提供长崎出岛供荷兰、葡萄牙、中国等贸易船停靠，从而引进了多姿多彩的文化元素，将和、洋、中三种味道融合在一起的“卓袱料理”，就是在此环境下诞生的。和食、中华料理、洋食的要素相互交融，因此也被称为“和华兰”料理。日本的“和”、中国的“华”、荷兰的“兰”汇合在一起，因此也称为“和华兰料理”。日语的“和、华、兰”发音为“わからん”，这和日语方言“不知道是什么”谐音，即“不知道这是什么料理”。在当时，卓袱料理是当地家庭招待客人的美食。大家围坐在圆形餐桌，品尝大器皿盛放着的各色美食套餐，也与中国传统大家庭聚餐以示团圆的意义相近。

卓袱料理通常是从鲷鱼胸鳍调制的鱼鳍汤开始的，“おめでたい”（祝贺）和“たい”（鲷）同音，取其谐音，有祝贺或特别招待嘉宾之意。卓袱料理最初也主要是表达为每位客人招待一条鲷鱼，以表示感谢祝贺。卓袱料理的特有风格是大家围坐在红漆圆桌周围，用直筷夹取大碟里盛放的料理。在那个时代，日本饮食通常是每人一份餐，因此，这种风格在当时是特别新奇的。

普茶料理在京都府宇治市万福寺及其周边地区、长崎市的兴福寺等地方都能吃到。此外，神户、东京也有专门供应普茶料理的餐厅。与之产生鲜明对比的是，卓袱料理到目前为止仍作为长崎县的地方特色料理，而普茶料理则以黄檗宗各寺院为中心，北及北海道，南至冲绳岛，风靡全国。

隐元与其门下弟子东渡时所携带的家具、植物、食品颇多，这些东西在今天被日人冠上“隐元”或“黄檗”二字，如隐元豆、隐元菜、隐元莲、隐元豆腐、隐元纳豆、隐元西瓜、隐元草、隐元帽、隐元桌、黄檗馒头、黄檗料理、黄檗点心、黄檗天井、黄檗灯笼等，不胜枚举。这些东西的东传，在实际上，不仅促进了中日文化有形的交流，而且使日本人的饮食生活更为充实、丰富，而普茶料理则更成为今天宇治黄檗山寺的出色点心之一。

茶道

中日两国都拥有悠久的茶文化历史，从唐代开始，中日两国之间就开始了

トが融合した「卓袱（しっぽく）料理」。日本の「和」、中国の「華」、オランダの「蘭」が交わってできたことから「和華蘭（わからん）料理」とも呼ばれている。また、「和、華、蘭」は日本語で「わかからん」と発音し、これは日本語の方言「何なのかわからない」の語呂合わせで、「何の料理なのか分からない」という意味である。当時、卓袱料理は地元の家庭が客をもてなす美食料理だった。大皿に盛られたコース料理を、円卓を囲んで味わう形式をもつのは、中国の伝統的な大家族の会食で、団欒の雰囲気が味わえる。

卓袱料理は普通、鯛の胸鰭部分の吸い物でスタートする。「おめでたい」は「たい」（鯛）と同音で、語呂合わせでお祝いや特別招待の意味があり、当時お客様お一人に対して鯛一尾を使っておもてなしした」という意味が込められているそうだ。「卓袱料理」は、朱塗りの円卓を数人で囲み、大皿に盛られた料理を直箸で取り分けていただくスタイル。当時、日本の食事は1人につき1つの御膳というものだったので、このスタイルはとても斬新なものだったという。

普茶料理は京都府宇治市の万福寺やその周辺、長崎市の興福寺などで食べられ、また、神戸、東京にもお茶専門のレストランがある。普茶料理は黄檗宗の各寺院を中心に、北は北海道南から沖縄島にかけて全国を風靡したのに対して、卓袱料理は、今でも長崎における郷土料理の代名詞として愛され親しまれている。

隠元とその弟子が日本に渡った際に持っていった物は、家具、植物、食品が多く、これらのものは今日、日本人に「隠元」または「黄檗」の二文字をつけて命名している。例えば隠元豆、隠元菜、隠元蓮、隠元豆腐、隠元納豆、隠元スイカ、隠元草、隠元帽、隠元テーブル、黄檗饅頭、黄檗料理、黄檗点心、黄檗天井、黄檗灯篭など、数え切れないほどある。これらのものの伝日により、中日文化交流の有形化を促進させることができただけでなく、日本人の食生活をより充実させ、豊かにし、特に普茶料理は今日の宇治黄檗山寺の優れたお菓子の一つとなっている。

茶道

中日両国はお互い長い茶文化の歴史があり、唐代から、両国の間に頻繁

频繁的茶文化交流，而两国茶文化交流的一个高峰，正是黄檗文化兴盛的明清时期。彼时，以茶叶生产、贸易为基础，兴起发展了官方、民间都盛行的文化交流。这其中，不仅包括茶叶栽培、加工技术的交流，也包括中国茶文化典籍、茶具等精神文化产品向日本的流传。伴随黄檗文化借着海上丝绸之路传播海外的，还有明清茶文化，而这一茶文化的传入也在后来影响了整个日本社会。

日本的茶文化，包括饮茶习俗等，都与中国存在着千丝万缕的联系。可以说，日本的茶文化，就是中日两国文化交流、碰撞、融合的产物。与此同时，日本的茶文化，又再输入中国，对中国产生了重要的影响。两国的茶文化，可谓是同中有异，各具特色，都是在文化互通交流中，加入自身文化因素，加以发展衍生，最终形成独立而富有本民族特色的文化形态。

明代以后，中日两国海上贸易的一个重要的内容，就是日本向中国购买、

日本京都大德寺千利休雕像，福清黄檗文化促进会供稿
千利休像　京都大徳寺
(福清黄檗文化促進会提供)

なお茶の文化交流が始まった。両国のお茶の文化交流でクライマックスを迎えた一つに、黄檗文化が盛んな明清時期がある。お茶の生産、貿易を基礎として、官民ともに盛んに行われた文化交流が興った。この中には、お茶の栽培、加工技術の交流だけでなく、中国の茶文化典籍、茶器などの製品も日本に伝わった。そして海上シルクロードを通じて、海外に伝えられた黄檗文化の中でもう一つ重要なものである明清茶文化も、後に日本社会全体に影響を及ぼすこととなった。

日本のお茶の文化とお茶を飲む習慣などは中国と密接に絡まっていて、中日両国の文化交流、衝突、融合の産物と言える。日本のお茶の文化もまた、中国に輸出し、中国に対して重要な影響を与えた。両国のお茶の文化は、同じように見えて違いがあり、それぞれの特色があると言えよう。どちらも独自の文化的要素を加え、発展させ、最後に独立し、その民族独特の豊かな形態を形成したのではないだろうか。

明代以降、中日両国の海上貿易の一つの重要な内容は、日本が中国に大量の唐宋の物品を購入し、収蔵することである。特に茶文化に関連する器具は、日本茶道の前身である書院の茶の育成のために、確固たる基盤を築いた。書院の茶は、数多くの中国茶器の文化財を基に、足利幕府時期の文化の価値観を踏襲して、各地ので行われている茶会を十分に利用し、積極的に優雅な飲茶の文化を推進し、茶の貿易の需要を牽引した。この商業的なプロモーションの過程において、一部の茶商は、茶文化の代弁者に変身した。彼ら自身が日本の草庵の茶の先駆者であり、草庵の茶の発展に大きく貢献した。

その中で最も有名な代表人物は、室町時代から安土桃山時代までの千利休（1522–1591）である。千利休は商人家庭出身で、小さい頃から茶道に熱中していたが、その後、茶人であった武野紹鴎に弟子入りし、豊臣秀吉の重用を受け、先人を継いで「草庵の茶」を創った。その後の日本茶道はその上で黄檗禅僧により伝日した明清製茶法を融合させてきたものである。

日本の茶道は主に抹茶道と煎茶道の二種類に分けられている。その中で、抹茶道の発展はより古い歴史を持ち、中国の宋代に遡ることができる。鎌倉時代の日本臨済宗の開祖となる栄西（1141–1215）は、南宋孝宗、光宗の時期に中国に臨済禅法を学びにきた。光宗紹熙二年（1191）、日本に帰国した

日本京都建仁寺荣西禅师茶碑，福清黄檗文化促进会供稿
栄西禅師茶碑　京都建仁寺　（福清黄檗文化促進会提供）

收藏大量的唐宋物品，特别是与茶文化相关器具，这为日本茶道的前身——书院茶道的孕育，奠定了坚实的物质基础。在数量众多的中国茶具文物的基础上，书院茶道承袭足利幕府时期的文化价值观，充分利用各地茶会的便利场合，积极推行优雅的饮茶文化，从而带动茶叶贸易需求。在这一商业宣传推动的过程中，部分大茶商本人，变身为茶文化的代言人，他们本身就是日本草庵茶道的先驱者，直接促成了草庵茶道的发展成熟。

这其中，最为著名的代表人物，便是室町时代到安土桃山时代的千利休（1522—1591）。千利休本身就是出身于大商人家庭，从小热衷茶道，后来拜茶道大师武野绍鸥为师，受到丰臣秀吉的重用，继承前人创造了“草庵茶道”。后来的日本茶道，正是在此基础上，融合了以黄檗禅僧为代表的明遗民传入的明清制茶法后，调整完善而来。

日本茶道主要有两种，分别是抹茶道和煎茶道，其中，抹茶道发展较早，其源头可追溯至中国的宋代。镰仓时代的日本临济宗初祖荣西禅师（1141—

時、臨済禅法だけでなく、お茶の栽培法、または宋代の成熟した点茶法、喫茶技術も持ち帰った。そのため栄西禅師は後世に日本の茶祖とも呼ばれた。

もう一つの茶道—煎茶道は、江戸時代中晩期に形成されたもので、日本の既存の茶道文化の基礎の上で、隠元禅師が持ち込んだ明清茶文化を融合させて発展した新しい茶道文化である。日本の煎茶文化は、黄檗禅宗文化と日本伝統文化的の二重の特徴を持つという、特別な文人文化の特徴があり、洒脱で清逸な精神品格を体現している。(馬崇坤、2010)。

「煎茶」という二文字は中国唐代の茶聖陸羽の『茶経』に最初に見られる。弥生時代の日本人は、茶の木が自然に生い茂っていて、全国各地の民衆は早くからお茶を飲む習慣があった。山茶、香炉茶（奥多摩小仏)、釜炒茶（九州嬉野)、黒石茶（青森県）などの種類があり、その中の百沸茶も簡単な飲み方で、煎茶を飲むのと同じようだ。徳川時代になって、隠元の渡日、また

京都宇治抹茶道，福清黄檗文化促进会供稿

茶道　（福清黄檗文化促進会提供）

1215），曾于南宋孝宗、光宗时期来到中国学习临济禅法，光宗绍熙二年（1191），他回到日本时，不仅带回了临济禅法，还带回了有关茶叶种植和宋代发展成熟的点茶饮茶技术。因此荣西禅师也被后世称为日本茶祖。

另一种茶道——煎茶道，则大约形成于江户时代中晚期，是在日本已有的茶道文化基础上，融合隐元禅师带入的明清茶文化发展而来的新茶道文化。日本的煎茶文化，具有独特的文人文化特点，体现出洒脱清逸的精神品格，具有黄檗禅宗文化与日本传统文化的双重特点。（马崇坤，2010）

"煎茶"二字最早见于中国唐代茶圣陆羽的《茶经》。日本弥生时代时，种植的茶树都是自然生长的，日本全国各地的民众很早开始就有喝茶习惯，他们喝山茶、香炉茶（奥多摩小仏）、釜炒茶（九州嬉野）、黑石茶（青森县）等，其中的百沸茶可算是同属这类茶的简便饮法。到了德川时期，隐元的到来以及明朝贸易频繁的往来，让茶道点茶法变得更为讲究且仪式化。随着隐元的传教、临济禅宗的兴盛，在各《寺传》中可以看到，明朝的煎茶似乎已经有了既定的方式。随后，煎茶道也慢慢在民间流传开来。

在日本，拥有文人茶个性的煎茶诞生的直接原因，当然是中国明清时代的文人茶。根据日本的足利三代将军所述，日本与明朝之间的贸易于1404年就开始了，德川幕府初期也积极开展对外贸易，不久中日贸易禁令被发出。1633年日本人海外渡行也被禁止，那时的长崎是日本唯一开放的口岸，只有中国可以与日本进行贸易活动，从中国传来的东西主要经过长崎传到日本。茶具、茶书、笔、墨、纸、砚和文人茶的清洁氛围通过长崎传到日本，为日本的茶道吹入了新鲜空气。那时长崎住了许多中国人，根据记载，1626年前后，长崎居住的中国人达到了5 000人以上，为了这些人开展日常信仰活动和葬礼仪式，佛寺是必要的。在那里首先建造了中国式的兴福寺、福济寺等。一代代住持也都是从中国招去的僧侣，29岁时在黄檗山万福寺出家、55岁时成为黄檗山万福寺住持的隐元禅师是应兴福寺的住持毅然性融之邀，于1654年63岁时率领36人小队去了长崎兴福寺。

黄檗禅僧的东渡日本，极大地推动了两国之间的文化交流。1661年，幕府为隐元在宇治修建了黄檗山万福寺，隐元在这里积极推广中华文化。隐元不仅仅在禅僧之间受到欢迎，他所带来的明代文化也受到了日本一般的文化人的欢迎，在皇室、幕府、各地，隐元的大名也广为传播。当时的后水尾天皇非常

は明との貿易往来が頻繁になったことによって、茶道の点茶法は更に儀式を重んじるようになった。隠元の布教、臨済禅宗の隆盛に伴い、各『寺伝』では、明朝の煎茶はすでに既定の方式があるように見える。その後、煎茶道も徐々に民間に伝わってきた。

日本で文人茶の特性を持つ煎茶道が誕生したのには、中国の明清時代の文人茶からの影響が大きかった。日本の足利三代将軍によると、日本と明の間の貿易は1404年に始まり、徳川幕府の初期にも積極的に対外貿易を展開し、やがて中日貿易禁止令が発令された。1633年に日本人の海外渡航も禁止され、その時の長崎は日本の唯一の開放港であった。そして、日本と貿易活動を行うことができたのは中国人だけで、中国から伝わったものは主に長崎を経て日本に伝わった。茶器、お茶の本、ペン、墨、紙、硯と文人茶などの清潔な雰囲気は長崎を通じて日本に伝わり、日本の茶道に新鮮な空気を吹き込んだ。当時長崎には多くの中国人が住んでいたが、1626年頃、長崎に住んでいた中国人は5 000人以上に達したと記載されている。彼らの日常的な信仰活動や葬儀のために仏教の寺院が必要だった。そこでまず中国式の興福寺、福済寺などが建てられた。そこの代々の住持は中国から招かれた僧侶だった。29歳の時に黄檗山万福寺に出家し、55歳の時に住持となった隠元禅師は、興福寺の住持を務めた毅然性融の招請に応じ、1654年63歳にして36人を率いて長崎の興福寺に足を運んだ。

黄檗禅僧の日本への東渡は、両国間の文化交流を大きく推進した。1661年、幕府は隠元のために宇治に黄檗山万福寺を建てた。隠元はここで中国文化を積極的に普及させた。隠元は禅僧の間で声望が高かっただけでなく、彼がもたらした明代の文化が日本の一般的な文化人にも歓迎され、皇室、幕府、各地で隠元の盛名も広がるようになった。当時の後水尾天皇は学問芸術の交流に熱心で、隠元のために金塔を建てて5つの舎利子を安置し、隠元が臨終する前に大光明普照の称号を与えた。

明代後半に栄えた茶、即ち文人茶道は隠元によって日本に伝えられた。彼の随行僧侶の中には製茶技術に詳しい者がいた。また黄檗山の中には茶園があり、日常生活で常にお茶を提供できた。このように、中国の黄檗山万福寺は自給自足の準備が整っている。隠元が日本に来た後も、福建省黄檗山の従

京都万福寺茶具冢，福清黄檗文化促进会供稿
茶具塚　京都万福寺　(福清黄檗文化促進会提供)

热衷于学问艺术的交流活动，天皇为隐元建立了金塔来安放5颗舍利子，在隐元临终前赐予他大光明普照的称号。

明代后半期繁荣的文人茶道就是通过隐元被传到了日本，隐元来到日本之后，随他来的僧侣中就有懂制茶技术的人，黄檗山中就有茶园。制茶用来提供日常生活之用，中国的黄檗山万福寺形成了自给自足的体制，隐元到日本后依照福建黄檗的习俗，日本的黄檗万福寺也都学习了这些。黄檗山的制茶法很快被推广，隐元死后的三十年间，京都的周边都普及了煎茶法，而且随临济宗黄檗派快速发展，隐元的名字也被加入其中，这种煎茶被称为“隐元茶”。

黄檗禅僧们带去的明清煎茶法，在经过有日本“煎茶道始祖”之称的柴

来の習わしに従っていたため、日本の黄檗万福寺もこれらを学んだ。黄檗山の製茶法が急速に普及し、隠元が亡くなった後の30年間、京都周辺で煎茶法が普及した。更に臨済宗の黄檗派の急速な発展に伴い、隠元の名前も加わって、その茶法は「隠元茶」と呼ばれた。

黄檗禅僧たちによって伝日した明清煎茶法は、日本の「煎茶の始祖」と呼ばれる柴山菊泉（1675–1763）や田中鶴翁、小川可進らの強力な普及で、最終的に「煎茶道」として日本での地位を確立した。江戸時代のもう一人の日本の名僧柴山元昭は、13歳の時に黄檗山万福寺の四代目の住持である独湛

京都万福寺卖茶翁祭屋，福清黄檗文化促进会供稿
売茶翁祭屋　京都万福寺（福清黄檗文化促進会提供）

山菊泉（1675—1763），以及田中鹤翁、小川可进等人的大力推广后，最终确立“煎茶道”在日本的地位。江户时代的另一位日本名僧柴山元昭，13岁时就去拜见黄檗山万福寺第四代住持独湛禅师，在万福寺修行。33岁时又特地到长崎向中国僧人学习煎茶技术。作为驰名当时的卖茶翁，柴山在京都东山设立通仙亭，沿途售卖茶水，并广交各地文人，因而被誉为日本煎茶道的“中兴之祖”。

在当时的各种文献资料中，也记载着禅僧之间流行以中国旧饮茶方式煮团茶的风俗习惯。如义堂周信的《空华集》中有题为《煮铭谈禅》诗，还有“相邀来碶赵州茶”“雪水煎茶”等诗句；虎关的《济北集》中也频繁地出现过“烹雪煎茶”“烹茶”“煮茶”“煮茗”等词语。别源元旨（1294—1364）的外集《东归集》中有《煎茶》诗，此诗的最后一句是“瓦瓶重ねで注ぎ余香を啜る”，可见曾有熬茶之事。

煎茶道成为江户时代“黄檗文化”的重要组成部分，并受到日本各界的普遍接受流传，其中一个重要原因，是煎茶文化中所体现的文人自由精神，其体现了宋元以来兴起、晚明以来达到鼎盛的文人趣味，这也与江户时期日本社会兴起的文人文化精神相适应。这一时期兴盛的煎茶道，实际上是把文人修养、艺术追求与日常生活中的茶饮趣味统一起来。在这一文化环境中，围绕煎茶道形成了以卖茶翁为中心的各种文人集团，这又进一步强化了文人与煎茶的关系。

如果说抹茶道体现的是一种贵族气象，多表现出华美繁复的特点，那么，煎茶道体现的则是一种平民文人的精神追求，多体现出清雅简洁的风格，提倡一种“和敬清闲”的气象，它与抹茶道的“和静清寂”最大的区别，在于一“闲”字，这充分体现出煎茶过程所注重的轻松愉悦的精神特质。为了突出饮茶过程中的文化精神追求，煎茶道还重视煎茶席环境的优美情趣，体现一种超脱悠远的文化精神。

正是由于黄檗煎茶文化所带来的上述新的茶道精神，全日本煎茶道联盟总部，也就理所当然地设在了京都宇治黄檗山万福寺内，这一联盟会指导日本各地众多的煎茶道组织、爱好者定期举行的品茶会。如今，煎茶已经成为日本茶文化生活的一种重要形式。黄檗文化根植日本各个文化领域，繁花盛开，硕果累累。

禅師に会い、万福寺で修行した。また、33歳の時、彼はわざわざ長崎に行って中国の僧侶に煎茶の技術を学んだ。当時の有名な茶商として、柴山は京都東山に通仙亭を設立して、沿道でお茶を売り、各地の文人と付き合いを深めた。そこで日本煎茶道の「中興の祖」と知られ、呼ばれるようになった。

当時の数多くの文献資料には、禅僧の間で中国の古い飲茶方式で団茶を煮る風習が流行していたことも記載されている。例えば、義堂周信の『空華集』には『煮茗談禅』という詩があり、「相邀来沏趙州茶」「雪水煎茶」などの詩句がある。虎関の『済北集』にも「烹雪煎茶」「烹茶」「煮茶」「煮茗」などの言葉が頻繁に登場した。別源元旨（1294-1364）の外集『東帰集』には『煎茶』という詩があり、この詩の最後の句は「瓦瓶を重ねて注ぎ込んで余香を啜る」とあり、茶を煮ることがあったことが伺える。

煎茶道は江戸時代の「黄檗文化」の重要な構成部分となり、日本各界に伝わっていった一つの重要な原因は、煎茶文化の中で体現された文人の自由精神である。宋元に興起し、晩明に最盛となった文人のこの趣きは、江戸時代に日本社会で興った文人の文化精神に適応していることが感じられる。この時期に盛んになった煎茶道には、実は文人の修養、芸術への追求と日常生活の茶飲みの趣味を総括している。このような文化の環境の中で、煎茶をめぐって、茶商を中心とした様々な文人集団が形成され、文人と煎茶の関係が更に強化された。

もし抹茶道が貴族のありさまの現れで、主に華やかで洗練された特徴を表しているというなら、煎茶道は庶民文人の精神を追求し、主に清らかでで簡潔な風格、「和敬清閑」の気風を提唱していると言えよう。

抹茶道の「和敬清寂」という特徴との一番大きい違いは、「閑」という字にあって、これは十分に茶を煎じる過程で気楽で楽しい精神、または調和がとれた気楽な内外の環境を造営することを重視することを表している。茶を飲む過程の中の文化精神への追求を際立たせるため、煎茶道はまた煎茶席の環境の優美な情趣を重視して、一種の超脱な文化精神の表れである。

黄檗煎茶文化がもたらしたこのような新しい茶道精神があるからこそ、全

即非如一的木刻书法匾额及黄檗式煎茶道具，福清黄檗文化促进会供稿
即非禅師書の木彫り額及び黄檗式煎茶道具（福清黄檗文化促進会提供）

综上所述，由于中国福建与日本长崎之间繁荣的海上贸易往来，明清文人茶的茶具、茶书等茶文化形式陆续传到了日本，隐元将文人茶的制茶饮茶文化传到日本，他的到来又吸引了众多文化人聚集在长崎，他们由是接受了从中国传来的新文化。黄檗文化所引发的文化交流热潮，不仅带来了日本社会饮茶习惯的变革，更引发了茶道为代表的文化观念的变迁与革新。江户时代以前，占据主流的是相对严苛繁琐的抹茶道，主要流行于上层贵族和武士阶层之中，黄檗文化带来的新的文化观念，则与日本社会自身的演进相呼应，贵族之外的知识阶层开始逐渐独立，文人精神便是这一阶层变动的新的文化风尚。在这一文化新风之中，各阶层广泛参与其中的煎茶道，便是典型代表。日本煎茶文化新的精神内涵的形成，很大程度上，是与黄檗文化的东传密不可分的。正是在这个意义上，日本社会才将隐元禅师尊奉为煎茶道的重要始祖。

日本煎茶道連盟本部は、当然ながら京都宇治黄檗山万福寺内に設置され、日本各地にある各種の煎茶道組織、愛好家が定期的に行うお茶会を指導している。現在、煎茶道はすでに日本の生活において重要なスタイルになっている。黄檗文化は日本の各文化の分野に根を下ろし、大きな成果を収めている。

以上のように、中国福建省と日本の長崎との間の繁栄した海上貿易の往来により、明清の文人茶の茶器、茶書などの茶文化形式は続々と日本に伝わった。隠元は文人茶の製茶法、飲茶法文化を日本に伝え、また彼の到来によって多くの文化人は長崎に集まり、中国から伝わった新しい文化を受け入れた。黄檗文化が引き起こした文化交流のブームは、日本社会の飲茶習慣の変革をもたらしただけでなく、茶道に代表される文化観念の変遷と革新を引き起こした。江戸時代以前、比較的厳しく煩わしい抹茶道が主流で、主に上層貴族や武士階級の中で流行していたが、黄檗文化がもたらした新しい文化観念は、日本社会自身の発展を呼応していた。貴族文化以外の知識階層は次第に独立し始め、文人精神は新しい文化風潮と為した。各階層の人々が多く参加している煎茶道はその代表である。日本の煎茶文化は黄檗文化の伝来と切っても切り離せない関係だ。だからこそ、隠元禅師は日本社会で煎茶の重要な始祖と尊ばれている。

中日両国の間の茶文化に関する交流は、世界の他の国と地域より早く、長期的な海上シルクロードの商業貿易往来の過程において、茶貿易は終始その中の一つの重要な構成部分となっている。特に明清時代の中日茶文化の交流は、互いの文化特色をいっそう際立たせた。自身の文化の発展、転化と向上を促進するとともに、中日双方の、相手の茶文化に対する理解を深め、それによって双方の交流と協力をさらに推進した。茶文化交流が頻繁に深く行われたお陰で、両国の茶文化の精神性が豊かになっただけでなく、東方文化の独特な精神気質が大きく形成され、両国の文化、及び心理的距離をも縮まった。

現代の中日両国の間の茶文化の交流は、更に多様で生活に入り込んでいる。両国は更に国交50周年をきっかけに、積極的に中日の茶道の文化を伝えて、更に多くの一般人に両国の茶文化を理解してもらい、両国の間の歴史

中日两国间有关茶叶文化的交流，早于世界其他国家和地区，在长期的海上丝绸之路的商贸往来历程中，茶叶贸易始终是其中重要的组成部分之一。明清时期中日茶文化的交流，更加凸显了彼此文化的特色，促进了自身文化的发展、转化和提升，也加深了中日双方对对方茶文化的了解，从而进一步推进了双方的交流合作。频繁深入的茶文化交流，既丰富了两国茶文化的精神内涵，也在很大程度上塑造了东方文化独特的精神气质，拉近了两国人民之间的文化心理距离。当代中日两国之间的茶文化交流，正以更为多样深入的方式展开，两国更应该以邦交五十周年为契机，积极传播中日茶道文化，让更多的普通民众深刻了解和认识中日茶文化之间的渊源关系，珍惜两国间历史上曾形成的友好关系，更加珍视未来的友好关系。

三、建筑与医术

建筑

六世纪中叶，随着我国佛教的东传，佛寺建筑技术亦被移植。随时光流逝，其表现手法与风格虽逐渐发生若干变化，但也不难看出，日本佛寺建筑中的中国元素。

日本建筑发展的历史，大致可分为三个阶段：飞鸟到平安时代，镰仓到室町时代和桃山到江户时代。飞鸟时代（592—710）的佛寺建筑有多种排列风格，进入奈良时代才逐渐统一。竣工时已经相当于中国隋朝时期的奈良县生驹郡斑鸠町法隆寺，它的建筑风格虽然属于飞鸟时代，却仍然体现了我国北魏时期的建筑模式。至于奈良时代的唐式佛寺建筑，则可以奈良五条町的唐招提寺为代表。在造法上，颇能表现我国唐代佛寺建筑富丽雄伟之风。讫自宋代，在结构上原非必需的材料之增多与其细部结构的渐趋繁缛等现象，亦表现于日本镰仓时代的佛寺建筑上，此一形式可以圆觉寺舍利殿为代表。

日本建筑物在体现出唐代建筑显著特征的同时，也体现出了向本土风格转变的特征。平安时代（794—1192），日本寺庙建筑渐渐具备了日式特色的和样风格，贵族府邸中建立了正殿，平安时代后期的正殿，多模仿中国的宫廷结构，除了家内部的密室（被厚厚彩绘墙壁包围的房间，用作卧室或收藏间），其他的房间都没有隔断。只有在必要时，才用屏风和舞台幕布隔开。此外，装

の上でかつて形成してきた根源を大切にして、未来の友好往来や関係をより大切にするべきである。

三、建築と医術

建築

六世紀の半ば、中国仏教の東伝により、仏寺の建築技術もまた移植された。時の経つにつれて、表現の手法や趣が変化しつつあったとはいえ、日本における仏教建築に残された中国的要素は依然として目を引く。

日本の建築史と言えば、大きく三つの段階に分けることができる。すなわち飛鳥から平安時代、鎌倉から室町時代、そして桃山から江戸時代である。飛鳥時代（592–710）においては、仏教建築の排列様式が多様で、奈良時代に入ってやがて統一される。中国の隋の頃に建てられた奈良県生駒郡斑鳩町にある法隆寺は、建築様式から言えば飛鳥時代のものに属されるが、中国北魏時代の建築物の面影も窺える。奈良時代における唐風仏寺といえば、まず奈良五条町の唐招提寺が挙げられ、その造りは中国の唐の仏寺に見られる造りで、壮麗雄大さで抜きんでるところもある。宋朝以降、鎌倉時代の仏教寺院にも構造上、不必要な材料が加えられ、細部にまで色とりどりの細工がなされている。これは円覚寺舎利殿に代表される。

唐風からの影響が顕著な一方、日本の建物はその独自の風土への転身をもみせた。平安時代（794–1192）、日本の仏教建築は徐々に和式に備えられ、例えば貴族の屋敷では正殿が設けられ、平安時代後期では中国の宮廷構造を模倣するものも多かったゆえ、屋内は密室（色絵の壁によって包まれ、居間や収納に用いられた部屋）を除けば、他の部屋では一切間仕切りされることはなかった。ただ必要と思われる時にのみ、屏風か帷幕かで隔たられるとのことである。そのほか、正堂、屋根裏、竹簾、屏風や帳などの家具の備わった家は室礼とも呼ばれていた。

鎌倉時代（1185–1333）から室町時代（1336–1573）まで、地方勢力の台頭が激しく、宮殿、神社、寺院あるいは貴族の住宅などが広く国中に分布するようになる。この時期における日本建築は中国からの影響を受けつつ、また

饰着正堂、房檐、竹帘、屏风和幔帐等家具的漂亮房子被称为室礼。

镰仓时代（1185—1333）到室町时代（1336—1573），地方势力明显兴盛起来，宫殿、神社和寺庙、贵族住宅逐渐遍布全国。此时的日本建筑，既受中国建筑的影响，又同时具有日本本土特色，二者交织融合，地面上铺榻榻米，隔上天花板，支起方柱、压板，安上错落书架，加上飘窗等，书院式的建筑风格也渐渐形成。这种和式地板比其他普通房间的地板略高，在和式榻榻米上摆放、装饰两两成对的香炉、烛台和花瓶，这又显而易见仍受中国建筑风格的影响。

日本文化在安土桃山时代真正进入近世，首次出现了雄壮的城堡式建筑风格，书院式建筑风格也得到进一步整饬。与此同时，从中国传入的茶文化逐渐盛行，随着禅宗的传播扩大，茶道慢慢成立。茶道成为反映日本审美的独特综合艺术，影响了书院式建筑，茶室开始普及。此后，数奇屋造（茶室）的住宅

日本桃山时代京都醍醐寺唐门，福清黄檗文化促进会供稿

京都醍醐寺唐門　日本桃山時代　（福清黄檗文化促進会提供）

日本独自の文化的特徴を併せ持っていた。その両者の交わるところから出現したのは、床を覆うたたみ、天井の隔たり、縁柱、押し板、不揃いの棚や雨戸などの書院式建築風である。というのはそれで床は他の部屋より一段と上がるようになり、その上で対の香炉、燭台、花瓶が置かれるのも、中国建築様式からの影響の現れであろう。

安土桃山時代の近世に入り、やがて壮大な城式建築が誕生し、書院式の建築様式も一段と整備されるようになった。それと同時に、中国伝来の茶文化が盛んになるや、禅宗からの普及に伴い、飲み分けて茶の品種や産地などを推測するという「闘茶」の風潮を機に茶道が成立した。茶道が日本の美意識を反映する独特な総合芸術として、書院式建築様式に影響を与え、これにより茶室が普及し始めた。後程、数奇屋造り（茶室）の住宅様式が発生する。所謂「数奇」というのは、日本語の「好き」と同じ発音であることから、歌道、茶道、生花などの風流の道を好んで「好きに任せて作った家」とのことから来ている。然も「数奇」というのはやはり中国伝来のもので、「数奇」で使われる間仕切りも、部屋の間壁として適用することもあれば、住宅の外壁として適用することもある。

この後、明朝から東伝されてきた仏寺の建築技術はまた、室町、桃山時代の建築工芸に影響を及ぼした。室町の東福寺の山門の上部に施されている模様がない無地の装飾には中国北部の荒漠な風格が見てとれる。また桃山時代の醍醐寺勾欄に見られる金銅装飾などの華麗なる彫塑は中国華南の明快で浪漫ある風格が見てとれる。（廖深基、2020）

当然ながら、日本に影響を与えたのは仏教建築様式と唐の建築風格をおいてほかならない。日本の古都であった平城京は唐の長安（現陝西省西安市）を模倣して建てられたものである。その平城京をはじめとして、西暦六世紀半ば、仏教と共に伝来した中国の伝統的建築芸術によって、日本の建築技術も大きい進歩を遂げることができたのである。日本は中国建築工芸を学びつつ、日本式建築や唐式建築の他、例えば住宅面では、新田造り、松院造りや草山式茶室、寿喜屋など、漸く独自の建築スタイルを確立した。中国建築の弘大に比べて、日本建築は精巧で優雅さが重視され、建築の構造美学や材料の質感が工夫される。その他、日本建築は自然を再現する美意識や技術を重

风格逐渐诞生。所谓的“数奇”读音和日语“好き”一样，即喜欢和歌、茶道和插花等风雅习俗，意思是“好きに任せて作った家”，即随喜好而摆设建成的屋子。而这“数奇”仍是从中国传到日本的，这种风格的隔断既可以作为房间的间壁适用，也可以把它当成住宅的外墙适用。

此后，明代佛寺建筑技艺之东传，也对室町、桃山时代的日本建筑技术产生影响，如室町东福寺山门上层的素色装饰颇能表现出我国华北雄旷荒漠之风。又如桃山醍醐寺勾栏上的金铜装饰等极其华丽的雕塑，则表现出我国华南明快浪漫之风。（廖深基，2020）

当然，对日本影响最大的是佛教建筑风格和唐代建筑风格。日本古都平城京就是在模仿唐朝长安（今陕西省西安市）的基础上建造而成的。以仿长安的平城京为代表，公元六世纪中叶，随着佛教的传入，中国传统建筑艺术传入日本，日本的建筑技术也因此有了长足的进步。日本在学习中国建筑风格的同时，通过交织自己独特的文化，逐渐建立了具有自己特色的日式建筑和唐式建筑，日本独有的新田造、松院造等风格，草山式茶室、寿喜屋等日式风格建筑逐渐定型。与宏伟的中国建筑相比，日本建筑精巧优雅，善于表现建筑的结构美和材料的质感。此外，日本建筑强调再现自然之美的理念和技术。

日本黄檗建筑风格，更是受中国明朝后期福建建筑的影响而形成的江户时代新建筑风格。福建的建筑风格和技术因地区而异。日本的黄檗建筑，不是受一种建筑风格和技术的影响，而是受中国四大地区建筑的影响。此外，日本黄檗建筑和工艺部分也是日本禅宗文化和本土建筑风格的折衷。从长崎四福寺的结构形式和细节中，可以看到长崎兴福寺和崇福寺是从中国直接进口的。而建于观文元年（1661）的京都万福寺，被认为是江户时代日本木匠模仿长崎寺庙的建筑。换句话说，如果长崎的兴福寺和崇福寺被称为“黄檗建筑风格”，那么京都的万福寺则被认为是仿照长崎寺庙的“仿黄檗建筑风格”。或者，也可以说是“仿明风建筑”。事实上，这两种新风格有明显区别。例如，“黄檗建筑”是一个没有天花板的装饰小屋，而“仿黄檗建筑”有天花板，并会建造一个户外小屋。此外，两者还有是否在支柱上使用编织物等差异。如果说，此前的日本建筑基本定位于中国建筑文化的延伸，那么，“黄檗建筑风格”则已经属于日本本土的建筑文化，也可以说它属于受到中国影响的日本技术和设计。

福建建筑因地域不同而有很大差异。部分福建明代建筑中保留了宋代的

んじる。

その上、日本における黄檗宗の建築スタイルは、中国明朝後期の福建省建築の影響を受けてできた新たな建築スタイルである。福建省の建築スタイルや技術は地域によって異なる面もあって、日本の黄檗建築はその中のどれか一つを鵜呑みするのではなく、中国の４つの主要な地域の影響を同時に受けたのである。また、日本の黄檗建築や工芸品は日本禅宗と日本スタイルの両方を融合させている。長崎の四福寺の構造様式や細部の造りからすれば、長崎の興福寺や崇福寺は中国から直接輸入されていることが分かる。一方、観文元年（1661）に建てられたという京都萬福寺は江戸時代に日本の大工が長崎の寺院を模倣してできたものと考えられている。換言すれば、長崎の興福

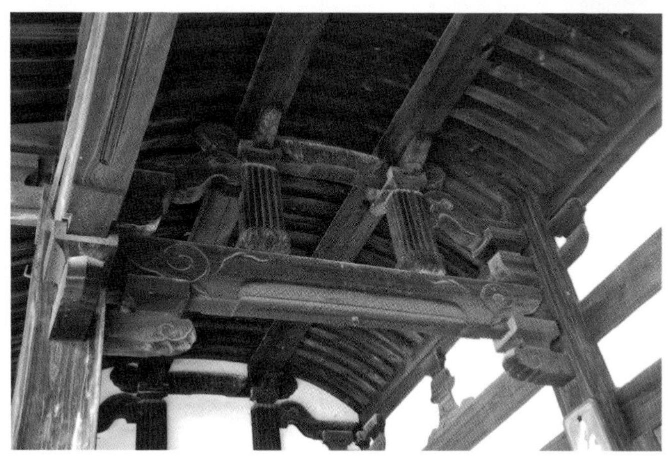

日本京都万福寺局部，福清黄檗文化促进会供稿

日本京都万福寺局部（福清黄檗文化促進会提供）

细节，但也有不少修缮历史。而清代的建筑风格则以雄伟的设计为主流。日本的黃檗建筑不仅受福建各地建筑的影响，还受福建以外的江浙建筑影响。长崎的四福寺中，兴福寺、崇福寺等的“黃檗样式”基本属于中国建筑文化，万福寺、圣福寺等的“仿黃檗风格”则属于日本建筑文化。

就伽蓝的配置而言，同属黃檗宗寺院的长崎三福寺，由于建在市内近郊的丘陵上，受到地形的限制，故此三座寺院的伽蓝配置并未臻整然之境。就其中的福济寺而言，其伽蓝配置是以青莲堂、中门及大雄宝殿、前堂殿宇分列在库房两侧，并以回廊连系；崇福寺则以大雄宝殿为中心，第一峰门、护法堂、钟楼、鼓楼等并列其前，祠堂、开山堂、妈祖堂排列于后。至于“方丈”，则位于大雄宝殿的右方；兴福寺是以大雄宝殿为中心，左右建关帝堂与“方丈”。由此可知，日本佛教建筑的伽蓝配置，呈现明代整然之风者，尚须等到隐元在京都创建黃檗万福寺之时。

京都黃檗山万福寺，沿袭福清万福寺的明清式寺院布局，其中山门、天王殿、大雄宝殿以及法堂等建筑，于中央中轴线排列，其右侧有钟楼、伽蓝堂、

日本京都万福寺伽蓝堂，福清黃檗文化促进会供稿
伽藍堂　京都万福寺　（福清黃檗文化促進会提供）

寺や崇福寺は「黄檗建築スタイル」と呼ばれるのであれば、長崎仏寺を学んでできた京都の萬福寺は「擬似黄檗建築スタイル」ということになる。あるいは、おおまかに「擬似明朝スタイル」と呼ぶこともできるのではないか。実際、この二つの新しいスタイルを明確に区別することができる。例えば、「黄檗建築スタイル」というのは天井が飾られていない小屋のことで、「擬似黄檗建築スタイル」は天井が飾られたもので、戸外に小屋が付けられている。その他、支柱に編み物が使用されるかなどの差異もある。

福建省の建築は地域によって大きな違いがある。明朝では細部に宋の細工が残されるが、修繕も多いため、スタイルの変貌が大きいらしい。清朝では壮大な設計を主とする建築スタイルである。日本の黄檗建築は福建省各地建築の影響を受けているほか、江浙の建築からの影響もある。また、日本の黄檗建築は部分的に日本禅宗と日本スタイルの両方を融合させている。長崎にある四福寺の黄檗式建築は、擬似西洋建築から見ると、崇福寺などの「黄檗建築スタイル」は中国建築に属されるが、聖福寺などの「擬似黄檗建築スタイル」は日本建築に属される。しかし、これらの建築は同じく日本で造られただけに、技術や設計などがお互いに影響するのも当然と言えるのだろう。

江戸初期の仏教建築となると、その前の贅沢で華麗な余風を踏襲しつつも、改進せずに洗練さに欠けた卑俗なものになった。その中期に至って、日本に渡った隠元の開宗により東伝された黄檗宗の仏教建築や彫塑は明朝技法の影響で、それまでの華麗卑俗な雰囲気を一変させ、江戸の仏教建築において異彩を放つようになり、日本仏教的建築の特徴的なものになっていた。

伽藍の配置からいうと、黄檗宗に属する長崎の三福寺は、市内近郊の丘陵地帯に位置するため、地形に制限され、未だ完備したとは言い難いが、その中の福済寺では、伽藍の配置は青蓮堂、中門及び大雄宝殿、前堂殿宇は奥院の両側に配置され、回廊で繋がれている。崇福寺は大雄宝殿を中心に、第一峰門、護法堂、鐘楼、鼓楼が前置され、祠堂、開山堂、媽祖堂がその後を占める。「方丈」なら、大雄宝殿の右側に位置している。興福寺は大雄宝殿を中心に、その左右に関帝堂と「方丈」を建ててある。ということは、日本の仏教建築における伽藍の配置が明の整然したものに到達するのは、隠元が京

京都万福寺钟楼，福清黄檗文化促进会供稿
鐘楼　京都万福寺　（福清黄檗文化促進会提供）

斋堂、知客寮及东方丈；左侧则有鼓楼、祖师堂、禅堂、祠堂及西方丈，故左右殿宇的配置颇为对称。此种配置上的均齐美，便是明代伽蓝的一大特色。

就其细部而言，江户时代佛寺的门扉，是将门面完全涂以黑漆，并于其中一侧整齐地钉上镶有“七宝”的金制装饰或画“秋七草”等泥金画，以表现极其豪华的风格。宇治万福寺的大门呈内开，在它前面，高度约为出入口之半的小门则呈外开。门上绘有合叶、蒿座等浅淡的素色图样，表现出中国佛寺建筑庄严雄浑之趣。此外，又以圆窗作采光之用，此乃江户以前的伽蓝建筑所未有者。至其在每座建筑物悬挂隐元、木庵、高泉等人所题匾额与对联的中国式传统建筑风格，也是江户佛寺建筑的一大特色。（廖深基，2020）

穿过山门，两排巨松并列之间铺设着纵行整齐的菱形石板参道，呈现出黄檗的严整纪律。此外，各幢建筑都以许多回廊、栏杆为连接，构成回环牵连繁复之建筑群结构之美。至如总门的特殊形状；山门、本殿大栋上所镶嵌的宝珠等装饰；法堂前的明风拜堂及方形础盘、勾栏的特殊形状等，处处异于江户以前之伽蓝，而呈现纯为明代风格的建造手法与配置。因此，一踏入宇治黄

都で黄檗万福寺を開いてからだということがわかる。

京都黄檗山の萬福寺は、福清萬福寺の明清式寺院の配置法を踏襲し、山門、天王殿、大雄宝殿及び法堂などの建築は中央中軸線に沿って配列され、右側に鐘楼、伽藍堂、斎堂、知客寮および東方丈があり、左側に鼓楼、祖師堂、禅堂、祠堂及び西方丈がある。左右の対称が取れた配置がなされている。この配置上の均斉美は、明の伽藍の一大特色である。

その細部からいうと、江戸時代の仏寺の門扉は黒塗りにされ、その中の片側は均斉に七宝のはめられた金制装飾や「秋七草」の泥金絵が釘づけられ、豪華な雰囲気を醸し出している。宇治萬福寺の門扉は内向きで、その前にあ

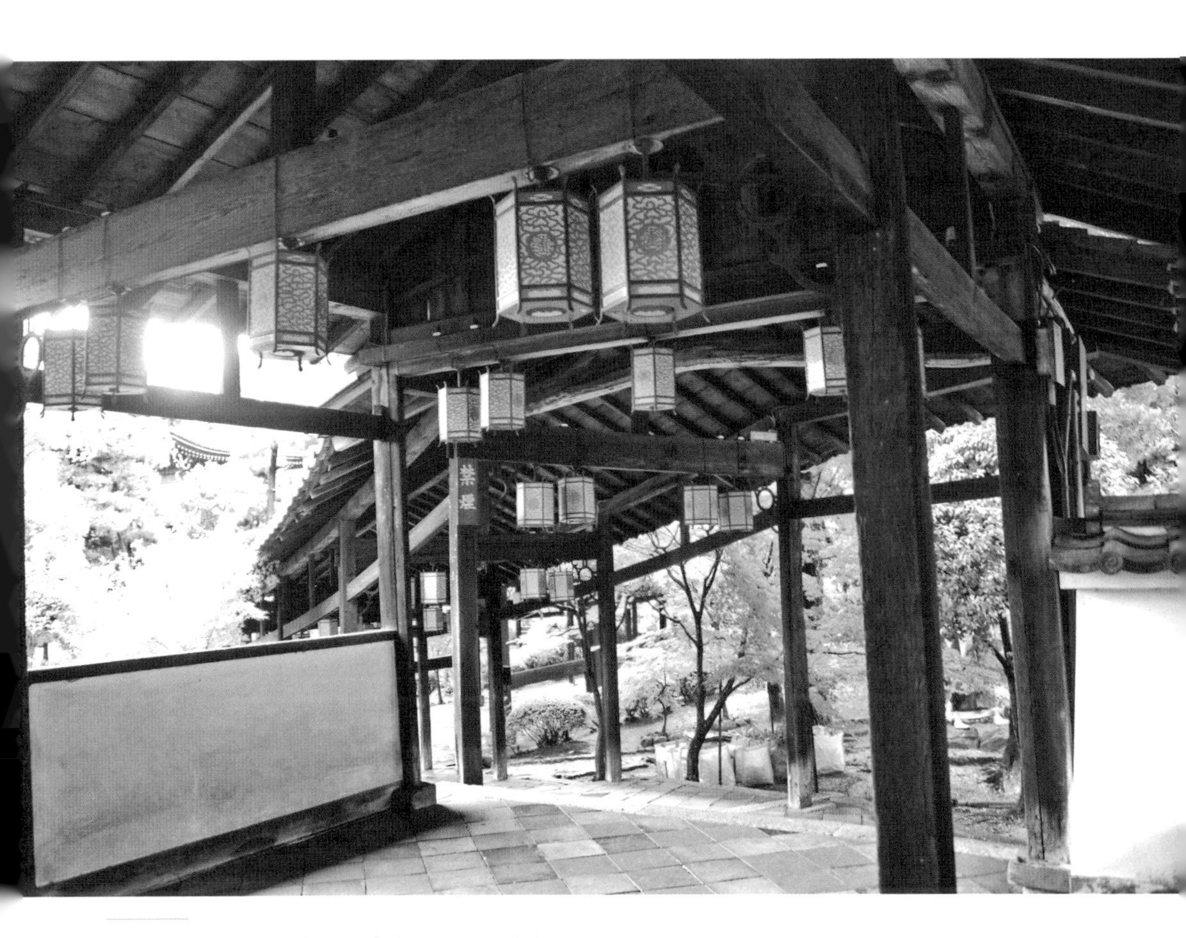

京都万福寺连接回廊，福清黄檗文化促进会供稿

回廊　京都万福寺　(福清黄檗文化促進会提供)

檗山门，便使人恍如置身于中国禅院。

今天，日本早已从学习中国建筑风格转向了创造独特日式建筑风格的道路。日本传统建筑和室内装饰的独特而自然的风格和形式，建筑方法和细节的处理，以及生活在其中的哲学，对现代建筑和室内环境的设计产生了深远的影响。

而在二十一世纪的当下，中国的千年古刹万福寺也迎来了盛世重光日。2016年福清黄檗山万福寺得到社会各界的广泛支持，历时三年时间，于2019年11月重建完成。万福寺位于风景秀丽的黄檗山，群山之中有十五座峰绕成一朵莲花状，而寺院就位于此莲花花蕊处。周峰云雾缭绕，层峦叠翠，溪水潺潺。

重建后的万福寺，总体占地面积达到百余亩，全部采用唐代寺院的建筑风格，力求彰显祖庭寺庙的恢宏庄严。建筑主体采用印尼菠萝格纯木材料，显现出厚重庄重的古典气象。全寺采用五重寺院的传统布局，其中居于中轴线的是内山门、天王殿、大雄宝殿、观音殿、法堂，左右两边依次是钟楼、鼓楼、伽蓝殿、祖师殿、药师殿、往生殿，禅堂、斋堂、方丈楼、僧寮等。所有佛菩

京都万福寺花园，福清黄檗文化促进会供稿
庭園　京都万福寺　（福清黄檗文化促進会提供）

る高さ半分程度の小門は外向きで開く。その上では合葉、藁座などの平素な模様が描かれており、中国仏教建築の荘厳で雄大な趣きが現れている。そのほか、圓窓で日射を採るのは江戸以前の伽藍建築において前例はなかった。隠元、木庵、高泉などの名筆が題した額や対聯を懸けると言った中国式伝統建築スタイルが見られるのも、江戸の仏教建築の一大特徴である。

山門を潜り抜け、連ねる巨松の間に挟まれる菱形の石板参道の整然たる模様は黄檗宗の厳正な紀律を語るようである。その他、大量の建築は回廊や欄干によって繋がれ、曲がりくねった複雑な様相を呈しながら独特な構造美を刻むような仕上がりである。総門の独特な形と言えば、山門、本殿大棟にはめられた宝珠と言った装飾、法堂前の明風拝堂や方形礎盤、勾欄の独特な様式など、所々に江戸以前とは異なり、明朝風の建築手法や配置によるものである。そのためか宇治黄檗山門に踏み入れるなり、中国の禅院に身を置いたような恍惚感を覚える人もいるだろう。

今日の日本建築文化は中国建築スタイルを学ぶことから始まり、特に唐からの影響をうけて独自の建築スタイルを確立する道を歩んできた。日本伝統建築や室内装飾の独特かつ自然なスタイルや様式もまた、建築法、細部の処理、その中での生活観などは、現代の建築や室内環境のデザインに深遠な影響を残している。

21世紀の今、中国の千年古刹の古萬福寺も再度盛況の日を迎える。2016年福清黄檗山萬福寺は社会各界の支持を得て、三年間をかけ2019年11月に再建された。当寺は景色の美しい黄檗山にあり、山に15の峰があり、どれも蓮の形をしており、寺院はちょうどこの蓮の花の蕊に位置している。そこに雲霧が立ち込め，山々が青々としていて，渓水がさらさらと流れていく。

再建を迎えた萬福寺は百畝余りを占め、全て唐朝仏寺の建築スタイルを採ったのは、祖庭に相応しく恢弘かつ荘厳であることを意識しているからである。主体に使われているのはインドネシア産の木材で、重厚で荘厳な雰囲気を見せている。伝統的な寺院の配置（レイアウト）を採用し、中軸線は内山門、天王殿、大雄宝殿、観音殿、法堂、左右は順に鐘楼、鼓楼、伽藍殿、祖師殿、薬師殿、往生殿、禅堂、斎堂、方丈楼、僧寮などである。すべての

重建后的福清黄檗山万福寺，林秋明摄
再建後の福清黄檗山万福寺　（林秋明撮影）

萨、护法神、祖师等人物造像均为纯铜材质，透露出庄严肃穆，将传统文化与现代技术完美融合。

黄檗逢盛世，万福展新颜，这座历经沧桑的千年古刹，乘着海丝文化的东风，将继续为传播弘扬黄檗文化，赓续中华五千年文化，为进一步加深两国民间的文化交流发挥着重要作用。

医术

中日两国之间的医学交流，同样源远流长，隋唐时期，就有日本医者陆续前往中国学习中医文化和诊疗技术。不过在很长的历史时期里，由于中医知识和技术都只限于封闭的师徒授受相传，少有对外开放传播。

明朝中期以后，以“经世致用”为特征的实学思潮开始兴起，一些原本不受重视的科学得到了一定发展，其中最为突出的，就是医学与药学，不仅

仏、菩薩、護法神、祖師などの人物の彫像は純銅でできており、荘厳さの裏には伝統文化と現代科学を完璧に融合させるための工夫が施されている。

黄檗盛世に逢い、萬福新顔を照らしめる。歴史蒼々とした千年古刹は海上シルクロードの発展や勢いに乗って黄檗文化の宣揚、中華五千年の文化の継続、両国民間における文化交流をより一層深めるための役割を果たしていくであろう。

医術

中日両国間における医学交流は長い歴史を持っている。医学文化や診療技術を学ぶために、隋唐時期はすでに続々と日本の医師が中国へ赴いていた。ただ長い間、漢医学は師弟授受に限られている故、開放した試しが少なかった。

医学知识的传播超出家传，许多医学著作也随着雕版印刷技术的成熟，不断出版流传，例如这一时期诞生了中日两国都家喻户晓的李时珍的《本草纲目》。这些发展成就，吸引了日本医师和僧侣来中国学习医药学知识，他们学成归国后，真正推动了日本汉方医学的发展，并由此形成了自身的体系。由于医学知识与诊疗技术的不断丰富发展，原本封闭传授的方式逐渐被突破，日本的中医学习传播变得更为开放，在频繁的中日医学文化交流、医籍东传的基础之上，日本人大胆创新研究，大量著书立说，推动创立并发展了包括古方派、折衷派、后世派以及考证派在内的不同医学流派。这些不同的汉方医学流派的形成，也标志着日本独特医学体系的确立。（邵沁、宋欣阳，2019）

在这样的时代背景下，明清之际黄檗文化的东传日本，也成了推动日本医学流派形成的重要资源和力量。赴日的华人华侨、黄檗禅僧、中国古代文人中很大部分也有超高的医术。明末清初名医陈明德、王宁宇、戴笠（即独立性易）便是其中重要代表。

十七世纪流寓日本的陈明德（1596—1674），医术高超，尤其擅长小儿科，在长崎人的极力挽留下，最终加入长崎籍行医，还曾经著有《心医录》一书，流传至今。王宁宇，号五云子，原籍山西太原，东渡日本后，先在长崎行医，开设医馆、教授医术，并将明朝流行的药剂包装手法也传入日本，后来主要在江户一带行医，影响很大。他们是明朝灭亡后东渡日本遗民中众多中医名家的代表，极大地推动了日本医药学的发展成熟。此外，中日交流的文化使者朱舜水，也是精通医药的著名代表。他们都将自己的医药知识和诊疗技术带入日本，传授学生，造福日本人民。

这些精通医术的明朝遗民中，还包括寺庙僧侣群体，如黄檗禅僧群体，独立性易便是这一群体中的一员。独立禅师于1653年进入日本，不仅擅长书法、绘画、篆刻，还精通中医医术，著有《痘诊治术传》《痘科键口诀方论》等重要医学著作，在日本被尊为“治痘术始祖”。他的嫡传弟子，包括幕府著名的儒医高玄岱、“治痘专家”池田正直以及“大阪名医”北山道长等。

独立性易的高足池田正直（嵩山），也有流传后世的医学文献，主要有七种“生理病理图”和六部医书，其中最有名一部是《痘科健》，池田也因此成为著名的治痘专家。池田的曾孙池田瑞仙，继续将独立禅师一门的治痘

明代中期以降、「経世緻用」を提唱する実学の思潮の台頭と共に、それまで重視されなかった科学もある程度の発展を遂げた。そういう中で最も目立つのは医学や薬学の長足な発展で、医学知識の伝達が家伝から離脱し、医学著作の多くも活字印刷技術の成熟にしたがって流布するようになった。例えば、中日両国でも民間に広く知られる『本草綱目』（李時珍）もこの時期に誕生したのである。これらの発展成果は、日本医師と僧侶の関心を惹き、中国まで医療技術を学びに来る人も後を絶たなかった。学成して帰国するや、たちまち日本の漢方医学の発展を推し進め、独自の体系を形成させた。医学知識や診療技術の絶えざる発展によって、もとよりの閉塞的な伝授法が漸く破られ、日本における漢医学の伝達が更に開放されるようになった。中日両国間の医学文化交流が頻繁になり、そのため医学典籍も東伝する中で、創新琢磨によって果敢に推進されたので、古方派、折衷派、後世派、ないし考証派を含めた多数の医学流派の誕生経緯はこの時期まで遡らなくてはならない。これらの漢方医学流派の形成は、日本独自の医学体系の確立を示すようなものでもあった。（邵沁、宋欣陽、2019）

こうした時代背景の下で、明清の際に東伝された黄檗文化も当然、日本医学流派の成立に一役を買った重要な存在であった。東渡した華人華僑や黄檗禅僧は中国古代文人の多くが医学に精通していた。そして優れた医術の持ち手であった。例えば、明末清初の名手陳明徳、王寧宇、戴笠（すなわち独立性易）はまさにその代表人物だった。

十七世紀に日本に寄寓していた陳明徳（1596–1674）は医術に熟達し、殊に小児科に老練であった。長崎住民に引き留められてやがて長崎に入籍し、医業を続けることにした。陳の著した『心医録』が現在まで伝わっている。王寧宇、号五雲子、山西省太原市を原籍とする。王は渡日してからまず長崎で開業した。医院の開設や医術の伝授のついでに、明朝に流行っていた薬剤包装の技術も日本に導入した。その後は主に江戸一帯で診療し、その影響は甚大である。彼らはみな明の滅びるにしたがって渡日した遺民における多数の漢方医名手の代表の一員で、日本医薬学の発展と成熟に大いに貢献した者達であった。また、中日文化交流使節の朱舜水もまた、医薬に精通する一人であった。彼らは自分の持っている医薬知識や診療技術を日本に伝え、日本

术发扬光大，编著《痘科辩要》《痘诊戒草》等书，使更多的日本民众免受病痛之苦。

像《伤寒论》流传日本一样，随着越来越多中国医书在日本刊行，许多日本医学流派都在黄檗禅僧的影响下，开拓创新了医学诊疗技术。古方派的形成发展，便是很好的例子。古方派之祖名古屋玄医（1628—1696），受到黄檗禅僧传入的明清之际经世致用医学思想的影响。他在广泛研读汉文医书后，在独立性易禅师的医学思想和观点基础上逐渐发展形成了“贵阳贱阴”的医学观点。古方派的另一位中坚人物吉益东洞（1702—1773）的代表著作——《类聚方》与《方极》，也选用了传统医书《金匮要略》和《伤寒论》中的重要医方，并花大功夫对其中较难理解的文字，作了浅显易解的注解说明，是江户时期学习汉方的首选入门书。古方派的许多研究影响都流传至今，如古方派另一代表、《伤寒论》推崇者与研究者后藤艮山（1659—1733）的腹诊研究，最早提倡伤寒派腹诊，在望、闻、问、切传统中医四诊基础上，创造性地加上了“按腹”和“候背”二诊方法，合为六诊法。前述的吉益东洞，也十分重视腹诊法，认为腹部是生命运动的根本，各种病症都根源于此，医者给患者问疾诊断，一定要关注腹部。凡此种种，都是随着黄檗文化传入日本，在明清传统中医思想和诊断方法影响下的进一步发展。（邵沁、宋欣阳，2019）

此外，又如深见玄岱，也通晓医道、著作丰富，同样出于独立禅师的门下。独立禅师在日本医流享有很高的地位，备受尊敬，至今，每逢他的忌日，许多医者都前往黄檗山祭奠。

四、商贸与制瓷

商业贸易往来

众所周知，中日两国长期以来贸易往来就不曾断绝过，长崎作为贸易中心，占有非常重要的地位。最早从七、八世纪开始，长崎就是遣唐使船的最后补给地和出发地，宋元时代，受海难影响的中国贸易船只到这里避难，因此，形成了许多私人贸易，特别是到了明代，长崎等列岛成为商人的根据地，整个十七世纪，长崎是日本向中国开放的唯一一个港口。

の人々に福祉をもたらした。

寺院僧侶もまたこうした医学に精通した明朝遺民の一部であった。例えば黄檗禅僧らもそうであるように、独立性易はその一員と数えられる。1653年に日本に渡り、書道、画道、篆刻の他、漢方医学にも精通する独立禅師は『痘診治術伝』、『痘科鍵口訣方論』などの著作を残して日本では「痘瘡治療術の祖」とまで讃えられるような存在であった。後に幕府で名を上げる儒医の高玄岱、痘瘡治療の専門家だった池田正直ないし大阪名医の北山道長などが独立禅師の嫡伝弟子に当たる。

独立性易の高弟だった池田正直が後世に残した医学著述は「生理病理図」七種と医学書六部で、とりわけ最もよく知られる『痘科健』は彼を一躍痘瘡治療の名家にした。その曽孫の池田瑞仙は独立禅師一門の治痘術を発揚せんがために、『痘科弁要』、『痘診戒草』などを編著し、より多くの日本国民が病痛の苦しみから免れるように尽力した。

『傷寒論』の日本における流布のように、中国医書がどんどん日本で刊行されるにつれて、数多くの日本医学流派は黄檗禅僧の影響を受けて、医学診療技術の創新開拓に携わるようになった。例えば古方派の形成と発展はその典型的な例であろう。古方派の祖名である古屋玄医（1628-1696）は、黄檗禅僧によって導入された明清の「経世緻用」の医学思想の影響を受けていた人物である。彼は漢籍医書を広く読み漁った上で、独立性易禅師に由来する医学思想と観点を発展させ、「貴陽賤陰」という医学上の見解を示した。古方派のもう一人の中堅人物である吉益東洞（1702-1773）の代表作『類聚方』と『方極』もまた、古典医書『金匱要略』と『傷寒論』における主要処方に対して平明な注解説明を施した。江戸時期漢方学習の入門書として最適なものであった。『傷寒論』を推奨し、その研究者でもある後藤艮山（1659-1733）の腹診研究は最初傷寒派に従っていたが、その後望、聞、問、切という漢医四診を基に「按腹」と「候背」という二つの診法を創造的に付け加え、合わせて六診法となった。前述した吉益東洞も同様に腹診法を重視していた。吉益は腹部を生命活動の根本と見なし、あらゆる症状の根源を腹部に求めた。よって診療の際にこの腹部を特に気にかけるというのが吉益の方針であった。これらすべては黄檗文化の伝来とともに日本に入り、日本医学は

尽管明朝前期实行严厉的海禁政策，所谓“片板不得下海”，但是中日两国民间对对方的物产商品，都有巨大的市场需求，因此，各类丝绸、漆器、药材、瓷器以及各种矿产、金属制品的贸易，都几乎是一本万利的，巨大的经济利润，驱使两国之间的民间商业贸易始终绵延不绝地进行着，甚至以海上武装贸易、海盗贸易的方式进行。

江户时代日本的对外关系，最大特点就是闭关锁国。自十七世纪中叶锁国起，日本人被禁止出海航行，只有中国和荷兰的商船，能够进入长崎港开展贸易往来活动。但是，随着中日两国生产力水平和科技水平的发展，经贸交流意愿变得更加迫切，日本在民间贸易往来的过程中，也积累了不少中国的社会经验，同时也逐渐意识到了闭关锁国的危害。因此，中日两国民间的贸易活动，仍然十分顽强且缓慢地发展着。（廖深基，2020）

在中日的贸易的频繁往来中，福建起着关键作用。福建与日本有着悠久的交流历史。从十二世纪开始，福建人就已经频繁渡船到日本九州地区。日本平安时代的史料《浅野群载》中留有“大宋国泉州人李充……来到贵朝”的记录。在这史料中详细记载着，十二世纪初，泉州商人李充乘上自己的商船曾三度访问北九州并进行交易，这是详细的记录。十二世纪后泉州就已经在外贸的兴起中繁荣起来。马可·波罗称泉州为刺桐，把它称为东方第一港。从泉州出发的中国帆船打开了海上的丝绸之路，进一步加强了中日关系。从泉州、福州等港口出发的唐船到达九州周边，运去了大量的铜钱和瓷器，同时又促进了移民大融合。

进入明清时期，福建与日本的关系迎来鼎盛时期。17世纪上半叶控制东亚和东南亚的海上贸易的，主要是来自中国东南部的海商。这些海商的首领名为郑芝龙，郑芝龙娶了平户藩主的女儿田川松，二人的儿子便是被称为“民族英雄”的郑成功。

17世纪30年代以后，中日贸易往来关系达到顶峰，长崎被指定为对外贸易特别是唐船贸易的特定港口。在唐船贸易的鼎盛时期，每年有多达70艘唐船抵达港口。其中，有许多船舶来自福州、厦门、泉州、漳州等福建港口。唐船将陶瓷、书籍和各种日用杂货运往日本，回程时带回日本的铜和海产干货。唐人贸易的翻译和中介主要由唐通事来进行，这些唐通事多是由归化了的中国人及其后裔担当，而他们大半是福建出身。

明清の伝統的漢医思想と診療方法の影響の下で更に進展していったのである。(邵沁、宋欣陽、2019)

その他、医道に精通し、著作を含め多くの成果を残した深見玄岱、同様に独立禅師の門出である。独立禅師は日本の開業医界に高い地位と尊敬を享け、今でも彼の命日にあたって、多くの医者が黄檗山を祭りに訪ねていく。

四、貿易と磁器

貿易往来

周知のように、中日両国は長期にわたって貿易の往来を保ってきた。その貿易の要として機能しているのは長崎にほかならなかった。早くも七、八世紀から、長崎は遣唐使の乗船の補給地や出発地であった一方、宋元期では海難に遭った中国貿易船の避難地でもあった。そのため、個人貿易が発生し、特に明朝では、長崎列島が商人の本拠地となり、また十七世紀に中国に開放された唯一の港であった。

明朝前期に実施していた海禁政策、所謂「下海通蕃の禁」にもかかわらず、中日両国はお互いに物産商品を求めあっていた。市場における需要は各種のシルク、漆器、薬、磁器ないし鉱産物、金属製品など、正にぼろ儲けで、これを商売の種にしていた。巨大の利潤は両国の民間商業貿易を推動し、進行させ、海上武装貿易、海賊貿易さえ出現したわけである。

江戸時期に日本の対外関係は鎖国という一語に尽きる。十七世紀半ばに鎖国体制が確立して以降、日本では出航が禁じられ、中国やオランダの商船のみが長崎港を進出できるようになっていた。中日両国における生産力や科学技術の発展につれて、貿易活動が切望され、日本も民間の貿易往来で経験を積み重ねており、鎖国することの弊害を徐々に意識するようになったそのため、中日両国の民間の貿易活動は、依然として非常に粘り強く、緩やかに発展していた。(廖深基、2020)

中日貿易の頻繁な往来の中で、福建は重要な役割を果たしている。福建省は日本との交流歴史が非常に長く、12世紀から福建人がすでに日本の九州地域に頻繁に行き来し、日本平安時代の史料『浅野群載』においては「大

唐船模型，福州博物馆藏，温志拔摄
唐船模型　福州博物館所蔵　（温志抜撮影）

渡来的船主建立了兴福寺（南京寺）、福济寺（初称泉州寺、后称漳州寺）、崇福寺（福州寺）三寺，称为长崎著名的唐三寺。而其中两座寺庙是福建人建造的，这也显示了福建商人在长崎贸易中的重要性。这些唐庙请来了中国的唐僧担任住持。在这种背景下，1654年，隐元禅师带着数十名弟子来到日本。后来隐元上京，在京都开设了黄檗山万福寺。此后的水尾法皇、幕府要人、各大名人争相皈依隐元，隐元也被赋予了“大光普照国师”的特殊谥号。隐元开创了日本佛教的一大宗派“黄檗宗”。江户时期，黄檗文化不仅对日本的佛教产生影响，而且它还对日本的书法、绘画、建筑、饮食和茶道等方方面面产生了巨大的影响。

随着移民人数的增加，1688年幕府建造了东神屋敷（唐馆）作为外国唐人定居点。唐馆也成了海外华侨文化的传承和保存中心，唐人在馆内建立了土神堂、天后堂、观音堂、仙人堂等宗教设施，并搭建舞台演出戏曲等表演。其

宋国泉州人李充……来到貴朝」との記録が残されていた。この史料には、12世紀初頭、泉州出身の商人李充が自らの商船に乗り三度に渡って北九州を訪問し、貿易を行う詳細な記録が記されている。泉州はマルコポーロから刺桐と呼ばれ、東方第一港と讃えられていた町である。泉州から出航した中国の帆船は海上のシルクロードを開通し、中国と日本の関係をより強いものにした。泉州、福州などの港から出発した唐船は九州あたりに到達し、大量の銅貨や磁器をもたらしたと同時に、移民の大融合も促したのである。

明清時代に至っては、福建省と日本との関係は全盛期を迎えた。17世紀上半では東アジアや東南アジアの海上貿易を押さえたのは中国東南部の海商で、その頭目の名は鄭芝龍だった。後に彼は平戸藩主の娘の田川松を娶り、二人の息子として生まれたのは「民族英雄」の美名を享ける鄭成功にほかならない。

17世紀30年代以降、中日の貿易往来はピークに達し、長崎は対外貿易、特に唐船貿易の特定港に指定された。唐船貿易の最盛期には年に70隻にものぼる唐船が港に到達していた。その中には福州、厦門、泉州、漳州、などの福建港口から来たものが大勢をしめていた。唐船が陶磁器や書籍や各種の日用雑貨を日本に運び入れ、帰る時には日本の銅や海産物干物を持ち帰った。唐人貿易の通訳や仲介は主に唐通事が担い、その多くは帰化した中国人やその後裔で、福建省出身の者が大半を占めていた。

渡来した船の船主が興福寺（南京寺)、福済寺（泉州寺、漳州寺)、崇福寺(福州寺）の三寺を建てた。これらが長崎で著名な唐三寺である。そのうちの二つが福建人によって造られたことは、福建商人が長崎貿易での活躍ぶりを端的に示すものである。これらの唐寺は中国からの僧侶に住持を担当させた。こうした背景の下で、1654年、隠元禅師が数十名の弟子を率いて来日した。後ほど上京する隠元は、京都で黄檗山萬福寺を開設することになる。この後、水尾法皇をはじめ、幕府の要人、各大名が争って帰依し、隠元も「大光普照国師」という謚号を授与された。隠元が開宗したのは、いわば日本仏教の一大宗派の「黄檗宗」であった。江戸時期に、黄檗文化は日本本土の仏教に対する影響の他、日本の書道、絵画、建築、影響、茶道全般に大きな影響を与えていた。

日本万福寺特赐大光普照国师塔石碑，福清黄檗文化促进会供稿
特賜された大光普照国師塔石碑（福清黄檗文化促進会提供）

中唐馆传来的蛇舞（舞龙）、流放彩船、清明节、民生乐、菩萨炸、妈祖圣会、观帝节、盂兰盆会、冬至等习俗，至今仍在长崎流传着，成为该地域的重要的文化和旅游资源。

从中国文化传入的过程中可以明显看出，福建在历史上与日本的贸易网络和文化网络是以重叠、互相促进、相互发展的形式展开的。2020年12月22日到25日，日本东京的中国文化中心曾经举行了“闽之美——中国福建古代艺术及文化观光展”，在那次展览会上，共展出了跨宋、元、明、清四个朝代共31件展示品，展现了宋代起福建日本贸易关系的历史延续及其转变。这贸易关系也可以概括为一种文化，两条海路。一种文化就是黄檗文化，两条海路即陶瓷之路和文墨之路。

“闽之美——中国福建古代艺术及文化观光展”开幕式，福清黄檗文化促进会供稿
「閩の美—中国福建古代芸術と文化観光展」開幕式　（福清黄檗文化促進会提供）

移民人数の増加にしたがって、1688年幕府は東神屋敷（唐館）を外国唐人の居留地として設立した。唐館も海外華僑文化の伝承や保存の中心となり、唐人は館内に土神道、天後堂、観音堂、仙人堂などの宗教施設を建立し、また歌劇等の演出に用いる舞台を整備した。それで唐館から伝来した蛇舞（龍舞）、流放彩船、清明節、民生楽、菩薩炸、媽祖聖会、観帝節、お盆会、冬至などの風習がこの地域の独立した重要な文化や観光資源として現在も長崎に伝えられている。

中国文化の伝来過程から端的に分かるように、福建省は歴史上において日本との貿易ネットワークや文化ネットワークが重なり、互いに促進し、共に発展する形式で展開されていた。2020年12月22日から25日にかけて、日本の東京における中国文化中心で「閩の美—中国福建古代美術及び文化観光展」が行われ、該当の展覧会では宋、元、明、清という四代を跨ぐ31件の展覧品が陳列され、宋代から始まる福建-日本貿易から長崎貿易に至るまでの変遷と継続が展示されている。この貿易関係は

制瓷

明末清初社会动荡不安，福建因为处于远离京城的沿海地区，所以保存了丰富的中原物质文化和精神文明。作为晚明文人文化代表之一的黄檗文化，禅僧东渡日本将代表当时明代士大夫的生活方式和精神文化都带到了日本，这其中就包括中国的陶瓷和制陶技术。出于对中国瓷器的欣赏喜好，也伴随着两国饮食文化、茶文化的交流、融合与发展，日本终在模仿基础上创新，渐渐形成了独特的日本陶瓷文化。

日本国土面积虽小，陶瓷产地却多得惊人，可以说是一个"陶瓷大国"。以六大古窑为代表的传统制作工艺绵延至今，日本各地工匠依各方水土，合各种用途，将陶土捏合成型后，经过太阳和风的洗礼，干燥后焚薪烧窑。"六大

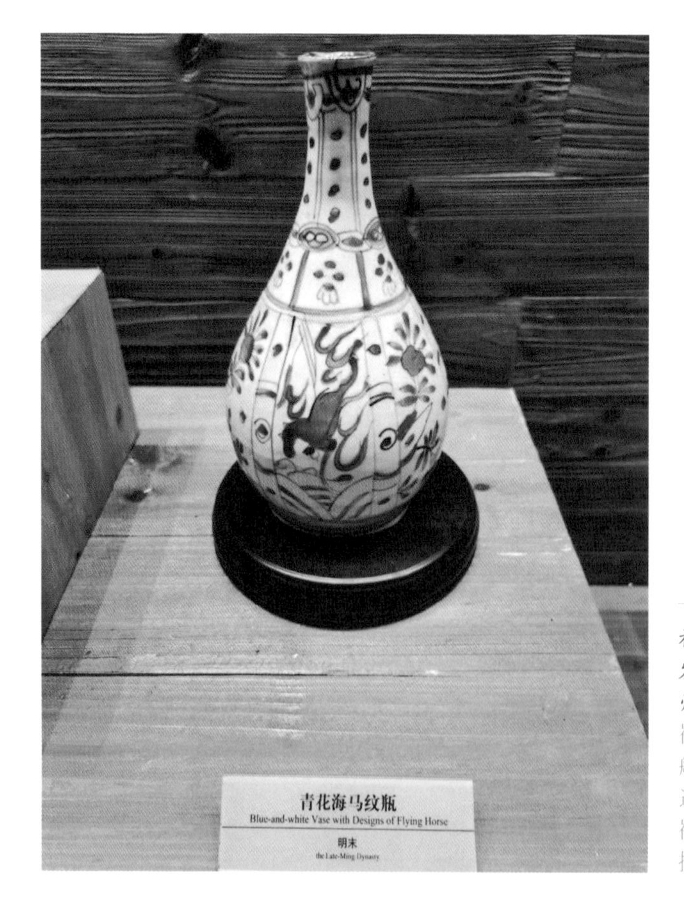

福建平潭九梁一号明代沉船发掘的运往日本的瓷器，福州博物馆藏，温志拔摄
福建平潭九梁1号明代沈没船から発掘された日本へ輸送されるはずだった磁器　福州博物館所蔵（温志拔撮影）

一つの文化、二つの海路という言葉で要約でき、一つの文化は黄檗文化を指し、二つの海路は陶磁器の道と文墨の道を指す。

製磁

明末清初では社会の動乱がやまず、不安定で、福建省は都から遠く離れた沿海部に位置するため、中原の物質文化や精神文明が依然と多く保存されていた。明代後期、黄檗禅僧が日本に渡り、当時代表的な士大夫の生活様式と精神文化を日本に持ち込んだとも言えよう。当時の中国陶磁器と製陶技術もその中に含まれていた。中国磁器に対する享受から、両国の飲食文化、茶文化交流の融合ないし発展とともに、日本における模倣陶磁器とその生産体制も整い、成熟してきた。

中国の磁器に対する鑑賞の好みから、また両国の飲食文化、茶文化の交流、融合と発展にも伴い、日本はやがて模倣の上で革新を試み、最終的に独自の特色を持つ日本陶磁文化が形成された。

日本は国土が狭いが、陶磁産地は驚くほど多く「陶磁大国」と呼ばれるほどである。六大古窯を代表とする伝統的な制作技法が今日へと伝わっており、日本各地の職人たちはそれぞれの風土に従って、様々な用途に使用する為に陶器を捏ね上げ形成した後、太陽と風により乾燥させ、薪を焚き窯で焼いていた。「六大古窯」は現代の日本人に生活や自然との接し方を見直させたと同時に、その答えや有難みを示してくれた。

歴史を遡ると、日本の陶磁器は古墳時代に朝鮮半島から伝わった須恵器がその起源で、飛鳥、奈良時代には中国大陸から伝わった釉の塗られた陶器などの舶来品もあり、「六大古窯」はまさにその技法を完全に熟知した上で大量生産へと辿り、やがて民衆の間で流行らせ、一大産業として形成されたわけである。

いわゆる「六大古窯」とは、中世時代から陶磁器の生産制作に携わり現在でもなお衰えない代表的な六大産地（常滑、越前、瀬戸、信楽、丹波、備前）の総称である。都市名で言うと、愛知県常滑市、福井県越前町、滋賀県甲賀市、愛知県瀬戸市、兵庫県丹波篠山市、岡山県備前市で、この六都市で「六大窯日本遺産活用協議会」組織している。

古窑”的存在让现代日本人能够重新审视自己的生活，以及与自然的相处方式，与此同时，也为我们提示了答案。

追溯历史，日本陶瓷源于古坟时代从朝鲜半岛传入的须惠器和飞鸟、奈良时代从中国大陆传入的施釉陶器等舶来品，“六大古窑”正是将其技法融会贯通后，进行大量的生产，普及到民众间并流传起来，最终形成一大产业。

所谓的“六大古窑”，指的是陶瓷古窑之中，从中世时期开始生产制作一直延续至今的六大代表性产地——常滑、越前、濑户、信乐、丹波、备前——的总称。作为产地的六个市町，包括爱知县常滑市、福井县越前町、滋贺县甲贺市、爱知县濑户市、兵库县丹波篠山市、冈山县备前市，联合组成了“六大古窑日本遗产活用协议会”，协议会试图重新评价各个产地历经千年积淀下来的技术与文化，从宏观的角度再次发掘出“六大古窑”的魅力。2018年春天在日本开始的“六大古窑的千年之旅”项目，就在于通过陶瓷，重新考察人类根本性的生息繁衍、人与自然的关系、器物创作的根源等问题。（森村建一、曹建南，2007）

以“六大古窑”之一的濑户美浓窑为例，其对于福建陶瓷工艺方面的模仿最为突出。应该说，濑户窑并非单纯的模仿，而是依据本土茶文化所需要的器皿和饮食文化的习惯，有针对性地进行模仿生产。特别是在纹饰方面，濑户窑生产的瓷器，多空间宽大，同时多用各类花草等反映自然的图案作为主要装饰题材，力求满足日本民众的自身需求和爱好。

濑户美浓窑的制陶产业，始于中国的宋元时期。十二世纪末、十三世纪初，即中国的宋元易代时期，中国经历了战乱频繁、社会动荡的时代，有大量的福建籍制陶手工艺人，尤其是闽南陶工通过海上商路移居日本。这些手工艺人漂洋过海，为包括濑户在内的日本制陶业的发展，创造了有利条件。他们或者直接参与濑户美浓陶瓷的生产制作，或者传授相关知识和技术，濑户美浓窑由此开始对福建陶瓷，如建窑系天目茶碗、漳州窑系青花的器皿、德化窑系的永春、安溪、南安等，进行大量模仿。这里生产制作的陶瓷，在学习接受福建制陶工艺的同时，也在一定程度上，逐渐朝适合日本茶道文化的需求方向发展，不断改变自身器形和纹饰，体现出日本民族文化特色。（森村建一、曹建南，2007）

到了朱明王朝以后，宋元的抹茶文化遭到禁止，取而代之的是茶叶冲饮

協議会は千年に渡って積み重ねてきた各地の技術と文化を改めて評価し、宏観の角度から「六大古窯」の魅力を再発掘しようとしている。2018年春に日本で開催された「古竈の千年の旅」プロジェクトは、陶磁器を通して人類の根本を成す生存と生殖、人と自然の関係、器物創作の根源などの問題を再考することを目的としていた。(森村建一、曹建南、2007)

「六大古窯」の瀬戸美濃焼を例にとって、福建省の陶磁器工芸を真似たことが最も顕著に現れている。と言うより、瀬戸竈はただ単純に模倣するのではなく、本土の茶文化に必要な器具と飲食習慣に合わせて、需要に応じて模倣し生産したと言った方がよい。特にその模様では、瀬戸焼の多くは空間的に余裕をのこし、そこに草花のような自然を用いた図形を多用し、日本民衆の好みに合うように尽力した。

瀬戸美濃焼の製陶産業の起源を中国の宋元時期に求めることができる。12世紀から13世紀へ移るころ、即ち宋元交代の時期は戦いが頻繁に起きた動乱の時代で、福建籍の陶芸家たち、特に福建省南部の閩南地方の陶芸家たちが大勢海を渡り日本に移住した。日本に来たこれらの陶芸家たちは瀬戸を含む日本の陶器産業の発展に大きく貢献した。直接的にせよ間接的にせよ、瀬戸美濃焼の製造、生産に関与しはじめてから、中国由来の知識や技術を使い、瀬戸美濃焼は福建陶磁器、例えば建窑系の天目茶碗、漳州系青花の器具、徳化系の永春、安溪、南安等を大量に模倣しはじめた。ここで生産された陶磁器は福建省の製陶技術を受け入れつつ、日本の茶道文化に合うように、やがてその形状や模様が改変され日本独自の民族的特徴が現れた。(森村建一、曹建南、2007)

朱氏明朝になってから、宋元における抹茶文化は禁じられ、取って代わったのは淹茶法であった。その代わりに、抹茶法は日本では茶道文化として保存された。茶道文化が社会各層に普及されるにつれて、日本社会では違う規格の陶磁製茶器に対する需要も日に日に増していった。この需要を満たすために、天目茶碗に代表される陶磁器茶器の模倣生産は、この時期において各大窯場の主な生産内容となっている。

法。而与之相反，抹茶文化却在日本作为茶道文化得以继承保存下来。随着茶道文化在社会各阶层的普及，日本社会对各种不同规格的陶瓷茶具的市场需求也与日俱增。为了满足这一需求，以天目茶碗为代表的陶瓷茶具模仿生产，便成为这一时期各大窑场主要生产内容。

十六世纪后期，也就是日本战国时代末期，统一了日本列岛的丰臣秀吉，为继续稳固自己的地位，转移国内矛盾，选择进攻作为明朝藩属的朝鲜半岛。战乱阻断了景德镇青花瓷器为主的陶瓷进口，日本转而开始了漳州窑青花、白瓷及其模仿产品——志野陶瓷的生产，以填补景德镇青花瓷的市场缺口，这是日本模仿制陶业的新阶段。福建与日本之间的海上贸易开始变得更为繁盛，这一时期福建漳州窑的青花瓷，也不断传入日本，从模仿青花瓷、白瓷开始的志野茶陶产业也迅速发展，以满足日本民众茶道文化的需求。

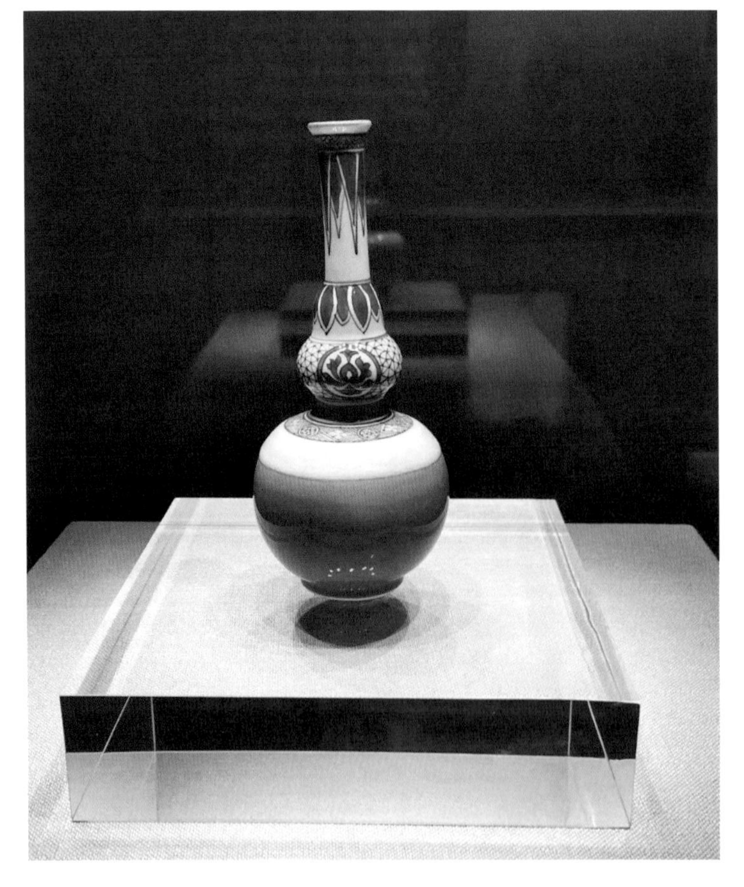

福建平潭碗礁一号沉船遗址发掘的康熙瓷器，福州博物馆藏，温志拔摄

福建平潭碗礁1号沈没船遺跡で発掘された康熙磁器　福州博物館所蔵（温志拔撮影）

十六世紀後期、即ち日本戦国時代末期に、既に日本列島を統一した豊臣秀吉は自らの地位を固めようとするため、彼は国内に生じた矛盾や衝突を外部に向かわせ、当時明朝に従属していた朝鮮半島を侵略の対象に決めた。戦乱は景徳鎮の青花磁器を主とする陶磁器の輸入を遮断したため、その市場における不足を埋めようと、日本は漳州窯の青花、白磁とその模倣製品である志野陶磁器の生産を始めたが、これは日本の模倣陶磁業の新しい段階である。福建省と日本の間の海上貿易はより盛んになり、この時期に福建省漳州窯の青花磁も、絶えず日本に伝わり、青花磁、白磁を模倣したことから始まった志野茶陶産業も急速に発展し、日本民衆の茶道文化の需要を満たしている。

上記のように、日本における各窯の製陶工芸や産業発展は決して日本国内の事情によるものでなく、中日両国における政治的、社会的変革、海上貿易や文化伝達の産物にほかならない。両国の職人による長期の交流、交通と影響の下で黄檗文化が日本に移入され、茶道文化の新たな発展を背景に現れた陶磁器に対する巨大な需要に応じながら陶磁器における文化的変革を推し進めた。同時に、黄檗禅僧は日本に渡り、中国茶器などの物質文明ももたらし、日本の製陶業の新たな発展、ひいては磁器文化の変容と繁栄に直接に関与したと言っても過言ではない。

隠元の東渡開宗は、宗教哲学の解釈だけでなく、人文科学の伝達でもあった。それは中国漢民族の寛大さ、忍耐力、恢弘、そして不撓不屈の精神、一方では仏教の慈悲深さ、怨親平等、衆生済度の修養を現し、彫塑、書画、飲食、医学の多方面から日本仏教文化に刺激を与え、数え切れない成果を上げげた。日本の仏教文化を滋養すると同時に、中日文化交流史に特筆すべき鮮やかな一ページを残した。

日本学者の柳田聖山が「近世日本の社会進歩は、どこから見ても黄檗文化の影響なしでは語ることができない」（柳田圣山、1992）と述べたように、こうした様々な文化交流の中心にあった黄檗文化は今日にいたってもなおその姿を垣間見ることができる。

隠元、朱舜水らの事績はすでに歴史と化しつつも、黄檗文化の影響は現在でもなお続く。中日両国各自の発展事情、あるいは両国国交の現在

综上所述，我们可以看到，日本各大窑的制陶工艺和产业发展，并非国内陶瓷生产技术独立发展的结果，而是中日两国政治社会变革、海上经济贸易往来以及文化传播、互通的产物。在两国手工艺人长期的交流、往来和影响下，在黄檗文化传入日本，并推动茶道文化新发展的背景下，形成了日本社会对陶瓷器具的巨大需求，以及瓷器中的文化元素变革。与此同时，黄檗禅僧东渡日本后带去的中国茶具等，也直接推动了日本制瓷业的新发展，以及瓷器文化的转型和繁荣。

隐元的东渡开宗，不仅是宗教哲学的阐扬，也是人文科学的宏播。除了阐扬汉民族的宽厚、坚忍、恢宏、不屈不挠之精神与佛家慈悲为怀、怨亲平等、普度众生之修养外，举凡雕塑、书画、饮食、医学等各方面对日本佛教文化的陶熔鼓铸，亦多有卓越的成就，而在滋养日本佛教文化的同时，更为中日文化交流史写下粲然的一页。

正如日本学者柳田圣山所述："近世日本的社会进步，无论从哪个方面看，离开黄檗文化的影响都无法解释。"（柳田圣山，1992）以上所述诸多方面种种交流表现出来的黄檗文化，时至今日仍无处不在、有迹可循。

隐元、朱舜水等人的事迹尽管业已成为历史，但黄檗文化的影响至今仍在延续。时至今日，中日两国各自发展情况，以及两国关系的现状，也与隐元所处的时代迥然不同，但这些曾在中日两国历史上和民众生活中产生过重要影响的有关黄檗文化的人物故事、物质文化，至今仍然留存在现实生活、历史记忆、文化传统之中。

も、既に隠元の時代と大きく変わっている。しかしその両国の歴史を生きてきた人々の生活において、重要な影響を残した黄檗文化の人物物語、物質文明は未だに実生活、歴史の記憶および伝統文化の中に残っているのである。

第五章

明清文化与黄檗风雅

黄檗禅僧东渡日本，并非单纯的佛教文化交流，很大程度上是出于对自身文化传统的保存意识与强烈的历史责任感。这一时期，中国文化得以大规模传入日本，成为中日文化交流史上的又一高峰，其基本动力正是这一使命感。因此，当时的日本黄檗禅寺，几乎成为明代文化的集散地，不管是寺庙建筑，还是仪轨制度、文化生活方式，都一律遵照明朝原有制度与文化，就连衣食住行的基本物品，也都从中国引入，直到今天，京都宇治的万福寺，仍然是明代物质文明、文学艺术的重镇。

一、江南文人与文化

中国历史与文学的文献中，经常可见一种地域文化的认同，人们津津乐道于不同地域的文化，例如中原文化、江湘文化、江南文化、京派文化、海派文化、岭南文化等。从历史上看，江南不仅仅指一个自然地理意义上的区域，更是一个社会政治和文化区域。明清时期的江南，主要指的是江浙、江西、福建一带地区。所谓“一方水土养一方人”，宋代以来随着中国经济和文化重心向东南移动，江南也因其独特的地理位置和自然条件，成为明清以来文人文化的中心。江南地区经济发达，为文人提供了雄厚的物质支撑；青山绿水为文人提供了舒缓精神压力的自然环境。江南文人受教育程度高，是社会的精英阶层。他们人格精神伸展，个性张扬。江南文人文化首先表现为典型的儒家文化

第五章

明清文化と黄檗風雅

黄檗の禅僧たちが日本に渡ったのは、単なる仏教文化交流のためではなく、自身の文化伝統に対する保存意識と強い歴史的責任感があったからだった。この責任感こそが、中国文化が大規模に日本に伝えられ、中日交流史上において新しい頂点に達した原動力であろう。当時日本の黄檗寺は明代の文化的中心地となり、寺院の建築にせよ、儀式制度や文化的生活様式にせよ、すべて明代の制度と文化が踏襲されている上、衣食住も中国から伝えられていた。京都宇治にある万福寺は今でも明代の物質文明と文学芸術の重要な中心地である。

一、江南の文人と文化

中国の歴史や文学の文献の中で、地域文化が持つ自我同一感や異なる地域文化に関する論述がしばしば見られ、例えば中原文化、江湘文化、江南文化、京派文化、海派文化、嶺南文化などだ。歴史的にみると、江南は自然地理学的地域だけでなく、社会政治的および文化的地域でもある。明清時代の江南は、主に江蘇省、浙江省、江西省、福建省周辺の地域を指す。「一方の風土が一方の人を養う」と言われているように、江南はその独特の地理的位置と自然条件で、宋代以来中国の経済的および文化的重心が南東に移動するにつれ、明清時代以来の文人文化の中心となったのである。江南地域は経済

印迹，即“天下兴亡，匹夫有责”的责任意识，以及忧国忧民的天下情怀。与此同时，明清易代之际的江南文人，饱受离乱之苦，他们也极力从老庄哲学和佛学禅宗中去寻找精神寄托，通过文学艺术等方式去释放。江南文学繁盛，文人画发达，艺术门类丰富，都是这一地理区域的独特社会生态环境作用的结果。

江南文人与佛教

无论从哪个方面看，明朝都是一个矛盾并存体：经济发展与政治腐败共存，专制强化与个性解放同在。在文学方面同样也呈现出这种复杂性，儒道释三教思想交融在文人身上，呈现在不同样式的文学作品中。著名宗教学者赖永海认为：“儒学给中国佛学的，主要是心性、人性的思想内容，而佛学影响于儒学的，则主要是本体论的思维方式。”（赖永海，2017）

文人与僧侣之间的互动，在中国文化史上可谓源远流长、不绝如缕。以明代为例，从苏州的祝允明、文徵明，唐宋派的唐顺之，以及王世贞为首的“后

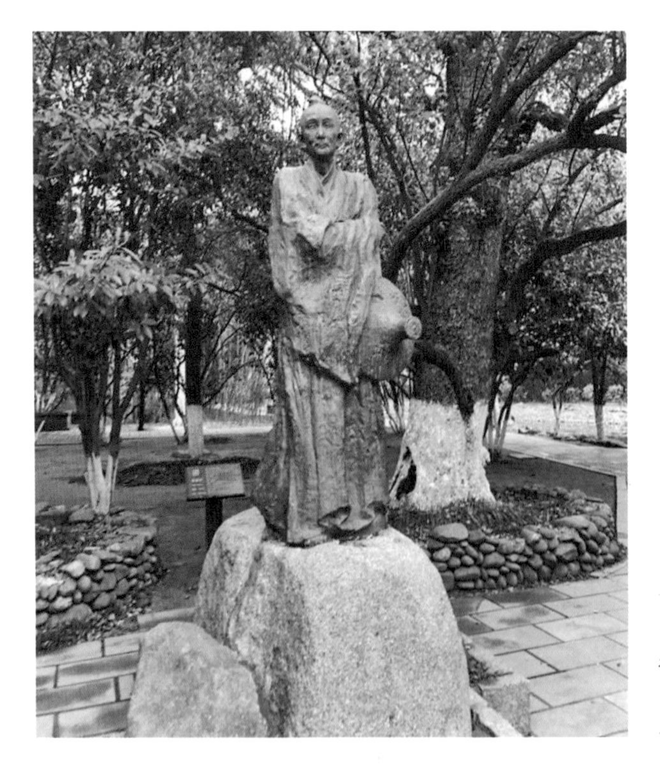

南昌八大山人纪念馆，温志拔摄

八大山人記念館　南昌（温志拔撮影）

発展が進んでおり、文人に堅実な物質的支援を提供し、緑豊かな山々と澄んだ水が文人に精神的ストレスを和らげる自然環境を提供した。江南文人は高度な教育を受けたエリートで、高い心性と突出した個性を持っている。江南の文人文化は儒教文化の影響を受けており、即ち「天下の興亡、匹夫に責あり」という責任意識と、国を憂い民を憂う感情に表れている。同時に、江南文人は明、清の時代交替の混乱に見舞われ、老荘哲学と仏教から精神的支えを見つけようと、文学と芸術等を通してストレス解消を求めた。江南文学、絵画と芸術の繁栄は、この地域の独特の社会的環境から来たのであろう。

江南文人と仏教

どちらの観点から見ても、明代は矛盾が大いに共存する時代であった。経済発展と政治腐敗が共存し、独裁的な強化と個性の解放が共存していた。また、文学においてもこの複雑さが示されていた。儒学、道教、仏教の思想は、文人に溶け込んでおり、さまざまなスタイルの文学作品に表れている。有名な宗教学者頼永海によると、「儒学が中国の仏教に与えるのは主に心性と人間性のイデオロギー的なものであり、仏教が儒学に与えるのは主に存在論の考え方である」とある。(頼永海、2017)

文人と僧侶の交流は、中国の文化史において長い歴史を持っていると言えよう。明代を例にとると、蘇州の祝允明と文徴明、唐宋派の唐順之、そして王世貞をはじめとした「後七子」、公安派、竟陵派、明末から清代初期の銭謙益をはじめとした虞山派、それに八大山人の朱耷、石濤等が率いる多くの重要な芸術家や理論家は、多かれ少なかれ仏教の影響を受けている。明清時代の文人は儒学と道教に深く没頭し、各方面において仏教文化から栄養と啓発を摂取していた。

銭謙益（1582-1664）、江蘇省常熟市出身、知識が豊富で、文界の指導者であり、東林党の指導者でもある。明清時代において詩と詩の変容において重要な役割を果たしていた。彼の周りには多くの仏教徒が集まり、彼は居士仏教における呉中（現在の蘇州市あたり）の指導者であった。更に、彼は明代後期四大僧侶である蓮池袾宏、紫柏真可、憨山徳清、藕益智旭とその弟子、及び華厳宗、天台宗、浄土宗、臨済宗、曹洞宗等の様々な宗派の僧侶とは非

七子”、公安派、竟陵派、虞山派，以及八大山人朱耷、石涛等，重要的艺术家、理论家几乎都与佛教或多或少有所交涉。明清时期的文人，深深浸润于儒道之间，在各方面都从佛教禅宗文化中汲取营养，获得思想启发。

钱谦益（1582—1664），江苏常熟人，学识丰厚，既是文坛盟主又是东林党魁，在明清诗文转变过程中起着关键性的作用。他身边集结了大批奉佛文士，是居士佛教的吴中领袖。另外，他与晚明四大高僧——莲池袾宏、紫柏真可、憨山德清、藕益智旭及其弟子，以及佛教禅宗主要门派包括华严宗、天台宗、净土宗、临济宗、曹洞宗等宗派僧人，都有十分密切的关系。钱谦益的文学思想深受佛教影响，在理论上主张以抒写人的先天“灵心”为中心，强调先天禀赋对诗文创作的决定性作用，力图平衡先天“灵心”与世运、学问等后天修养功夫之间的矛盾，构建了自己完整的诗论体系。他在诗论中大量借用佛教譬喻，委婉表达出自己的观点。如在《鼓吹新编序》一文中连用了三个来自《大般涅槃经》“牛乳”有关的譬喻，以“乳”喻诗，以“牧牛女”喻诗人，评论中国历代诗歌的发展就像从《诗经》的有乳味发展到明代无乳味的过程，借以抨击前后七子的诗文，行文妙趣横生。另外，表现在诗歌创作方面，钱谦益大量化用佛教典故，抒写个人情思，阐释佛教义理，与重在抒写宗教体验的诗僧作品有明显差异。如《芥阁诗》“一粒须弥应着眼，百城烟水好维舟”，讲的就是《华严经》中善财童子南行求法，历尽百城烟水艰辛而无悔的事件。

晚明金陵吴越间，僧人也多称诗人，丛林论诗成为社会风气[①]。僧人如果不会诗歌创作，则会被认为不够清逸；士大夫如果不与僧人交游，则会被认为不够风雅。所以说，士大夫喜欢与僧人结交，以成就其风雅，而僧人创作诗歌获取士大夫认同，以成就其影响力。僧侣士人的互动不仅止于切磋文字诗法，也是一种社会活动。事实上，明代僧人雪浪洪恩对诗歌的社会功能有清楚的认识，他把诗歌作为一种“方便法门”，即与士大夫沟通的重要工具。晚明诗僧的诗作获得广泛的肯定与流传，诗僧社会地位也大幅提高。如黄檗宗隐元禅师就以其富有禅意的诗歌为他高僧地位的提升增加了筹码。

历史上著名的诗僧，其佛学造诣自然未必皆高，而“高僧往往能诗”也

① 丛林：佛教名词，通常指禅宗寺院，亦称禅林，后世教、律等各宗寺院也有仿照禅林制度而称丛林的。

常に密接な関係を持っていた。銭謙益の文学的思想は仏教の影響を強く受けており、理論上では生まれつきの「霊心」を中心に据え、詩や散文の創作において生まれつきの才能が決定的な役割を果たすことを強調し、生まれつきの「霊心」と運、学問等の後天的教養のバランスをとろうとし、彼独自の健全な詩的理論システムを構築した。彼は詩の中で多くの仏教の比喩を借りて婉曲的に見解を表現しようとした。たとえば、『鼓吹新編序』の記事では『大般涅槃経』の「牛乳」に関連するメタファーが3つ連続して使用され、詩のメタファーとして「牛乳」、詩人のメタファーとして「牧牛の少女」が使用されており、中国歴代の詩歌が衰退するプロセスを牛乳に水を差すことに例え、「前七子」と「後七子」の詩に対し妙趣のある批判をした。さらに、銭謙益は詩の創作に関して、仏教をほのめかす方法で感情を表現し、仏教の原則を解釈した。それは、宗教的経験を表現することに焦点を当てた詩僧の作品とは大きく異なる。たとえば、『芥閣詩』の"一粒須弥応着眼，百城煙水好維舟"は、『華厳経』の中の善財童子が百の都市で多大の苦難を経験しても後悔することなく、南に行って禅を探し求めた話を用いたのである。

明代後期、金陵と呉越の地では、僧侶は詩人とも呼ばれ、お寺で詩を作ったり磨いたりすることが流行っていた。僧侶が詩を作れなければ、十分に優雅でないと見なされ、学者が僧侶と交流しなければ、十分に上品でないと見なされてしまう。したがって、学者は優雅さを高めるために積極的に僧侶と交流し、一方で僧侶は詩を作成することで学識を認めてもらい、影響力を高めるために学者と積極的に交流した。僧侶と学者の交流は、言葉や作詩技術を磨くだけでなく、社会活動でもあった。実際、明代の僧侶である雪浪洪恩は、詩の社会的機能を明確に理解しており、詩を学者や役人とコミュニケーションするための重要な手段と考えていた。明代後期の詩僧の詩は広く認知され伝えられ、社会的地位も大幅に向上した。黄檗宗の隠元禅師は禅意に富んだ詩で僧侶としての地位を高めたことがその一例である。

歴史上有名な詩僧は必ずしも仏学における造詣が深かったとは限らないが、「高僧は作詩に長ける」というのも当たり前のことではなく、恐らく明代後期以降に流行ったことである。明代後期以来の詩僧の作品を見ると、その時期の文化的傾向を感じることができる。例えば、当時の詩僧は「詩・書

绝非常态，这恐怕是晚明之后才成为风尚所趋。综观晚明以来诗僧留下的作品，便可轻易感受到明末清初文化潮流的一些面向。例如，当时诗僧与文人在“诗、书、画”结合的倾向上毫无差别，明末清初的高僧也对当时流行的戏曲，给予高度的关注。由于尊宿名贤的提倡、诗僧社会地位的提高、文士与丛林密切的交流、丛林对文字经典态度的转变等因素的配合，促成诗僧大量的出现，形成当时文坛的一种特殊景观。

艺术化的语言，是禅悟以后心灵的表现，禅悟以后才有精彩的文字，经由文字的生动展现，就表现出了创作者内在的心灵境界。正如黄檗僧人即非如一对诗歌创作的看法："诗歌是心灵的表现，受到世界万物、人生经历的感发而体现在艺术形式之上，由此，人心所接触的，都是艺术的真相，所以说，诗就是文字形式的禅意。"（平久保章编，1993年）诗歌是心灵受外界感发的产物，禅宗能够从身边取譬喻，这就是诗禅不二的典型论述，也是习诗僧人为自己的行为寻求合理化解释最常见的理由。在论证诗禅不二的旨趣之后，即非如一的理想竟是“为忠为孝，为圣为贤”，这当然与即非禅师身处明清鼎革之际的时代背景有关涉，“以忠孝作佛事”亦是丛林置身“天崩地解”的时代之中形成的特殊的社会伦理观。

东渡明遗民文化

遗民，通常是指那些改朝换代之后，依然选择效忠前一朝代的群体。明遗民，即忠于明朝的士人缙绅。东渡明遗民，即由中国东南沿海地区赴日的文人与僧侣。文人主要包括使臣、官商和忠于明朝的士人，代表人物有陈明德、戴曼公、朱舜水、陈元赟等。而僧侣群体的典型代表，便是黄檗禅寺为中心的隐元师徒。

东渡日本的明末遗民，有着与其他早先旅日的华人侨民很大的不同，后者已经融入当地的社会文化，与中国社会文化存在程度不同的隔膜，而前者却始终怀着对于“故国”深深的眷恋与责任感，表现出某种“归而不化”的特点。例如著名遗民朱舜水，到日本以后的生活尽管十分艰难，却至死不改明朝衣冠，还多次写信告诫国内的后辈，不要忘记勤勉耕读，不可贪图功名，更不能担任清朝的大小官吏，就连日本友人也无不为此感动。还有如陈元赟，在日本生活了五十余年，娶妻生子，却也始终不改明王朝的衣冠服式，不管是著书立

道・絵画」を組み合わせる傾向があるのは間違いなく、明代後期から清代初期の有名な僧侶たちも人気オペラに高い注目を集めていた。当時詩僧の社会的地位の向上、文人と僧侶の緊密なコミュニケーション、そして古典に対する僧侶の態度の変化等によって、多くの詩僧が現れ、当時の文学界の特別な風景を形成した。

芸術的言語は、禅を悟った後の心の表現であり、悟ってはじめて素晴らしい言葉が生まれる。鮮やかな表現を通して、作者の内なる精神的な境地を示す。黄檗宗の即非如一禅師が詩の創造について「詩は心の表現であり、世界の万物と人生経験に触発されたものを芸術に反映させる。したがって、人の心が触れたものは芸術の真理で、詩は言葉を形式としたで禅である。」（平久保晃編、1993）と述べているように、詩は心が外界に触発されたものであり、禅は身の周りから得ることができる。これが詩と禅の統一であり、詩僧が自分たちの行動を合理化するために最も使われる理由である。詩と禅の統一を証明した後、即非如一禅師の理想は「為忠為孝、為聖為賢」であり、それはもちろん即非禅師が明清時代の移り変わりという背景とかかわり、「忠誠と親孝行で仏教の行いをすること」も「世界が崩壊しつつある」時代の特別な社会倫理である。

渡日した明の遺民文化

遺民は通常、前王朝に忠誠を尽くして新しい王朝に仕えようとしない人を指す。明の遺民とは即ち、明代に忠実な人々のことである。渡日した明代の遺民は、中国南東部の沿岸地域から日本に渡った学者や僧侶のことである。学者には主に使節、役人、商人、明代に忠実な学者が含まれ、代表者には陳明徳、戴曼公、朱舜水、陳元贇がいる。僧侶の典型的な代表者には、黄檗寺を中心とした隠元禅師とその弟子がいる。

渡日した明代後期の遺民は、彼らより先に日本へ渡った華僑とは大きく異なる。後者は地元の社会文化に溶け込んでおり、中国の社会文化からは程度が違うが遠ざかっている。一方、前者は常に「母国」への深い愛着と責任感を持っており、「帰化しきっていない」という特徴を示している。例えば、朱舜水は日本に行ってから非常に困難な生活を送っていたが、明代の衣装を

说还是书画文学创作，都使用明朝年号，还经常以故乡为主题，以泪含情、笔触动人地表达浓烈的思国及乡愁之情。黄檗著名禅僧隐元禅师，率黄檗僧众东渡，排除种种艰难险阻，殚精竭虑在日本弘法，用实际行动抵御自己因为世事变化和禅学衰微而产生的精神困顿。从朱舜水、陈元赟、隐元禅师三位典型的东渡文化遗民身上，均可看到中国文化儒、道、释三者的交融和共性，东渡明遗民群体身体里流淌着的文化血液，赓续着中华文化浸润下的精神基因。（史可非，2012）

东渡日本的明朝遗民，大多学识渊博，多才多艺，对日本的精神文化乃至政治形势产生了重要影响。

江南文人与绘画

明代江南地区的绘画艺术，既延续晋唐宋元艺术传统，又和明朝政治、经济、思想、文化的变化密切关联。明朝经历了由盛到衰的三个历史时期，江南地区的绘画同样在三个不同时期形成了各自的表现形态。

早期“浙派”绘画。江南文人受到明初政治弹压的极大打击，到了十六世纪前期，以戴进为首的浙江出身的专业画家活跃于民间，称作“浙派”。戴进（1388—1462），浙江钱塘人，早年入宫成为一名宫廷画家，因画艺超群被谗言陷害后离开宫廷，后以授徒卖画为生。戴进早年擅长精工画描的画法，比如佛像和肖像，存世的代表作有《达摩至慧能六代像》《归田祝寿图》。中年离开宫廷羁居北京，开始更多关注宋元文人画，画作不受拘束、自由放逸，创新求变。如《墨松图》，选取文人画家擅长的梅兰松竹题材，水墨写意，形神相兼。晚年，戴进回到家乡钱塘，绘画技巧更加成熟，如《携琴访友图》，简劲纵逸，奔放有动感。戴进晚年作品兼具工笔、写意之长的特点，一方面运用多种笔墨，表现描写对象的细微而真实的样貌，技巧精微纯熟，另一方面，又擅长通过寓意象征或笔墨情趣，阐发艺术家内心的文人情思，由此享有“国朝画手第一”的美誉。

“浙派”的主将还有吴伟（1459—1508），他曾多次受到皇室青睐，但个性强烈，恃才使气，不受拘束，几度出入宫廷，享受过荣耀，也陷入贫困，主要身份还是以画谋生的职业画家。吴伟存世作品以人物居多，山水其次，花鸟罕见，画风呈现多种面貌。代表作有《铁笛图》《武陵春图》《雪景山水图》《长

変えることは死ぬまでしなかった。また、中国国内の若い世代に何回も手紙を書き、一生懸命に勉強することを忘れず、功績と名声を切望せず、清代の役人を務めないよう忠告した。日本人の友人でさえこれに感心した。もう一つの例は、日本で50年以上暮らし、結婚して子供をもうけても、明代の衣装を変えたことのない陳元贇である。本を書いても絵を描いても、年号は明代にしていたし、故郷をテーマに母国とふるさとへの強い思いを表した。隠元禅師も、さまざまな困難を克服し僧侶たちと渡日し、日本で法を広めることで、世界の変化と禅の衰退によって引き起こされた精神的苦痛に抵抗しようとした。朱舜水、陳元贇、そして隠元禅師との3人の典型的な渡日した明代の遺民には、中国文化における儒教、道教、仏教の統融合と共通性が表れ、渡日した明代の遺民というグループの文化の血潮が流れており、中国文化が染まった精神的遺伝子が引き継がれているのだ。(史可非、2012)

渡日した明代遺民のほとんどは知識が豊富で有能であり、日本の精神文化や政治情勢に重要な影響を及ぼした。

江南文人と絵画

明代の江南地域の絵画芸術は、晋、唐、宋、元時代の芸術伝統を継承しただけでなく、明代の政治、経済、思想、文化の変化と密接につながっていた。明代は繁栄から衰退までの三つの歴史的時代に、江南地域の絵画も同様にそれぞれ異なる表現形態を形成した。

初期の「浙派」絵画。江南文学は明代初期に政治的弾圧に大きな打撃を受けた。16世紀初頭、戴進(1388–1462)をはじめとした浙江省出身のプロの画家が民間で活躍し、「浙派」と呼ばれていた。戴進は浙江省銭塘江出身で、若い頃から宮廷画家になり、絵画技術が優れていたため中傷を受け宮廷を去った後、絵画を教えたり絵を売ったりして生計を立てていた。戴進は若い頃、繊細な仏像や肖像画などの密画的絵画技法が得意で、『達磨至慧能六代像』や、『帰田祝壽図』などの傑作がある。中年になると、彼は宮廷を出て北京に住み、宋と元の文人の絵に注目し始め、画風は自由奔放で、革新的になっていった。たとえば、「墨松図」は、文人が得意な松竹梅蘭を画題にしており、写意的な水墨画の技が見てとれる作品である。晩年、故郷の銭塘江

江万里图》。他的画作题材有较浓郁的生活气息，如渔乐、樵夫、耕读等，多取自生活，画风质朴，真实自然。

中期“吴派”绘画。明朝成化到嘉靖年间（1465—1566），以苏州府为中心的江南地区，又兴起了新的画家群体，主要代表人物是沈周、文徵明、唐寅、仇英，他们都是苏州府的长洲县人，古代属于吴地，因而被称为“吴门四家”。“四家”的绘画，突出体现文人画的典型特征，擅长运用柔和而富有趣味的笔墨法，融合诗文，以山水画为中心，积极活动。这些画家大多是主流官场之外的文人，或者科举不第，或者选择终身不仕，又或者是仕途失意之后选择归隐。所以，在思想上，他们和元朝末年的隐逸文人画家精神相投、心灵相通，都体现出一种超然于世的艺术精神。

以上这些画家大多出自书香门第，从小就接受良好的文化教育和艺术熏陶，因此，往往是身兼诗人、书法家和画家等多重身份，艺术修养极高的天才型文人艺术家。他们的绘画作品，与北宋苏轼、黄庭坚相近，无不体现出诗、书、画相结合的艺术特点，强调诗中有画，画中有诗，以书入画，充满文人风流和笔情墨趣。这其中，沈周和文徵明是“吴派”的中心人物。

沈周（1427—1509），字启南，号石田，晚年又号白石翁，一生不参加科举，从小由祖父、伯父、父亲亲自教授琴棋书画，因此年少时便酷爱文艺，诗文、书画样样精通，尤其是绘画才能，十分精湛全面，山水、花鸟、人物等主要的国画题材技法，无不精，是一位全能型的艺术家。其中，他的山水画以水墨画为主，墨色饱满滋润，尤其喜欢用浓墨点出苔藓，水和墨的使用变化多样，浓淡搭配，层次分明，此外较多使用浅红色，体现出一种淡雅高洁的风格。沈周的山水画，将诗书画印巧妙融合在画面之中，体现出综合性艺术的文人风貌，这也为文人画的发展，拓展出新的方向。沈周存世的最重要作品，包括《西山纪游图》《庐山高图》《京江送远图》等。

吴门画派的另一位代表文徵明（1470—1559），原名文壁，字徵明，因字而闻名，号稀奇山、停云生等。文徵明也是从小才艺出众，诗文书画无不擅长。绘画方面拜沈周为师，尤其擅长画山水、人物、花卉等题材，其中又以山水著称于世。文徵明的山水作品，工细中见劲健，鲜丽中见淡雅，主要表现隐逸文人的高雅情操和超凡脱俗的精神品质。文徵明的存世作品，主要有《绿荫清话图》《临溪幽赏图》《曲港归舟图》等。

に戻り、戴進の絵画の腕前はさらに上達した。例としてシンプルで力強く、自由でダイナミックな『携琴訪友図』がある。晩年の戴進の作品は密画と写意の両方の特徴を持っており、巧妙で熟練された技を使って対象物をリアルな姿に描きあげる一方、芸術家の内面の文学的感情を筆と墨に託して表現するのが得意で、「王朝一の画家」と評価されている。

呉偉（1459–1508）は「浙派」のもう一人の代表者であった。王室に何度も認められていたが、個性が強く、自身の才能を誇り、誰からも束縛されたくなかった。彼は何度か宮廷に入っては出て、出ては入って、栄光を浴びたことのあるし、貧困に陥ったこともあり、主な身分は絵画で生計を立てるプロの画家である。呉偉の作品は人物画が最も多く、次に山水で、花鳥もあるが稀である。代表作は『鉄笛図』『武陵春図』」『雪景山水図』『長江万里図』などがある。彼の作品は生活身があり、漁楽や木こり、農業、読書など日常生活を画題にしたものが多く、画風は素朴で、自然である。

中期の「呉派」絵画。明代の成化から嘉靖（1465–1566）にかけて、蘇州府を中心とした江南地域に新しい画家のグループが現れた。主な代表的な画家は、沈周、文徴明、唐寅、仇英で、四人とも蘇州府長洲県（古くから呉の地に属していた）の出身なので、「呉門四家」と呼ばれていた。、「呉門四家」の絵画は、文人画の典型的な特徴、即ち柔らかくて趣に富んだ筆遣いと墨遣いで詩歌の作り方を参考し、山水画を中心に描かれている。この画家のグループのほとんどは、役人職から離れた文学者で、科挙試験に失敗した者もいれば、生涯仕官しないと決意した者、または役人キャリアに失敗した後に退官した者達である。したがって、彼らは元時代末期の隠逸な文人画家と意気投合し、超然とした芸術精神を持っている。

これらの画家のほとんどは読書人の家柄で生まれて、幼い頃から優れた文化と芸術的教育を受けてきた。したがって、彼らは往々にして詩人、書道家、画家など、芸術的教養の高く才能のある文学芸術家である。彼らの絵画作品は、北宋時代の蘇軾や黄庭堅と似ており、詩、書道、絵画の組み合わせの芸術的特徴が見え、詩には絵があり、絵には詩があり、この詩と絵の統合が強調され、文人らしい趣きに満ちている。その中で、沈周と文徴明は「呉派」の代表人物である。

唐寅（1470—1524），因为是庚寅年生人，肖虎，所以取名唐寅，字伯虎，号六如居士。唐伯虎同样擅长山水、人物、花卉等绘画题材。他的绘画作品，在综合南派写意画和北派青绿山水的两种风格方面，更为突出，具有更加鲜明的个性，不同的绘画题材，往往都饱含强烈和独特的思想意境，突破了吴门画派其他画家那种闲雅悠远的风格特征。他的存世作品主要有《风木图》《王蜀宫妓图》《骑驴归思图》《桐山图》等。

晚明画坛流派林立。晚明的江南画坛上，出现一批不拘守传统，强调用艺术作品直接抒发自我性情的个性鲜明、风格卓异的画家，其中包括徐渭及其泼墨大写意花鸟画，还有陈洪绶及其夸张变形的人物画等。由于这批画家各自艺术个性都很鲜明，这一时期的画坛，可谓流派林立、异彩纷呈。比如山水画领域，出现了董其昌为代表的“松江派”、蓝瑛的“武林派”、项圣谟的“嘉兴派”等。在技法方面，不同的画家也是各具特色，推陈出新。例如花鸟画方面，陈淳、徐渭等人着重水墨写意；人物画方面，吴彬、丁云鹏、陈洪绶、崔子忠等人多表现变形怪异的人物笔法，曾鲸则更主张吸收西洋绘画技法，形成独特的“墨骨法”等。晚明以来这种追求出新怪奇的现象，可视作这些画家极具个性的文人批判精神的侧面反映，这一风气也一直延续到了清初。

董其昌（1555—1636），字玄宰，号思白、香光居士，松江华亭人。董其昌是晚明乃至古代绘画理论的著名代表，总结和提出了以南派写意水墨画为核心的所谓“文人画”理论，认为绘画主要是表达文人心中的人格境界，不在乎形似工巧，强调艺术创作最为核心的是艺术家偶然兴起的顿悟感发。在创作方面，董其昌擅长山水画，并且以水墨山水见长，而轻视华美艳丽的青绿山水。不论是理论还是创作，董其昌的艺术追求，都深受禅宗的影响，体现出一种枯淡、寂静的艺术风格。这既是晚明书画的整体风气，也深深影响了以黄檗书画艺术为代表的禅宗僧侣艺术的形成发展，换句话说，之后出现的黄檗文化中的艺术成就，主要正是明代中期以来兴起的江南文人艺术的产物。董其昌现存的绘画代表作是《秋山图》《集古树石画稿》等。（单国强，2004）

随着海上商贸往来，明朝遗民和黄檗僧侣，陆续把中国的画作引进日本。以中国文人画的作画理念为规范，摄取以南宗画为首的明清绘画的各种样式，日本终发展出独立画风的系谱——南画，而南画可以称作“日本文人画”。（森正夫，2007）

沈周（1427–1509）、字を启南、号を石田、晩年には白石翁とした。一生科挙に参加せず、幼い頃から祖父、伯父、父に琴棋書画を習い、そのため若い頃は文学や芸術、詩、書道、絵画が好きで、特に絵画の才能は非常に精巧で全面的で、山水、花鳥、人物などの主要な中国画の画題の技法のすべてに精通した全能型の芸術家である。なかでも山水画は水墨画を主として、墨の色は濃くて潤いがあって、特に濃い墨でコケを描いくのが好きで、多種多様な水と墨の使い方で濃淡を組み合わせ、また浅い赤色を比較的多めに使い、上品で高潔なスタイルを表していた。沈周の山水画は、詩、書道、絵画を巧みに融合し、文人の芸術的スタイルを反映し、これが文人画の発展に新たな方向を広げた。代表作に『西山紀遊図』『廬山高図』『京江送遠図』などがある。

「呉派」絵画のもう一人の代表者は文徴明（1470–1559）である。彼は明代中期の文人で、書画家だった。初名は文璧、徴明は字。のちに字をもってその名が知られるようになった。号は衡山、稀奇山、停雲生等とした。文徴明も幼い頃から優れた才能を持ち、詩、書道、絵画が得意だった。絵画は沈周に習い、特に山水画、人物画、花卉などの画題を描くのが得意で、その中でも山水画で最も称賛されていた。文徴明の山水画は、淡彩淡墨による細やかで秀麗な画風をつくりあげ、淡中墨と擦筆が用いられ、淡い色彩と平明な自然描写を特色とし、主に隠士の文人の優雅な感情と並外れた精神的資質を表現している。代表作に『緑蔭清話図』『臨渓幽賞図』『曲港帰舟図』などがある。

唐寅（1470–1524）は、庚寅年生まれたため、唐寅、字に伯虎と名付けられ、号を六如居士とした。唐寅も風景、人物、花卉などの画題を描くのが得意である。彼の絵画は、北宗画と南宗画を融合し、より明確な個性を持った優れた山水画を生み出した。異なる絵画の題材は、往々にして強烈で独特な思想の境地を含み、呉門画派の他の画家のような閑雅で悠遠なスタイルを打ち破った。主に『風木図』『王蜀宮妓図』『騎驢帰思図』『桐山図』などの傑作を残している。

明代後期には、多くの流派が林立。明代後期の江南絵画界には、伝統にとらわれず、芸術作品で独特の個性をそのままに表現する画家がたくさん登場した。なかには、伝統にとらわれずに絵画の捨象性、水墨の偶然性を追究する徐渭と、誇張され奇矯な人物画を描く陳洪綬がいる。独特の芸術的個性と新

江南文人与书法

中国书法艺术，最早的源头，可以追溯到文字创造的初期，因为汉字是象形文字而不是记录读音的拼音文字，因此汉字书法从一开始就讲究形象美感。当然，作为艺术创作的书法创作，是从汉魏以后开始的。先秦两汉的大篆、隶书等字体书写，是实用性质的，主要是作为文明和思想的记录工具。到了东汉末年、魏晋时期，出现了一大批讲究书写美感的艺术家，开始进行追求形式美的书法艺术创作。他们认为书法是表现心灵和内心感受的艺术，透视中国古代书法的历史，我们可以看到一个明显的痕迹，那就是：越是忧患的时代，书法艺术越发达。许多艺术家认为，忧患的时代，产生忧患的心灵，忧患的心灵感受，常常催生出笔下生动丰厚的线条艺术。书法，就是忧患时代中的文人艺术家心底饱满感情在笔下的自然跃动，是个人与时代忧患意识的自然流露。越是忧患的时代，越是个体感性丰富的时代，也就越是艺术发达的时代，中国古代书法史，演绎出了这样一条特殊轨迹。人在艺术创作时，就把自己内心的忧患、思考刻进了艺术品，使艺术品注入了生命的溶液。这或许部分回答了为什么在改朝换代的时候，往往会出现一大批艺术家，而这或许也正是明清之际，黄檗文化、禅僧艺术十分发达，作品数量众多的深层原因吧？

明代中期文人与书法。明代中期，经济繁荣昌盛，手工业商业获得极大发展，繁荣都市不断出现，新兴的市民阶层积极参与到传统文化的相关活动中，特别是在文人集中的地区，书法艺术获得了长足的发展。正是在天时、地利、人和的条件下，江南地区涌现了一批名震古今的书法艺术名家，以至于在当时就有“天下书法归吾吴”之说，沈周、唐寅、陈道复、陆师道、周天球、王稚登，可谓群星璀璨，构成了书法史上的一大奇观，书法界呈现出有声有色的繁荣景象。在这些书法家中，最负盛名的，应该是“吴中三子”——祝允明、文徵明、王宠，他们的书法独具个性，影响力最大。（朱仁夫，1997）

祝允明（1460—1526），字希哲，号枝山，也就是我们熟知的所谓“江南四大才子”之一的祝枝山。祝允明的书法，主要是受他岳父李应祯和外祖徐有贞的影响，师法唐代张旭与怀素和尚的草书，以及欧阳询、颜真卿的楷书，既博采众长，又自成一家。祝允明的楷书，精美严谨之中又有奔放自由的力量。现存楷书作品数量较多，其中最重要的代表作是《赤壁二赋》《论书卷》《和陶

しい発想や相違点の追求により、この時期の画壇は、流派が林立し、異彩を放っていたと言えよう。たとえば、山水画の分野では、董其昌を代表とする「松江派」や藍瑛の「武林派」、項聖謨の「嘉興派」が登場した。技法の面では、異なる画家もそれぞれ特色とイノベーションがあり、例えば花鳥画の面では陳淳、徐渭らは水墨写意に重点を置き、人物画の面では呉彬、丁雲鵬、陳洪綬、崔子忠らが風変わりで奇妙な人物筆致で描くことが多く、曽鯨は西洋の絵画技法を吸収し独特の「墨骨法」を形成した。明代後期以降、この斬新さと不思議さを追求し、文人の批判的な精神や個性を表現することを強調する傾向は、清代初期まで続いた。

董其昌（1555–1636）字は玄宰，号は思白，香光居士，松江華亭（現在上海閔行区）出身。明代後期ないし古代にかけての絵画理論において有名な代表の一人で、南宗画の写意水墨画を核としたいわゆる「文人画」理論をまとめて提唱した。絵画は形や技にこだわりなく、芸術的創造において最も核心的なものは偶発的な悟りで、絵画は主に文人の人格の境界を表現するものだと強調する。創作の面では、董其昌は山水画が得意で、特に水墨山水が得意で、華やかで鮮やかな青緑山水をよく思っていなかった。理論にしても創作にしても、董其昌の芸術に対する追求は、禅宗の影響を受け、穏かで静かな画風である。これは明代後期の書画の全体的な気風であり、黄檗書画芸術を代表とした禅宗僧侶芸術の形成と発展に深く影響し、言い換えれば、後に現れた黄檗文化における芸術成果は、主に明代中期以降興った江南文人芸術から生まれたともいえよう。現存する絵画の代表作は『秋山図』『集古樹石画稿』などがある。（単国強、2004）

海運貿易の往来に伴い、明代遺民と黄檗僧侶は日本に中国の絵画を次々と紹介した。文人画の理念を規範とし、南宗画をはじめとする明清の絵画の様々な様式を取り入れ、日本は独自の画風の系譜である南画を発展させた。南宗画を「日本文人画」と呼ぶこともできる。（森正夫、2007）

江南文人と書道

中国の書道芸術の源は文字創造の初期にさかのぼることができる。漢字は、読み方を記録する拼音文字ではなく象形文字であるため、漢字書道は最

渊明饮酒二十首》《春江花月夜卷》。祝允明的草书也独具特色，而且风格多变，主要可分为三大类：第一种风格是古朴淳厚，这类草书由章草发展变化而来，笔触迅疾流转中又有凝重规范的特征；第二种风格是流丽畅达，这类作品一方面体现出两晋时期草书的飘逸韵致，一方面又兼具宋人草书的遒逸意态，没有了楷书的章法严谨，更加具有自由畅达的文人气息；第三种风格是颠逸狂放，此类作品更加脱离楷书字体的规范约束，表现出一种更为狂放的艺术精神，字迹像狂舞龙蛇，运笔洒脱大胆，体现出一种强烈的情感宣泄，表达了反抗不合理社会的内心情感，是艺术家人生遭遇和时代的写照。

文徵明与祝允明、唐寅、徐祯卿同为“江南四大才子”，他在书法方面，最有代表性的是小楷。文徵明的小楷风格，在其一生中经历多次变化，大体上，早期小楷以劲健取胜，中期劲健中有舒缓，晚年则整体谨严而局部活泼。即使已经年近九十，文徵明写起小楷来，仍然手不颤抖，章法不乱，令人称奇，一时间成为书法界的美谈。他的小楷作品《金刚经卷》《千字文》等，堪称典范。此外，文徵明的行草，也令人称道，作品流传众多，影响深远。他的这些行草作品，既具备有技巧的精熟稳重，又具有高雅的风度和文士的典雅，体现出一种高人逸士的风姿绰约，令后世书法家叹为观止。

特别值得一提的是，晚年的文徵明弃官归田，思想上更接近佛教禅宗，最终弃儒出家，听讲佛经，并从中深有了悟，豁然开朗，书法创作也随之更添了寂静悠远的禅趣。或许正是因为文徵明书法多元融合的特征，以及他与禅宗文化与书法艺术互动的渊源关系，无论是后来的黄檗禅僧，还是受黄檗文化影响的日本书法家，都十分推崇文徵明书法。

另一位对黄檗禅僧书法影响较大的明代书法家，是同为苏州吴县人的王宠。王宠（1494—1533），字履仁、履吉，号雅宜山人。尽管王宠年少时才学过人，却命运多舛、屡试科考，最终也未能中得进士，并且年仅四十，就英年早逝。他和唐伯虎是儿女亲家，又与祝枝山、文徵明一样，擅长书法绘画，名震一时。书法方面，王宠擅长行草，作品往往外露锋芒，内藏筋骨，这是一种极难的艺术境界。不过，王宠最为著名的是小楷，有一种与众不同的风格：巧中见拙，看起来漫不经意，不修边幅，如山野高人，实际上却运用了字的形质和笔的使转的技巧，呈现了灵巧的一面。王宠虽然生命短暂，却留下了丰富的书法作品，如《辛巳书诗册》《石湖八绝句册》《古诗十九首卷》等。王宠的

初から形の美にこだわっている。もちろん、芸術創作としての書道創作は、漢魏以降から始まった。先秦両漢の大篆、隷書などの書体は、主に実用的で、文明と思想を記録するツールとして使われていた。東漢末年、魏晋の時期になると、美しく書くことにこだわる芸術家が多く現れ始め、形式美を追求する書道芸術の創作が始まった。彼らは書道が心を表現する芸術だと主張した。中国古代の書道の歴史を見れば、憂患の時代であればあるほど、書道芸術はより発達する、という明らかな痕跡を見ることができるだろう。憂患の時代は憂患の心を生み出し、憂患の心は常に筆の生き生きとした芸術的な線を生み出すと多くの芸術家は考えていたそうだ。書道は、憂患な時代の文人芸術家の心の底と筆の下の、感情と生命力に満ちた自然な躍動であり、個人が時代に対する憂患意識の自然な表現である。憂患な時代や、個人の豊かな感性が必要な時代ほど、芸術が発展していった時期があったため、中国古代書道史は、このような特殊な軌跡を描いて展開していった。人は芸術を創造する時、自分の心の中の憂患と考えを作品に注ぎ込む。これはなぜ時代が変わる度に芸術家が多く現れるのか、なぜ明清の交換期に黄檗文化や禅僧芸術が発達し、作品が多数出るかの答えを示しているのではないだろうか。

明代中期の文人と書道。明代中期、経済は繁栄し、手工業商業は極めて大きく発展し、都市が絶えず現れ、庶民たちは伝統文化の発展を推進し、特に文人が集まっている地域では、書道芸術は大きな発展を得た。まさに天時、地利、人和がそろい、江南地域には古今に名を馳せる能筆家たちが現れた。そのため当時から「天下書法帰吾呉」(天下の書道といえば吾呉だ)という説があり、沈周、唐寅、陳道復、陸師道、周天球、王稚登などたくさんの能筆家がきらきらと輝き、書道史上と書道界の繁栄の光景を呈していた。これらの書道家の中で、最も有名なのは「呉中三子」の祝允明、文徴明、王寵であり、彼らの書道は個性的で影響力が最も強かった。(朱仁夫、1997)

祝允明(1460-1526)、字は希哲、号は枝山、名をよく知られている「江南四大才子」の祝枝山である。祝允明の書道は、主に彼の義父であった李応禎と祖父の徐有貞の影響を受け、主に唐代の張旭と懐素の草書、および欧陽詢、顔真卿の楷書を学び、それぞれの長所を吸収しながら、自分の特色のある書風を作った。祝允明の小楷は謹直かつ古雅でありながら自由奔放さが感

书法，对黄檗禅僧独立性易影响巨大，并借由独立禅师，长久地影响了日本书法发展，最终引发“东江流”书道的形成。

明代晚期文人与书法。明末清初最大的矛盾就是民族矛盾，这一时期代表书法家有李贽、徐渭和黄道周等。他们放浪形骸，狂放不羁，愤世嫉俗，在书法创作中表现自己对自我内在生命力的不断认知，把艺术个性发展到极致。

徐渭（1521—1593），字文长，号天池山人，晚号青藤道士，浙江山阴人。他是明代后期著名的书法家、画家、文学家，他的书法，看起来潦草、慌乱，结构扭曲随意，整体风格大胆张扬，完全不是王羲之、颜真卿书法所具有的温文尔雅、严谨庄重，而是具有宋代文人书法之“尚意”，也就是更强调表现艺术家心中情绪，宋代艺术也在晚明再次成为学习效仿的对象。对模仿传统书法所形成的过分秀美、故作优雅的流俗的“美”加以否定，正是对命运不公的反抗，对颓废生活的控诉，此后这样风气影响逐渐扩大，越来越多的艺术家强调书画艺术对自我独立个性的表达。特别是明清之际改朝换代所造成的社会大动荡中，许多艺术家为了表达心中的愤懑、孤独，在人生经历上表现出超凡脱俗、孤傲凄清的姿态，在书法绘画上则是创新意识渐渐占据主流，表现出各种独具个性的艺术追求和艺术风格。

黄道周（1585—1646），福建漳州人，工书法，善绘画，诗文、隶草皆自成一家。黄道周既是明末著名忠臣，以身殉国，同时在书法方面，又是成就斐然的一名书法大家。黄道周的行草最有特点，运笔自如浑厚，刚劲有力，在吸收古人精华的同时注入自己强烈的情感，书法风格正体现出他为人的刚正不阿。例如他的立轴行草《途中见怀诗轴》，墨色饱满，有奋笔直下的力量，体现出一种孤臣义士的险峻倔强、方刚不俗。

黄道周的人格、诗文、书画深刻影响着黄檗僧侣的文学艺术创作。二者的书画艺术，实际上都与晚明书法绘画艺术中强调个性表达的主张密不可分，都是这时期文人文化的产物。

中国的书法艺术从隋唐开始，就传到了朝鲜、日本、东南亚，汉民族的特有艺术之树，在异国他乡生长得枝繁叶茂，这一方面说明了书法的民族性，另一方面说明了它的世界性。

江南的文化和文人创造了明代独有的文化形态，黄檗宗的僧侣自然都濡染着文化气息成长。黄檗文化之传入江户时代的日本，进而发扬光大，除了各

じ取れる。現存する楷書作品の数が多く、その中で最も重要な代表作は『赤壁二賦』『論書巻』『和陶淵明飲酒二十首』『春江花月夜巻』などである。祝允明の草書も独特の特色を持っており、その上、書風は多変し、主に3種類に分けることができる。まずは古風で素朴で、これらの草書は章草から発展し、筆の運びが急速に流転しながらも技法を重視する特徴がある。第二は流暢で滑らかな作品で、両晋時代の草書の飄逸な趣がある一方で、宋代の草書の優雅な雰囲気も持っており、楷書の厳しい技法はなく、より自由でスムーズな文人の特色を持っている。第三に、鋭く奔放で、これらの作品はさらに楷書の技法の制約から離れ、より狂放な芸術精神を表現し、筆の運びはまるで狂舞した竜蛇のように大胆で、強烈な感情と不合理な社会への反抗を表現し、まさにその時代と芸術家の不遇な人生を描写している。

文徴明は祝允明、唐寅、徐禎卿と同じ「江南四大才子」と呼ばれるが、書道において最も代表的なのは小楷だ。文徴明の小楷の特徴は、彼の一生を通して何度も変化を見せた。早期の小楷は力強さが勝っており、中期では力強さがありながら穏やかさが見え、晩年は全体的に精謹だが趣があった。彼は90歳近くになった時、小楷を書いていても、手が震えず技法が乱れず、これが非常に不思議で、一時書道界の美談になった。彼の小楷作品の『金剛経巻』『千字文』などは模範とも言える。また、文徴明の行草も作品が多く、古来高く評価されており、後世への影響が強い。彼の行草作品は、技巧の精熟さと穏やかさがあるだけでなく、上品な風格と文士の典雅優美さを持っており、高貴な隠遁者の優雅さが感じられ、後世の書道家たちを驚愕させた。

特に特筆すべきのは、晩年の文徴明が退官し帰郷した頃には、考えが仏教禅宗に傾き、最終的に出家し、仏教の経典から悟りを得て、書道の創作もそれに伴いより静かで悠遠な禅の趣が増していった。文徴明の書道は禅宗文化や書道芸術の多元融合が特徴のためか、後の黄檗禅僧にしても、黄檗文化の影響を受けた日本の書道家にしても、文徴明の書道を高く評価している。

黄檗禅僧の書道に大きな影響を与えた明代のもう一人の書家は蘇州の呉県出身の王寵である。王寵（1494–1533）、字を履仁、履吉、号を雅宜山人とした。王寵は若い頃に天賦の才能に恵まれたが、不運にも何度も科挙試験を受けては失敗し、結局は進士に合格できず、40歳で若くして亡くなった。彼

种因缘际会与内外条件之外，最为重要的是，作为一种文化形态，她是中晚明以来精致的江南文人文化的产物，其所代表的是高度发达的中华文化正统的一部分，而非地方性的民俗文化，也不是民间的宗教文化，黄檗宗及其周围的文人学者，是作为中华文明对外交流的使者、中介，连接着中日两国的民族文化，具体而言，是将晚明时期业已发展成熟的文人文化，大量而集中地移入日本社会和文化母体之中，推动日本文化发展、文人艺术家群体的形成，进而成为造就日后江户时代自身灿烂缤纷的文化展演的最重要的动力之一。（廖肇亨，2007）

二、黄檗僧与黄檗诗

与当时一般文人群体的文化生活风尚一样，诗文创作也是明清之际黄檗僧团内部流行的一种文化风尚，亦是彼此身份与能力的象征。隐元弟子高泉性潡曾说:“心中有诗意，便是禅机；诗歌的语言创作，便是在进行禅机的呈现。”诗和禅的关系的思考，可以说是禅宗实践的一个古老传统，到了明清黄檗禅更是加以发扬光大，因此，在黄檗禅宗早期的僧人著作中，无不收有大量诗作。

隐元禅师的诗偈创作

隐元禅师不仅是一位佛法高僧，也是佛教文学的重要作家。根据现存各种《隐元语录》统计，隐元禅师所创作的诗歌和偈子，总计达4 909首，这还不包括传世墨迹中的文字。这样的创作数量，且不说在佛教史上，即使在中国古代文学史上，无疑也是相当多的。隐元诗歌和偈子的体裁也相当完备，几乎涵盖了古体诗中的所有体式，包括四言古诗，六言古诗，五、七言古诗，五、七言律诗，五、七言绝句等，可谓古体诗歌创作无一不精。（林观潮，2010）

这些作品，大多属于隐元即兴创作的，主要抒发隐元禅师个人的思想感情，大体而言，除了在诗歌和禅宗偈子中阐发佛理、禅境之外，在具体人生经历和个体思想感情方面，隐元的诗歌还主要包含三个方面的思想内容：

遗民的心事。明清易代之际，当时的佛学界，大致可以分为支持新政权的“新朝派”和怀念故国的“遗民派”。隐元的态度十分坚定，他对清朝政权并无好感，自然属于“遗民派”。因此，在他的诗歌中，经常透露出与清廷的抗争。

と唐伯虎の子供同士が結婚し、また祝枝山、文徴明と同じく書道と絵画の両方が得意なので、一時有名であった。書道の面では、王寵は行草が得意で、作品は鋭く芯がしっかりしており、これは極めて高い芸術の領域である。王寵の作品で最も有名なのは小楷で、独特なスタイルがあり、巧みな中に拙さがあり、何気なく見えているが、実際は字の形と筆遣いの技を活かし、器用な一面を現している。王寵の生涯は短かったが、『辛巳書詩』『石湖八絶句冊』『古詩十九首巻』など書道作品を数多く残した。王寵の書道は黄檗禅僧の独立に大きな影響を与え、禅師の独立を通じて日本の書道の発展に長い間影響を与え、ついに「東江流」書道の形成につながった。

明代末期の文人と書道。明末清初の最大の矛盾は民族矛盾であり、この時期に代表される書道家には李贄、徐渭、黄道周などがいる。彼らは自由奔放で、束縛されず、世の中に対して憤りを感じていた。書道の創作において自己の内在的な生命力に対する認識を表現し、芸術個性を極限まで伸ばした。

徐渭（1521–1593）、字を文長、号を天池山人、晩年号を青蓮道士とし、浙江山陰の出身だった。明代後期の有名な書家、画家、文学者である。彼の書道は乱雑で取り乱れているように見え、構造が歪んでいて、全体の書風が大胆で、王羲之、顔真卿の書道が持っているような温厚さと荘重さはまったくないが、宋代の文人の書法の「尚意」を持っている。つまり芸術家の心の中の感情を表現することが強調されており、宋代の芸術が明代後期になって再び模倣の対象になったのである。伝統的な書道を真似した過度な美しさ、わざとらしい優雅な「美」を否定することは、運命の不公平に対する反抗であり、退廃的な生活に対する訴えであった。その後このような風潮の影響が次第に拡大し、ますます多くの芸術家が書画芸術の自己独立を強調するようになった。特に明清の際、時代交代による社会の大激動は、多くの芸術家が心の中の憤慨と孤独を表現するために、人生とは超俗的で孤高で寂しいものであることを示し、書道絵画の革新意識が徐々に主流になり、個性的な芸術への追求と芸術的特徴を示している。

黄道周（1585–1646）、福建漳州の出身で、書道も絵画も得意とし、詩文、隷草はいずれも彼の独特なスタイルがあった。黄道周は明末の有名な忠臣で、身をもって国に殉じた。書道において大きな業績を上げたすばらしい能

自愧龙钟百不能，那堪海外任腾腾。
蓦逢灭却瞎驴眼，可起明朝一代僧。

（《自叙》）

自叙自己年老无能，受不了海外中国新朝气势腾腾的局势。瞎驴，即佛教用语，比喻最愚蠢的人。灭却瞎驴眼，是禅宗公案，表面上去嘲讽瞎驴，实际上是褒扬真正悟道的弟子。隐元禅师的意思非常清楚，如果碰上我这个瞎驴，我坚定告知大家，我就是明朝的一代僧人，绝不改朝换代。这首诗也可以看作是他的政治宣言。

隐元禅师在他的诗作中，还不断强调忠孝的重要性，尽管晚明朝纲堕落，政局腐败，但身处新旧政权更迭之下，坚持节气操持是人的最基本要求。他曾经说："忠孝是第一根本，忠孝稳固，文学创作自然繁茂。"（《复独耀侍者》）面对故国不断传来抗清人士牺牲的消息，隐元禅师也不断地在诗歌中表达他对肝胆节义之士的歌颂。如"死节尽忠真铁汉，填沟塞涸是名贤"（《感怀》）、"丈夫御世贵成仁"（《偶成》）、"忠心悬碧汉"（《示忠岩信士》）、"丈夫处世贵成仁，心镜揩磨日日新"（《示客》）等等，这样的诗句，在他的作品中，随处可见。

梦境与乡愁。隐元禅师诗偈中，去国怀乡之思的作品随手可得。1655年，隐元禅师到达日本长崎后的第二年，就写下了这样一首诗：

竟日憨憨憩小楼，梦闻故国又惊愁。
火云堆里微开眼，拟是梵天血溅流。

（《卧游感怀二首》其二）

卧游，是指日本崇福寺里的卧游居，是隐元的信徒们为隐元修建的居所。当时，清廷与郑氏之间的战事不断，福建沿海动荡不安，诗中抒发了隐元作为一个惊魂未定的老人，纵使在万里海涛之外，眼中呈现的，也仍是一个个刀光剑影的画面。

隐元晚年78岁的时候，还创作了一首《栖贤吟》，其中说到"日寄新黄檗，夜归古福唐"，诗中的"福唐"，是故乡福清的古称，诗句中表达了他只

書家である。黄道周の行草は最も特徴的で、筆遣いが自由自在で渾厚で、力強く、古人作品の精華を取り入れながら強い感情を自らの作品に注入した。その特徴はまさに彼の剛直な人柄の表れであった。例えば、彼の立軸行草『途中見懐詩軸』は、墨の色合いが絶妙で、筆に力強さがあり、孤臣義士の何事にも屈せず、俗流におもねることのない心を表現していた。

黄道周の人格、詩文、書画は黄檗僧侶の文学芸術創作に深く影響している。両者の書画芸術は、実際には晩明の書画絵画芸術における個性を強調する主張と切り離せないもので、両者ともこの時期の文人文化の産物である。

中国の書道芸術は隋唐時代から朝鮮、日本、東南アジアに伝わり、漢民族特有の芸術が異国で成長し、書道の民族性と国際性の両方を示している。

江南の文化と文人は明代独特の文化形態を創作し、このような文化的雰囲気の中で、黄檗宗の僧侶たちは自然に文化的雰囲気とともに育った。黄檗文化が江戸時代の日本に伝わり、さらに発展できたのは、様々な背景と内外の条件を除いて、明代の中後期からの江南文人文化の産物があったからに他ならない。これは地方的な民族文化ではなく、民間宗教文化でもなく、高度に発達した中国文化の一部である。黄檗と周りの文人学者は、中華文明の対外交流の使者、または仲介として中国と日本間の文化を繋いでいった。具体的には、明代後期の成熟した文人文化を、日本社会と日本文化に大量かつ集中的に伝え、日本文化の発展と文芸家集団の形成を促進し、さらに江戸時代の輝かしい文化の発展を推進する最も重要な原動力の一つとなったのである。(廖肇亨、2007)

二、黄檗僧侶と黄檗詩偈

当時の一般文人集団の文化生活の風潮と同じように、詩文創作も明清の際に黄檗僧侶たちの間で流行り、彼らのお互いの身分と能力の象徴でもあった。隠元の弟子の高泉性潡は、「心の中に詩があればそれが禅となり、詩歌の創造は禅を悟ることである」と述べた。詩と禅の関係についての考えは、禅宗を実践するのは古い伝統とは言え、明清時代になると、黄檗禅がこれを更に引き継いだので、黄檗宗早期には僧侶たちの著作に大量の詩があった。

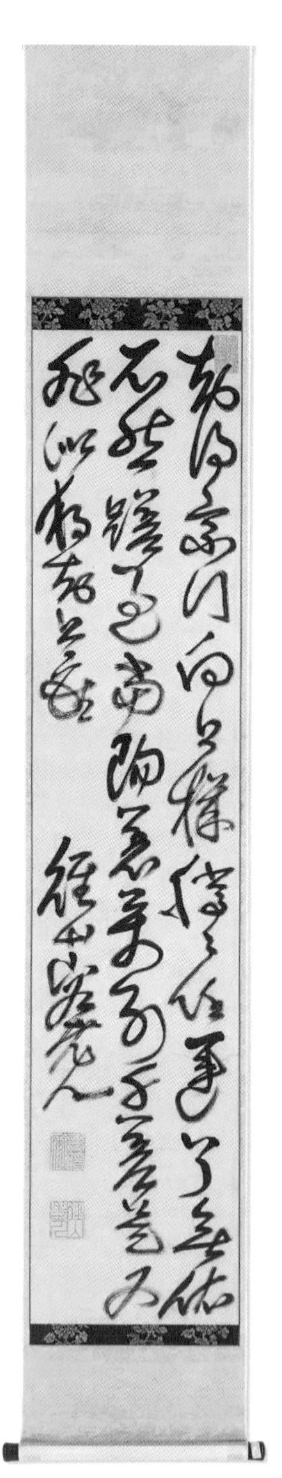

费隐通容书迹，福清黄檗文化促进会供稿

費隠通容隸書（福清黄檗文化促進会提供）

隠元禅師の詩偈創作

隠元禅師は仏法の高僧であっただけでなく、仏教文学の重要な作家でもある。現存する各種の『隠元語録』の統計によると、書道作品のなかの作品を除いて、隠元禅師が作成した詩歌と仏偈は4909もある。このような創作数は、仏教史においても、中国古代文学史においても、間違いなく非常に多い。隠元詩歌と偈陀の体裁もかなり完備して、ほとんど古体詩の中のすべての体式をカバーしており、四言古詩、六言古詩、五、七言古詩、五、七言律詩、五、七言絶句などが含まれている。古体詩歌の創作にはすべて精通していると言える。(林観潮、2010)

これらの作品の多くは隠元が即興で作り、主に隠元禅師個人の思想感情を表現している。詩歌と偈陀を通じて仏教思想と禅の境地を説明する以外に、人生経験と個人の思想感情についての作品もある。隠元の詩歌は大体以下の三つの内容からなっている。

遺民の思い。明清時代交代の頃、当時の仏教界はほぼ新政権を支持する「新朝派」と旧政権をを懐かしむ「遺民派」に分けることができる。隠元は清朝政権に好感が持てず、おのずと「遺民派」に属するようになった。そのため、彼の詩歌には清朝政権との対抗がしばしば見える。

自愧龍鐘百不能、那堪海外任騰騰。
蓦逢滅却瞎驢眼、可起明朝一代僧。

(《自叙》)

自分は年を取って無能であることを訴え、清王朝勢力には耐えられない。「瞎驢」とは仏教用語で、最も愚かな人のことを言う。「滅却瞎驢眼」というは禅宗の公案で、表では目の見えないロバを皮肉って、実際には悟った弟子を褒めている。隠元禅師は「もし私のような盲目のロバに出会ったら、私は明王朝の僧侶であるので、決して新王朝を認めない」と自分の意志をしっかり主張しているのである。この詩は彼の政治的マニュフェストと見なすことができる。

能在梦中回到故乡以解相思的拳拳之心。晚年还有一首诗，也浸透了他无尽乡愁：

梦游阔别已多年，偶到扶桑一寄缘。
无事清弹消白日，有时感赋问苍天。
侬家父老今何在，故国生民几变迁。
遥隔海涯徒慨叹，夜阑反复不成眠。

（《夜怀》）

诗中说，明王朝已经消散在历史的长河之中，也许自己东渡扶桑之后，就再也无法返归故乡。故国百姓的离乱之苦，仿佛就像夜晚的幽灵，不断地出现在自己的梦中。在隐元看来，对于故国的回忆和眷念，注定只能是一种永远无法排遣的乡愁。

闲适的生活情调。隐元禅师开创黄檗宗后，就退位过上安养生活。虽然晚年仍会想起故国的家园，但相对而言，他的生活还算比较惬意，这种闲适的生活情调，也构成了隐元晚年诗歌的一项重要内容。如：

故国繁华一扫休，不妨岛外恣优游。
万缘放下空诸相，茎草拈来成般舟。
度尽含灵到彼岸，平生弘愿已全周。
而今老迈浑无用，赢得皤皤雪满头。

（《安乐窝杂咏》）

遨游蓬岛等闲闲，十九星霜顷刻间。
勾出神京新檗苑，俨然无二旧家山。

（《闲中述意八首》）

故国的繁华一扫，意味着种种纷纷扰扰的牵绊已经渐渐远离，自己仿佛置身于海上蓬莱仙岛之中，体会到一种超凡脱俗的逍遥自在，似乎令人逐渐忘记了现实的痛苦。诗作中充满了闲适安逸的情调，这既是一种消解现实痛苦的自

隠元禅師は詩作の中で、忠孝の重要性を絶えず強調していた。明代後期の政治情勢が崩壊し、政局が腐敗したにもかかわらず、新旧政権の交代の下で、志気と節操を守ることは人として最も基本的なことである。「忠孝は第一の基盤であり、忠孝が守られれば、文学創作は自然に繁栄する」と述べたことがある。(『復独耀侍者』) 故国から反清の人々が犠牲になったニュースに直面して、隠元禅師も絶えず詩歌の中で、節義の士に対して賛美した。「死節尽忠真鉄漢、填溝塞涸是名賢」(『感懐』)、「丈夫処世貴成仁」(『偶成』)、「忠心懸碧漢」(『示忠岩信士』)、「丈夫処世貴成仁、心鏡揩磨日日新」(『示客』) といった詩句が所々に見られる。

夢うつつの世界と郷愁。隠元禅師の詩歌と偈陀の中で、母国を思う作品がたくさんある。1655年、即ち隠元禅師が日本長崎に着いた翌年、こんな詩を書いた。

竟日憨憨憩小楼、夢聞故国又驚愁。
火雲堆里微開眼、擬是梵天血濺流。
(『臥遊感懐二首』其二)

臥遊とは、日本の崇福寺にある臥遊居のことで、隠元の信者たちが隠元のために建てた住居である。当時、清王朝と鄭氏の間に戦いは続き、福建省の沿海は荒れ狂っていた。詩の中で隠元が怯えた老人ではあるが、戦場から万里離れていても、熾烈な戦いの様子が目に見えると書いてある。

隠元は晩年78歳の時に、『栖賢吟』を作った。その中に、「日寄新黄檗、夜帰古福唐」とあるが、この「福唐」は、ふるさとの福清の古称であり、夢の中でしかふるさとに戻ることができない気持ちを表している。晩年にはもう一つ彼の郷愁に満ちた詩がある。

夢遊闊別已多年、偶到扶桑一寄緣。
無事清弾消白日、有時感賦問蒼天。
儂家父老今何在、故国生民幾變遷。

我想象、自我安慰，也一定程度上反映了隐元在日本获得尊重认可后生活境遇的改变，以及随着时间的流逝承担新的文化使命的新的人生感受。从中似乎不难看出，晚年的隐元，在不断融入新的文化环境的过程中，也得以看到故国的文化已经在新的国土上保存，并开始生根发芽、发展壮大，形成新的文化生命。故乡虽然经常入梦，却不是现实生活中他真实期望解帆放船的方向了。

木庵渡日前后的诗歌

木庵禅师秉承隐元禅师家法，尤其精于诗道。他对诗歌和禅学之间关系有过精彩论述，如“诗即文字，文字显真常，大哉止之义也”(《紫云止草自序》)，“止”指的是灵明清澈的本体，是面对外界剧烈的变化而不为所动的定力。木庵禅师主张诗歌是开显真理的关键，诗歌虽然不是唯一的真理，却是接近真理最重要的门户。

渡日前作品。木庵禅师的诗歌创作以东渡日本为界分前后期，前期作品继承中国禅林风气，以自然山林常见事物为主要描写题材，表达了隔绝俗世的纷扰与欲望。如《山居十首》之一:“云林深处野僧家，毳衲饱餐万壑霞。竟日不知浮世态，长年只见落天花。一池秋水一池月，五亩篱笆五亩茶。这种生涯无限趣，如何分我复分他。”云林深处的野僧即木庵禅师自拟，万壑霞、落天花、秋水、月、篱笆、茶，这大自然馈赠的一切美好带给诗人无限乐趣，个体早就融入天地间，没有分别没有差异，获得了禅悟。

又如:“翠云每日出山中，与鹤绕园无事翁。禅室从来尘不到，香台岂是俗能同。此中坐卧花频雨，物外逍遥骨露风。日用偶谐无别事，偏怜宇宙逐憨蒙。”(《山居闲咏》)诗中营造了一处世外桃源，没有世俗纷扰，一个逍遥自在的无事翁坐卧看花开花落，去体悟宇宙的真谛。

渡日后作品。木庵禅师44岁东渡日本后，眼界胸次大不同于旧时，所题写的风物也多与日本有关。关于日本富士山的描写，木庵禅师有十几首作品存世。如《富士山》:“通身雪玉削昆仑，格外文明独个尊。四海人窥风下立，那知顶上有乾坤。”木庵禅师写作此诗时根本没有目睹过富士山的盛景，此刻他想象富士山是一座通体覆雪的千仞大山，接着把富士山直接比拟为日本，夸赞日本文明在我们中华文明外独成一格。第三句写四海瞻仰之意，第四句说

遙隔海涯徒慨嘆、夜闌反復不成眠。

（『夜懷』）

明王朝はすでに歴史の長い川へと消え、日本に渡ったらもう二度と故郷に帰れないかもしれないという詩である。故国の人々の苦しみが、まるで夜の幽霊のように自分の夢の中に何度も何度も現れるのである。隠元から見れば、故国に対する思い出と懐かしさは、永遠に紛らわすことができないのである。

快適な生活情緒。隠元禅師は黄檗宗を設立して以降、引退して平和な生活を送っていた。晩年はまだ故国とふるさとを思い出すが、彼の生活は比較的快適で、ゆったりした生活を送っていた。この生活ぶりが隠元の晩年の詩歌の重要な内容になっている。

故国繁華一掃休、不妨島外恣優遊。
萬縁放下空諸相、茎草拈来成般舟。
度尽含霊到彼岸、平生弘願已全周。
而今老邁渾無用、赢得皤皤雪滿頭。

（『安樂窩雜詠』）

遨遊蓬島等閑閑、十九星霜頃刻間。
勾出神京新檗苑、儼然無二古家山。

（『閑中述意八首』）

故国の繁栄とにぎやかさがなくなり、あらゆる煩わしい絆がだんだん遠ざかっていった。自分はまるで海上の蓬莱仙島の中に身を置いているようで、自由気ままに暮らし、現実の苦しみと痛みも忘れているようだ、と詩の中には余暇と安らぎに満ちている。これは現実の苦痛を解消するための一種の想像力と自己慰めであり、隠元が日本で尊重され認められた後の生活状況の変化と、時間が経つにつれ、新しい文化的使命を引き受ける新しい人生の悟りをある程度反映している。その中から、晩年の隠元は絶えず新しい文化環境

明木庵禅师从相关的谈论中得知富士山顶景观殊胜，可惜无法亲历感受。诗歌充满了对日本的好奇与敬意，态度十分谦虚。（廖肇亨，2004）木庵55岁那年亲睹富士山后，又写下一首《富士山》:“纵观无有最高巅，大者不过小子拳。独此一峰堪瞩目，突撑东海欲连天。有时雾敛开鬟髮，顷刻风生接地烟。半吐半吞空里走，峭峭凛若白头仙。”富士山巅终年不化的积雪宛若仙人之白头，仙人般的富士山充满宇宙神圣的智慧，沉默地注视守护着日本人民。凝视山顶雪景的变化，诗人不由得赞叹富士山的独立不群，这也是中国禅师的传统，借特立突出的意象拟托自我本性。《咏富士山赠有马左卫门佐居士》:“长空澄碧杳风阴，崛起群峰峻莫禁。鹤翅难过孤顶上，云飞不碍最高嵚。轩昂大座乾坤小，壁立巍嶷世界钦。富贵无骄何与比，非增非减玉奇珍。”借富士山拟写地位、人格的崇高，结尾“非增非减玉奇珍”即为佛教之真意。富士山也成为佛性不增不减的具体譬喻，至此，富士山成了木庵禅师胸中的禅法家珍之一，象征佛教与禅法的光明与久远，坚毅与高迈，收纳众人的仰望，以及无限的赞叹。

关于对东渡禅宗祖师的礼赞。从黄檗僧人进入日本开始，就对历史上由中国东渡的祖师倍感亲切。隐元禅师如此，木庵禅师也是如此。如《访招提寺鉴真律师古迹》:“八百年来定里身，招提始祖别天津。清澂律范今何在？舍利粲然五彩新。”八百年来，将佛法自中土带往扶桑的高僧络绎不绝，鉴真的精神与高节如同舍利的光辉历久不衰。戒律正是佛法根本，那精进的修持与崇高的人格造就舍利夺目灿烂的光芒，在历史上留下不可磨灭的身影。还有如《建长寺兰溪禅师古迹》一诗 :“日国又唐山，分身两处看。眼空傲世界，口海涨波澜。镰上成嘉会，镜中露丑颜。休嫌多点检，尽把家私摊。”兰溪禅师，宋代高僧，把临济禅法传入日本。诗歌前半部分是咏赞兰溪禅师，也是木庵禅师的自道。最后两句说的是在日本国土无所私藏，手段尽出，敷演本领，将过去的传承于现在的土地上播种、耕耘，进而观看幼苗茁壮成为天地道法的栋梁。

即非如一的爱国情怀

即非禅师是隐元禅师门下的三大弟子之一，他东渡日本后开创的黄檗宗广寿派，是黄檗宗下的第二大派系。即非如一秉承黄檗家法，也很擅长作诗文，

に溶け込んでいき、故国の文化が新しい国に定着され、成長し、更に新しい文化を生み出していることを認めていることがわかる。故郷はよく夢の中に出てくるが、現実の中ではもう彼の望む方向ではなくなったとも言える。

木庵渡日前後の詩偈

木庵禅師は隠元禅師を受け継ぎ、特に詩に精通している。彼は詩歌と禅学の関係について、「詩即文字、文字顕真常、大哉止之義也」(『紫雲止草自序』)と述べている。「止」は霊明の澄んだ本体を指し、外部の刺激と混乱の変化に直面しても動じない集中力を意味している。木庵禅師は詩歌こそが真理を明らかにする重要な鍵だと主張し、詩歌は唯一の真理ではないが、真理に近づく最も重要な道であると主張した。

渡日前の作品。木庵禅師の詩歌の創作は日本への渡航を境に前期と後期に分けられる。前期の作品は中国の禅林の気風を受け継ぎ、自然の山や森でよく見られるものを主なテーマとし、世俗的な世界の煩わしさと欲望から離れたい願望を表現した。『山居十首』其の一に、「雲林深所野僧家、毳衲飽餐萬壑霞。竟日不知浮世態、長年只見落天花。一池秋水一池月、五畝籬笆五畝茶。這種生涯無限趣、如何分我復分他」という詩がある。詩の中の森の奥の野僧は木庵禅師自身であり、かすみ、落ちてくる花、秋の水、月、垣根、お茶、これらの自然からの素晴らしい贈りものは詩人に無限の楽しみをもたらし、個人はとっくに天地の間に溶け込み、それぞれ違いもない、という禅の悟りを得たことを綴っている。

また、「翠雲每日出山中、与鶴繞園無事翁。禅室從來塵不到、香臺岂是俗能同。此中坐臥花頻雨、物外逍遙骨露風。日用偶諧無別事、偏憐宇宙逐憨蒙」(『山居閑詠』)。この詩の中には、桃源郷が作られ、世俗的な騒ぎ喧噪がなく、のんきな翁が横になり、花が咲いたり落ちたりするのを見て、宇宙の本当の意味を悟っていることが書かれてある。

渡日後の作品。木庵禅師は44歳に日本に渡った後、視野と展望は昔とは大きく異なり、書いた風景のほとんどが日本に関連したものだった。日本の富士山については、木庵禅師は十数首の作品を後世に残している。例えば『富士山』、「通身雪玉削昆侖、格外文明獨個尊。四海人窺風下立、那知頂上

留下的作品在他圆寂后，由弟子编成《即非禅师全录》一书。

明清鼎革实录。即非如一渡日前，亲历明清鼎革。他的部分诗作，可以作为“天崩地解”大时代的注脚。崇祯十七年甲申（1644）三月十九，李自成的农民起义军攻入北京城，崇祯皇帝在景山（俗称“煤山”）自缢。数月之后，即非如一听闻此事，感慨万端，成诗数首，以记其事。如《甲申五月十三日书事》《哭崇祯帝》《年三月十九日，逆暴犯阙，崇祯帝投缳煤山，惟司礼大监王之心跟随，跪帝膝前，引带扼脰同死。数日后葬于田贵妃墓之斜。独襄城伯李国桢一人往送。国桢随自杀》等诗作，语意激切。综观此等诗作，英气勃勃，绝无丝毫“蔬笋气”，崇祯自缢一事对即非如一的震撼之大不难想见。今举一诗分析，如《崇祯帝殡于东华门侧，覆以蓬厂，莫有敢往哭者，惟二沙门在傍诵经长伴帝柩》:“举国皆悲痛，何人竭股肱？始终无象主，独许两闻僧。”崇祯帝殡于东华门，唯二沙门在旁诵经，举世滔滔，风节委蛇，反而是佛门中人挺身而出，这正是佛门阐发的“菩提心即忠义心”节义观。

即非如一在明朝灭亡前后创作的诗歌，多是用诗史的形式，记录战乱中百姓的悲痛。不过，即非当时正在福州雪峰山出家，对于北京的种种事件，肯定都是难民口口相传的，或者是他自己的想象。而相比较而言，《福州胡指挥闻大兵入城，肃衣冠，望东北，拜君亲，竟南面危坐，服毒自尽，身不倾斜，大兵见之，设祭罗拜而出》《福清林贡士存发殉节，问左右曰：此何处？答曰：先帝朝也。曰：宁死于朝，不死于市。有司义而许焉。端坐受钺。噫！林君与能原始及终，而得夫朝闻夕死之实，无愧于达儒者也。偈以奉輓》，这些诗作，就是他对福州城内发生的人间惨剧的忠实记录了，无疑可视为时代风云铭刻在他心中的真实感受和伤心记忆。（廖肇亨，2015）

眷念故土。明清鼎革时期的复杂情势，迫使即非如一不得不思考不同的人生抉择，最终，他选择追随老师隐元禅师的足迹，登舟远行，渡日弘法。明历三年（1657）二月东渡日本，即非如一居住在长崎崇福寺达六年之久，期间写了许多思念家乡的诗作。诸如：

云松万壑趣何奢，山构幽添一径斜。
不觉此身居外国，时随清梦返中华。
人生恰似枝头鹤，世态浑如镜里花。

有乾坤」。木庵禅師はこの詩を書いた時、富士山の盛大な景色を見たことは一度もない。彼は富士山が雪に覆われた山と想像し、富士山を日本に置き換え、日本文明の独自性を称賛した。三句目は各地方に敬意を表しており、四句目は富士山頂の景観が素晴らしいと耳にしたが、残念ながら自分で見たことがないと説明した。詩歌は日本に対する好奇心と敬意に満ちており、非常に謙虚である。(廖肇亨、2004) 木庵禅師は55歳で富士山を見た後に、もう一つ『富士山』を作成した。「縱觀無有最高巔、大者不過小子拳。獨此一峰堪矚目、突撑東海欲連天。有時霧斂開鬢鬢、頃刻風生接地煙。半吐半吞空裏走、皞皞凜若白頭仙」。富士山の頂上に積もる雪はまるで白頭の仙人のようで、宇宙の神聖な知恵に溢れ、静かに日本人を見守っていると書かれている。頂上の雪景色の変化を見つめながら、詩人は思わず独り聳え立つ富士山を称賛した。これも中国の禅師の伝統で、際立ったイメージを借りて自分の本音を託す。『詠富士山贈有馬左衛門佐居士』では、「長空澄碧杳風陰、崛起群峰峻莫禁。鶴翅難過孤頂上、雲飛不礙最高嶔。軒昂大座乾坤小、壁立巍嶷世界欽。富貴無驕何よ比、非增非減玉奇珍」と書かれている。富士山を借りて地位、人格の高尚さを表現し、結句の「非增非減玉奇珍」は仏教の真の意味である。富士山はまた衰えない仏性の具体的な比喩となり、これによって富士山は木庵禅師の心の中の禅法の宝物の一つとなった。富士山は仏教と禅法の光明と永遠、毅然と高邁を象徴し、人々から尊敬と称賛を受けているのである。

渡日した祖師に対する礼賛。黄檗僧侶が日本に入ってから、歴史上中国から渡った先祖に親しみを覚えた。隠元禅師も木庵禅師もそうだった。例として、『訪招提寺鑑真律師古跡』に「八百年来定裏身、招提始祖別天津。清徹律範今何在、舍利粲然五彩新」という詩が残されている。八百年以来、仏法を中国から日本にもたらした高僧が絶えることなく、鑑真の精神と高節は舎利の輝きのように衰えることなく光っている。戒律はまさに仏法の根本であり、その勤勉な実践と高尚な人格は舎利の輝かしい光を生み出し、歴史に消えない姿を残したと書かれてある。もう一つの例は『建長寺蘭溪禅師古跡』に「日国又唐山、分身両所看。眼空傲世界、口海漲波瀾。鎌上成嘉會、鏡中露醜顔。休嫌多點検、尽把家私攤。」という詩がある。蘭渓禅師とは宋代の

白地犹怜开眼暗，棒头点月落家家。

（《杨启纶居士携诗见过次韵酬之》）

这是即非刚到长崎不久的一首作品，异国的风景别有一番情趣，见到家乡人后思乡情绪难掩，常常于梦中回到故土，想到人生漂泊，世态炎凉，唯有禅法方能缓解他的各种忧思。又如：

众壑松风酿早凉，嘉禾满野闹荷香。
正当击节歌无象，何事牵云写别章。
万里海天容我拙，无穷山水任君装。
送朋因起怀亲念，梦逐归帆到大唐。

（《送翁林居士回唐》）

这是一首朋友送别诗。异国风光再美，当送别朋友归唐时，诗人只能在梦中乘船同行，思乡之切可见。还有如《福唐林尚质居士惠荔枝》:“久不见乡果，谢君慰渴怀。谁知居异国，也有状元来。”来自福唐的朋友送来了家乡特产荔枝，诗人见“乡果”倍感亲切，慰藉了满心对故乡的渴望和怀念。

即非禅师的诗歌，在当时也产生了重要影响，引发了同时期留在长崎的华商、华侨和僧侣浓浓的乡愁。他们常常聚集在隐元的卧游居，形成文人文化浓厚的雅集，彼此写诗赠答、互相唱和，借此畅叙乡情。这次集会共有46人，一共创作了51首诗歌，最终被汇编成诗集，题为《同声草》。（平久保章，1993）这本诗集，可称得上是旅居长崎的明朝遗民共同乡愁的汇编。仅举其中一首郑溥元的和诗为例：“林间读偈语，寒拾是同流。道重龙降钵，机忘鹿共游。吐吞千顷碧，谈笑一天秋。故国归何日，依依巨岛洲。”这首诗代表当时文人群体思念故国的普遍情怀。（林观潮，2002）

高泉性潡的异文化接触

高泉性潡（1633—1695）是黄檗宗第五代住持，同样秉承黄檗家法，善作诗文，著作宏富。他曾说：“有诗意，便有禅机；有诗义，便有禅解。”概述了诗歌和禅法之间的关系，诗歌是有禅机有禅解的，他认为写诗便是参禅悟道。

高僧のことで、臨済禅法を日本に伝えた。詩の前半は蘭渓禅師を詠んだもので、木庵禅師自身の経験でもある。最後の2句には日本の過去の伝承を保持し、発展させる様子がまるで、土地を惜しまずに力を合わせて、地に種をまいて育て、その苗がすくすくと成長するようだと表現している。

即非如一の愛国心

即非禅師は隠元禅師の門下の三大弟子の一人で、日本に渡った後に創始した黄檗宗広壽派は黄檗宗の二番目に大きい宗派である。即非如一は黄檗の教えを継承し、詩の作成も得意で、作品は彼がなくなった後、弟子によって『即非禅師全録』という本に編集された。

明清鼎革実録。即非如一は日本へ渡る前、明清の鼎革を経験した。彼の詩の一部は、まさにその時代への解釈だったと言えよう。崇禎十七年甲申（1644）三月十九、李自成の農民蜂起軍が北京城に攻め込み、崇禎皇帝（1611–1644）が景山（又炭煤山と称じる）で首を吊って自殺した。数ヶ月後、即非如一がこのことを聞いて、感無量で詩を数首作った。『甲申五月十三日書事』『哭崇禎帝』『年三月十九日、逆暴犯闕、崇禎帝投繯景山、惟司礼大監王之心跟随、跪帝膝前、引帯扼脰同死。数日後葬於田貴妃墓之斜。獨襄城伯李国楨一人往送。国楨随自殺』など。これらの詩には、強く激しい感情が含まれている。これらの詩を総合的に見ると、英気が旺盛で、全く僧侶っぽくなく、そして崇禎帝の自殺による衝撃はかなり大きいことがわかる。ここで例を挙げて分析してみよう。『崇禎帝殯於東華門側、覆以蓬廠、莫有敢往哭者、惟二沙門在傍誦經長伴帝柩』:「挙国皆悲痛、何人竭股肱？始終無象主、独許両聞僧。」崇禎帝は東華門に葬られ、惟二沙門はそばで読経し、人がたくさんいる中、仏教を信仰する者達が勇敢に立ち向かう。これはまさに仏教の「菩提心即忠義心」の観念の表れである。

即非如一が明代の滅亡前後に創作された詩は、戦乱中の庶民の悲しみを詩史の形式で記録したものが多い。しかし、即非如一は当時、福州雪峰山で出家しており、北京で起きた様々な事件についての詩は、難民が口コミで伝えたものか、あるいは彼が自身で想像したものに違いない。それに比べて、『福州胡指揮聞大兵入城、粛衣冠、望東北、拜君親、竟南面危坐、服毒自尽、

2014年，日本京都黄檗大本山万福寺黄檗文化研究所整理影印了高泉性潡的著作，编成《高泉全集》四册，由黄檗山万福寺文华殿发行。《高泉全集》第二册收录了他的诗文集七种共四十一卷，数量非常庞大。

29岁的高泉性潡东渡日本以前，主要僻居在福清黄檗山万福寺，足迹大约也不出福建、浙江一带，所写的诗多与赠别有关，如《辞本师和尚之扶桑》《留别诸同参》《虎溪三笑》等。与其他黄檗禅僧的文学风格不同，高泉诗歌的基本情调，与其说是离情依依的惆怅，不如说是一种豪情壮志："从此远游他国去，大扶师道赖昆仁""身担大法志偏壮，杖策长途梦欲归"。从中似乎可见高泉对东渡是早有期待的。渡日后的高泉，也与其他黄檗僧人不同，他虽也有思乡作品，但归乡的念头似乎没有那么强烈。他在日本的各种见闻，大大开阔了他的视野。

日本风土游历。高泉性潡到了日本京都后，到处游历。对京都的奉佛风气印象深刻，如《雒京即景两首》：

列国吾游惯，雒城景莫同。
有河多愁石，无寺不闻钟。
帝阙云霞表，人家花木中。
大都皆尚佛，追及竺天风。

（其一）

楼台浮处处，弦管杂纷纷。
岳色晴方见，车声雨亦闻。
行人僧过半，周道寺平分。
分舍卫初无，都缘有圣君。

（其二）

雒城，这里是指日本京都。高泉在日本游历各地，觉得京都的景色与众不同，"楼台浮处处，弦管杂纷纷"，到处繁华优雅。"大都皆尚佛，追及竺天风""行人僧过半，周道寺平分"，到处都是僧人、寺院，整体呈现出尚佛的风气。"都缘有圣君"，京都一片祥和安宁都是圣君治理有方，高泉对日本的政治管理表示高度赞赏。

身不傾斜、大兵見之、設祭羅拜而出』『福清林貢士存発殉節、問左右曰：此何処？答曰：先帝朝也。曰：寧死於朝、不死於市。有司義而許焉。端坐受鉞。噫！林君与能原始及終、而得夫朝聞夕死之実、無愧於達儒者也。偈以奉輓』、これらの詩は、彼が福州で発生した人間の悲劇の忠実な記録であり、これは間違いなく彼の心に刻まれた時代の出来事に対する本当の気持ちと悲しい記憶だということがわかる。（廖肇亨、2015）

故郷への思い。明清鼎革時期の複雑な情勢は、即非如一に人生の選択についてを考えることを余儀なくされ、最終的に先生である隠元禅師の足跡をたどり、舟に登って遠出し、渡日して仏法を伝えることを選んだ。彼は明暦三年（1657）2月に日本に渡り、長崎の崇福寺に6年も住んで、故郷を懐かしむ詩をたくさん書いた。例えば、

雲松萬壑趣何奢、山構幽添一徑斜。
不覚此身居外国、時随清夢返中華。
人生恰似枝頭鶴、世態渾如鏡裏花。
白地猶憐開眼暗、棒頭點月落家家。
（『楊啓綸居士携詩見過次韻酬之』）

これは、即非如一が長崎に到着したばかり作品で、異国の景色は独特な味わいがある。故郷の人たちに会いたい郷愁の念を隠すことができない。彷徨う人生と冷たい世界を考えながら、夢の中で故郷に帰ることが多く、さまざまな悩みを解決できるのは禅だけであると書かれある。もう一つの例を挙げると、

衆壑松風釀早涼、嘉禾満野鬧荷香。
正當撃節歌無象、何事牽雲写別章。
萬裏海天容我拙、無窮山水任君裝。
送朋因起懷親念、夢逐帰帆到大唐。
（『送翁林居士回唐』）

これは友人との別れの詩である。異国の風景がどんなに美しくても、唐王

参访奈良后，高泉对和谐的社会充满向往。他在《南都纪胜》一文中，描写了诗人在春天二月游览奈良的时候，看到政通人和，民丰物阜，鱼跃鹿追，人与动物和谐相处，仿佛置身尧舜时代。高泉不禁感叹，这不就是诗人心目中的理想社会吗?

在游历过程中，高泉还为日本的插花技艺所惊叹。如《赠攒花人》:“洛中见说善攒花，能使名人不敢夸。只为巧心兼妙手，别成春色富山家。”日本花道高手巧心妙手，与高泉平时取花供养有很大不同，高泉在诗注中还夸赞日本插花技艺的高超，完全是一件艺术品，只有在绘画艺术作品中才能见到。

温泉体验。高泉到达日本体验到了各种异文化，其中对温泉情有独钟，留下了很多题咏诗篇，他甚至还写了一部关于温泉的专著——《常喜山游览集》。高泉的温泉之乐不在泉，在乎温泉之道也。如：

滃沸出深井，入池涌暖波。
时时含瑞气，往往涤沉疴。
大抵无严冷，自然有太和。
要明妙触处，问取跋陀罗。

(《山代温泉》)

山代温泉至今仍然是日本金泽地方最负盛名的温泉街。温泉含瑞气，能洗涤身上沉积的毛病，实在是畅快。末尾提到的“跋陀罗”，意译为“觉贤”，是东晋时期前来中国的印度高僧，少林寺的首位住持，曾经和南朝高僧法显共同翻译了佛教戒律经典《摩诃僧祇律》，里面记载了一则比丘和国王洗浴温泉的故事，说王舍城有三种温泉，分别是王温泉、比丘温泉、象温泉，不同温泉对应不同身份，不能乱了规矩。可是有一天比丘们跑去王温泉泡浴，导致大王无法享用，臣子们表示不满，可是大王心胸宽厚，耐心等待，尽管最后没有洗成，却得到佛陀的赞许。高泉引用这样的故事大概是想传达泡温泉的乐趣吧。又如：

盈池竟日沸无休，多载沉疴一涤瘳。

朝に戻る友人を送り出す時、詩人は夢の中で船で同行するしかない。と故郷を懐かしむ切さが溢れた詩だ。また、『福唐林尚質居士惠荔枝』:「久不見郷果、謝君慰渴懷。誰知居異国、也有壮元来。」で、福唐からの友人が故郷の名物であるライチを持ってきてくれて、詩人は「郷果」を見て故郷への憧れと郷愁を和らげた。

即非禅師の詩歌は人々に重要な影響を及ぼし、当時長崎に滞在した華商、華僑、僧侶たちの郷愁を引き起こした。彼らはしばしば隠元の臥遊居に集まり、文人文化を持つ優雅な集会を開き、互いに詩を書いて贈り、そして歌い合い、故郷への思いを語っていた。この集会には46人が参加し、合計51の詩を創作し、そして『同声草』と題した詩集にまとめた。(久保平井、1993)この詩集は、長崎に住む明代の遺民の郷愁をまとめたものと言える。1つだけ鄭溥元の詩を例にとると、「林間読偈語、寒拾是同流。道重龍降鉢、機忘鹿共遊。吐呑千頃碧、談笑一天秋。故国帰何日、依依巨島洲。」という詩がある。この詩は当時の文人たちが故国を懐かしむ共通の気持ちを代表している。(林観潮、2002)

高泉性潡の異文化触れ合い

高泉性潡(1633–1695)は黄檗山万福寺の5代目住持である。彼も黄檗の法を嗣いで、詩文が得意で、作品をたくさん残した。彼はかつて詩歌と禅法の関係について、「有詩意、便有禅機;有詩義、便有禅解」と述べ、詩歌には禅機と禅解があり、詩歌を書くことは禅を参禅弁道だと彼は考えている。2014年、日本京都黄檗大本山万福寺にある黄檗文化研究所は高泉性潡の著作を整理し、『高泉全集』4冊を編成し、黄檗山万福寺文華殿によって発行された。『高泉全集』の2冊目には、彼の詩文集7種41巻が収録されており、作品数が非常に多い。

29歳の高泉性潡は渡日する前は、主に福清の黄檗山万福寺に住んでおり、足跡も福建、浙江辺りから出ておらず、書いた詩の多くは別れに関する詩である。例えば、『辞本師和尚之扶桑』『留別諸同参』『虎溪三笑』等がある。他の黄檗僧侶の文学スタイルと異なって、高泉の詩歌の基本的作風は別れの切なさ、憂鬱と言うより、豪気な気持ちと雄々しい志である。例を挙げる

自是愿王三昧水，莫疑不宜混常流。
佛有沤和世莫猜，此泉休问自何来。
实从悲愿海中出，普与群生浣病胎。

（《咏温泉》）

此处的温泉是日本兵库县的有马温泉，至今也是游人打卡胜地，历数百年而人气不衰。诗中把温泉比作“三昧水”，从悲愿海中出，有佛家的愿力，能洗垢去病。还有把温泉与药师佛信仰相结合的，如：

琉璃古佛降东方，向此空山示此汤。
涤尽沉痾兼益算，慈恩荡荡孰能量。

（《礼药师佛》）

我佛原来号愿王，分身在处作津梁。
都缘为濯群生垢，故向寒岩迸沸汤。

（《温泉寺礼药师佛》）

日本各地温泉都奉祀药师如来，能除病助解脱，这是中土没有的风俗。佛教本来对沐浴一事特别重视，高泉自然明白沐浴文化与佛教的密切关系，借由温泉的体验去体征心中的佛教真谛。总之，高泉不仅把温泉当作尘世间愉悦的享受，这也是他感悟天地真理和生命真相的关键。（廖肇亨，2017）

东皋心越的个人抒怀

东皋心越（1639—1695）是一位多才多艺的僧人，他有着高超的篆刻技艺和琴学素养，被日本视为篆刻之宗，江户古琴之祖。他的诗文多恳切的真实情感，少高唱志节，反映出遗民的另一种心态。

渡海心路。大海充满不确定和危险性，让人恐惧与敬畏并存。在众危险中，沿海海事战争也是不可忽略。东皋心越渡日前，1673年发生三藩之乱，1674年郑经从台湾带领军队一举攻破，郑经的军队不仅包含陆军还有海军，因此海岸线也是烽火连天。根据他所写的《东渡述志》记载，他登舟出海时，

と、「従此遠遊他国去、大扶師道頼昆仁」「身担大法志偏壮、杖策長途夢欲帰」とあり、高泉は渡日に期待していたようだ。渡日後は、他の黄檗僧侶と違って、故郷を偲ぶ作品もあるが、帰ろうとする気持ちはそれほど強いものではなかった。日本での様々な経験は彼の視野を大きく広げた。

日本を遊歴。高泉性潡は日本の京都に着いた後、あちこちを旅行した。京都の仏教の雰囲気が印象的だったようで、例えば『雒京即景両首』という詩がある。

列国吾遊慣、雒城景莫同。
有河多愁石、無寺不聞鐘。
帝闕雲霞表、人家花木中。
大都皆尚佛、追及竺天風。

(其一)

楼台浮処処、弦管雑紛紛。
嶽色晴方見、車声雨亦聞。
行人僧過半、周道寺平分。
分舍衛初無、都縁有聖君。

(其二)

「雒城」とはここでは日本の京都を指す。高泉は日本中を旅して、京都の景色が特別だと感じて、「楼台浮処処、弦管雑紛紛」、どこも繁栄して優雅である。「大都皆尚佛、追及竺天風」「行人僧過半、周道寺平分」、至る所に僧侶とお寺があり、全体的に仏の雰囲気を呈している。「都縁有聖君」、京都の平和はすべて優れた君主の管理のおかげであり、高泉は日本の政治管理を高く賞賛した。

奈良を訪れた後、高泉は調和のとれた社会に憧れていた。彼は『南都紀勝』という文章の中で、詩人が二月に奈良を観光した時、役人が人々と調和し、生活が豊かで、人間と動物が仲良く付き合い、尭舜時代に身を置いたようだと描いている。これは詩人の理想の社会ではないかと高泉は感心した。

旅行中、高泉は日本の生け花の腕前にも驚かされた。『贈攢花人』では、「洛

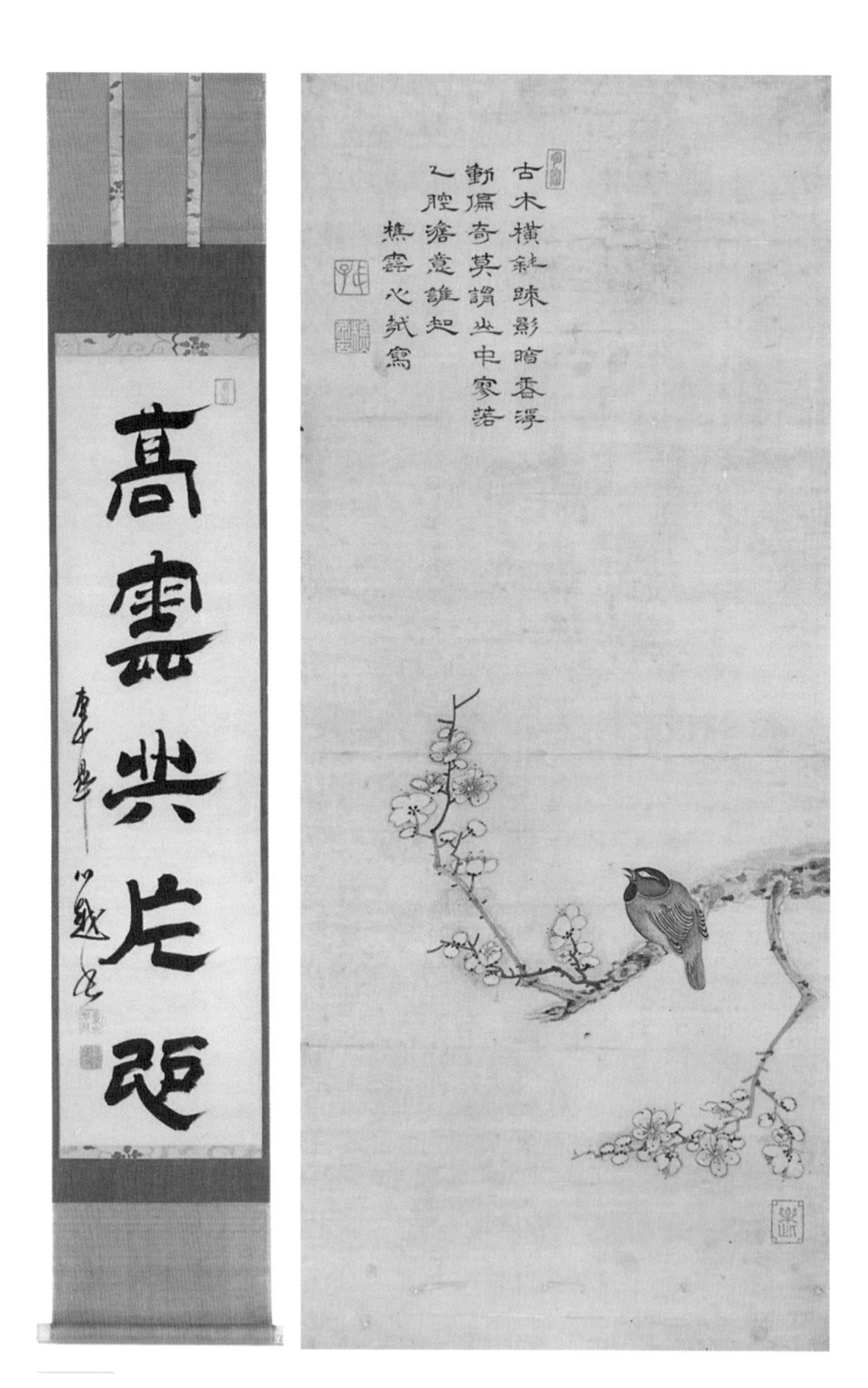

东皋心越隶书及花鸟画，福清黄檗文化促进会供稿

東皋心越書及び花鳥画　（福清黄檗文化促進会提供）

中見説善攢花、能使名人不敢誇。只為巧心兼妙手、別成春色富山家。」と書き、日本の花道の達人の巧みな独創は、高泉の通常の花の扱い方と大きく異なっていた。高泉はまた、詩の注釈で日本の生け花のスキルが優れており、これは完全に芸術作品であり、絵画の中でしか見ることができないと賞賛した。

温泉体験。高泉は日本に着いてから様々な異文化体験をした。その中で、彼は特に温泉が好きで、多くの詩歌を残しただけでなく、温泉に関する本『常喜山游覧集』まで書いた。高泉にとっては温泉の楽しみは温泉ではなく、温泉道なのである。

　　　

潏沸出深井、入池湧暖波。
時時含瑞気、往往滌沈痾。
大抵無厳冷、自然有太和。
要明妙触処、問取跋陀羅。

(『山代温泉』)

山代温泉は今でも金沢地方で最も有名な温泉街で、温泉は体に溜まった汚れを洗い流すことができて、本当に気持ちがいい。文末に述べた「跋陀羅」は直訳すると「覚賢」という意味で、東晋時代に中国に来たインドの高僧で少林寺の最初の住職のことを指し、彼は南朝の高僧法顕と仏教の戒律経典『摩訶僧祇律』を共同で翻訳したことがある。『摩訶僧祇律』では、比丘と王様が温泉に入るという物語が記載された。王舎城には王温泉、比丘温泉、象温泉の3種類があり、温泉によって身分が異なるのでそのルールを乱すことができない。しかしある日、比丘たちが王温泉に行って入浴したせいで王様が入浴できなくなり、臣下たちの不満を招いたが、王様は寛大で辛抱強く彼らが出てくるのを待っていた。結局王様は入浴できなかったが、仏陀の称賛を受けた、という物語である。高泉はこんな話を引用して、温泉に入る楽しさを伝えたかったのだろう。もう一つの例として、

盈池竟日沸無休、多載沈痾一滌瘳。
自是願王三昧水、莫疑不宜混常流。

"身依矛甲间，耳闻犹其訇"，身处兵戈矛甲间，耳边充斥着战斗的轰轰声响。之后因为无法顺利出海，舍去舟船躲在岛屿中度过艰难窘迫的两个月。当海上可以通船了，东皋心越立即动身出发，而他反清复明的希望也落空了。1676年，耿精忠的部队，节节败退后最终投降。因此，诗中还表达了自己东渡扶桑的无奈，他对身后家国感到失望哀伤，对茫茫大海也感到彷徨未知，"众人频泪流"，当然更多的是东皋自己内心的担忧。虽说"丈夫家四海"，对扶桑有所冀望，但"身命总虚空"的无奈总在心底徘徊不离。

东皋的渡海过程并非一帆风顺，其诗《怀忆昔渡海歌》中写到"不期一夜起朔风，惊涛骇浪若游龙""凝眸千里见崆峒，恍惚转入岛之洪"，可知海路之行，不仅饱受长途跋涉之苦，实际上也确实历经种种艰险，心里无法平静。（赖思妤，2015）

扶桑冀望。东皋心越在绝处逢生之后，看到日本升平的景象后反而对日本有所冀望。他在《东渡述志》后半段写道："始知宇宙内，方壶别有天。风土殊非异，屋舍古犹然。居民皆纯朴，日用自省便。松竹郁苍苍，花卉鲜艳艳。时稔多丰登，万事无余欠。泊舟有旬日，正值梅花吐。笑把梅花嗅，陌路频相顾。捻指计流光，不觉岁云暮。"日本纯朴的民风，自然的风光，犹如世外桃源，东皋心越一扫海路的阴霾，"笑把梅花嗅"，愉悦轻松的心情满溢。东皋心越还有多首梅花诗，如《舟中得梅》"笑把梅花处，陌路喜相亲"，《写梅偶忆》"呵笔偶然写此意，为传春信到梅花"，都表现了他对梅花的喜爱及借梅托志之意。

思乡心境。东皋心越诗文中，除了记载佛法的弘扬，表达思乡情绪的也很多。如《除夜》这首诗：

> 此地唐津不是唐，唐津昔日把名扬。
> 唐山唐水非唐境，唐树唐云非唐郡。
> 唐日唐月同唐突，唐时唐节光阴速。
> 唐津除夜今宵延，明日唐津又一年。

整首诗每一句都离不开"唐"字，"唐"就是代表中土故乡，故乡的点点滴滴时时刻刻都值得怀念。（浦江政协文史资料委员会，2006）

佛有沤和世莫猜、此泉休問自何来。
実從悲願海中出、普与群生浣病胎。

（『詠温泉』）

ここの温泉は日本兵庫県の有馬温泉で、今でも有名な観光名所で、数百年にわたって人気が衰えていない場所である。詩の中では、温泉は慈悲と願いの海から湧き出て、汚れや病気を洗い流すことができる仏教の力の持っている「三昧水」に例えている。また、温泉と薬師如来の信仰を組み合わせたものもある。

琉璃古佛降東方、向此空山示此湯。
滌尽沈痾兼益算、慈恩蕩蕩孰能量。

（『礼薬師仏』）

我佛原来号願王、分身在処作津梁。
都緣為濯群生垢、故向寒岩迸沸湯。

（『温泉寺礼薬師仏』）

日本各地の温泉には薬師如来が祀られており、病気を治すことができるという中国にない風習がある。仏教はもともと入浴を重視しており、高泉は入浴文化と仏教の密接な関係を自然に理解し、温泉の体験を生かして仏教の真の意味を心得た。要するに、高泉は温泉をこの世の喜びとして楽しむだけでなく、天地の真理と生命の真実を悟る鍵とも理解していた。（廖肇亨、2017）

東皐心越の心明し

東皐心越（1639–1695）は、篆刻の技と琴の素養に優れた多才な僧侶で、篆刻の宗と琴の宗だと見なされている。彼の詩は真の感情が多く、志気と節操を歌うことが少なく、遺民の心理状態を反映している。

渡海をめぐり。海には不確実性と危険性に満ちており、恐怖と畏敬の念を人々に感じさせた。その数多く存在する危険の中で、沿岸海事戦争も無視で

其他黄檗诗人

除了以上提及的五位重要的黄檗诗人外，黄檗宗内还涌现了一大批优秀的诗人，有中国黄檗僧如独立性易、南源性派、独耀性日等，也有日本黄檗僧如月潭道澄、百拙元养等。下面择要介绍。

独立性易（1596—1672）。台湾学者徐兴庆编纂《天间老人全集》，收有独立性易的诗文。独立性易生命历程中也有两次重要转折，一是明清鼎革，一是东渡日本。早年作品多悲歌激越之情。如：

故国愁思客里魂，一身徒泣老乾坤。
十年胡马英雄泪，血溅江南草木髡。
一身盲聩日痴痴，老大年过泪两垂。
日月竟沉终古夕，望中明发在何时。
身处难逢恨处深，十年难过恨惊心。
谁扶日月还双阙，望眼明离直至今。
野哭时时放独行，江南血战未销兵。
生憎老眼空双盼，指顾河湟收两京。

（《感怀》）

置身异国，失去家园，句句可见亡国之痛痛彻心扉。独立性易在日本依止黄檗宗之后，生活渐渐有起色，生活也相对愉悦，诗歌中多了一份山水之乐，如《溪上吟》:“山山排翠插天高，远水拖云接海涛。十里放舟随去住，一时游兴快吾曹。”舍弃了国破家亡之恨，朋友间游赏风光，欢欣快意。（廖肇亨，2016）

南源性派（1631—1692）。黄檗禅僧众，许多人都擅长写诗文，其中南源的诗歌水平受到更多推崇，当时就有“诗南源，文高泉”的说法，认为南源性派更擅长写诗，高泉性潡则偏重于作文章，二人同时都深得隐元的信任和赞许。南源性派旅居日本三十年，传有诗集《芝林集》《藏林集》，其中也记载日本富士山的风景，如《咏富士峰》:

きない。東皐心越が渡日する前、1673年に三藩の乱が発生し、1674年に鄭経が台湾から軍隊を率いて一挙に突破した。鄭経の軍隊は陸軍だけでなく海軍も含まれているため、海岸線も連日戦場になっていた。彼が書いた『東渡述志』によると、舟に乗って海に出た時、「身依矛甲間、耳聞猶其訇」、身が兵器に囲まれていて、耳には戦争の爆発音が響いている。その後は順調に海に出られず、舟を捨てて島に隠れて苦しい2ヶ月を過ごした。船が通るようになると、東皐心越はすぐに出発し、明王朝を復活させるという彼の希望は打ち砕かれた。1676年、耿精忠の部隊は何度も負けてついに降伏した。そのためこの詩はまた、日本へ渡る自分の無力さ、国に対する失望と悲しみ、そして広大な海に対する迷いと未知を表現している。「衆人頻涙流」は、東皐自身の心の悩みを言う。「丈夫家四海」と言ったように日本に期待していることも明らかだが、「身命総虚空」の文字通り、心の底ではよく無力さを感じていたこともわかる。

東皐の渡日の過程は順調ではなく、彼の詩『懷憶昔渡海歌』には「不期一夜起朔風、驚濤駭浪若遊龍」「凝眸千裏見崆峒、恍惚転入島之洪」と書かれたものがある。そこから、東皐が長い旅に苦しんでいただけでなく、実際には様々な困難と危険を経験し、心が落ち着かない様子だったことがわかる。(頼思妤、2016)

日本への期待。絶望的な状況を乗り越えた東皐心越は、日本の平和の光景を見て、かえって日本に期待を抱いた。『東渡述志』の後半には、「始知宇宙内、方壺別有天。風土殊非異、屋舍古猶然。居民皆純朴、日用自省便。松竹郁蒼蒼、花卉鮮艶艶。時稔多豊登、萬事無余欠。泊舟有旬日、正値梅花吐。笑把梅花嗅、陌路頻相顧。捻指計流光、不覚歳雲暮。」と書いている。日本の素朴な民俗と自然の風景はまるで桃源郷のようで、東皐の旅の疲れと不愉快な気持ちが一掃された。「笑把梅花嗅」は幸せで楽しい気分が満ち溢れているということである。東皐には『舟中得梅』「笑把梅花処、陌路喜相親」、『書梅偶憶』「呵筆偶然書此意、為伝春信到梅花」と、梅の花に関する詩がたくさんあり、好きな梅を借りて志を託している。

郷愁の念。東皐心越の詩文には、仏法の宣伝を記録したほか、郷愁を表すものも多い。例えば、『除夜』という詩がある。

抱得孤标出白云，满头犹带雪雰雰。
时清幸免朝明主，官冷应教笑广文。
常吐珠光连绝顶，却忘身世对斜曛。
魏巍卓立扶桑国，到底难将野火焚。

首联突出富士山独立不屈的精神品质，第二联暗喻中土政局不稳避祸日本。最后一联“野火焚”，带有反清复明的政治态度。

南源性派与朝鲜诗人也有交往，他曾两度接触朝鲜通信使。在日本的朝鲜通信使，除了日常的外交任务以外，也经常与日本文人知识分子交游往来。朝鲜使节在明朝灭亡后，仍然保持着故国衣冠，认可明朝，拒绝清朝，这些态度在处于异国他乡的南源禅师，十分感慨，于是有感而发，创作了一首《高丽入贡》诗，其中说道：“衣冠半属明朝口，族氏原为商代亲。”可见南源性派自己反清亲日的政治立场，以及对朝鲜使节的认可乃至欣赏。和南源一样，很多黄檗禅僧都借用诗歌创作，开展外交活动，表明彼此的政治立场，用诗歌等文化活动，连接东亚诸国的外交使节，这或许也是江户时代黄檗文化受到幕府倚重的一个重要原因吧？（廖肇亨，2017）

总之，黄檗僧诗主要集中于三个方面内容，一是明清易代之际对时局的关注，二是东渡日本对异国文化的接受，三是僧家修行对事物的禅悟。黄檗僧团文艺性浓郁，他们自身的才华触发了日本僧人创作汉诗文的热情，影响力巨大，由此可以判定黄檗僧诗歌在东亚汉诗史上必须占有一席之地。

三、文人书法与黄檗三笔

黄檗文化东传的明清之际，不仅是文学发展转折的重要时期，也是传统书法和绘画发展的变革时代。

明代社会的建立，是推翻当时被视为异族的蒙古人的统治，因此处处体现出一种以文化正统自居的意识，在书法上强调魏晋时期王羲之、王献之、钟繇书法的古雅端庄、飘逸俊秀，也重视唐代欧阳询、褚遂良、颜真卿的技法严谨、笔画庄重的楷书正统，同时认为宋代以后的书法，包括苏轼、黄庭坚、米芾等人的行书，都是变

此地唐津不是唐、唐津昔日把名揚。
唐山唐水非唐境、唐樹唐雲非唐郡。
唐日唐月同唐突、唐時唐節光陰速。
唐津除夜今宵延、明日唐津又一年。

詩のすべての文には「唐」という言葉があり、「唐」は中国の故郷を表し、故郷のあらゆるものを常に懐かしんでいることが書かれてある。(浦江政協文史資料委員会、2006)

その他の黄檗詩人

上文に述べた5人の重要な黄檗詩人のほか、黄檗宗には多くの優秀な詩人が大勢現れ、中国僧侶の独立性易、南源性派、独耀性日や、日本僧侶の月潭道澄、百拙元養などがいる。以下、一部だけ紹介する。

独立性易(1596–1672)。台湾の学者徐興慶が編纂した『天間老人全集』に独立性易の詩文が収められている。独立性易は生涯2つの重要なターニングポイントがあり、1つは明清の時代鼎革で、1つは渡日だった。彼の初期の作品の多くは悲しみと情熱に満ちていた。例えば以下の詩を見てみよう。

故国愁思客裏魂、一身徒泣老乾坤。
十年胡馬英雄涙、血濺江南草木髡。
一身盲瞶日癡癡、老大年過涙両垂。
日月竟沈終古夕、望中明發在何時。
身処難逢恨処深、十年難過恨驚心。
誰扶日月還双闕、望眼明離直至今。
野哭時時放独行、江南血戦未銷兵。
生憎老眼空双盼、指顧河湟收両京。

(『感懐』)

一つ一つの文から、異国に身を置いて家を失ったことの痛みが感じられる。独立性易は日本黄檗宗に参じたあと、生活がだんだんと良くなり、詩に

乱传统，一代不如一代。这其中有唐代国力强盛、宋代积贫积弱的历史认知，也有明代前期专制强化导致社会文化普遍体现出墨守成规、一成不变的现实因素影响。

当然，具体创作中，也有一些艺术大家，能将传统精神与艺术家的个性相结合，创作出不俗的作品，例如都出生于苏州吴县的“江南四大才子”之中的祝枝山、文徵明。他们的书法，既具有古代书法的古朴端庄，又富有飘逸洒脱的趣味。到了明朝中后期，一些文人因为人生遭际的惨痛，加之明代社会逐渐走向变乱的社会背景，以及王阳明心学的影响，开始在书画艺术中，表达艺术家独特的个性，追求狂放不羁的心灵自由。其中较早期的代表人物，就有绍兴奇人徐渭及其书法绘画。

徐渭之后，晚明书法家越来越多地加入到这种创新求奇的创作行列之中，如福建晋江人张瑞图（1570—1644）、绍兴人倪元璐（1594—1644），都崇尚创新，是徐渭以来新奇书法的典型代表。他们的书法创作，也和徐渭一样，体现出不遵从前人传统、发挥内心感受的特征。

这些书法，结构大开大合，运笔轻重自如，笔锋曲折变化，墨法灵活怪奇，看似畸形的字体中，又有一种一气呵成的生命气势。倪元璐的儿子倪后瞻曾这样评价父亲的书法：“不肯学习前人，专注于推陈出新，笔锋张扬显露，令人惊叫奇绝。”（崔尔平，2011）

此外还有福建籍著名书法家黄道周，也继续沿着这条艺术之路前行，而更多融合集大成的意味。他的书法，兼学汉代隶书、王羲之、钟繇、苏轼，既具有古代书法的结构谨严、刚健雄浑，又有苏轼、黄庭坚等人的宋代书法张扬的撇笔捺笔，笔法回环曲绕，显示出怪奇不羁、刚直不阿的风格和人格特质。

晚明以来注重表现内心孤傲不羁精神品质的书法发展取向直至明清之际的傅山，不论是在艺术创作上还是理论自觉上，都达到了一个高峰。傅山（1607—1684），原名傅鼎臣，字青竹，山西太原人，明末清初思想家、书法家、医学家。民国学者梁启超将他与顾炎武、黄宗羲、王夫之、李颙、颜元并称为“清初六大师”，可见他的历史地位。傅山最有特色的书法，是他自创的草篆，融合古器物金文、大篆、小篆和魏晋以后的草书，多种字体相互杂糅，形成奇特的书法字体。他的草书，往往中锋运笔，饱蘸墨汁，笔法曲折跌宕、纵横开阖。

は山水のような世界で楽しく暮らしていると書いてある。例えば『溪上吟』に「山山排翠插天高，遠水拖雲接海濤。十裏放舟随去住，一時遊興快吾曹。」という詩がある。国が破れて家が滅た憎しみを捨て、友達と一緒に旅をし景色を楽しんで、喜びを感じたことが書かれてある。（廖肇亨、2016）

南源性派（1631–1692）。黄檗僧侶の中で多くの者は詩文に長けでた。そのうち、南源の詩歌はレベルが高いことで評判されて、当時は「詩は南源、文は高泉」と言われているように、南源性派が詩の創作が得意で、一方高泉性潡が文の創作が上手く、二人とも隠元に信頼され称賛されている。南源性派は日本に30年滞在し、詩集『芝林集』『蔵林集』が伝えられ、その中には日本の富士山の風景も記載されている。例えば、『詠富士峰』である。

抱得孤標出白雲，満頭猶带雪雰雰。時清幸免朝明主，宦冷応教笑広文。

常吐珠光連絶頂，卻忘身世対斜曛。魏巍卓立扶桑国，到底難将野火焚。

第1、2句には富士山の独立した揺るぎない精神を強調し、第3、4句には中国の政治の不安定のため日本へ渡ったと暗喩した。第7、8句の「野火焚」は清王朝に反対し明王朝を復活する政治的立場を示している。

南源性派は朝鮮の詩人とも交流し、朝鮮通信使と2回接したことがある。日本にいる朝鮮通信使は、日常の外交事務のほかに、日本の知識人とよく交流していた。朝鮮使節は明王朝が滅亡した後も、明代の衣装を着て、明を追慕し、清を拒んだ。異国にいる南源禅師は彼らの態度に感銘を受けて、『高麗入貢』の詩を創作し、「衣冠半属明朝口、族氏原為商代親」と述べた。南源性派の反清親日の政治的立場と、朝鮮の使節を認めて評価していたことがわかる。南源のように、多くの黄檗禅僧が詩を借りて、外交活動を行い、お互いの政治的立場を表明し、詩歌などの文化活動で東アジア諸国の使節と交流していた。これが江戸時代に黄檗文化が幕府に信頼され重用された大きな原因の一つなのかもしれない。（廖肇亨、2017）

要するに、黄檗僧侶の詩には主に3つのテーマがあり、1つ目は明清時代交替に対する関心、2つ目は日本に渡って異文化を受け入れる心、3つ目は僧侶の修行と悟りである。黄檗僧たちは文芸性に富んでおり、彼らの才能は日本の僧侶の漢詩文創作への熱意を引き起こした。黄檗僧侶の詩は影響力が大きいことから、東アジアの漢詩史上において重要な位置づけにあると言え

傅山的书法表现出更为突出的古朴又畸变的特征，完全冲破魏晋隋唐以来书法的审美规范。理论上，傅山提出了著名的“宁拙毋巧，宁丑毋媚”的艺术主张，宁可追求拙、丑，也不要显得精巧、妩媚，实际上是一种接近于儿童书写风格的质朴、天真，其目的是体现出一种坚决不与清王朝合作的遗民态度，展现出他凛然耿介的品格和气节。（杨亮，2015）

这些风格迥异的书法创作，归根到底，都在表达文人坚守自我内心纯净、自然、不与流俗合污的名节品德。这是黄檗禅僧书法艺术形成的时代和艺术史背景，是理解黄檗禅僧书法艺术以及思想人格特质的重要前提。同样作为明朝遗民，黄檗禅僧正是在这样的艺术氛围中，形成了他们与同时代人相近又有个性特征的书法理论和创作。同时，晚明以来的书法艺术，创作活动主体是江南文人，尤其是苏州吴县一代的文人，以及福建泉州、漳州等地的文人。明清时期的江南，是文人文化的中心，泉州、漳州则是海上丝绸之路的重要发源地。由此可见，黄檗禅僧的书画艺术，正是江南文人文化艺术和海丝文化的产物，隐元等人的书法艺术，不仅仅是单纯的艺术习尚，也是明清之际遗民文化的延续和体现，是中华传统文化至明清之际达到鼎盛成熟形态的一部分和典型代表。“黄檗三笔”书法艺术的出现形成，正是这一历史过程和文化积淀的产物。

从宋代文人书法到明代书法，出于一种超越晋代和唐字帖书法模式的需要，书法家们逐渐把目光转向了金石碑刻的篆书和隶书书法样式，寻求一种更为久远的“古拙”的风格美感，原本一统天下的传统书法“帖学”被打破，逐渐形成了具有文人特征的明末清初书法新样式。“黄檗三笔”等人，也正是在时代精神的影响下，形成了自己的书法风格。

“黄檗三笔”，即隐元隆琦、木庵性瑫、即非如一，三人是黄檗文化书法成就之代表，风格各具特色，又都展现了明代文人书法的精神特征，给江户时代的日本书坛带去了新的书法风貌和艺术体验，对江户时代的日本书法发展，产生了很大影响。

日本的“唐样”书法，起于飞鸟时代，随着遣唐使的兴盛，至平安时代初期，大约相当于中国中晚唐时期达到鼎盛，出现了“平安三笔”——空海（774—835）、嵯峨天皇（786—842）、橘逸势（782—842）为代表的一代书法家。“唐样”书法的第二次鼎盛期，正是在江户时代的“黄檗三笔”的影响下形成的。如果说第一次“唐样”书法高潮，主要是从中国带去了唐代颜真卿等

よう。

三、文人書道と黄檗三筆

黄檗文化が東に広まった明清時代は、文学発展の重要なターニングポイントであるだけでなく、伝統的な書道と絵画の発展における変革の時期でもあった。

明代社会の確立は、当時異民族と見なされていたモンゴル人の支配を覆すもので、そのため至る所に文化的正統性を自任していた。書道では魏晋時代の王羲之、王献之、鐘繇書道の端正さと飄逸さが強調され、唐代の欧陽詢、褚遂良、顔真卿の正統な楷書の清峻で均整のとれた書風が重視された。同時に蘇軾、黄庭堅、米芾らの行書を含めた宋代以降の書道は、伝統が乱れてしまい、徐々にレベルが落ちていいた。その中には、唐王朝が強くて繁栄していたのに対し、宋王朝は貧弱であったという歴史的現実と、明代初期の独裁政治の強化で社会文化は一般的にルールに縛られていたという現実的な要因が影響しているであろう。

もちろん、特定の創作には、伝統精神と芸術家の個性をうまく結びつけて、優れた作品を作れた芸術家もいる。例えば、蘇州呉県出身の「江南四大才子」の祝枝山、文徴明だ。彼らの書道は、シンプルでありながら古代の書道の端正さがあり、また飄逸で洒落っ気に富んでいる。明代中期から後期にかけて、一部の文人は悲惨な境遇と、次第に混乱となった明王朝と王陽明心学の影響もあり、彼らは書画芸術を通して独特な個性を表現し、心の自由奔放を追求し始めた。そのなかで初期の代表者として紹興出身の徐渭が挙げられる。

徐渭の後、明代後期の書家である福建晋江出身の張瑞図（1570–1644）、浙江紹興出身の倪元璐（1594–1644）等、ますます多くの者たちがこのような革新的で奇抜な創作を始めた。彼らは革新を推奨して、徐渭以来の奇抜な書風の代表者である。彼らの書道の創作も徐渭と同じように、先人の伝統に従わず、内面の感情を表現している。

これらの作品は、構成が大胆に行間をとり、筆致が自由で落ち着いて、変

喜多元规1664年作《隐元、木庵、即非像》，福清黄檗文化促进会供稿

隠元、木庵、即非像　喜多元規1664年作　（福清黄檗文化促進会提供）

化に富んだ筆と墨の扱いに独自の新しい手法があり、一見変わった書体の中から、作品の持つ気韻と生命の勢いがみられる。倪元璐の息子倪後瞻は、かつて父親の書道について「前人に学ぼうとせず、新しいものを創作することに専念し、筆鋒が目立ち、驚くほど素晴らしい」とコメントした。(崔爾平、2011)

また、福建出身の有名な書道家黄道周も、この芸術の道に沿って前進し続け、それを集大成した。彼の書道は漢代の隷書、王羲之、鐘繇、蘇軾を参考し、古代の書道の構成の厳格さと力強さを持っているだけでなく、蘇軾や黄庭堅などその他の宋代書道の大胆な左払いと右払い、それと変化に富んだ筆法もある。それは彼の束縛を受けず、剛直な人格を示している。

明代後期以降は心の傲慢と自由への追求を表現するという書道の発展方向を重視し、明清の際の傅山までも芸術の創作、理論においてもピークに達していた。傅山(1607–1684)、本名は傅鼎臣、字青竹、山西太原出身であり、明末清初の思想家、能書家、医学家であった。中華民国の学者梁啓超は彼を顧炎武、黄宗羲、王夫之、李顒、顔元とともに「清初六大師」と呼んだことから、彼の歴史的地位がうかがえる。傅山の最も特徴的な書道は、彼が古器物の金文、大篆、小篆と魏晋以降の草書を融合させ、多種の書体を組み合わせた奇抜な書体を形成した草篆である。彼の草書は送筆に墨をたっぷりつけ、筆法が曲がりくねっており、縦横に開けているのが大きな特徴である。

傅山の書道は更に際立った古風で奇異な特徴を示し、魏晋隋唐以来の書道の審美規範を完全に打ち破った。理論について、傅山は有名な「寧拙毋巧,寧醜毋媚」という主張を提出し、精巧で魅力的に見えるよりも、不器用で醜いほうがいいと主張し、これは実際は子供の書き方に近い素朴で無邪気な書風である。その目的は、清王朝に断固として媚びない遺民の姿勢と凛とした品格と気節を示すことである。(楊亮、2015)

これらの特色ある書道創作は、結局、文人が自分の心の純粋さと自然への執着、世俗に流されないという品格を守っていることを表現している。これは黄檗僧侶の書道芸術形成の時代背景であり、黄檗僧侶の書道芸術及び思想や個性を理解する上で重要な前提である。同じく明の遺民として、黄檗僧侶はこのような芸術的雰囲気の中でこそ、同時代の似かよった個性的な書風

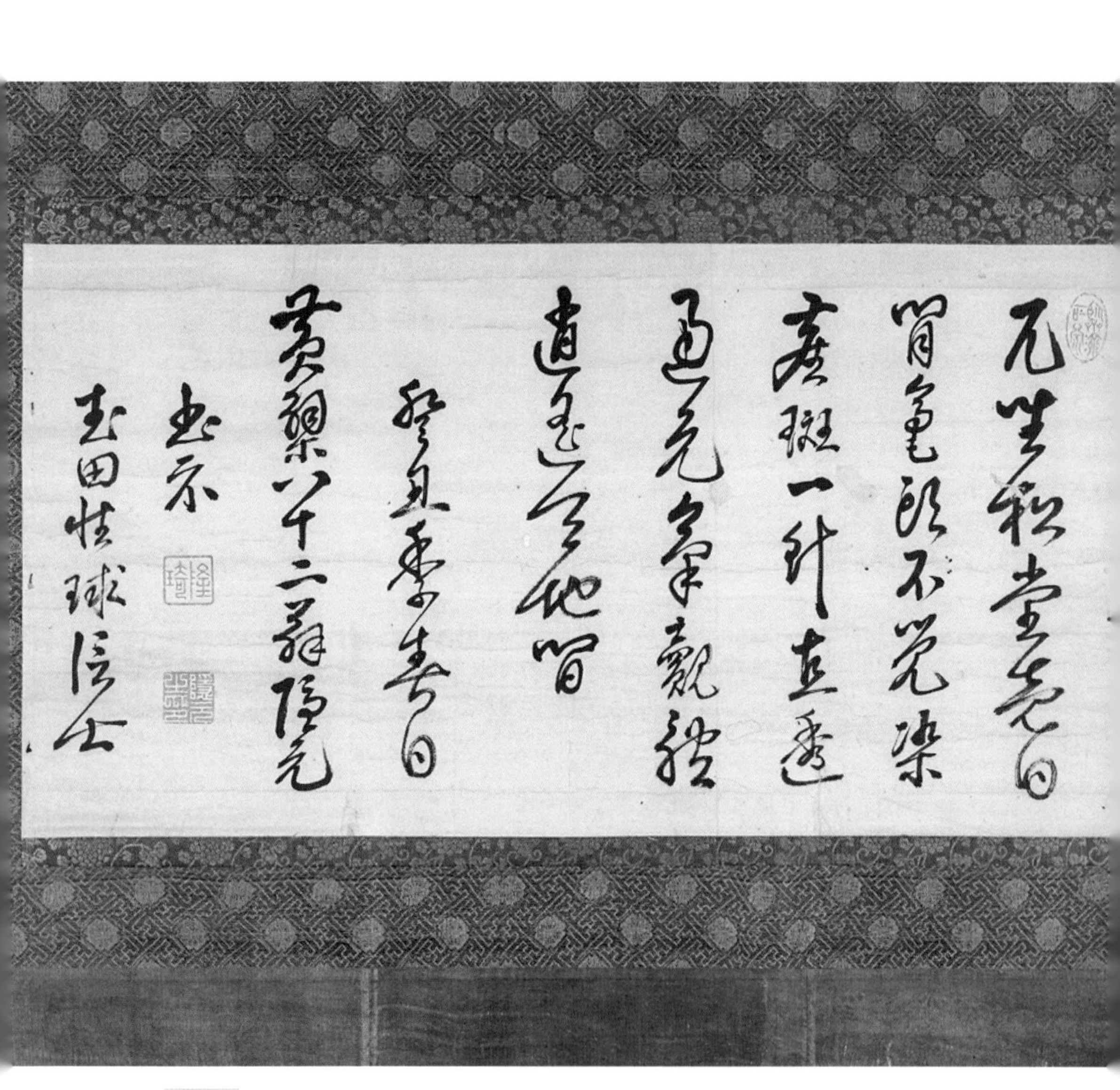

隐元隆琦草书，福清黄檗文化促进会供稿

隐元隆琦草書　（福清黄檗文化促進会提供）

と理論が形成されたのである。同時に、明代後期以来の書道芸術の創作の主体は江南文人であり、特に蘇州呉県あたりの文人、及び福建泉州、漳州などの文人である。明清時代の江南は文人文化の中心であり、泉州と漳州は海上シルクロードの重要な発祥地であった。このことから、黄檗僧侶の書画芸術は、江南文人文化芸術と海上シルクロード文化の産物であり、隠元らの書道芸術は単純な芸術実践だけでなく、明清の際の遺民文化の継続と体現であり、明清の際に最盛成熟期に達した中国伝統文化の一部の典型的な代表でもある。「黄檗三筆」書道芸術の出現と形成は、まさにこの歴史過程と文化的蓄積の産物である。

宋代の文人能書家から明代の能書家まで、晋代と唐代の法帖を超える物が求められたことから、次第に金石碑刻の篆書と隷書の様式に注目するようになった。これにより古い「古拙」のスタイルを求め、かつて書道領域を支配していた伝統的な書道「帖学」が崩壊し、文人の特徴を備えた明末清初の新しい書道が徐々に形成された。「黄檗三筆」なども、時代的精神の影響で独自の書風を形成している。

黄檗文化の書道の成果は、隠元隆琦、木庵性瑫、即非如一という師匠と弟子の3人を代表として、3人の書風はそれぞれ独自の特徴を持ちながら、明代文人の書道の精神の特徴を示している。彼らは江戸時代の日本の書道界に新しい書道と芸術をもたらし、江戸時代の書道の発展に大きな影響を与えたため、当時は「黄檗三筆」と呼ばれていた。

日本の「唐様」書風は飛鳥時代に始まり、遣唐使の繁栄に伴い、平安時代初期、即ち中国の唐代中後期にほぼ最盛期を迎え、「平安三筆」の空海、嵯峨天皇、橘逸勢を代表とする書家が登場した。「唐様」の書風の二回目の最盛期は、江戸時代の「黄檗三筆」の影響で形成された。第一回の「唐様」書道のピークが唐代の顔真卿らの書道が伝わって形成されたとすれば、第二回のピークは主に黄檗僧侶がもたらした明代後期の書道の影響の産物である。

隠元禅師が生活していた時代はほぼ傅山と同じ時期であり、当時の有名な書道家、同じく福建出身の張瑞図、黄道周らと交流していた。隠元は張瑞図と詩を作り唱和するだけでなく、黄道周が断食して明王朝に殉じたとき、隠元は詩を6首も作り、敬意と哀悼を表した。隠元自身であろうと、後に日本

人的书法而形成，那么，第二次高潮则主要是黄檗禅僧带去的晚明书法影响的产物。

隐元禅师生活的时代，大致与傅山同时，又与当时同为福建同乡的著名书法家张瑞图、黄道周等有交往。隐元不仅与张瑞图赋诗唱和，更为著名的是，黄道周绝食以殉明王朝，隐元更是赋诗六首，表达敬意和悼念。此外，不论是隐元本人，还是后来赴日的众位弟子，都将张瑞图的书画作品带到日本，或留寺保存，或赠给日本友人，为日本书画艺术界直接带去了相关作品真迹，成为一时效仿、临摹的对象。

从书法渊源上，隐元与晚明书坛一样，都推崇宋元人的尚意品格，隐元东渡日本，还将苏轼、黄庭坚、米芾、蔡襄“宋四家”的书法字迹编订成《四家字帖》，带入日本，至今保存在日本宇治万福寺中，奉为镇寺之宝。（解小青，2011）

书法创作上，隐元工于行书，主要受晚明书法家的影响，体现出明显的晚明文人书法风格，总体上有一种雄浑、豪放的气势，体现一代名僧宽广的心灵世界和阔大率真的人格。从书法发展历程上看，他的书法也有明显的变化，东渡以前的书法，现在能看到的主要是《偶离寒岩》《付木庵源流卷》《法运东行卷》《列祖图序》等，目前保存于日本京都万福寺中，风格相对更为纤细俊秀一些，与祝枝山、文徵明的书法接近。他东渡后的书法，保存至今的作品较多，主要是各类书信、题写匾额、屏风等，字体更为肥壮圆润，运笔回环洒脱，具有苏黄书法自如洒脱的意蕴以及晚明书法质朴怪奇的特征。（马旭明，2018）

木庵禅师生活于晚明社会，他不像一般的僧人，只是借着出家，逃避现实，独善其身，而是和隐元一样，主张将儒家积极救世、关心百姓的仁爱之心，与佛家救苦救难、普度众生的慈悲之心结合起来，在民不聊生、草木皆兵的时代里，四处寻访高僧大德，参禅学法，希望找到人生解脱的真正方法，同时担负起在乱世慈悲济世、安抚人心的使命和责任。出家后的木庵，也多次返回故乡，照顾年迈的祖母，践行作为人子的孝敬之道，回报辛苦养育之恩，直到清朝顺治四年祖母苏氏离开人世。

木庵在明崇祯十一年（1638）赴浙江省海盐县金粟山广慧寺，参访了费隐通容禅师（1593—1661），学习临济宗的禅法，在费隐祖师酣畅淋漓的话头棒

に渡った弟子たちであろうと、張瑞図の書道や絵画作品を日本に持ち込んで、お寺に保管したり、日本の友人に贈ったりして、日本の書画芸術界に真跡を提供し、一時模倣と模写の対象になっていた。

書道の起源について、隠元は明代後期の書道界と同様に、宋代と元代の「尚意」を推奨し、隠元は蘇軾、黄庭堅、米芾、蔡襴の「宋四家」の書道と作品を『四家字帖』に編纂し日本に持っていった。今でも日本の宇治万福寺に保存され、万福寺の宝物とされている。(解小青、2011)

書道の創作の上で、隠元は行書が得意で、主に明代後期の書家の影響を受けて、明らかな明代後期の文人の書風が見られる。全体的に筆致が雄渾で豪放で、一代の名僧の広い精神世界と率直な人格を体現している。書道の発展過程から見て、彼の書道も明らかな変化があり、渡日する前の作品で今でも見られるのは主に『偶离寒岩』『付木庵源流巻』『法運東行巻』『列祖図序』などで、現在は日本京都万福寺に保存されている。これらの作品は比較的繊細で美しく、祝枝山や文徴明の書風に近い。渡日してからは、現在まで作品が多く保存されており、主に各種の手紙、扁額、屏風などである。書体はさらに丸みがあって太くなり、筆遣いがのびやかで、蘇黄の自由でおおらかな味わいがあり、明代後期書道の素朴で奇妙な特徴を持っている。(馬旭明、2018)

木庵禅師は明代後期に暮らし、現実を避けるために出家した普通の僧侶とは違って、彼は隠元と同じように、儒学の積極的な救世や庶民への仁愛の心と、仏教の衆生を苦しみから救う慈悲の心と結びつけることを主張した。人々が安心して生活できなく、つまらぬことにびくびくする時代に、高僧を探して訪ね、禅を学んで研究し、人生を解放する真の方法を見つけようとし、同時に人々を乱世から救って人の心を落ち着かせる使命と責任を負っていた。出家後の木庵も、何度も故郷に戻り、年を取った祖母の蘇氏が清代順治四年(1647)になくなるまで世話をし、親孝行を実践し、苦労して育ててくれた恩に報いた。

木庵は明代崇禎十一年(1638)に浙江省海塩県金粟山広慧寺に赴き、費隠通容禅師(1593-1661)を訪問し、臨済宗の禅法を学び、費隠祖師の素晴らしい言葉に感動し、ようやく悟りを開き、当時の禅宗関係者に徐々に知られ

隐元隆琦书法，福清黄檗文化促进会供稿
隐元隆琦書（福清黄檗文化促進会提供）

るようになった。

崇禎十七年（1644）、木庵が二度目に広慧寺で費隠禅師を訪れた時、首座弟子である隠元隆琦禅師と出会った。木庵は隠元の謙虚で素朴な人格、該博な学識に感服し、隠元のもとに弟子入りすることにした。隠元も木庵の知識と素行を高く評価し、深い友情を築いた。木庵はまた、宗教、社会、政治活動、そして日本に渡った後の一連の活動において、隠元の力強い右腕になった。順治八年（1651）、四十一歳の木庵は福清黄檗山万福寺住職に命じられ、隠元の正式な相続人となり、臨済宗第三十三世祖と称された。

儒学文化の正統なる思想と、隠元禅師に対する深い感情を持っていたため、木庵は隠元禅師が渡日した後、師の呼びかけに応じ、清朝順治十二年、即ち日本明暦元年（1655）6月に、泉州から長崎に向けて出航した。日本に渡った木庵禅師は、長崎の福済寺、摂津普門寺、京都の万福寺で隠元を継いで住職を務め、優れた弘法と管理、社交の才能を示した。

隠元が新黄檗山万福寺を創建した当初は、仏法を広めるのが難しく、規模も小さかった。木庵が住職を引き継いだ後、広く順縁を結び、仏堂を拡張するために寄付を行い、仏堂を次々に発展させていた。彼が住職を務めた十七年間（1664-1680）、大雄宝殿、天王殿、祖師堂、甘露堂、斎堂、開山堂、伽藍堂、大三門、鐘鼓楼、檀越祠など多くの楼閣と殿堂を修繕した。日本の京都の黄檗山万福寺が大きく立派になったのは、木庵の努力がないと実現できなかったと言ってもいい。万福寺はこの時期になってやっと日本の黄檗宗総本山の規模を備えたと言える。また、木庵禅師は戒律を更新し、宗派内部の管理を厳しくした。社会活動においては、木庵は4回も幕府将軍の徳川家綱を拝謁した。また、各地を回り、天皇、幕府将軍、大名、その他の貴族や役人、商人、武士、町民などのあらゆる分野の著名人を訪問した。彼は授戒会を4回主催して、受戒する人数は少ない時で数百人で、多い時で千人余りにのぼった。これは前例のないことであり、影響が非常に大きかったため、万福寺は恒久的な仏教伝戒道場の一つとなった。（山本悦心、王慧傑、2016）

木庵禅師は、典型的な士大夫文人型の禅僧で、仏法の発揚、禅寺の建設と社会活動において、扁額、題画像賛、手紙文書、碑伝記銘などを含んだ多く

喝之下，最终大彻大悟，逐渐被当时的禅宗人士所知。

崇祯十七年（1644），木庵第二次到广慧寺拜访费隐禅师的时候，遇到了首座弟子隐元隆琦禅师。木庵当即被隐元谦恭朴实的人格、渊深广博的学问所折服，决定拜隐元为师，隐元也对木庵的学问品行大为赞赏，由此结下深厚情谊。木庵也成为隐元此后宗教、社会、政治活动，以及东渡日本之后一系列活动的得力助手。清朝顺治八年（1651），四十一岁的木庵受命成为福清黄檗山万福寺住持，隐元的正式继承人，号称临济宗第三十三世祖。

正是由于强烈的儒家文化正统情怀，和对隐元的深厚情谊，木庵在隐元东渡之后，也随着师父的召唤，于顺治十二年，也就是日本明历元年（1655）六月，从泉州起航赴日本长崎。东渡日本的木庵禅师，先后在长崎福济寺、摄津普门寺、京都万福寺继任隐元担任住持，并表现出卓越的弘法、管理、社交才能。

隐元创建新黄檗山万福寺之初，传法艰难，规模较小，到木庵继任住持之后，广结善缘，捐资扩建佛堂殿舍，呈现出欣欣向荣的气象，他住持万福寺十七年（1664—1680），先后修建大雄宝殿、天王殿、祖师堂、甘露堂、斋堂、开山堂、伽蓝堂、大三门、钟鼓楼、檀越祠等多个楼阁殿堂，可以说，日本京都黄檗山万福寺真正形成规模气象，是在木庵的亲自推动下完成的，万福寺到这一时期才真正具备日本黄檗宗总本山的规模。此外，木庵禅师还更新教规，严格管理宗派内部。社会活动方面，木庵曾先后四次拜谒幕府将军德川家纲，又到各地拜访、请教日本社会各界名流，包括天皇、幕府将军、大名等贵族和官员，以及商人、武士、町人等，主办四次传戒会，受戒人数少则数百人，多则千余人，一时间盛况空前，影响所及，万福寺于是成为永久的佛教传戒道场之一。（山本悦心、王慧杰，2016）

木庵禅师也是典型的士大夫文人型的禅僧，在弘扬佛法，兴建禅寺、社会活动过程中，他留下了为数众多的诗歌、书法、绘画作品，包括题写匾额、题画像赞、书信文牍、碑传记铭等。木庵善书法，尤精于行书。他所题写的楹联、像赞，大多数是行书，这些书法运笔自然流畅，如龙蛇飘散，又内含雄浑苍劲的力量，透露出一个经历非凡的禅僧深广的内心灵魂和丰富苍凉的人生经历。

泉州开元寺藏经阁，至今珍藏有国内现存唯一的木庵禅师手书文物——东渡前所留木刻对联。楹联原来悬挂在开元寺老精舍厅门，现收藏于寺内藏经

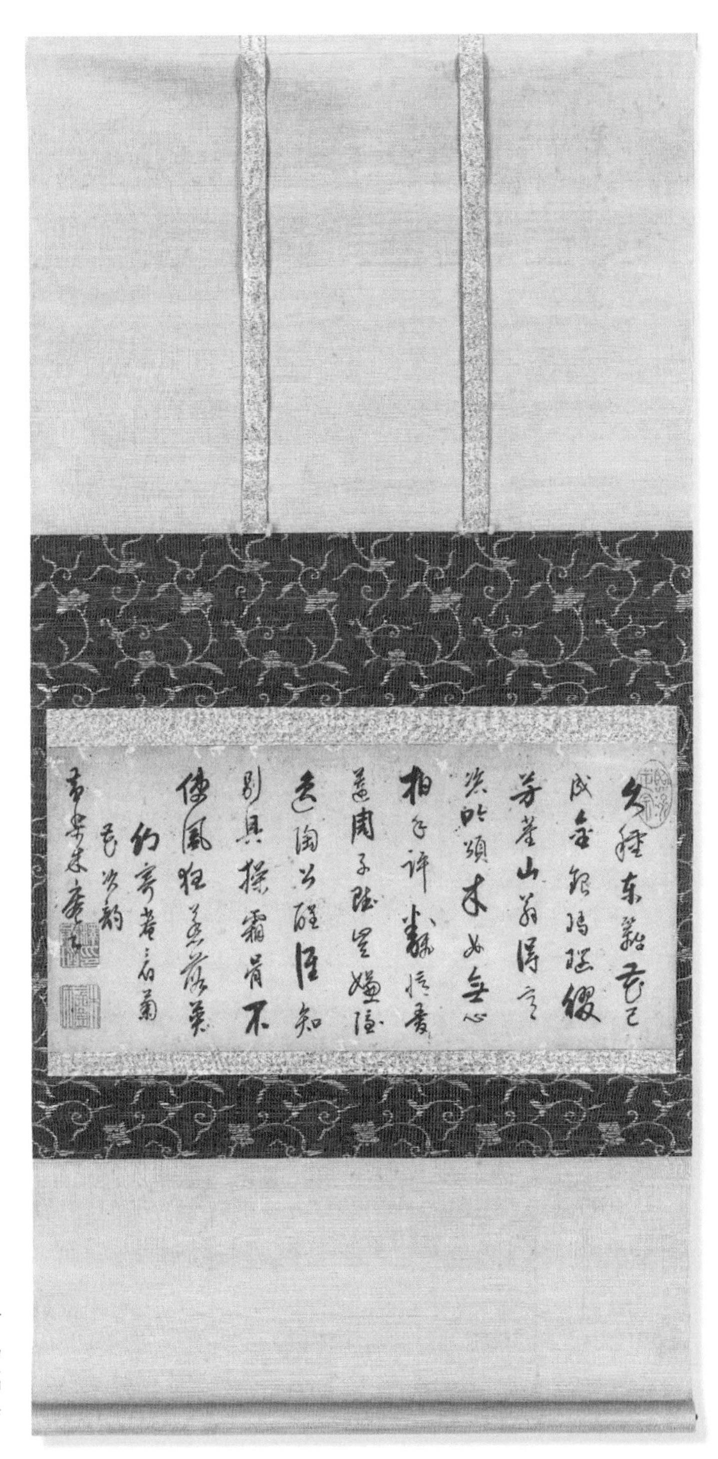

木庵性瑫墨迹，福清黄檗文化促进会供稿
木庵性瑫書（福清黄檗文化促進会提供）

阁中，文字内容为："鹫岭三车不离当人跬步，曹溪一指好看孤塔云中。"早在1979年12月，时任日本黄檗宗会议长的吉井鸠峰，曾率领黄檗祖庭参访团，到福清拜谒万福寺祖庭之后，又到泉州开元寺继续参观寻觅历史旧迹，当时曾见到这副对联原件，深感喜悦，特地拍照留念。该联也成为中日文化交流的珍品和象征。（何振良，2002）

木庵的小字题款率性不羁的笔法，不受约束的竖笔和曲笔，有一种洒脱飞舞的力量，体现了宋元以及晚明文人书法对内在品格的重视以及禅宗书法不尚法而直达本心自性的特性。

木庵运笔的险怪、耿介深沉的笔法，正是明清之际书法尚奇守拙精神的体现。黄檗禅僧身处晚明社会，除了自我的人生经历以及禅学思想的影响，作为文人生活的"标配"，其书法的学习和艺术风格，都源自当时的书法家和书法艺术的影响。

即非如一禅师，是南宋福清理学家林希逸后裔。传说即非的母亲方氏，曾向观音祈祷生子，怀胎十月，忽然有一天梦见菩萨向她授予白莲花，随即临盆产下一子，正是后来的即非如

木庵性瑫题诗《行吟图》，福清黄檗文化促进会供稿

木庵性瑫『行吟図』に書き入れた詩（福清黄檗文化促進会提供）

の詩歌、書道、絵画作品を残した。木庵は書道が上手く，特に行書に精通していた。彼が書いた楹聯、像賛の多くは行書で、運筆が竜蛇が舞い散るように自然流暢で、また雄渾で力強くい。これは非凡な経歴をした禅僧の広い心と魂と、豊かで蒼涼とした人生経験を示している。

泉州開元寺蔵経閣は、中国国内に現存する唯一の木庵禅師の手書文物——渡日する前に残された木刻対聯を有する。楹聯はもともと開元寺の老精舎庁の玄関の扉に掛けられていたが、現在はお寺の蔵経閣に保管されており、内容は「鷲嶺三車不離当人跬步，曹溪一指好看孤塔雲中。」と書かれてある。早くも1979年12月に、当時日本黄檗宗会議長を務めた吉井鳩峰は、黄檗祖庭訪問団を率いて、福清に万福寺祖庭を参拝した後、泉州開元寺に行って歴史の旧跡を探し続けた。当時はこの対聯の原本を見て、喜んで記念撮影したことがある。この対聯も中日文化交流の宝物および象徴となっている。(何振良、2002)

木庵の小文字の落成款識は率直で拘束されない直筆と側筆が使われ、舞い散るような力を表現し、作品には雪の中の梅の傲骨と超然とした清らかさがある。これらの書道は宋元と明代後期の文人が書道では技に従わず内面の品格を重視し、本心と直接に繋がった特徴を示している。

その筆致の険しさ、奇妙さ、正直さと深さは、明清時代書道の「尚奇守拙」精神を具現化したものである。黄禅僧侶は明代後期の社会に深くかかわっており、自己の人生経験と禅学思想の影響を除いて、文人生活の「標準」として、書道の学習と芸術スタイルの影響はすべて、当時の書道家と書道芸術の影響に由来している。

即非如一禅師は、南宋福清出身の理学者の林希逸の子孫である。伝説によると、即非の母は、観音菩薩に子供が授かるように祈り、その後に妊娠して10カ月したある日、突然菩薩が彼女に白蓮の花を授けるという夢を見てすぐに子供が生まれた。生まれたのは即非如一であった。彼は幼い頃から頭がよかったが、不幸なことに、父が外出して以来、行方不明になり、その後彼は一人になった母と一緒に暮らし、そばで親孝行を尽くしていた。少年の頃、たまたま村で「目蓮、母を救う」という芝居を見たことで、出家の念を強く持つようになった。崇禎三年(1630)、十五歳の即非は、福清黄檗山万

木庵性瑫《自题观音像》，福清黄檗文化促进会供稿
木庵性瑫 『自題観音像』（福清黄檗文化促進会提供）

福寺に入り、住職を務めていた密雲円悟禅師の弟子になり修習しはじめた。翌年正式に出家し、その後、新任住職の費隠禅師と隠元禅師に教えられた。初めて隠元を参拝したときに、隠元は突然「どうすれば悟ることができるのか」と大声で問うた。即非は返事せずに、棒を手に取り隠元を殴った。隠元も怒らず、「お前はそれを見抜いた」と言った。これは臨済棒喝禅法の特徴が十分に表れている。

順治七年（1650）、福清万福寺の裏山で山火事が発生した。即非は相弟子と山に登って火を消したが、意外にも火に落ちて死にかけた。救出された後、彼は自分が何箇所もやけどしていることさえ気づいてなかった。彼は突然禅の思想を悟って、体の限界を捨て、心を自由へと解き放ち、またこれによって修養が更に精進して、木庵禅師と隠元禅師の重要な弟子のひとりになった。

隠元禅師が日本に渡ってから3年が経ったのち、すなわち日本明暦三年、清代順治十四年（1657）に、即非如一も長崎華僑の支援を受けて、師匠に続いて長崎崇福寺と京都万福寺に入り、木庵とともに隠元門下の首座弟子となった。寛文五年、清代康熙四年（1665）に、即非禅師は日本福岡県北九州市小倉北区で広寿山福聚寺を設立し、その法系が後に黄檗宗広寿派として知られている。

即非禅師は座禅する以外に、特に書道と絵画が好きで、地方の風土記の編纂と詩文の創作などにおいて傑出した成果をあげ、『福清県志続略』などを編纂した。

即非は行書も草書も上手で、隠元や木庵と同様に草書大字が得意である。即非の行草は、筆致が丸く拙く、勢いに変化があり、書風が奇抜で蒼力で、明代後期の書道に非常に近い。彼は有名な書家董其昌に習っていると考えられているが、傅山、王鐸らの影響を受けているようで、遺民文化の書道の特徴を持っており、時代交替とへの悲しみと怒り及び諸行無常の無力感が含まれている。同時に、臨済禅僧棒喝機鋒の不羈で垢抜けれている特徴を表現している。草書は規則に合わないように見え、宋元の文人の特徴もはっきりと出ている。特に即非の大胆な筆鋒は、唐代の書風を守らずに宋代文人の書道を提唱して内面の追求を示しているように見える。

一。即非自幼聪慧，然而不幸的是，父亲在他幼年时便外出不知所踪，此后即非一直与寡母生活在一起，侍奉左右，全心尽孝。少年时因偶然观看了乡里所演目莲救母戏，便有了强烈的出家念头。崇祯三年（1630），十五岁的即非，进入福清黄檗山万福寺，拜正住持其间的密云圆悟禅师为师，修习禅法，第二年正式出家，此后，又先后受教于新任住持费隐禅师和隐元禅师。即非初次参拜隐元时，隐元突然喝道："如何才能大彻大悟？"即非不答话，而是随手操起棍子打了隐元一棒。隐元却也不生气，说："你看破了。"体现了十足的临济棒喝禅法特征。

顺治七年（1650），福清万福寺后山发生山火，即非和师兄弟一起上山救火，不慎陷于大火之中，险些丧命。被救出后，竟然还没有觉察自己身体已经多处被烧伤，由此他突然领悟到禅宗思想，放下身体皮囊的限制，达到心灵的自如解脱，由此修养更加精进，与木庵禅师一起成为隐元禅师重要弟子之一。

隐元东渡日本三年之后，也就是日本明历三年，清朝顺治十四年（1657），即非如一也在长崎华侨的资助下，追随师父先后进入长崎崇福寺和京都万福寺，与木庵同为隐元门下首座弟子。即非禅师在日教化十五年，宽文五年，即清康熙四年（1665），他在日本福冈县北九州市小仓北区，还开创了广寿山福聚寺，他的法系后来又被称为黄檗宗广寿派。

即非禅师在颂禅之余，尤好书画，并在方志编撰、诗文创作等方面，成就突出，曾编有《福清县志续略》等方志著作。

即非书法行、草兼长，与隐元和木庵一样，都擅长草书大字。即非的行草，笔力圆拙，气势断连之间，风格瑰奇苍劲，与晚明书法十分接近，一般认为他的书法师出著名书法家董其昌，但似乎又更多受到傅山、王铎等人的影响，体现出一种遗民文化书法，尚意沉雄，包含易代悲愤与世事苍茫的气息，同时，又体现出作为临济禅僧棒喝机锋的放达不羁、萧散冲和。草书看似不合规矩，又有一番保存传递宋元文人押韵的精神自觉。尤其是即非开合的浩荡笔锋，具有不守唐代书法而崇尚宋代文人书法、展现内心追求的意趣。

以"黄檗三笔"为首的黄檗禅僧，和大批东渡扶桑的明朝文化遗民、文人士大夫，在海外传播了明清文人士大夫文化，也就是中华传统文化的核心精神品质。在思想学术、文学艺术等方面，他们对近世日本文化的发展转变，产生了重大而深远的影响，极大地推动了日本近代社会文化的转型成熟。到明治维

即非如一行书，福清黄檗文化促进会供稿
即非如一行書（福清黄檗文化促進会提供）

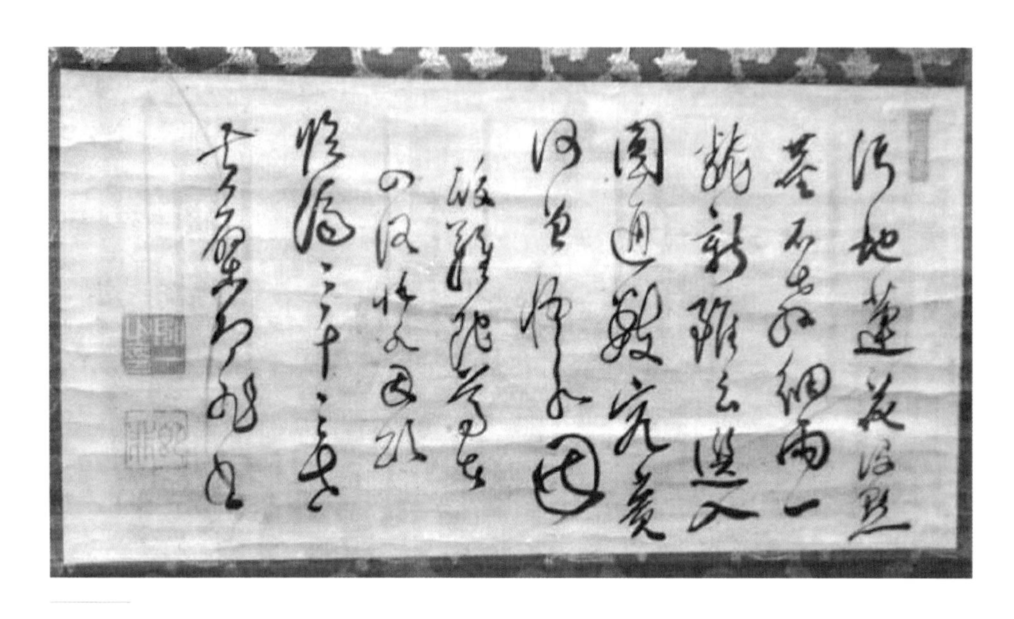

即非如一行书，福清黄檗文化促进会供稿
即非如一行書（福清黄檗文化促進会提供）

新以后，日本社会发展成熟，其文化又成了当时处于水深火热中的中国的革命志士的“救国”参考，反过来推动了中国传统文化的自新、发展。总之，黄檗文化深深扎根于日本社会，成为中日文化交流的见证和纽带，黄檗文化的文学艺术交流，正是明清以来中日文化交流的缩影，是中日民间绵延不绝的相互学习、影响、借鉴的缩影。

四、日本书法的“黄檗流”与“东江流”

历史上，中国书法传入日本，主要经历了三次高峰：第一次是日本平安时代，随着大批遣唐使来到中国学习中国文化，同时，遣唐使也把两晋、隋唐以来的中国书法，作为中国文化的重要成果，带回了日本，并由此形成了“唐样”书法风格。这一时期的“唐样”书法，正是以“平安三笔”为典型代表——空海（774—835）、嵯峨天皇（786—842）、橘逸势（782—842）。此后至平安时代中期，也就是中国五代至北宋时期，随着日本自身文字假名的出现，日本书法史上又出现了以此为基础的新书法，被称为“和样”书法，其中

「黄檗三筆」をはじめとする黄檗僧侶と、渡日した明代文化遺民と文人の多くが、海外で明清文人士大夫文化、すなわち中華伝統文化の中核となる精神的資質を広めた。思想、学問、文学、芸術などの面において、近世の日本文化の発展と変容に重要で広い影響を及ぼし、日本の近代社会文化の変容と成熟を大いに促進した。明治維新以降、日本社会は発展し成熟し、その文化はまだ当時非常な苦難にあった中国の革命誌士の「救国」の参考になり、逆に中国の伝統文化の更生と発展を推進した。しかし、それが逆に中国伝統文化の改革と発展を促進した。要するに、黄檗文化は日本社会に深く根ざしており、中日文化交流の証と絆となっている。黄檗文化の文学芸術交流は、明清時代以来の中日文化交流の縮図であり、中日民間における継続的な相互学習、相互影響、相互参考の縮図である。

四、日本書道の「黄檗流」と「東江流」

歴史上、中国書道が日本に伝わった最盛期が三度ある。1度目は日本の平安時代で、多くの遣唐使が中国文化を学びに来たと同時に、両晋隋唐以来の中国書道を中国文化の重要な部分として日本に持ち帰り、それによって「唐様」の書風を形成した。この時期の「唐様」書道は、「平安三筆」の空海（774-835)、嵯峨天皇（786-842)、橘逸勢（782-842）が代表である。それから平安時代中期まで、つまり中国五代から北宋時代にかけて、日本の仮名文字の出現に伴い、それに基づく新しい「和様」書道が日本書道の歴史に登場した。その中で最も重要な代表は、間違いなく「平安三跡」の小野道風(894-966)、藤原佐理（944-998)、藤原行成（972-1028）である。特に小野道風は、日本書道史の代表人物であるだけでなく、当時とその後の日本書道にも深い影響を与え、明清時代以降の中国書道にも重要な影響を及ぼした。日本書道史における「三笔」、「三迹」は、まさに中日書道交流と文化交流の産物であり代表であると言えよう。(韓天雍、2018)

中国の書道が日本へ伝わって2度目の文化芸術交流の最盛期は、黄檗文化生じた江戸時代だった。この時期の日本書道の発展は、主に明清時代に禅僧を代表とする明代遺民が渡日して大量の中国の物質文明と精神文化をもたら

最为重要的代表，无疑是所谓“平安三迹”的小野道风（894—966）、藤原佐理（944—998）、藤原行成（972—1028）等人。尤其是小野道风，不仅是日本书法史上的典范人物，对当时和此后的日本书法，都产生了深远影响，而且对明清以后的中国书法，都产生了重要影响。可以说，日本书法史上的“三笔”“三迹”，也正是中日书法交流、文化交流的产物和典型代表。（韩天雍，2018）

中国书法传入并引发文化艺术交流的第二次高潮，正是在黄檗文化所处的江户时期。这一时期的日本书法发展，主要得益于明清之际黄檗禅僧为代表的明遗民东渡，带去了大量中国物质文明和精神文化，同时也得益于德川幕府推崇程朱理学为中心的儒学思想文化，推动了中日文化的再次深度交流。与第一次高潮一样，这一时期的书法发展，也形成了江户时代前期的“黄檗三笔”和后期“幕末三笔”为代表的一批著名“唐样”书法家。这一时期的“唐样”书法，虽仍然用“唐样”来称呼中国书法风格，但究其内涵而言，前一时期的“唐样”，主要是东晋、隋唐书法，而江户时代的“唐样”，无疑主要是宋元书法影响下的明代后期书法样式。（马亚楠，2017）中日书法交流史上第三次高潮，出现在日本明治、大正时期，伴随着晚清民国著名学者杨守敬（1839—1915）携带一万三千多片汉唐时期的金石碑刻、书法字帖东渡日本，引发了日本书法艺术界人士对汉唐金石碑刻的学习临摹热潮，日本书法又一次从明代书风，重回隶书、魏碑的古朴苍劲，许多留日中国学者、文化巨匠，也受其影响，纷纷开始学习唐代字帖传统之外的大篆、隶书、魏碑等古代书法刻字，中日两国书法界都出现了一股新的“学古”“拟古”风尚，所谓“唐样”书法，其内涵也随之再次发生变化。

福清黄檗禅僧东渡日本之时以及之后，都带去了大量具有中国明代特色的物质文化成果，其中即包括宋明以来的书法、绘画藏品墨迹，可以说江户时代的日本万福寺，本身就是一座书画艺术的博物馆。同时以“黄檗三笔”为代表的大量禅僧书法创作，乃至黄檗禅门弟子独立性易等人的书法理论，也直接影响了此后很长一段时间内日本书法的发展，这些都推动了日本书法创作从晋唐书风向明清书风变革的发生。这一时期日本各界的书法艺术日臻完善、风格多样，这与隐元等人携带的书法名家作品以及禅僧自身创作影响，是密不可分的。

在隐元等明末遗民到来之前，日本江户时代初期，已经形成了本阿弥光悦（1558—1637）为代表的第一批文人书法家。和中国魏晋、隋唐时期相近，江

したおかげと、徳川幕府が程朱理学を中心とした儒学思想文化を推賞して、中日文化の再度の深い交流を促進したおかげである。1度目の最盛期と同様に、この時期の書道の発展も、江戸時代前期の「黄檗三筆」と後期の「幕末三筆」を代表とした有名な「唐様」能書家が現れた。この時期の書道は、中国の書風を「唐様」と呼んでいたが、その内包を究めると、前の「唐様」は主に東晋と隋唐の書道であるが、江戸時代の「唐様」は、宋元の書道の影響を受けた明代後期の書道であろう。(馬亜楠、2017)

中日書道交流史上における3度目の最盛期は、日本の明治、大正期に現れた。清代後期から中華民国にかけて有名な学者楊守敬（1839-1915）が一万三千枚余りの漢唐時代の金石碑刻、書道模本を持って日本に渡り、日本書道芸術界の人々の漢唐金石碑刻に対する模写ブームを引き起こした。日本の書道は再び明代の書風から素朴で力強い隷書と魏碑に戻って、日本に滞在した中国学者や文化の巨匠もその影響を受けて、次々と唐代模本以外の大篆、隷書、魏碑などの古代の書道を習い始めてた。中日両国の書道界とも新しい「学古」「擬古」の風潮が現れ、いわゆる「唐様」書道も内包が再び変化した。

福清の黄檗僧侶が日本に渡った時とその後、中国明代の特色のある物質的、文化的成果を大量に持って行った。その中には宋明時代以来の書道、絵画集が含まれ、江戸時代の万福寺自体が書画芸術の博物館と言ってもよい。また、「黄檗三筆」に代表される多くの僧侶の書道作品、ひいては黄檗宗弟子の独立性易らの書道理論も、その後長い間日本の書道の発展に直接に影響していた。これは日本の書道創作を積極的に促進し、晋唐書風から明清書風への変革を推進した。この時期に日本各流派の書道芸術は日に日に完備し、書風が多様になったのは、隠元らがもたらした書家の作品や僧侶自身の創作の影響と切っても切り離せないものであった。

明代後期の隠元とその他の遺民が来る前、日本の江戸時代初期には、本阿弥光悦（1558-1637）を代表とした最初の文人書道家の集団が形成された。中国の魏晋、隋唐時代に近く、江戸以前の日本の書家は主に皇室、貴族出身であり、庶民出身の有名な書家はほとんどいなかった。徳川幕府時代になると、皇室や貴族にとらわれない新しい知識集団が形成され、文化教育研究を

户以前的日本书法家，多是皇室、贵族群体，很少有平民书法家闻名于世。到了德川幕府时代，新的不依附于皇室、贵族的知识阶层逐渐形成，专门从事文化教育研究的独立的文人群体开始出现，这一点也和中国南宋以来所谓“江湖散人”、元明时代极富个性的江南“文人”相映成趣。与贵族书法强调优雅高逸、庄重肃穆不同，文人书法更强调表现内心的独立个性和自由洒脱的精神。本阿弥光悦的书法，正是这类早期文人书法的一面旗帜。他的书法，虽然学习“平安三笔”，却没有贵族书法的典雅持重，而是或丰肥或纤瘦，变化万千，浓淡协调，自如飞动。正是在这样的时代背景下，同样具有文人特质的黄檗书法东传日本后，才产生了一拍即合的效果，迅速传播。

江户时代的日本，从幕府、大名到知识阶层，从战国时代走来，面对长期的文化破坏，再次对中国文化、文人精神，产生了仰慕心态。以幕府为中心的

隐元书“万福寺”匾额

隐元書「萬福寺」額

木庵书“万德尊”匾额

木庵書「万徳尊」額

福清黄檗文化促进会供稿

(福清黃檗文化促進会提供)

専門に携わる文人知識集団が現れ始めた。これにより中国南宋時代以来のいわゆる「江湖散人」、元明時代の個性に富んだ江南「文人」が引き立った。貴族の書道が優雅さと荘重さを強調するのに対し、文人の書道は内面の独立と自由と洒脱な精神を表現することを強調している。本阿弥光悦の書道は、初期の文人書道の旗印である。彼は「平安三筆」を習ったが、貴族の書道の優雅さと厳粛さはなく、線が太かったり細かったりと変化に富み、濃い墨と調和しており、躍動感がある。このような時代背景にあるからこそ、同じ文人の特質を持つ黄檗書道が日本に伝わるや、すぐに同調して急速に広まったのである。

江戸時代の日本は、幕府や大名から知識層まで全員戦国時代を経て、長期的な文化破壊に直面して、再び中国の文化と文人の精神に感心した。幕府を中心とした当時の上流社会では、上品で閑散とした趣を追求し、文化生活や学問教養を重視した。彼らは現実生活に対してより広く深い視野を持ち、天道と秩序の下で洗練された人格と素朴で力強い道徳的態度を追求した。(榊莫山、陳振濂、1985)

黄檗僧侶が蘇軾、黄庭堅、文徴明、祝允明、傅山らの作品を含めた文人と士大夫の気質に富んだ書画の名作を持って来たのもこの時期であった。日本の各分野の人々が宋元時代以来の新しい芸術の宝物を見ることができたのである。隠元と弟子らが普段創作した書画作品も、これらの名作品とともに崇拝され、中国式文人教養の精神的資源となっていた。僧侶たちが万福寺、崇福寺などで隠元、木庵、即非とその弟子らに古今書道作品を模写して学ぶほか、隠元の弟子たちと木庵、即非、独立、独湛、高泉などが、黄檗宗の各寺院の扁額、門柱や楣に様々な書道を残した。日本の書道界や普通の文人も次々とお寺に保存された宝物を見に行き、一時期、文人の優雅さと禅僧の風格が引き立ち、静かでのんびりした濃厚な文化の雰囲気を形成した。これによって、幕府将軍、大名たちが書画の宝物を収集し、模写し、鑑賞するのが一時流行り、それと共に明代文人の書道を核心とした風流な「黄檗流」が興った。(陳振濂、1991)

その影響で、この時期とそれ後の百年近くの間、悦山道宗、月潭道澄、池大雅、林道栄、深見玄岱、北島雪山などの有名な書家が生まれた。

当时上流社会中，体现出一股浓厚的追求高雅闲散趣味的文人趣味，注重文化生活的学问教养，对现实生活有更宽广、深厚的指导视野，追求一种天理秩序之下的儒雅人格和古朴苍劲的道德风范。（榊莫山、陈振濂，1985）

也正是在这时候，黄檗禅僧带来了极富文人士大夫气质的书画名作，包括苏轼、黄庭坚、文徵明、祝允明、傅山等人的作品，使得日本各界人士得以亲见宋元以来新的艺术瑰宝。隐元师徒日常创作的书画作品，也随着这些宋明大家作品一起，成为追捧甚至膜拜的对象，构成中国式文人教养的精神资源。除在万福寺、崇福寺等地受戒于隐元、木庵、即非师徒的禅僧多学习临摹这些古今书法作品之外，隐元的众多弟子，木庵、即非、独立、独湛、高泉等人，在黄檗宗各寺院的匾额、门柱、牌榜上，无不留下了各体书法墨迹，日本书坛、普通文人也纷纷拜谒藏于寺中的文化瑰宝，一时间文人雅趣和禅僧风貌，相映成趣，构成了静穆闲适的浓厚文化氛围，影响所及，幕府将军、大名们收藏、临摹、鉴赏书画珍品，成为一时风气，共同构成了明代文人书法为核心内涵的风流雅韵——“黄檗流”。（陈振濂，1991）

这一时期及此后近百年间，产生了悦山道宗、月潭道澄、池大雅、林道荣、深见玄岱、北岛雪山等著名书法家。

林道荣是最后一代明朝遗民，出生于福清，却从小在日本长大，早期的书法主要深受江户时代前期日本“唐样”书法的影响，重视唐代书法的法度规矩，后随父定居于长崎，十六岁以后得到机会向刚东渡日本不久的隐元、即非两位禅师学习书法，二十二岁时书法技巧达到成熟，尤其擅长草书、篆书和隶书。受“三笔”影响，书法中又融合了宋代文人书法的特征，既有宋明书法的以意为主、自由洒脱，又有唐代书法的节制和法度。

释道宗（1629—1709），俗家姓孙，名定珠，字悦山，号髻辉，称悦山道宗禅师，泉州晋江人，清顺治十四年（1657）六月初一，应福济寺主蕴谦公邀请，东渡日本长崎，后即以木庵性瑫为师，参与发展管理黄檗禅寺，日本宝永二年，即清康熙四十四年（1705）二月受命继任为黄檗山第七代住持，同年十一月获赐紫衣，宝永六年，即康熙四十八年（1709），八十一岁高龄的道宗禅师圆寂于慈福院。

道宗禅师早年书法学习隐元禅师，东渡日本后，又向日本“平安三笔”“三迹”，特别是空海、小野道风以及师父木庵禅师学习书法，因此，道宗

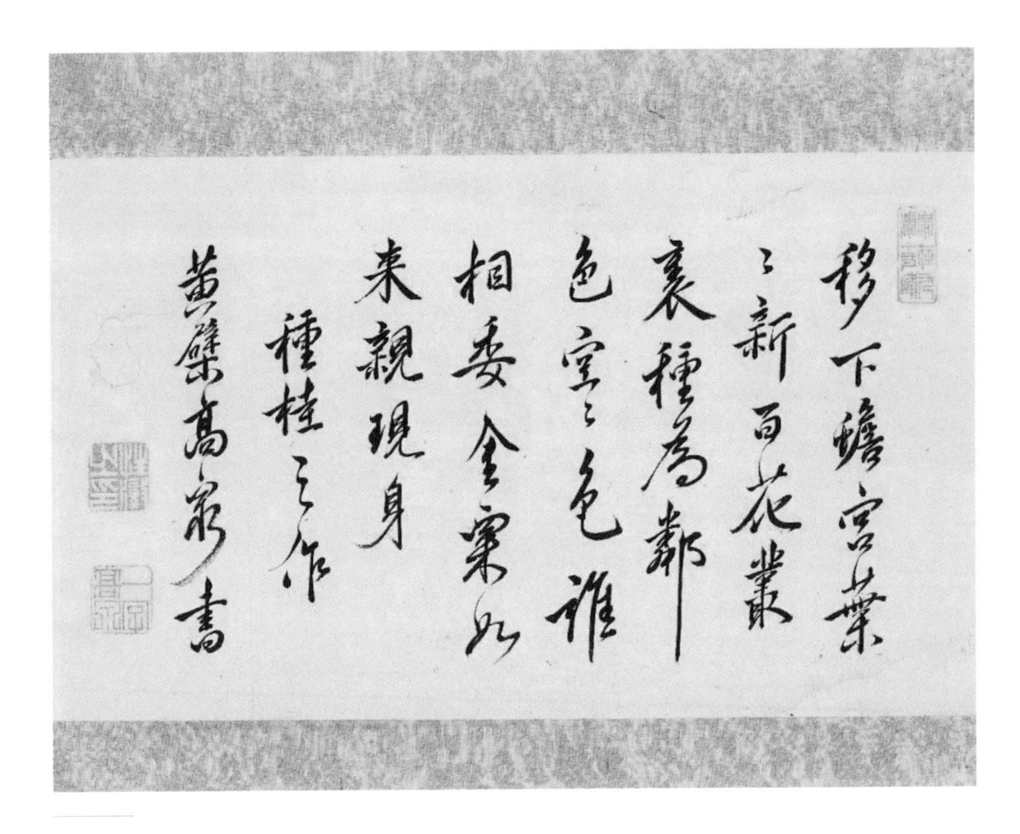

高泉性潡行书，福清黄檗文化促进会供稿
高泉性潡行書　（福清黄檗文化促進会提供）

林道栄は最後の世代の明代遺民で、福清生まれで日本育ち。初期の書風は主に江戸時代前期の「唐様」の影響を深く受けて、唐代の書道の規則を重視していた。その後、父について長崎に定住し、16歳の時に日本に渡ったばかりの隠元と即非に書道を習う機会を得た。22歳の時、書道の技が成熟し、特に草書、篆書と隷書が得意だった。「三筆」の影響を受けて、宋代文人書道の特徴が吸収され、宋明書道の意を重視した自由と洒脱さを持ちながら、唐代書道の控え目で規則を守ることも取り入れている。

釈道宗（1629-1709）、俗姓孫、名定珠、字悦山、号髻輝、称悦山道宗禅師、泉州晋江出身。順治十四年（1657）旧暦六月一日、福済寺主蘊謙公の招きに応じて、日本長崎に行き、その後、木庵性瑫の弟子になり、黄檗寺の管理に参画した。日本宝永二年、清代康熙四十四年（1705）二月に黄檗山第七

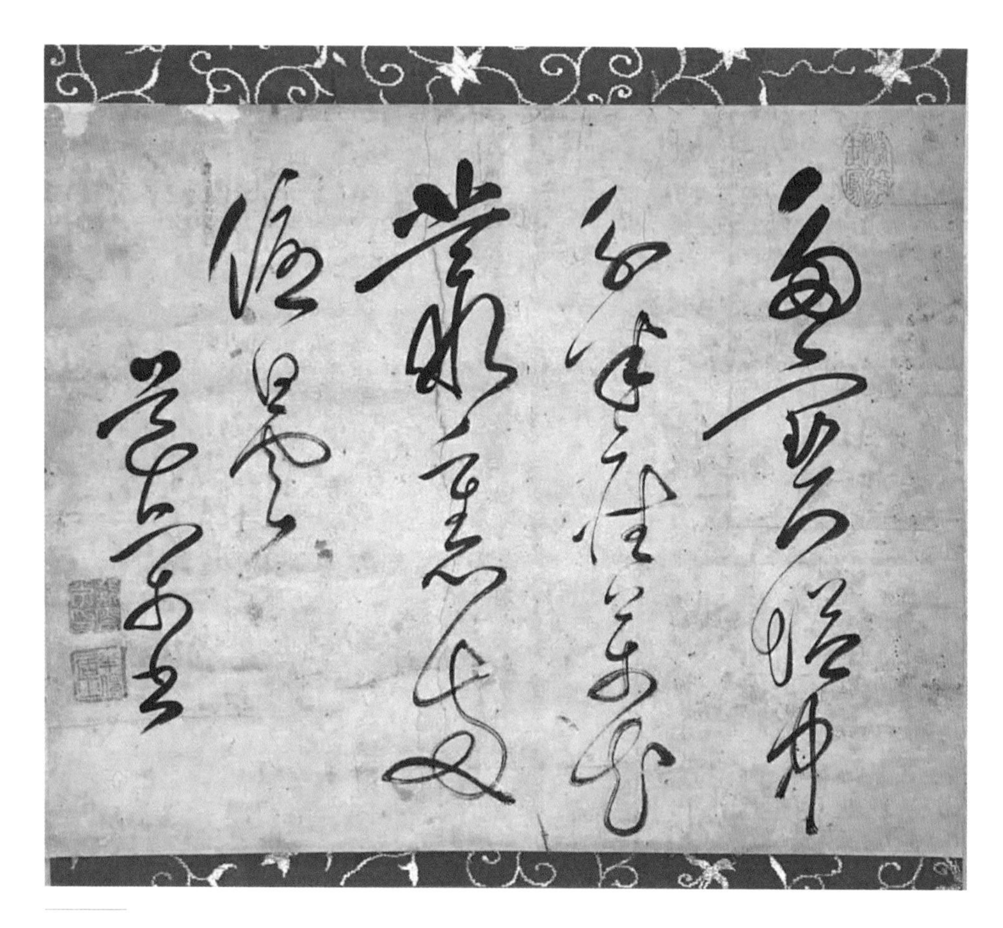

林道荣草书禅诗轴，福清黄檗文化促进会供稿
林道栄草書禅詩掛け軸 （福清黄檗文化促進会提供）

禅师的书法，兼具平安时代书法和“黄檗三笔”书法特征，用笔流美畅达，运笔自然如水，转折处不突然，字体粗细变幻不一，笔锋饱满浑厚，洒脱自如却不张扬，具有清雅流丽的风格，体现出禅僧书法家飘然高远的趣味。因为道宗的书法博采众家之长，在日本享有“书悦山”的美誉，常常被认为是“黄檗流”书法成就最高的一位。

除了“黄檗三笔”之外，日本“黄檗流”书法之中，还有与隐元禅师同时赴日的杭州籍黄檗僧独立性易不能不提。

独立性易年近六十才出家，取法号独立性易。性易禅师的先祖，是著名的东晋戴逵，《世说新语》记载有著名的王羲之儿子王徽之雪夜访戴的故事。戴

代住職を命じられ、同年十一月に紫衣を賜り、宝永六年、康熙四十八年（1709）八十一歳で慈福院にて円寂した。

道宗禅師は幼い頃に隠元禅師に書道を学び、日本に渡った後、また日本の「平安三筆」「三跡」、特に空海、小野道風及び師匠の木庵禅師に書道を習った。そのため、道宗禅師の書道は、平安時代の書道と「黄檗三筆」の特徴を備え、筆致が美しくて水のように自然で、転折の部分が滑らかで、書体が太かったり細かったりして変化に富んでいる。筆鋒は充実していて濃厚で、洒脱で自由自在でありながら控え目で、上品で流暢な書風を持っており、禅僧書家の崇高な趣を体現している。道宗の書道が様々な流派の長所を生かしたため、日本では「書悦山」と評判が高く、「黄檗流」書道の最高レベルの達成者の一人だと言われている。

「黄檗三筆」のほか、日本の「黄檗流」書道の中には、隠元禅師と同時に日本に渡った杭州籍の黄檗僧の独立性易についても言及しないわけにはいかない。

独立性易は60歳近くで出家し、法名は独立性易である。性易禅師の先祖は東晋時代の有

悦山道宗草书，福清黄檗文化促进会供稿
悦山道宗草書（福清黄檗文化促進会提供）

逵经历西晋末年战乱，避祸到浙江，于是有了仁和戴氏。作为一代魏晋名士的后人，性易禅师早年一直对此津津乐道，也形成了超逸淡泊的性格特征。这几乎成了戴氏家族的一种文化基因，不论是性易的高祖戴彰、曾祖戴文奎，还是他的祖父戴德清、父亲戴均，都体现出一种向往隐居避世、追求艺术风雅的精神。

性易的书法，东渡日本之前，不限于一种，对篆书、隶书、楷书、行书等各种书体，无一不精，楷书主要是受魏晋时期的钟繇、智永的影响，也体现出唐初虞世南书法的特点，端庄秀美，结构严谨不张扬，而且多用枯淡墨法，有古朴笨拙之气。

因此，作为晚明士人的性易，虽然仍然受到明代文人书法，特别是明代中期“吴门书派”代表人物王宠的影响，但无论是楷书还是草书，其书法都较少体现明清之际书法常有的个性创新、文人狂放的精神，而是融合了明代古拙

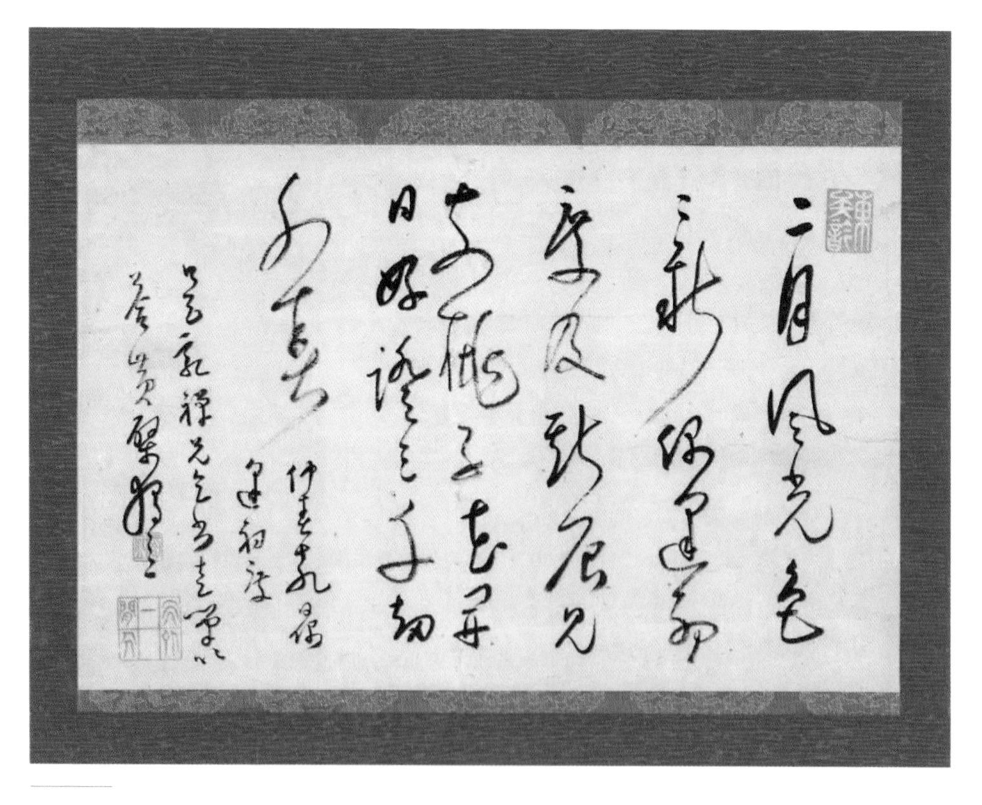

独立性易草书，福清黄檗文化促进会供稿

独立性易草書（福清黄檗文化促進会提供）

名な文人である戴逵で、『世説新語』には王羲之の息子である王徽之が雪の夜に戴逵を訪れる物語が記載されている。戴逵は西晋末年の戦争を経験し、浙江省に逃げ込み、それで仁和戴氏となった。魏晋有名学者の子孫として、性易禅師は昔からこれを得々として話し、これが彼の垢抜けた淡泊な性格を形成した。これはほとんど戴家の文化的遺伝子となり、性易の曾曾祖父の戴彰も、曽祖父の戴文奎も、祖父の戴徳清も、父の戴均も、いずれも俗世間を離れることにあこがれ、芸術的風雅を追求する精神を持っていた。

性易の書道は、日本に渡る前は、一つの書体に限らず、篆書、隷書、楷書、行書などのいずれにも精通していた。楷書は主に魏晋時代の鐘繇や智永の影響を受けて、唐初虞世南の書道の特徴もある。凛とした美しく、構成が厳密で控え目で、その上枯れ墨を多く使って、素朴で不器用な雰囲気を醸し出している。

そのため、明代後期士人としての性易は、明代文人書道、特に明代中期の「呉門書派」代表者である王寵の影響を受けている。しかし、楷書にしても草書にしても、性易禅師の書道は明清の際によくある革新的で個性的で文人の勝手気ままな特徴はあまりなく、むしろ明代の古風で奇抜さと伝統的な円滑で流暢な特徴を吸収しており、唐代書風よりで独自の書風を形成した。(温志拔、2021)

性易禅師の書道は、性易禅師なりの独立した書道理論と創作実践を持ち、書風は美しくて気品があり、江戸時代の日本書道の発展に大きな影響を及ぼした。性易の書道は「黄檗流」に由来するが、習う師匠と書風の好みが違い、また黄檗書道と異なっている。彼の書風は数世代の日本の弟子によって広がり、江戸時代中期の沢田東江(1732-1796)に至り、やがて江戸書道の新しい流派「東江派」に別家した。

江戸時代の書道の初期は主に「黄檗流」を代表とした文人の書道が流行っていた。中期になると江戸書道界は伝統を重視する晋唐書風の流派ができ、それが「東江派」を形成した。沢田東江の弟子である橋圭橘によって編纂された『東江先生書話』では、「東江派」をまとめて整理し、江戸書道界の多様性と複雑性を示した。宋明理学と文人文化の影響が日増しに拡大していた時期に、唐代文化が日本文化に与える影響は依然として軽視できなかったこ

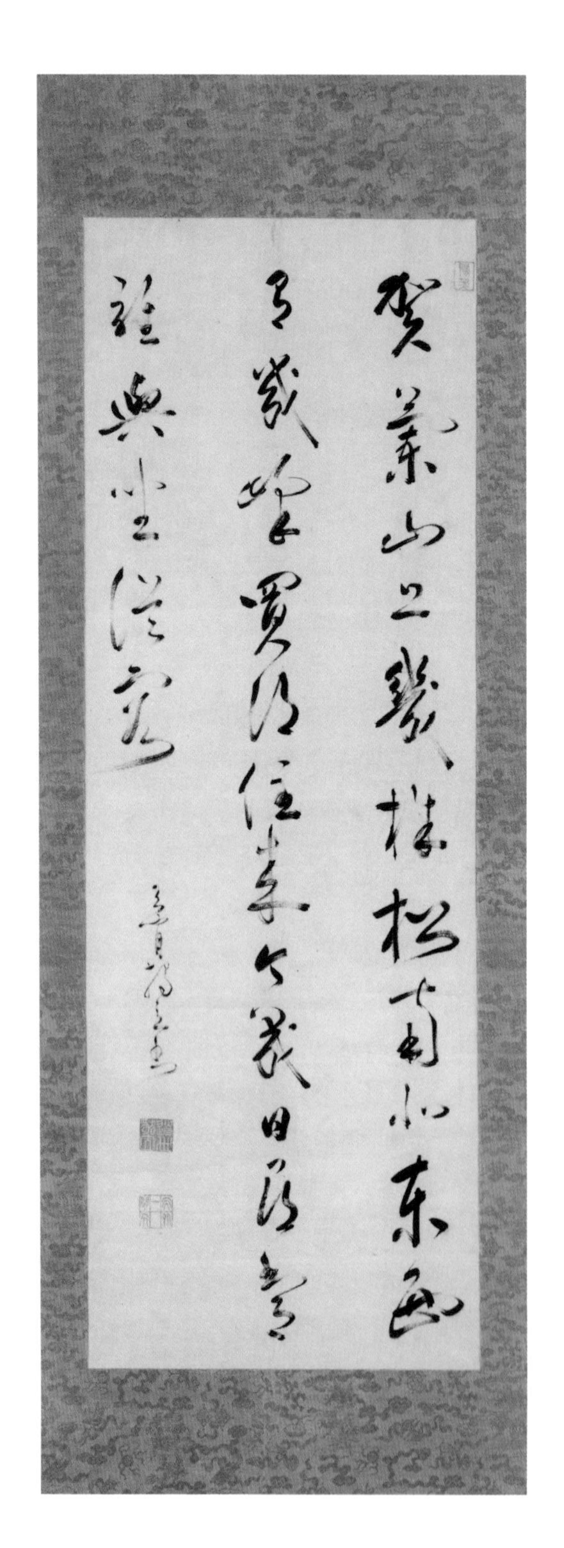

尚奇与传统中圆润流畅的特征，形成自己独特的偏于唐代风格的书法样式。（温志拔，2021）

性易禅师的书法，同出于“黄檗流”，最终由于其师承关系和风格喜好的不同，又不同于黄檗书法，特别是由于性易禅师有着自己独立自觉的书法理论和创作实践，书法更为清秀，也对江户时代日本书法发展形成了重要影响，经过几代日本弟子的传播发扬，到江户时代中期的泽田东江（1732—1796），最终又分流形成了江户书道新流派——“东江派”。

如果说江户时代的日本书法，前期主要是风行文人书法趣味，“黄檗流”是其中的典型代表，那么到了中期，江户书坛又逐渐重新分化形成了重视晋唐书法传统的一派，这就是“东江派”的形成，泽田东江的门人桥圭橘曾编录《东江先生书话》一书，对这一书道流派进行了梳理总结，展现了江户书坛的

独立性易草书，福清黄檗文化促进会供稿

独立性易草書 （福清黄檗文化促進会提供）

とがわかる。

性易の弟子と孫弟子の中で、最も有名なのは高天漪、北島雪山、細井広沢などが挙げられる。隠元禅師の弟子であった林道栄が亡くなった後、日本書道界で最も有名なのは高天漪（深見玄岱）で、独歩天下と呼ばれていた。

長崎出身の中国系書家の深見玄岱（1649-1722）は、旧姓高、字子新、自号天漪。彼の祖父の高寿覚は、元福建漳州出身の商人で、明代万暦末年に日本の長崎に移住した。彼の父高大誦は幼い頃高寿覚について長崎に定住し、唐通事となり、苗字を深見に変えた。玄岱は長崎で生まれ、幼い頃から性易禅師に書道、篆刻と医術を学んだ。玄岱は日本延宝時代（1673-1680）に京都に行って霊元天皇に謁見し、健康維持について述べ、自分が書いた『養生編』を進上したことから、幕府から評価され儒官となった。彼の書道は隠元弟子の林道栄と並んで「黄檗二妙」と呼ばれていた（童家州、1990）性易の影響を受けて、玄岱は特に草書が得意で、繊細で秀麗で垢抜けており、性易禅師の真髄を深く得ている。（韋祖輝、2017）日本正徳末年（1716）、独立性易禅師がなくなった後、深見玄岱が江戸で徳川家光時期の重要家臣である松平信綱（1596-1662）を訪問した際、わざわざ性易師匠の書道、篆刻、医学的貢献について語った。松平信綱の資金援助を受けて、高天漪は武蔵平林寺に記念堂を建て、独立性易像を奉納し、尊重の意を表す記念の石碑を立てた。（木宮泰彦、陳捷、2015）

江戸中期のもう一人の書道家北島雪山（1636-1697）は、日本肥後州（現在の熊本県）出身で、日本の「近世唐式書道第一人者」と呼ばれていた。彼は最初は朱舜水、陳元贇の影響を受け、また明代の文徴明に学び、「黄檗三筆」と独立性易に出会ってからは、まず隠元と木庵の弟子になりって明代書道の文人の趣ある特徴を学び、それから独立性易に唐代書道を習った。北島は中国の歴代の書道をまとめて習うことで、やがて日本書道の大家になった。性易師匠のほか、北島に影響を与えたもう一人の中国の書家は、同じ杭州出身の兪立徳である。兪氏は明代の終焉の前後に中国と日本長崎を何度も往復し、長崎を訪れるたびに北島雪山の家に泊まっていた。二人は書道の技をお互いに磨き合って、兪立徳が文徴明の書道芸術を北島に教え、北島の書風の形成に重要な影響を与えた。晋唐、宋明の多くの書道の大家に習うチャ

多样性和复杂性，可见在宋明理学和文人文化影响日益广泛的时期，唐代文化对日本文化的影响仍然不可小觑。

性易的弟子和再传弟子中，最为著名的包括高天漪、北岛雪山、细井广泽等。隐元禅师弟子林道荣亡故之后，日本书坛最为显赫的就是高天漪（深见玄岱），号称独步天下。

长崎华裔书法家深见玄岱（1649—1722），原姓高，字子新，自号天漪。他的祖父高寿觉，原是福建漳州商人，明朝万历末年曾寓居日本长崎，父亲高大诵幼年时随高寿觉定居长崎，成为唐通事，遂改姓深见。玄岱出生于长崎，自幼就拜性易禅师为师，学习书法、篆刻和医术。玄岱于日本延宝年间（1673—1680）曾前往京都，面见灵元天皇，回答有关养生之事，献上自己编写的《养生编》一文，因此受到幕府的肯定，列为儒官。他的书法与隐元弟子林道荣被并称为“黄檗二妙”。（童家州，1990）受到性易的影响，玄岱尤其擅长草书，细腻、潇洒、秀丽，深得性易禅师的真髓。（韦祖辉，2017）日本正德末年（1716），独立性易禅师去世后，深见玄岱到江户拜谒德川家光时期的重要家臣松平信纲（1596—1662）之际，特别谈起性易师傅的书法、篆刻以及医术贡献。在得到松平信纲的资金援助后，高天漪因此在武藏平林寺中建纪念堂，供奉独立性易塑像，又立碑刻石，表示尊重和纪念。（木宫泰彦、陈捷，2015）

另一位江户中期的书法家北岛雪山（1636—1697），日本肥后州（今熊本县）人，被称为日本“近世唐式书法第一人”，他的书法最早受到朱舜水、陈元赟的影响，又学习明代的文徵明，遇到“黄檗三笔”和独立性易禅师之后，先拜隐元、木庵为师，学习明代书法文人意趣，后又向独立性易学习唐代书法。综合中国历代书法，最终成为日本书法的一代大家。除了拜性易为师，影响北岛书法的另一位中国书法家，是同为杭州人的俞立德。俞氏在明朝灭亡前后曾多次往返于中国和日本长崎，每次游历长崎，都是客居北岛雪山家中，二人得以切磋书法技艺，俞立德便将文徵明的书法艺术传授给北岛，对后者的书法风格形成，产生了重要影响。正是受惠于晋唐、宋明众多书法大家，转益多师，博采众家之长，北岛的书法大为精进，在东渡遗民的基础上，极大发展了日本书法艺术。他的书法，一方面具有独立性易书法的敦厚沉稳、自由灵动，另一方面又有明人书法的果断刚劲力量。可以说，兼容并包、自成一脉，是“东江派”书法的最大特色之一。

ンスに恵まれ、それぞれの長所を吸収したおかげで、北島の書道は大いに上達した。そして渡日遺民の書道に基づき、日本の書道芸術を大きく発展させた。彼の書道は、独立性易の誠実で落ち着いた自由と機敏さを持っている一方、明代書道の果敢と力強さもある。包括的でありながら独自の書風を持っている、というのが「東江派」書道の最大の特徴の一つと言ってもよい。

平安時代の日本書道は王羲之、顔真卿を師とすることが多いとすれば、江戸時代の日本書道は文徴明を正統とし、古今両方の書道を取り入れていた。この点については，独立性易のもう一人の弟子である細井広沢の書法に反映されている。

細井広沢（1658-1735)、日本京都掛川城出身、本名藤原辻弁庵、号菊従、三十歳で細井知慎と改名し、字公瑾、号広沢。彼は独立性易に書道を習い、また北島雪山の弟子になり、「唐様」書道を学んだ。北島と同じように、細井は唐代の書道の規則を重視しながら、北島に倣って明代文徴明の書道を勉強した。書風は晋唐の書道帖学の厳しい規則に則っていながら、筆致が力強くて、伸びやかで俗離れしており、筆遣いと点画や墨遣いは文徴明に近い。(馬亜楠、2020）また、細井は黄檗禅僧らに、特に独立性易に篆刻を学び、彼の極意を得ている。

細井は北島雪山から正統書道の筆遣いの特徴と文徴明書道の神髄をしっかり習得し、二人の書道の物語も広く伝わった。ある時、北島雪山は僧侶のために『仏説阿弥陀経』を書き、途中で用事があって出かけなければならなくなったが、僧侶は待つことができず、細井に代わりに後半の内容を続けて書いてもらうことにした。そうすると、細井の筆跡が北島とまったく同じであり、前後の違いに見分けがつかないことに僧侶が気づいた。しばらくして北島が戻ったら、弟子である細井の書道が自分のと見分けられないことに気づき、「私はどうせ趙孟頫になることができないが、お前は少なくとも趙孟頫の息子の趙雍のレベルに達している」と感心して褒めたという。(韋祖輝、2017）

黄檗僧侶の独立性易から発展し、深見玄岱と父の二人と沢田東江親子を経て、更に北島雪山、細井広沢、荻生徂徠（1616-1728）がおり、細井門下はさらに弟子が多く、細井九皐、松下烏石、三井親和、平林淳信など数多くの

如果说平安时期日本书法多以王羲之、颜真卿为师法，江户时期的日本书法，则普遍以文徵明为正宗，兼取古今书法。关于这一点，在独立性易另一弟子细井广泽的书法中，也有突出的体现。

细井广泽（1658—1735），日本京都挂川城人，本名藤原辻辨庵，号菊丛，三十岁改名细井知慎，字公瑾，号广泽。他在书法上学习独立性易，又拜北岛雪山为师，学习“唐样”书法，和北岛一样，细井既重视唐代书法的法度，又追随北岛，注重学习明代文徵明的书法，书法风格既具有晋唐书法帖学的严谨规矩，又有笔力遒劲、舒展飘逸的特点，在用笔、点画、墨法上，都与文徵明相近。（马亚楠，2020）此外，细井还曾向黄檗众禅僧，特别是独立性易学习篆刻，也深得其真传。

正是在北岛雪山那里，细井深入掌握了正统书法的笔法特点和文徵明的书法精髓，二人的书法故事也广为流传。据说有一次，北岛雪山为一位禅僧书写《佛说阿弥陀经》，刚写到一半，有事须出门，但是这位和尚不能稍待，便先请细井代为续写后半部分内容，结果那位僧人发现，细井所写部分，字迹笔法和北岛的竟然如出一辙，无法辨识前后的差别。不久北岛返归之后，也发现弟子书法可以乱自己之真，不禁感叹道：“我反正成不了赵孟頫，你已经至少达到赵孟頫之子赵雍的水平了呀！”（韦祖辉，2017）

从黄檗僧独立性易发展而来，经过深见玄岱父子，再传泽田东江父子，经过北岛雪山，而有细井广泽、荻生徂徕，细井门下更是弟子众多，包括细井九皋、松下乌石、三井亲和、平林淳信等等。在黄檗书法文化的基础上，以宋明文人书法为中心的中国书法文化，在日本开枝散叶，影响远至明治维新以后，成为中日文化交流的重要内容。书法创作成为整个江户时代儒者知识阶层文化教养、文人趣味的基本元素，到了江户幕府末期，还出现了“幕末三笔”——贯名海屋（1778—1863）、卷菱湖（1777—1843）、市河米庵（1779—1858），标志着唐样书法达到鼎盛。即使到了明治时期，随着西方文化的广泛传入，文人画、南画逐渐失去其赖以生存的条件，书法艺术却仍然以强大的生命力，得以生存发展，这一切追根溯源，都可以认为是发端于黄檗禅僧所开展的一系列文化交流活动。黄檗禅僧的东渡，具有双重的使命，一方面是保存中华文化传统，另一方面是文化传播和发展，作为文化使者，他们不仅传播了中华文化，更推动日本社会创造了新的文化。

書家が出た。書道文化に基づき、宋明文人の書道を中心とする中国の書道文化は日本で開花し、明治維新以降まで影響を及ぼし、中日文化交流の重要な内容となっている。書道の創作は江戸時代全般の儒学の知識人、文化素養、文人趣味の基本要素となった。江戸幕末になると、「幕末三筆」の貫名海屋(1778–1863)、巻菱湖（1777–1843)、市河米庵（1779–1858）を代表とする書家が登場し、唐様書道が最盛期に達したことがわかる。明治期においても、西洋文化の普及により、文人画や南画は次第に衰えたが、書道芸術は依然として強い活力で生き残った。これは黄檗僧侶が展開した一連の文化交流活動のおかげだと言ってもいい。黄檗僧侶の渡日には、中国文化伝統を守ることと、文化の普及と発展という二つの使命があった。彼らは文化の使者として、中国文化を広めただけでなく、日本社会における新しい文化の創出も促進したのである。

第六章

黄檗文化与海上丝路

黄檗文化的兴盛与东传，既是中国文化开放包容、生机活力的表现，也是福清及闽地文化深厚博大、多元交流的表现。同时，黄檗文化的形成发展，也是唐宋以来海上丝绸之路沿线各个国家和地区之间经济往来、文化交流对话的结果。海上丝绸之路上的福清华人华侨，始终是以黄檗文化为代表的文化交流的主体，黄檗文化，也是华侨文化的重要组成部分，是与海丝商路经贸往来共生发展的文化。

一、华侨文化与黄檗精神

海外华侨文化，体现了传统与现代的碰撞交流，本身就是一种多元共生、交流融合的文化形态。这一文化形态，包括以儒家思想文化为中心的中国传统文化，即以伦理道德修养为基础的人文精神传统；包括理性主义为特征的现代工业文明，强调理性精神、科学态度、规则意识、平等尊重、契约共赢、个体创造等新文化精神；也包括源于中国传统民间信仰和旅居国民间信仰文化，影响海外华人华侨信仰、风俗、习惯的大众文化。

从源流上看，华侨文化根源于中华传统文化，又是多元文化交流的新形态。在长期的发展过程中，华侨文化始终保持着与其母体——中华文化的血肉联系，始终体现着重视伦理道德、亲情价值的精神传统。从地域上看，华侨文化是中华文化整体的一个部分，既具有共性，又具有地方特色。福清的华侨文

第六章

黄檗文化と海上シルクロード

黄檗文化が栄え、日本に伝えられたのは、中国文化の開放的かつ包容的で、活力にあふれた特性の表れであり、福清ないしは福建省の文化が広く深く、多様に交流が行われていることの表れでもある。また同時に、黄檗文化の形成と発展は、唐宋時代以来海上シルクロード沿線各国や地域間の経済往来、文化交流の結果でもある。海上シルクロードで活躍する福清出身の華僑たちは、黄檗文化を代表とする文化交流の主体であり、黄檗文化は、言い換えれば華僑文化の重要な構成部分であり、海上シルクロードを通しての貿易往来とともに共生し発展する文化である。

一、華僑文化と黄檗精神

海外の華僑文化は、伝統と現代文化が衝突しながらの交流を表現しており、それ自体が多元的共生、そして交流融合した文化形態である。この文化形態には、以下の3つの側面の内容が含まれている。

一つは、儒教思想文化を中心とした中国の伝統文化、すなわち倫理道徳教養をもとにした人文的伝統である。もう一つは、合理主義を特徴とする現代工業文明も含まれており、理性的精神、科学的態度、規則意識、平等と尊重、契約互恵、個人創造などの新しい文化精神が強調される。三つ目は、伝統的な中国民間信仰と在留国民間信仰文化に由来し、海外の華人華僑の信

渔溪镇陈白村林氏侨厝，林秋明摄
林氏僑厝　福清市漁溪鎮陳白村　（林秋明攝影）

化，既具有中华文化的精神内核，又具有地方的、海外和现代文化的多样元素，是具体的历史和社会发展的产物。

福清的华侨文化，其渊源可追溯至南宋时期，据港头镇西庐王氏《三槐家谱》记载，三槐王氏于南宋绍熙（1190—1194）至嘉定（1208—1224）年间，即侨居安南（今越南），成为有文字记载的海外华侨第一人。近百年之后的宋末元初，海口镇里美村的俞定则，也远赴交趾（今越南北部）经商并侨居于

那里（曹于恩，1994）。此后，元明至清前期，福清人远下南洋、东渡日本经商逐渐形成规模，侨居海外的华侨也越来越多。清道光年间，随着福州成为首批五口通商口岸之一，福清出现了首次出国经商浪潮，后又于晚清民国时期、抗战时

仰、風俗、習慣に影響を与える大衆文化だと言えよう。

源流から見ると、華僑文化は中国の伝統文化に根源があり、多文化交流の新しい形態でもある。長期的な発展の過程で、華僑文化は終始その母体である中国文化と緊密なつながりを保ち、常に倫理道徳や家族愛の価値を重視する精神伝統を表している。地域から見ると、華僑文化は中国文化全体の一部であり、共通性もあれば、地方の特色も持っている。福清の華僑文化は、中国文化の精神的核心を持っているだけでなく、地方文化、海外文化や現代文化等の多様な要素も持っており、具体的な歴史と社会発展の過程でできた結果である。

福清の華僑文化のルーツは南宋時代にまで遡ることができ、港頭鎮西廬王氏の『三槐家譜』によると、三槐王氏は南宋の光宗紹熙（1190-1194）から寧宗嘉定（1208-1224）までの間に安南（現在のベトナム）に居留し、文字で記録された海外華僑の第一人者となった。百年後の宋末元初頃に、海口鎮里美村の兪定則も、交趾（現在のベトナム北部）に渡り、商売をしてやがて

福清东瀚古渡口，林秋明摄
古い渡船場　福清市東瀚鎮　（林秋明撮影）

期以及改革开放初期，多次出现大规模出国经商务工潮流。至二十世纪末，福清市海外华人华侨，已超过200万人，广泛分布于亚洲、欧美、澳洲和非洲的100多个国家和地区。数量众多的华人华侨和频繁的商贸往来与交流，不仅为以福清为中心的闽东南地区经济社会发展提供了便利，构成了连接古代中国海上丝绸之路与现代福建地区海外经济贸易往来的重要力量，也为富有特色的福清华侨文化的形成，奠定了基础。

福清是全国著名侨乡，长期以来，民间就流传着“有华人的地方就有福清人”的说法，正是福清华人华侨开拓创新、开放包容精神的最好诠释。

福清悠久深厚的文化传统，是不断开拓创新、与时俱进的中华文化的一部分，福清文化传统中重要的一点是开放的胸怀，始终保持对于新事物学习交流的兴趣，秉持“敢为天下先”的热情，对各种文化采取兼容并包、学习接纳的态度。早在晚明时期，福清籍宰相叶向高，与意大利耶稣会传教士利玛窦及艾儒略之间的交游往来、相互学习，便是这一文化精神的典型代表。当时福清士人对西方传教士，基本能以平等对话的姿态，加以认识和理解，这也表现出福清人的博大胸襟和广阔视野。

远居海外的华人华侨，正是将福清这种文化精神、将中华优秀传统文化带到旅居国和地区，将其与当地本土文化相融合，服务于地方社会文化发展，从而形成了广泛而深远的影响。

二十世纪以来，不论是在东南亚，还是在日本，福清华人华侨，都在旅居国家和地区，定期举办传统民俗节庆活动，包括春节、元宵节、端午节、中秋节等，浓郁的节日民俗氛围，深刻影响了当地文化和民俗生活。印尼著名学者杜尔认为：“元宵节、端午节等节日，不仅是华人，而且也是当地人民的喜庆节日。这种世代相传的风俗习惯，被印尼人民接受下来。”（中共福清市委党史研究室，2011）除此以外，融侨[①]还在旅居地创办报纸杂志，出版书籍，传播中华文化，刊载华人新闻和华文文学，报道中国和旅居国家地区的友好往来、文化交流信息等。

此外，华人华侨还定期排演富有传统特色的各类戏剧剧目，包括京剧《伍子胥》、闽剧《秦香莲》、歌剧《白蛇传》、话剧《屈原》《木兰从军》等，既传

① 融侨：福清简称“融”，福清华侨多称“融侨”。

そこに居留した（曹于恩、1994）。その後、元明王朝から清王朝前期にかけて、福清人が南洋諸島や日本に渡って商売を行い次第に規模をなし、海外に居留する華僑もますます多くなった。清王朝の道光年間、福州が最初に設立された5つの通商港の一つになるにつれて、福清に初めての外国へ商売に行く波が現れた。その後、清王朝の終わり頃、民国時代、抗戦の時期や改革開放の初期以来、また何度も大規模な海外ビジネスの時代的な潮流が現れた。20世紀末以来、福清市の海外華人華僑はすでに200万人を超え、アジア、欧米、オーストラリア、アフリカなど100余りの国と地域に広く分布している。大勢の華人華僑と頻繁な商業貿易の往来と交流は、福清を中心とする福建省東南地域の経済社会発展に便宜を与えただけでなく、古代中国海上シルクロードと現代福建の海外経済貿易往来を結ぶ重要な力を構成し、特色のある福清華僑文化の形成にも、基礎を打ち立てた。

福清市は全国的に有名な華僑の郷で、長い間、民間に「華人のいるところに福清人がいる」という言い方が伝わっており、まさに福清華人華僑の開拓革新、開放包容精神の最も相応しい解釈である。

福清の悠久なる文化伝統は、絶えず開拓し、革新し、時代とともに進んできた中国文化の一部である。福清の文化伝統ではもっとも重要なのは開放的な心である。それは、常に新しいことを学習し交流することに関心を持ち、「天下の先に立つ」という情熱を持って、様々な文化に対して包容的で、積極的に受け入れる態度を示すことである。この文化精神の代表としては、晩明期に福清出身の宰相葉向高がイタリアのイエズス会宣教師であったリッチやアイユリウスと交遊し、学び合ったことである。当時の福清の知識人たちは西洋の宣教師に対して、基本的には対等な姿勢で接し、理解することができたのは、福清人の広い度量と視野の現れでもあろう。

海外に住む華人華僑は、まさに福清のこの文化精神や中国の優れた伝統文化を自発的に居留国と地域に持ち込み、そのうえ現地の本土文化と融合させ、それぞれの地域における社会文化の発展に貢献し、広範的かつ深遠なる影響をもたらしたのである。

20世紀以来、東南アジアであれ、日本であれ、福清華人華僑は、居留国や地域で、春節、元宵節、端午節、中秋節などの伝統的な祝日を定期的に開

播了传统戏剧文化，又丰富了当地民众文化娱乐生活。

除了民间民俗文化的传播，旅居海外的福清华人华侨，还积极传播以儒学为中心的中华传统核心精神价值。在融侨聚集地日本长崎，明治二十六年（1893）即修建了孔庙，二战期间因原子弹炸毁后，二十世纪六十年代，福清华侨陈扬春号召九州岛全体华人华侨出资两亿日元，重新兴建完成。长崎孔庙不仅成为当地旅游观光的重要场所，也是日本传播儒家文化的重要场所。不少旅居日本的福清华人华侨，如祖籍福清沙埔镇赤礁村的中华孔子学会副会长林其根，热爱中华文化艺术，崇尚儒学，发表孔子研究论著，大力推动中华优秀文化在日本的传播与研究。

福清华人华侨还积极推动旅居地区的社会事业发展，积极捐资建设各级各类中小学校，发展当地的教育事业，为推动当地文教发展做出了积极贡献。他们还积极创办“养生院”等各类医疗机构，为社会医疗卫生事业，特别是为贫困弱势民众、妇女儿童的健康事业发展发挥了重要作用。

出生于印尼的福清籍华人柯全寿，从二十世纪二十年代开始，即在印尼首都雅加达开办诊所，后不断扩建发展成大型医院，医院热心服务病患，救治了大批华人华侨和当地印尼民众，特别是挽救了大量孕妇婴幼儿的生命。

旅居日本的福清华人林同春，从二十世纪五十年代起至九十年代末，长达近半个世纪里，多次为所在的神户市社会福利协议会捐款，总数达5亿日元，并捐资创办各类中文学校，其三十年代捐资创办的神户华侨中文学校，后来发展成为日本最大的华侨中文学校。为此，日本政府和民间机构从七十年代至九十年代二十余年间，多次表彰林同春对日本公益事业的贡献。（福清市市志编纂委员会，2009）

上述融侨的突出事迹，是千千万万旅居海外的福清华人华侨之生活和贡献的代表。众多华人华侨始终秉承着中华民族深厚的文化精神和高尚的道德操守，推己及人、关心贫弱，表现出仁爱天下、拼搏有为的博大胸怀，受到旅居国家和地区社会各界的普遍认同和广泛赞誉。

宋元以来，旅居海外的一代又一代闽籍华人华侨，充分发扬厚德载物、自强不息、博施济众的中华文化精神，努力拼搏、无私奉献，形成了仁爱、兼容、开放、创新的福清华侨文化，为中国和海上丝绸之路沿线各国家地区的经济、社会、文教、医疗等的交流发展做出了重要贡献。源远流长的华侨文化，

催してきた。濃厚なる民俗祝日の雰囲気は、現地の文化と民俗生活に深い影響を与えてきた。インドネシアの著名な学者であるドゥール氏は、「元宵節や端午節などの祝日は、華人だけでなく、現地の人々のめでたい祝日でもある。このような時代に伝わる風俗習慣が、インドネシアの人々に受け入れられている」との見方を示した。(中国共産党福清市委員会党史研究室、2011)このほかにも、福清出身の華僑たちは居留先で新聞・雑誌や書籍を刊行し、中国文化を広め、華人新聞と中国文学を掲載し、中国と居留国や地域との友好往来、文化交流情報などを報道している。

このほか、華人華僑は定期的に、京劇『伍子胥』、福建劇『秦香蓮』、歌劇『白蛇伝』、新劇『屈原』、『木蘭従軍』など、伝統的な特色に富んだ演目を上演させ、古くからの演劇文化を伝えるとともに、現地の人々の文化的娯楽生活を豊かにしている。

民間民俗文化を伝えるだけでなく、海外に居留する福清の華人華僑は、儒学を中心とした中国の伝統的な核心精神的価値を積極的に広めている。彼らが大勢集まる長崎では、明治二十六年(1893)に孔廟が建設され、第二次世界大戦中に原爆で破壊された後、1960年代に福清華僑の陳揚春は再び九州に住む全ての華僑に出資するよう呼びかけた結果、2億円を集め再び建て直した。長崎の孔子廟は、地域の重要な観光名所になっただけでなく、日本の儒教文化を広める重要な場所でもあった。福清市沙埔鎮赤礁村の原籍を持つ中華孔子学会の林其根副会長のように、日本に滞在する多くの福清華人華僑は、伝統文化芸術を熱愛し、儒学を尊び、孔子研究の論著を発表し、優れた中国文化の日本での宣伝と研究を大いに推進している。

また一方で、福清の華僑たちは滞在地域の社会事業の発展も積極的に推し進め、各種各レベルの小中学校の建設に積極的に寄付し、現地の教育事業を発展させ、自ら進んで現地の文教発展のために貢献した。また、「養生院」をはじめとする各種医療機関を意欲的に創設し、社会医療衛生事業、特に貧困者や弱者、女性や児童の健康事業の発展に重要な役割を果たした。

インドネシア生まれの福清籍の柯全寿は1920年代から、インドネシアの首都ジャカルタで診療所を始め、その後、大型病院まで規模を拡大した。彼らは患者に熱心にサービスを提供して、多くの華人華僑と現地のインドネシ

福建福清华侨公园，林秋明摄
華僑公園　福清市　（林秋明攝影）

正是黄檗文化发展兴盛的历史背景和文化语境，黄檗文化在中日两国之间多层次、全方位的交流中扮演的重要角色，也正是福清华人华侨文化交流的一个典型代表和完整缩影。与此同时，晚清民国以来远赴东南亚、日本等地经商的福清华人华侨，也继承了以隐元为代表的黄檗文化和海丝精神，进一步发扬、推动开放包容的华侨文化精神，在商贸往来的同时，积极推动传统文化、民俗生活交流和社会救济、文教、医疗等事业发展。

源远流长的福清华侨文化与同样悠久的黄檗文化，互为表里，从不同侧面，构成和展现了福清文化精神的内核：开放，敢闯敢拼，始终面向全世界；创新，敢为天下先，创造新机遇；坚韧，勤勉吃苦，快速适应新环境；包容，对不同的文化、风俗兼容吸收，关心贫弱，奉献社会；热爱，爱国爱乡，造福桑梓，积极投身旅居国社会文化建设。黄檗文化，并不仅仅是一种地方文

ア人を緊急治療し、特に多くの妊婦と乳幼児の命を救った。

福清出身の林同春は、1950年代から1990年代末までの半世紀の間に、滞在する神戸市の社会福祉協議会に何度も寄付を行い、総額は5億円に達し、またさまざまな中国語学校の設立にも寄付した。1930年代に彼によって設立された神戸華僑中国語学校は、その後、日本最大の華僑中国語学校となった。そのため、日本政府や民間機関は70年代から90年代までの20数年の間に、林同春が日本の公益事業に貢献したことを何度も表彰した。(福清市市誌編纂委員会、2009)

以上のような際立った事績は、海外に滞在している数多くの福清華人華僑の生活と貢献における代表的なものである。多くの華人華僑は一貫して中華民族の深い文化精神を受け継ぎ、貧弱層に対して関心を示しており、仁愛天下、奮闘有為の広い度量を見せ、滞在国や地域社会の各方面から広く認められ、称賛されている。

宋元王朝以来、海外に居留した代々の福清籍華人華僑は、徳を重んじ、弛まず努力して、多くの人々に貢献するという中華文化の精神を十分に発揚した。奮闘し、私心のない奉仕を行い、仁愛的、包容的、開放的、かつ革新的な福清華僑文化を成し遂げ、中国と海上シルクロード沿線国や地域の経済、社会、文教、医療などにおける交流と発展に重要な貢献をしてきた。長い歴史を持つ華僑文化は、まさに黄檗文化の発展と隆盛の歴史的背景と文化的原因だと言えよう。黄檗文化が中日両国間の多層的、全方位的な交流において果たした重要な役割は、まさに福清華人華僑文化交流の一つの典型的な代表と完全な縮図である。それと同時に、晩清民国時代以来、東南アジア、日本などの地域に遠く出向いて商売をした福清華人華僑も、隠元を代表とする黄檗文化と海上シルクロード精神を継承し、開放的で包容的な華僑文化精神をさらに発揚、推進し、商業貿易往来と同時に、伝統文化、民俗生活交流と社会救済、文教、医療などの事業の発展を積極的に推進してきた。

福清華僑文化とそれと同様に悠久たる歴史を持つ黄檗文化は、補完し合い、異なる側面から、福清文化精神の以下のような核心的内容をなし、表現した。まずは、開放的で、勇敢に突き進み、常に全世界に向けていること。次は、革新的で、率先する勇気を持ち、新しいきっかけを作り出せること。

福清林绍良纪念馆展厅，温志拔摄
林紹良記念館展示ホール （温志拔撮影）

化，更是富有地方特色、具体而微的中华优秀文化的一个缩影，同时，它也代表着融侨为中心的开放、创新、奋进、奉献的华侨文化精神。

二、海丝商路的文化共生

众所周知，古代中国与外部世界的经济贸易往来，主要是通过“丝绸之路”展开的，除了世人所知的陆上丝绸之路外，还包括海上丝绸之路。海上丝绸之路起源于先秦时期，形成发展于汉唐时期。唐代中期以后，特别是宋代以后，由于西域和北方的战乱，西北地区与中原王朝隔绝，陆上丝绸之路逐渐衰落，海上丝绸之路的重要性更为突显，并最终取代陆上丝路，成为此后中国海外贸易的主要通道。海上丝路全长一万多千米，是古代世界最长的远洋航线，涵盖沿线一百多个国家和地区，在古代世界历史上，不仅是覆盖范围最广的经济贸易桥梁，也是世界文化往来交流的重要通道。更为重要的是，陆上丝路主要沟通了中西方的商贸与文化，而海上丝路，则不仅是通往欧洲的海上贸易通

三つ目は、粘り強く、勤勉で苦しみによく耐え、新しい環境に素早く適応すること。四つ目は、異なる文化や風習に対して包容的で、貧弱層に関心を持ち、社会に奉仕すること。そして最後は、国を愛し、故郷を愛すると同時に、居留国の社会文化建設に積極的に身を投じること。一方の黄檗文化は単なる一つの地方文化ではなく、地方の特色に富み、優秀なる中国文化の写しであり、また、福清華僑をはじめとした華僑文化精神の表れでもある。

二、海上シルクロードにおける文化共生

周知のように、古代中国と外部世界との経済貿易往来は、主に「シルクロード」を通じて展開され、世間に知られている陸上シルクロードのほか、海上シルクロードも含まれていた。海上シルクロードは先秦時代に起源し、漢唐時代に形成され発展した。唐代中期以降、特に宋代以降、

道，同时也是沟通古代日本、古代朝鲜的海上贸易交流通道，对中日文化、中国与其他亚洲国家交流往来，具有独特的意义。因此，海上丝绸之路对于九世纪以来的世界文明交流，具有更为重要的作用，与西方的新航路发现、海外殖民之路不同，这是一条和平、合作、开放、共赢的文明商路和文化共生发展之路。（毛立平，2019）

早在1998年，联合国教科文组织就对古代海上丝绸之路的航线，及其途经国家和地区，做了权威认定，认为中国的宁波、泉州、广州等沿海港口城市，是最重要的起点，其中北线主要途经日本、朝鲜半岛，南线则主要从南海途经越南、泰国、印度尼西亚等东南亚国家和地区，沿着印度半岛，经过印度洋、红海、埃及之后，最终到达欧洲。

2015年3月，中国商务部、外交部和国家发展和改革委员会，共同发布了《推动共建丝绸之路经济带和21世纪海上丝绸之路的愿景与行动》，倡议推进实施“一带一路”建设，推进古代海上丝绸之路重新焕发新的生命活力，推动加强海丝沿线国家和地区的合作发展。福建省作为海上丝绸之路的重要起点，在此倡议下，也积极行动参与，为推进海丝之路的商贸往来和文化交流，做出了自己应有的贡献。

福清作为重要的沿海城市，历史上分别隶属福州和莆田，又毗邻海上丝路起点城市泉州，同时，福清自古以来也是海外贸易和文化交流的重要区域，既是古代海上丝路不可分割的组成部分，也是二十一世纪海上丝绸之路建设的重要支撑力量。

早在闽王王审知统治的五代十国时期，随着王审知开拓福州港，劝民从商、招徕海外客商开始，福州，包括福清，就成为闽国乃至东南地区海外贸易的中心之一，经此海港，中国向日本、朝鲜半岛运输销售茶叶和瓷器，同时海外的象牙、犀角、香料、珍珠等商品，也不断运往中原地区。晚唐五代时期的福清，正是在频繁往来的海上丝路贸易中，逐渐由贫瘠蛮荒之地，发展成为重要的海港城市。（董俊珏、谢西娇，2018）

福清历史上与泉州的德化、南安、安溪、永春等地一样，都曾经是重要的瓷器生产、出口重镇，福清窑等一系列古窑烧制的青釉刻花蓖点纹瓷和黑瓷等瓷器，是其重要代表瓷器。这些瓷器的产量与品质，均不亚于古代中国南方四大民窑之一的建窑瓷器。宋代以后，福清出产的瓷器，就是通过海上丝路不断

西域と北方の戦乱、西北地区と中原王朝との隔絶により、陸上シルクロードは衰退していくが、海上シルクロードの重要性はますます際立ち、最終的には陸上シルクロードに取って代わり、その後の海外貿易の主なルートとなった。海上シルクロードは1万キロ以上に及び、古代世界における最も長い遠洋航路であり、沿線の100以上の国と地域が含まれていた。この航路は古代世界の歴史において、影響範囲の最も広い経済貿易ルートであっただけでなく、世界文化交流の重要な通路でもある。さらに重要なのは、陸上シルクロードは主に中国と西洋の商業貿易と文化の道であったのに対して、海上シルクロードはヨーロッパへの海上貿易ルートであったと同時に、古代日本、古代朝鮮との海上貿易や交流のルートでもあり、中日文化、中国とアジアの国々文化往来にとって、特別な意味を持っていることだ。したがって、海上シルクロードは9世紀以来の世界文明交流にとって、より一層重要な役割を果たしており、西洋の新航路発見、海外植民地化の道とは異なり、平和的、協力的、開放的、互恵的な文明商路であり、文化共生発展の道でもある。(毛立平、2019)

1998年ユネスコは、古代の海上シルクロードの航路やそのルートにある国や地域について権威ある認定を行い、中国の寧波、泉州、広州などの沿岸港湾都市は、最も重要な起点だと認定された。また、北線としては主に日本、朝鮮半島を経由していた。一方の南線は主に南海からベトナム、タイ、インドネシアなどの東南アジア国と地域を経由して、インド半島に沿って、インド洋、紅海、エジプトを経て、最終的にヨーロッパに到達した。

2015年3月中国商務部、外交部、国家発展改革委員会との三部門は、『シルクロード経済ベルトと21世紀海上シルクロードの共同建設推進の計画と行動』を共同発表し、「一帯一路」建設の推進と実施、古代海上シルクロードを新たに蘇らせること、そしてシルクロード沿線諸国や地域との協力と発展を強めることを提唱した。福建省は海上シルクロードの重要な起点の一つとして、この提唱のもとに、積極的に加わり、海上シルクロードの商業貿易往来と文化交流を推進するために、しかるべき貢献をしてきた。

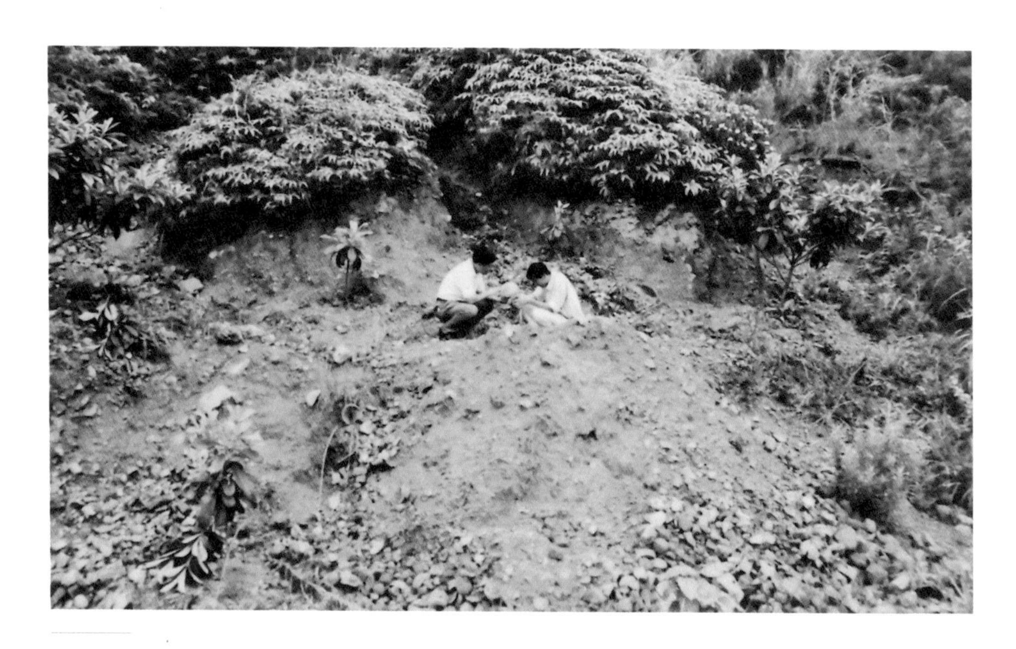

福清东张宋窑遗址，林秋明摄
宋代窯遺跡　福清市東張鎮　（林秋明撮影）

销往当时的日本及东南亚地区。

明清两朝，尽管都有严厉的海禁政策，不准私自出海，不准私通海外，但是为了谋求生计，福清沿海一带仍不断有乡民铤而走险，利用早已成熟的造船与航海技术，冒险出海经商。当时的东瀚、渔溪、江阴、新厝等地，都是著名的中外商贾云集的古渡口和码头。特别到明代中期以后，随着福建沿海地区商品经济愈发发达，更多的闽籍商人投入海上贸易，往来于南北海上丝路，将闽地的茶叶、瓷器、铁器、干果、香料、药物等销往日本、东南亚，同时也将海外的各类奇珍异产运回中国。这其中，福清籍商贾就是重要群体。明代嘉靖十三年（1534），福清人冯淑等三百多人出海到日本做生意，最终因海上遇险，漂流至朝鲜半岛；嘉靖二十六年（1547）又有千余人前往日本贸易，也因台风漂流至朝鲜，其中不少为福清人。这些著名的历史事件和记载，从一个侧面展现了当时福清商贾，通过这条历史悠久的海上丝绸之路，与日本、朝鲜等国之间开展商业贸易的规模。

通过“海上丝绸之路”的商业贸易，福清地区旅居日本等地的海外侨民也

福清は重要な沿海都市として、歴史上福州と蒲田に属し、また海上シルクロードの起点都市である泉州にも隣接している。同時に、福清は古くから海外の貿易交流と文化交流の重要な地域であり、古代海上シルクロードとは切っても切れない構成部分であり、21世紀海上シルクロード建設を支える大きな力でもある。

福建省の王であった王審知が統治していた五代十国時代に、王審知が福州港を開拓し、民に商売を勧めるとともに、海外の商人を誘致するようになってから、福清を含む福州は福建ないし東南地区における海外貿易の中心地の一つとなった。この港を経由して、中国は日本や朝鮮半島に茶葉や磁器を輸送販売し、同時に海外の象牙、犀牛角、香料や真珠などの商品も絶えず中原地域に持ち込んだ。晩唐五代時代の福清は、まさに頻繁にこの往来する海上シルクロード貿易の中で、次第に不毛な荒れ地から、重要な港都市に発展していった。(董俊珏、謝西嬌、2018)

福清の歴史上、泉州徳化、南安、安渓、永春などと同様に、かつて磁器の生産、輸出の重要な町であり、福清窯などの一連の古窯においては、焼かれた青釉薬の刻花蓖点紋磁器や黒磁などは、その重要な代表磁器である。これらの磁器の生産量と品質は、いずれも古代中国南方の四大民窯の一つだった建窯磁器に劣らない。宋代以降、福清で生産された磁器は、海上シルクロードを通じて、当時の日本や東南アジア地域に次々と販売されていた。

明清両朝のいずれにも厳しい海禁政策があり、密かに海に出ること、または海外に密通することが禁じられていたが、生計を立てるために、福清沿海一帯では依然として郷民たちがすでにあった進んだ造船と航海技術を利用して、危険を冒しながら海に出て商売をすることが絶えなかった。当時の東瀚、漁渓、江陰、新厝などは、いずれも国内外の商人が集まる古い渡し場や埠頭として有名だった。特に明代中期以降、福建省沿海地域の貿易経済の発展に伴い、より多くの福建省出身の商人が海上貿易に加わり、海上シルクロードを往来するようになった。彼らは福建省の茶葉、磁器、鉄器、乾果、香料、薬物などを日本、東南アジアに販売し、同時に海外の様々な珍しいものを中国に運んだ。このうち、福清

福清窑黑釉盏，林秋明摄
福清窯で発掘された黒釉の杯（林秋明撮影）

越来越多，福清由此成为全国著名的侨乡。早期较为著名的移居侨民，还包括福清商人林太卿，于明朝万历三十七年（1609）东渡日本鹿儿岛，经商生活，娶妻生子，十年后带领全家移居日本长崎；明末移居越南的福清商人魏之琰，从事越南与日本之间的商业贸易，几乎贯通海上丝路的南北两线，也于清康熙十一年（1672）携家眷移居日本长崎。根据保存于长崎崇福寺后山的早期华人华侨墓碑记载统计，所有闽籍商人约220人中，福清籍商人多达96人，几乎占据半数，可见明清时期福清人通过海上丝绸之路，赴日经商或从事其他经济文化活动的繁盛程度。（毛立平，2019）

可以说，福清作为历史悠久的海上丝路的重要港口城市，近千年来，与日本、东南亚各国的商贸往来不断，经济联系密切，人员往来频繁，由此带来的文化交流也日益频繁。福清，确实可称得上是海上丝绸之路上闪耀的明珠，黄檗文化则是其中最为光亮夺目的部分。

繁荣的海丝贸易，和与沿线文化的交流对话，是相辅相成、和谐共生的。首先，发达的海上航运和商业贸易，以及频繁的人员往来，为古邑福清留下了数量众多的海丝文化遗存，以及相伴而生的海丝文化遗产。例如位于著名古镇新厝镇江兜村的昭灵庙，始建于北宋天禧元年（1017），奉祀这一时期推崇海航、保境安民的赵仙师、达地圣侯、柳金圣侯等真人、神仙。两宋以后的新厝百姓，每逢出海行商，都要入庙焚香礼拜，并背上柳金圣侯小神仙，祈求海上

福清江镜镇南城古渡口，林秋明摄
古い渡船場　福清市江鏡鎮南城　（林秋明撮影）

福清新厝镇江兜村昭灵庙，林秋明摄
昭靈廟　福清市新厝鎮江兜村　（林秋明撮影）

往来平安。正是沿着这条海上丝路，昭灵庙的信仰和文化，也随着商贾侨民传到日本、东南亚等地。（王荣国，2012）

类似的遗迹文化，还有江阴、新厝的翁承赞信仰，江阴的朱文公祠和葛惟明信仰，以及江镜的应天寺白马尊王信仰等，可以说，在各种海上丝路活动中，福清形成了众多独特的海丝相关民间信仰，这组成了海丝商路上众多文化现象的重要部分。与海丝商贸活动同时进行的，包括僧侣东渡在内的各类文化交流，将中外各地区独具特色的文化观念、知识信仰带入沿线国家和聚居城市，从而增强了不同文化之间的交流、对话与融合。

其次，福清作为海上丝路贸易往来的重要节点，与整个海上丝路的贸易相通，都以瓷器和茶叶贸易为大宗。往来的商贾、侨民，不仅带去了大量的商贸货物，还把福清自古以来长期保存的古法煎茶等茶饮技法、习惯，带入了日本等目的地，而隐元僧团东渡日本弘法的同时，也带去了茶叶、医药等物品，这

籍の商人たちは大きな割合を占めていた。明代の嘉靖13年（1534)、福清人の馮淑ら三百人余りが商売を行う目的で日本に出航したが、最終的に海上で遭難し、朝鮮半島に漂着した。嘉靖二十六年（1547）にはまた千人余りの人が同様に朝鮮に漂着したが、その多くも福清人だった。これらの有名な歴史的事件や記録は、当時の福清商賈がこの長い歴史を持つ海上シルクロードを通じて、日本や朝鮮などとの間で展開していた商業貿易活動の規模を示している。

「海上シルクロード」で行われた貿易活動を通じて、福清から日本などに居留する華僑の人達もますます多くなり、福清は全国的に有名な華僑の郷となり始めた。初期の比較的有名な移住華僑に、福清の商人であった林太卿がいた。明の万暦三十七年（1609）に彼は日本の鹿児島に渡り、商売をするうちに、結婚して子供を産み、10年後に全家族を率いて日本長崎に移住した。明末にベトナムに移住した福清の商人だった魏之琰は、ベトナムと日本の間の商業貿易に従事し、海上シルクロードの南北をほぼ貫通していた。清初康熙十一年（1672）に家族を連れて長崎に移住した。長崎の崇福寺の裏山に保存されている初期華人華僑墓碑の記載統計によると、福建省出身の商人約220人のうち、福清出身の商人は96人とほぼ半数を占めていたことから、明清時代の福清人が海上シルクロードを通じて日本に渡り、商売をするほか、その他の文化活動などに当たっていたことがわかる。(毛立平、2019)

福清は歴史の長い海上シルクロードの重要な港町として、千年近くの間に、日本や東南アジア諸国との商業貿易往来が絶えず行われており、経済的なつながりが深く、人の往来が頻繁で、それに伴って文化交流も日増しに頻繁になっていた。福清は確かに海上シルクロードに輝く真珠だと言えるが、黄檗文化はその中でも最も輝いている。

繁栄する海上シルクロード貿易と沿線地域との文化交流は、相補的で、調和のとれた共生関係である。まず、発達した海上運輸と商業貿易、そして頻繁な人員往来は、古邑福清に多くの遺跡とそれに伴って生まれた数多くの文化遺産を残した。例えば有名な新厝鎮江兜村にある昭霊廟は、北宋の天禧元年（1017）に建てられたが、この時期に海航、保境安

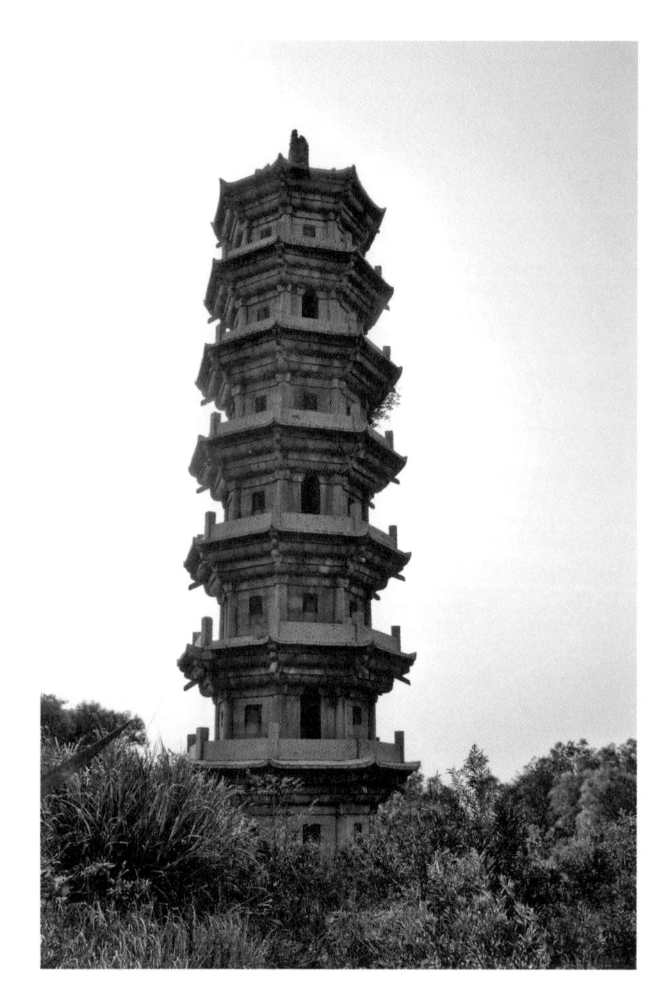

福清上迳镇海丝灯塔：鳌江宝塔，林秋明摄
海上シルクロード沿線にある灯台—鰲江宝塔　福清市上逕鎮　（林秋明撮影）

些茶法、医术相关的知识技术，对日本社会产生了重要而深远的影响，这正是长期以来海上丝路贸易往来与文化共生局面的一个典型代表，同时黄檗文化的交流，也依托发达的海上丝路，深化了文化交流的内涵，构成了友好交流、合作发展的新图景。

黄檗文化的形成发展，正是海上丝绸之路商贸活动开展过程中，共生文化的一个最为重要的组成部分，是古代福清人与海上丝绸之路沿线国家和地区紧密关联、共同发展、合作共赢的辉煌印迹。黄檗文化，借助悠久的海上丝绸之路，稳定植根于中日两国民众的日常生活和精神世界中，成为两国友好交流、共同发展的见证。正因为如此，黄檗文化始终受到中日两国人民的高度关注，

民の趙仙師、達地聖侯、柳金聖侯などの真人、仙人が祀られていた。両宋以降の新厝民は、海に出て行商するたびに、廟に入って香を焚き礼拝し、柳金聖侯の小さな仙人像を背負って、海上往来の安全を祈った。まさにこの海上シルクロードを通じて、昭霊廟の信仰と文化は、商賈居留民とともに日本、東南アジアなどにも伝わった。（王栄国、2012）

さらに、同様な遺跡や文化現象には、江陰、新厝の翁承賛信仰、江陰の朱文公祠と葛惟明信仰、江鏡の応天寺白馬尊王信仰などがあった。海上シルクロードによって、福清ではそれに関連した多くの独特な民間信仰を形成し、海上シルクロードにおける多くの文化現象の重要部分をなしたと言えよう。同時に、僧侶の東渡を含むさまざまな文化交流を通じて、各地域の特色のある文化観念、知識信仰を沿線諸国にも伝えられ、それによって異なる文化間の交流、対話と融合が強化された。

次に、福清は海上シルクロード貿易往来における重要な拠点の一つとして、海上シルクロード全体の貿易と通じており、磁器と茶葉の貿易を中心としていた。往来する商人や華僑の人々は、大量の商品を持って行っただけでなく、福清で古くから長く伝承されてきた古法煎茶の技法や習慣を日本などに伝えた。隠元僧団が日本に渡って弘法したと同時に、お茶や薬なども持ち込まれ、また、医術なども日本社会に重要な影響を与えた。これらはまさに長い年月の間、海上シルクロード貿易往来と文化が共生する一つの典型的な代表であった。

黄檗文化の形成と発展はまさに海上シルクロードの商業貿易活動の展開過程において、共生文化の最も重要な構成部分の一つであり、古代の福清人と海上シルクロード沿線の国家や地域が緊密に結ばれ、共に発展し、協力と互恵関係の輝かしい印である。黄檗文化は、悠久なる海上シルクロードにより、中日両国国民の日常生活と精神世界にしっかりと根ざし、両国の友好交流、共同発展の証しとなっている。だからこそ、黄檗文化は中日両国人民から常に高い関心を集めており、未来の海上商業貿易文化往来や新しい海上シルクロードの発展において、より強く持続的な役割を果たしていくだろう。

并将在未来的海上商贸文化往来交流新丝路发展中，不断创新内涵，体现出更加强大持久的生命力。

三、合作发展的未来展望

2013年10月，中国国家主席习近平在印度尼西亚国会的演讲中，正式提出了建设二十一世纪海上丝绸之路的倡议，从政治、经济、文化等各方面，推动中国与周边国家和地区的和平发展、共同繁荣。这是从历史渊源、现实考量与未来发展的角度，加强中国与世界合作，建立人类命运共同体的重要论断，也是对海上丝绸之路的创新性阐释，让古老的历史遗产，重新焕发出新的生机。

中日两国之间的海上贸易航线，是整个海上丝绸之路的重要组成部分，至今已有两千多年的历史。近代以来，由于众所周知的历史与现实原因，这条曾经繁华而重要的经济、文化往来交通线，逐渐由盛转衰。进入二十一世纪以来，世界政治、经济格局发生了重要变化，中日海上丝绸之路，也面临新的发展机遇。首先，中日两国经济互补性强，在技术和市场方面，彼此间有较强的依赖性，作为同属于亚洲的近邻，中日两国应该成为整个亚洲，乃至世界和平稳定、经济社会发展的稳定器，相互支持、相互理解，共同承担各项国际责任。其次，中日两国文化虽然有差异乃至隔阂，但同属东方文化，具有相互理解的共同思想基础，中国对日本文化的交流，日本学界、民间对中国文化的研究，具有西方文化背景的学者所不具备的得天独厚的条件。两国间的学者对共同关心的问题，有着共同的思想背景，容易达成相互共识。尤其是两国都受到儒家文化的深刻影响，重视人伦道德品质与集体价值，同时也是佛教文化长期持续繁荣发展的两个重要国家，两国民间，特别是青年之间，对彼此的文化渊源和现实资源，存在较强的认同和兴趣，相互学习、相互交流仍是主流愿望，对于宗教等方面的相互学习、借鉴、交流愿望仍很强烈。这些都是重新理解海上丝绸之路在文化交流上的重要作用，面向未来再次发挥海上新丝路的文化交流功能的重要历史和理论前提。

黄檗文化随着海上丝路的漫长传播历史已经显示，相互交流的文化，不仅会发生各自内部的多元融合创新，也将对彼此的社会、文化发展本身，形成重

三、協力発展の未来展望

2013年10月、中国国家主席習近平がインドネシア国会で行った演説で、初めて「21世紀海上シルクロード建設」という構想を正式に提唱した。その目標としては、政治、経済、文化など各方面から、中国と周辺国や地域の平和的発展、共同繁栄をともに推進していくとのことである。この提案は歴史的つながり、現実的な考慮と未来への発展という三つの視点から、中国と世界の協力を強化し、人類運命共同体を構築していく上で重要な論断であり、海上シルクロードに関しての革新的解釈でもあり、古い歴史遺産を新たによみがえらせることになる。

中日両国間の海上貿易航路は、海上シルクロードの重要な構成部分であり、これまで2千年以上の歴史がある。近代以来、周知の歴史的、現実的な原因により、このかつてにぎやかで重要な経済、文化の往来通路は次第に衰えてきた。新世紀に入ってから、世界の政治、経済構造に重要な変化が生じ、中日両国関係が互いに依存し、共に進歩するという新たな情勢の下で、中日海上シルクロードも、新しい発展の機会に恵まれている。まず、中日両国は経済的に補い合える関係にあり、技術と市場の面で、互いに強く依存している。同じアジアに属する近隣国として、中日両国はアジア全体、ひいては世界の平和、経済社会の発展の安定器となり、互いに支え合い、理解し合い、さまざまな国際的責任を共に負うべきである。次に、中日両国の文化には相違点ないし隔たりがあるが、同じ東洋文化に属しているがゆえに、相互理解に共通の思想的基礎を持っている。中国の日本文化を相手に行う交流、または日本の学界や民間の中国文化への研究、いずれも西洋文化の背景を持つ学者にはない条件に恵まれている。両国間の学者はともに関心を持つ問題について、共通の思想背景を持っており、お互い意見が合いやすいと思われる。特に両国は儒教文化の影響を深く受け、倫理的品性と集団価値を重視し、同時に仏教文化が長期にわたって繁栄し発展し続けている二つの重要な国であるため、両国の民間、特に若者の間には、互いの文化的なルーツと現実的な資源に対して、比較的強い共感と興味があり、相互学習、相互交流は

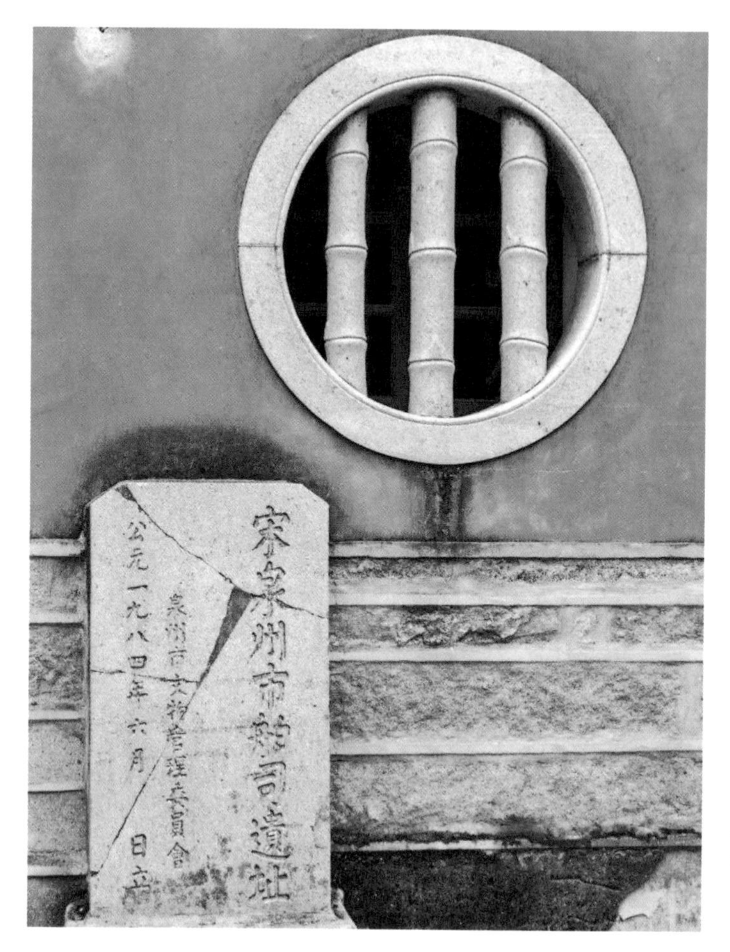

泉州市舶司遗址碑，温志拔摄
市舶司遺跡碑　泉州市（温志抜撮影）

大而深远的影响。文化发展的双赢，才是真正造福于彼此的双赢。明清之际文人士大夫文化的东传，对战国时代以后的日本政治、社会、文化恢复发展，具有独特的作用，同时，借助数百年间旅日的中国各界人士、华人华侨的往来交流，日本社会文化对晚清以来中国社会文化的发展，也形成了重要而深远的影响。历史上日本各界对中国典籍文化的珍藏以及回流，对中国学术文化研究，具有不可替代的重要意义；晚清民国以来，中国在社会变革中，与西方进行文明对话，理解和打开新的眼界，也大量借助了日本各界的译介。

继承和发扬隐元黄檗文化的交流精神，理解和建设好中日两国之间新的海上丝绸之路，对中日两国都具有积极而重大的意义。第一，借助海上丝绸之路沿线国家和地区贸易发展，东亚、东南亚、非洲东岸乃至世界经济的整体

依然として主流の望みであり、宗教などの面において習び合いたい、交流をしたいとの気持ちも依然として強いものだ。これらは、海上シルクロードの文化交流における重要な役割を改めて理解し、未来に向けて新しい海上シルクロードの文化交流機能が再び発揮できる重要な歴史と理論の前提である。

黄檗文化が海上シルクロードに伴った長い普及の歴史から、以下のことが明らかとなった。すなわち交流し合う文化は各自の内部要素が多元的な融合と革新が生じるだけでなく、互いの社会や文化の発展自体にも大きく深遠なる影響を及ぼすことになる。文化発展における互恵関係こそが、本当の意味での互いに利益をもたらす互恵関係である。明清に隠元を代表とする文人士大夫文化の東伝は、戦国時代以降の日本の政治、社会、文化の回復と発展に特別な役割を果たした。それと同時に、数百年にわたる在日中国各界の華人華僑の往来と交流の助けを借りて、日本の社会文化は明清以来の中国の社会文化の発展にも重要で大きな影響を与えた。歴史上、日本各界の中国の典籍文化の重視と還流は、中国の学術的文化研究にとって、かけがえのない重要な意義を持っている。晩清民国以来の中国社会の変革、西洋文明との対話やそれへの理解、そして開けた新たな視野なども、日本各分野の翻訳の助けを大いに借りたことに深く関係している。

隠元黄檗文化の文化交流精神を継承発揚し、中日両国間の新しい海上シルクロードを理解し、建設することは、中日両国にとって積極的かつ重大な意義がある。第一に、海上シルクロード沿線国や地域の貿易発展を利用しての東アジア、東南アジア、アフリカ東岸、さらには世界経済の全体的な発展は、日本経済にとっても間違いなく素晴らしい機会だと言えよう。第二に、中日両国が互いに協力と対話を強化すれば、沿線第三国への投資発建設過程における過度な競争リスクを著しく減らし、不要な対抗競争による共倒れを避けることができる（戴二彪、2018)。第三に、経済貿易往来が密接になるにつれて、文化共生の局面も次第に良好な方向に発展していくであろう。両国はお互いの優れた伝統的精神文化資源を十分に発掘し、生かすことによって、長所を取り入れ短所を補い、それぞれの社会、文化、信仰などの分野に存在する一連の深層問題、特に現代社会の若者が共有する信念の危機問題、高齢化社会に伴って発生する家庭問題、精神心理問題などを共に探求し、対

发展，对日本经济无疑也是一次机遇；第二，中日两国彼此加强合作与对话，将显著减少彼此在沿线第三国投资建设过程中的过度竞争压力风险，避免不必要的对抗性竞争所带来的两败俱伤（戴二彪，2018）；第三，随着经贸往来的密切，文化共生、交流共进的局面也将逐渐朝良好的方向发展，两国可以充分发掘、利用彼此优秀传统精神文化资源，更好地利用彼此的各类文化资源，取长补短，共同探讨和应对社会、文化、信仰等领域存在的一系列深层次问题，尤其是当代社会中青年人所共有的信念危机问题、老龄化社会相伴而生的家庭问题、精神心理问题等。正如2018年5月8日，中国国务院总理李克强在日本最具社会影响力的《朝日新闻》上，发表一篇署名文章——《让中日和平友好合作事业再起航》中所指出的："推动更多中日青年人互访，培养青年一代的相学相知，让他们在真实的历史启示中选择未来的路径。这样，中日关系的明天才是有希望的，持久和平的未来才是有希望的。"

面向未来，借助海上丝绸之路，中日两国之间的合作交流，可以从以下方面加以扩大和深化：

第一，海上丝绸之路的历史十分悠久，文化内涵极其丰富，但不少资料和历史遗存，长期缺乏必要的整理和保护，随着时间的推移，这些成果可能因缺乏有效妥善的保护而渐渐消失散逸。政府和民间，特别是相关学术机构、民间组织，要基于二十一世纪海上丝绸之路的总体目标要求，更好地整理保护有关黄檗文化东传的文字资料、图片、遗存，在民间企业和民间文化组织的合作基础上，将有关资料进行拍照、影印、清理，组织相关文化学术和科研机构，安排专门科研人员，对两国保存的资料进行整理研究，并推进相关成果的通俗化、电子数据库和网络资源的建设推广，让这些文化遗产和研究成果更好地传播，造福两国民众。同时，以黄檗文化有关资料的整理为契机，进一步推动两国有关海上丝绸之路历史的研究，廓清海丝历史上两国之间交流的历史脉络、人物事迹、重要事件等，总结黄檗文化与海上丝绸之路交流历史的特征、得失，以及对当代两国交流往来的启示，为未来两国关系、文化交流的发展，提供必要的理论指引、实践指导。

第二，充分发挥海上丝绸之路沿线国家和地区，特别是日本等国友好人士、所在国华人华侨的积极作用，发扬华人华侨传统的爱国奉献精神，一方面为旅居国的社会发展、文化传播做出积极贡献，另一方面也为中国与周边国家

応することができる。中国国務院総理である李克強が2018年5月8日に日本で最も社会的影響力のある『朝日新聞』に掲載された署名入りの文章—『中日平和友好協力事業を再出発させよう』の中で以下のように指摘した。「より多くの中日青年の相互訪問を促し、若い世代の相互学習や相互理解を育成し、彼らが真実の歴史の啓示の中で未来の道が選択できるようにしよう。こうすることで、中日関係の明日がはじめて望ましいものとなり、恒久平和の未来もはじめて希望に満ちたものとなるであろう。」

未来に向けて、海上シルクロードを通じ、中日両国間の協力と交流は、以下の面から拡大し深化させることができると思われる。

第一に、海上シルクロードの歴史は非常に長く、文化的内包も極めて豊富であるが、数多くの資料と遺物に関して長期にわたって必要な整理と保護作業が行われていなかったため、時間の経過とともに、しだいに消失し散逸する恐れがある。政府と民間、特に関連する学術機関、民間組織は、21世紀の海上シルクロードの全体的な目標に基づいて、黄檗文化の東伝に関する文字資料、写真、遺物をきちんと整理して保存する必要がある。民間企業や文化民間団体の協力のもと、関連資料を写真撮影、影印、整理し、関連する文化学術と科学研究機構を組織する。そして専門の科学研究者を配置し、両国に保存されている資料の整理と研究に当たり、関連成果の普及や電子データバンクとネットワーク資源の建設などを進め、これらの文化遺産と研究成果をよく伝承して、両国民に広く伝えるようにしなければならない。また、黄檗文化に関する資料の整理をきっかけに、海上シルクロードの歴史に関する両国の研究をさらに推進し、その歴史における両国間交流の歴史的脈絡、人物事績、重要な事件などを明らかにし、黄檗文化と海上シルクロード交流の歴史の特徴、損得、現代両国の交流往来への啓示を総括し、未来の両国関係、文化交流の発展に必要な理論的手引き、実践的指導を提供することである。

第二に、海上シルクロード沿線国や地域、特に日本などの友好人士、各国にいる華人華僑の積極的な役割を十分に生かし、華人華僑の伝統的な愛国奉仕精神を発揚し、居留国の社会発展、文化伝承に積極的に貢献をする一方で、中国と周辺国の協力交流にも貢献している。黄檗文化の整理研究を突破

的合作交流做出贡献。以黄檗文化的整理研究为突破口，进一步整理相关的重要历史人物、华侨名贤的生平传记、事业发展、历史贡献等，并充分利用现代网络媒体平台和形式，通过官方和民间等各种渠道，对这些历史人物事迹进行宣传和展示，增进中日两国及周边国家地区民众对这些历史和人物的了解，增进彼此的了解、互信。

第三，文化交流发展需要创新内容和形式，要进一步推进对黄檗文化和海上丝绸之路创新文化价值的挖掘、探索宣传推广的新载体与新的表现形式，发挥民间文化组织的积极性、创造性，进行规模更大和更为深入的二十一世纪海上丝绸之路中日、中外双语科普教育与文化宣传，进一步提升各国民众的社会认知水平。更加积极主动地推动形式多样的黄檗文化与海上丝绸之路文化品牌产品的开发，打造具有代表性的文化精品，包括各种富有时代感、地域特色的文创产品、艺术形象、动漫人物、视频音频作品等，以更加生动活泼、形象可感的方式，吸引两国年轻一代的兴趣。

第四，真正让两国政府作为推动的主导和政策引领，让两国企业、媒体和文创公司成为中日两国经济文化合作发展的主体，既重视黄檗文化与海上丝绸之路的社会效益，又充分肯定和发展其中的经济效益，借助现代科技的力量，积极推进黄檗文化、海丝文化与现代科技的深度融合，以最新的数字技术、3D打印技术、人工智能技术等为支撑，创新文化展示平台模式，以富有时代的前沿技术手段和最为贴近现代人喜好的展现方式，真正让黄檗文化和海丝文化具有长期运行、不断发展的不竭动力，让古老的文化，迸发出新的活力与生命。

福建福清，是一座拥有悠久历史的文化名城，是海上丝绸之路的重要港口城市；黄檗文化，是中国优秀传统文化史上的一颗明珠，也是中日文化交流史上的一颗明珠，“是中日文化交流的一座黄金桥梁，是推进21世纪海上丝绸之路建设的有效载体，它对促进中日文化交流，推进21世纪海上丝绸之路建设，构建人类命运共同体，都极具价值和世界意义”（廖深基，2018）。2022年是中日邦交正常化五十周年，五十年来，日本佛学界人士，曾先后数十次派参访团到福清黄檗山万福寺拜谒祖庭，并举办形式多样的文化交流活动，有力地推动了中日两国民间文化交流活动的持续稳步进行。近年来，中日两国人民、在日华人华侨，越来越多地以黄檗文化为桥梁，展开经贸交流和友好往来。黄

口に、さらに関連する重要な歴史人物、華僑名賢の生涯伝記、事業発展、歴史貢献などを整理すること。また、現代のメディアを十分に利用して、政府と民間などのさまざまなルートを通じて、これらの歴史上の人物の事績を宣伝し、中日両国と周辺国や地域の民衆のこれらの歴史と人物に対する理解を深め、互いの理解と相互信頼を深めていく。

第三に、文化交流の発展には革新的な内容と形式が必要である。黄檗文化と海上シルクロードの革新的文化価値や、宣伝普及の新しい媒体と表現形式を探求し、民間文化組織の積極性と創造性を発揮し、深い21世紀海上シルクロードに関する中日、中外バイリンガルの科学普及教育と文化宣伝をより大規模で深く展開し、各国と民衆の社会的認知水準をさらに引き上げること。多様な黄檗文化と海上シルクロード文化に関連するブランド製品の開発を積極的に行い、時代感や地域の特色に富んだ文創製品、キャラクター、ビデオ・オーディオ作品などを含む代表的な文化的逸品を作り、より生き生きとした方法で両国の若い世代の興味を引きつけることである。

第四に、両国政府を推進の主導役にして、両国の企業、メディア、文化ベンチャー企業を中日両国の経済文化協力発展の主体とし、黄檗文化と海上シルクロードの社会的役割を重視し、経済効果も十分に評価し発展させること。現代科学技術の力を生かし、それらと現代科学技術の深い融合を積極的に推進し、最新のデジタル技術や3Dプリント技術、人工知能技術などを支えに、最も現代人の好みにあった表現の形で、黄檗文化と海上シルクロード文化を長期的に運行させ、ますます発展する力を持たせて、古い文化に新しい活力と命をほとばしらせる。

福建省福清市は悠久なる歴史を持つ文化名城であり、海上シルクロードの重要な港町でもある。一方の黄檗文化は、中国の優れた伝統文化史上の真珠であり、中日文化交流史上の宝物でもある。「中日文化交流の輝かしい架け橋であり、21世紀の海上シルクロード建設を推進する有効な媒体でもある。それらは中日文化交流の促進、21世紀の海上シルクロード建設の推進、人類運命共同体の構築にとって、極めて価値とグローバルな意義を備えている」(廖深基、2018)。2022年は中日国交正常化50周年にあたり、この50年間、日本の仏教界の人士たちは前後に数十回にわたって福清の黄檗山万福寺

檗文化与海上丝路的文化共生关系，更加深入密切，正在也必将为增进中国与包括日本在内的海上丝绸之路沿线国家、地区的密切联系，推动互信、共同发展，为世界和平和人类幸福，为建设人类命运共同体做出更大的贡献！

に参観団を派遣して祖庭を参拝し、形式に富んだ文化交流活動を行い、中日両国の民間文化交流活動の持続的かつ着実な進行を力強く推進してきた。ここ数年来、中日両国人民の多くが黄檗文化を架け橋として、経済貿易交流と友好往来を展開している。黄檗文化と海上シルクロードの文化共生関係は、より深くより密接になり、中国と日本を含む海上シルクロード沿線国や地域との密接なつながりを強め、相互信頼と共同発展を推進し、世界平和と人類幸福のために、人類運命共同体の建設のために、より大きな貢献をしていくに違いないであろう。

参考文献

第一章

1. 俞达珠:《福唐佚闻》，福州：海潮摄影艺术出版社，2008。

2. 饶安鼎、邵应龙修，福建省《福清县志》编纂委员会整理:《福清县志》，福清：福建省福清县志编纂委员会，1989。

3. 王晚霞:《林希逸〈三子口义〉在日本江户时代的流行因缘》，《关东学刊》2018年第3期，第127—133页。

4. 林观潮:《中日黄檗山志五本合刊》，北京：宗教文化出版社，2018。

5. 常盘大定:《中国文化史迹 浙江 福建》，京都：京都法藏馆，1975。

6. 廖深基:《黄檗文化研究》，北京：九州出版社，2021。

第二章

1. 平久保章:《新纂校订隐元全集》(第十一卷)，东京：开明书院，1979。

2. 绪方惟精著，丁策译:《日本汉文学史》(第三版)，东京：正中书局印行，1980。

3. 陈小法:《明代中日文化交流史研究》，北京：商务印书馆，2011。

4. 朱谦之:《日本的朱子学》，北京：生活·读书·新知三联书店，1958。

5. Richard Bowring: *In Search of the Way——Thought and Religion in Early-Modern Japan, 1582–1860,* Oxford: Oxford University Press, 2017, p35.

6. 木宫泰彦著，陈捷译：《中日交通史》（第六册），太原：山西人民出版社，2015。

7. 陈智超，韦祖辉，何龄修编：《旅日高僧隐元中土来往书信集》，北京：中华全国图书馆文献缩微复制中心，1995。

8. 胡沧泽：《郑成功与隐元禅师关系略论》，《福建师范大学学报（哲学社会科学版）》1997年第4期，第100—105页。

9. 林观潮：《临济宗黄檗派与日本黄檗宗》，北京：中国财富出版社，2013。

10. 田中智诚：《长崎唐寺与黄檗宗的创立》，《2020年黄檗文化与海上丝绸之路国际学术研讨会论文集》，福清，2020。

11. 孙宝山：《关于日本黄檗宗的考察研究》，载李卓主编：《南开日本研究》，天津：天津人民出版社，2016。

第三章

1. 林国平，邱季端：《福建历史文化博览》，福州：福建教育出版社，2017。

2. 福清县志编纂委员会，福清县宗教局编：《黄檗山寺志》，福州：福建省地图出版社，1989。

3. 王荣国：《福建佛教史》，厦门：厦门大学出版社，1997。

4. 林观潮：《隐元隆琦禅师》，厦门：厦门大学出版社，2010。

5. 福清县《福清纪略》编委会：《福清纪略》，福州：福建人民出版社，1988。

6. 刘厚琴：《忠德诠解》，北京：中国方正出版社，2017。

7. 释东初编：《中日佛教交通史》，台北：东初出版社，1970。

8. 平潭政协：《平潭文史资料》（第5辑），福建省平潭政协文史资料编辑组，1988。

9. 福建省文学艺术界联合会，故事林杂志社：《海峡两岸民间故事文库》，福州：海峡文艺出版社，2017。

10.郭丹：《福建历代名人传》，福州：海峡文艺出版社，2019。

11. 何绵山：《闽台五缘简论》，郑州：河南人民出版社，2018。

12. 卢承圣：《辉煌灿烂的福建“海丝”文化》，福州：海峡文艺出版社，2016。

13. 尹霞：《漫谈岛国：你一定好奇的日本史》，北京：中国铁道出版社，2019。

14. 姚诚，沈国权：《浙江与日本》，杭州：杭州出版社，2011。

第四章

1. 竺小恩，葛晓弘：《中国与东北亚服饰文化交流研究》，杭州：浙江大学出版社，2015。

2. 薛彦乔，陈颖艳：《魏之琰生平及相关史事考》，《文博学刊》2019年第4期，第80—87页。

3. 廖深基：《黄檗文化研究》，北京：九州出版社，2021。

4. 周耘：《永远的乡音——日本佛教黄檗宗仪式音乐的中国元素》，《世界宗教文化》2011年第5期，第50—56页。

5. 森末义彰，菊地勇次郎：《改稿 食物史》，东京：第一出版株式会社，1970。

6. 马崇坤：《试论明清时期的中日茶文化交流》，延边大学硕士论文，2010。

7. 邵沁，宋欣阳：《明清中日医学交流对汉方医流派形成的影响》，《医学与哲学》2019年第1期，第77—80页。

8. 森村建一，曹建南：《濑户美浓窑对福建陶瓷的模仿和中日禅僧》，《海交史研究》2007第2期，第65—74页。

9. 柳田圣山：《禅と日本文化》，东京：讲谈社，1992。

10. 河上繁树：《豊臣秀吉の日本国王冊封に関する冠服について——妙法院伝来の明代官服》，京都国立博物馆《學叢》第20号，1999年3月，第75—96页。

第五章

1. 赖永海：《佛教对中国传统思维模式的影响》，《佛学研究》2017年第1期，第38—48页。

2. 平久保章：《新纂校订即非全集》，东京：思文阁出版，1993。

3. 史可非：《清初东渡明遗民研究》，中央民族大学博士学位论文，2012。

4. 单国强：《中国绘画断代史：明代绘画》，北京：人民美术出版社，2004。

5. 森正夫：《从明末清初中国的“文人画”到江户时代日本的“南画”——关于它的时间间隔》，《成大历史学报》2007年12月，第33号。

6. 朱仁夫：《中国古代书法史》，北京：北京大学出版社，1997。

7. 林韬编：《徐渭行草应制泳墨诗》，杭州：浙江人民美术出版社，2003。

8. 廖肇亨：《隐元禅师诗歌中的两种声音：以晚年诗作为中心》，《日本汉学研究续探：思想文化篇》，上海：华东师范大学出版社，2007。

9. 林观潮：《佛教文学中的隐元诗偈》，《文学与文化》2010年第3期，第77—92页。

10. 廖肇亨：《木庵禅师诗歌中的日本图像——以富士山与僧侣像赞为中心》，《中央文哲研究集刊》2004年第24期。

11. 廖肇亨：《即非如一在京都：晚明清初黄檗宗僧人的异国佛教艺术巡礼》，《新国学》2015年第2期，第21—46页。

12. 林观潮：《黄檗东渡禅僧即非如一的爱国情怀》，《法音》2002年第6期，第30—34页。

13. 廖肇亨：《高泉与温泉：从高泉性潡看晚明清初渡日华僧的异文化接触》，《长江学术》2017年第3期，第71—84页。

14. 赖思好：《东皋心越诗文中的航海信仰——以天妃信仰和五岳真形图的在日流传为中心》，收入杭州文史研究会编：《杭州佛教研究》，北京：宗教文化出版社，2015，第151—179页。

15. 浦江县政协文史资料委员会主编：《东皋心越全集》，杭州：浙江人民出版社，2006。

16. 廖肇亨 :《从西湖到富士山：明清之际黄檗宗僧独立性易地景书写之文化意蕴》,《中国文化》2016年第2期，第222—233页。

17. 倪后瞻 :《倪氏杂著笔法》，载崔尔平 :《明清书论集》（上册），上海：上海辞书出版社，2011。

18. 杨亮 :《畸与残——明清之际书、画、印审美风尚研究》，南京艺术学院博士论文，2015。

19. 马旭明 :《黄檗派高僧隐元书法及其用印》,《中国书法》2018年第10期，第126—128页。

20. 解小青 :《明末黄檗禅僧与日本书法——以黄檗三笔隐元、木庵、即非为中心》,《中国书法》2011年第9期，第63—66页。

21. 山本悦心著，王慧杰译 :《明清黄檗东渡僧宝录》，福清黄檗山万福寺印，2016。

22. 沈玉水 :《木庵禅师行迹系年·东渡前遗墨》，泉州市开元万寿禅寺编印，1990。

23. 何振良 :《木庵与日本黄檗宗》,《福建史志》2002年第4期，第43—45页。

24. 樊克勤 :《宋元明清高僧书画墨迹》，上海：上海文化出版社，1999。

25. 马亚楠 :《日本“和样”书法与“唐样”书法略说》,《书法赏评》2017年第1期，第48—51页。

26. 韩天雍 :《三笔三迹》，杭州：中国美术学院出版社，2018。

27. 榊莫山著，陈振濂译 :《日本书法史》，上海：上海书画出版社，1985。

28. 陈振濂 :《中日书法艺术比较》，长春：吉林教育出版社，1991。

29. 温志拔 :《黄檗禅僧独立性易的书学与日本书法》,《福建技术师范学院学报》2021年第4期，第371—375页。

30. 童家州 :《关于明末清初日本长崎福建籍华侨起源问题初探》，载梁康生等主编 :《华侨历史论丛》（第6辑），福建省华侨历史学会编印，1990。

31. 韦祖辉 :《海外遗民竟不归：明遗民东渡研究》，北京：商务印书馆，2017。

32. 木宫泰彦著，陈捷译 :《中日交通史》（第六册），太原：山西人民出版社，2015。

33. 任钦功 :《我读日本书法家》，杭州：西泠印社出版社，2017。

34. 马亚楠 :《日本江户时代对中国书学的接受——以细井广泽为中心》,《大学书法》2020年第4期，第142—146页。

35. 雷志雄 :《日本墨迹举要》，武汉：湖北美术出版社，1998。

第六章

1. 曹于恩、何爱先、林茂铨总纂，福清市志编纂委员会编 :《福清市志》，厦门：厦门大学出版社，1994。

2. 中共福清市委党史研究室编 :《福清华侨史》，北京：中共党史出版社，2011。

3. 毛立平 :《福清“海丝之路”初探》，载福州闽都文化研究会编 :《闽都文化与开放的福州》，福州：海峡文艺出版社，2019。

4. 董俊珏，谢西娇 :《古代福清与海上丝绸之路的文化因缘》,《福建师大福清分校学报》2018年第1期，第1—5页。

5. 王荣国 :《宋代海洋性神灵信仰的庙宇——福清昭灵庙》,《福建文博》2012年第3期，第4—11页。

6. 戴二彪 :《如何推进海上丝绸之路建设中的中日合作》，载王振主编 :《探寻合作新机遇：首届“一带一路”上海论坛论集》，上海：上海社会科学院出版社，2018。

7. 廖深基 :《黄檗文化的价值与世界意义》,《福建师大福清分校学报》2018年第4期，第1—5页。

后 记

本书为福建技术师范学院黄檗文化与海上丝绸之路研究院集体创作的成果。廖深基、温志拔负责全书的设计、各章内容的把关与审校，王慧杰负责日语内容的把关与审校。廖深基为本书项目负责人，负责项目申报和全书最后审定。李启辉、姚忠亮参与本书的策划。

第一章中文部分第一至三节分别由侯利军、吴章燕、温志拔执笔，日文部分由张俊红执笔。

第二章中文部分由吴章燕执笔，日文部分由王先科执笔。

第三章中文部分由黄海燕执笔，日文部分由章小叶执笔。

第四章中文部分由林雪云执笔，日文部分由廖永倩执笔。

第五章中文部分第一二节、第三四节分别由吴章燕、温志拔执笔，日文部分由孔祥惠执笔。

第六章中文部分由温志拔执笔，日文部分由王慧杰执笔。

本书序言由王慧杰翻译，全书日文部分由福建技术师范学院外籍教师Kisoo Lim审校。

本书视频部分由福建技术师范学院外国语学院、文化传媒与法律学院师生共同完成，李启辉、蒋潇洋负责视频策划，并对各章日文部分执笔教师给予指导拍摄，2019级日语专业李雨凝、吴雅婷、曾慧玲、陈莉、吴海强和雷佳玲负责主持与配音工作；2019级广播电视编导专业池修铭、李雨翔，2020级广播电视编导专业蒋韵涵、陈志明、廖圣铭，2020级网络与新媒体专业彭辉达、

あとがき

本書は福建技術師範学院黄檗文化と海上シルクロード研究院の集団創作の成果である。廖深基、温志抜は全書の構成、各章内容の審査と修正を担当し、王慧傑は日本語部分の審査と修正を担当した。廖深基は本書プロジェクトの総責任者で、プロジェクトの申請と全書の最終審査を担当した。李啓輝、姚忠亮は本書の企画に参与した。

第一章の中国語部分の第一節から第三節まではそれぞれ侯利軍、呉章燕、温志抜が、日本語部分は張俊紅が執筆した。

第二章の中国語部分は呉章燕、日本語部分は王先科が執筆した。

第三章の中国語部分は黄海燕が、日本語部分は章小葉が執筆した。

第四章の中国語部分は林雪雲が、日本語部分は廖永倩が執筆した。

第五章の中国語部分の第一と第二節は呉章燕、第三と第四節は温志抜が、日本語部分は孔祥恵が執筆した。

第六章の中国語部分は温志抜が、日本語部分は王慧傑が執筆した。

また、本書の序文とあとがきは王慧傑が翻訳し、日本語部分の全文は福建技術師範学院の日本人教師Kisoo Limが校閲を担当した。

本書の添付ビデオは福建技術師範学院外国語学院、文化メディアと法律学院の教師と学生が共同で完成させた。それから李啓輝、蒋瀟洋、陳飛がビデオ企画を担当し、各章の日本語部分を執笔した六人の教師がビデオ撮影の指導にも加わった。また、2019級日本語専攻の李雨凝、呉雅婷、曽慧玲、陳

许馨月、郑朝辉负责拍摄与剪辑等工作。

廖深基教授作为福清市第十五届政协智库成员，本书出版得到了福清市政协和福清市社科联的资助。福清黄檗文化促进会林文清、郑松波、念家圣对本书编撰工作给予了诸多支持和帮助，本书相关图片主要来自福清黄檗文化促进会、福清历史文化学者林秋明先生，本书撰写教师亦提供部分图片。

莉、呉海強と雷佳玲がナレーションを担当し、2019級ディレクター専攻の池修銘、李雨翔、2020級ディレクター専攻の蒋韻涵、陳志明、廖聖銘、そして2020級インターネット·ニューメディア専攻の彭輝達、許馨月、鄭朝輝が撮影や編集などを担当した。

廖深基教授は福清市第15期政治協商会議委員会シンクタンクのメンバーでもあり、本書の出版は福清市政治協商会議委員会及び福清市社会科学連合会から資金援助を受けた。また、福清黄檗文化促進会の林文清、鄭松波、念家聖も本書の編纂に多々の支持と協力を与えた。本書の関連写真は主に福清黄檗文化促進会、福清歴史文化学者の林秋明からのものであり、本書を執筆した教師も一部の写真を提供した。